GANGHANG GONGCHENG
JIEGOU SHUZHI FENXI

港航工程
结构数值分析

苏静波　李继才　吴　锋　著
马志国　孙　阳　李　昂

河海大学出版社
·南京·

图书在版编目(CIP)数据

港航工程结构数值分析 / 苏静波等著. -- 南京：河海大学出版社，2020.12
 ISBN 978-7-5630-6702-2

Ⅰ. ①港… Ⅱ. ①苏… Ⅲ. ①港口工程－工程结构－数值分析 Ⅳ. ①U653-39

中国版本图书馆 CIP 数据核字(2020)第 265753 号

书　　名	港航工程结构数值分析
书　　号	ISBN 978-7-5630-6702-2
责任编辑	张陆海
特约编辑	王丹妮
特约校对	王典露
封面设计	张育智　刘冶
出版发行	河海大学出版社
地　　址	南京市西康路1号(邮编:210098)
电　　话	(025)83737852(总编室)　(025)83722833(营销部)
经　　销	江苏省新华发行集团有限公司
排　　版	南京布克文化发展有限公司
印　　刷	广东虎彩云印刷有限公司
开　　本	787毫米×1092毫米　1/16
印　　张	14.5
字　　数	336千字
版　　次	2020年12月第1版
印　　次	2020年12月第1次印刷
定　　价	68.00元

前言

  数值模拟方法已成为与理论分析、试验研究并列的三种研究手段之一。随着港航工程建筑物结构复杂化、施工规模大型化、运行条件恶劣化,传统设计计算方法很难准确求解,通过数值模拟技术可求解出满足工程要求的数值解,从而为设计、施工和管理提供科学的决策依据。本书通过工程案例引出港口、航道、近海工程结构及其周围介质相互作用方面的数值分析问题,进行问题简化、软件选取与数值模型构建,探讨工程施工过程模拟方式,并对数值模型计算成果进行评价与分析。

  本书共分 12 章,主要包括绪论、港口工程水平受荷桩数值计算方法、岸坡变形下桩基与结构承载力评估方法、沉桩振动及其对周围结构物影响数值分析、防波堤与防浪护岸应力变形与稳定性分析、堤防建筑与邻近工程交叉影响数值分析、航道开挖对邻近高铁的影响分析、沉船荷载对河床管道影响数值分析、应急抛锚对穿越工程影响数值分析、双线船闸施工过程及工艺优化研究、码头后方陆域地基处理数值分析、海上风机基础结构数值模拟等。

  本书由河海大学苏静波教授撰写第一章、第二章、第八章和第九章,南京水利科学研究院李继才高工撰写第五章和第十一章,中交上海港湾工程设计研究院有限公司吴锋教高撰写第三章、第十章和第十二章,河海大学孙阳副教授撰写第七章,河海大学马志国副教授撰写第四章,河海大学李昂副教授撰写第六章。

  刘睿、季晓堂、于正洋、葛治宏、鲍金虎、沈龙清、顾祯雪、徐振扬、王翀霄等研究生协助本书部分案例计算、插图的绘制等工作。

  在此,对参加本书撰写工作、审查工作以及为本书撰写提供各方面支持和帮助的所有人员,一并表示感谢。由于作者水平有限,书中难免有疏漏和不妥之处,敬请广大读者批评指正。

作 者
2020 年 10 月

目录

第1章 绪论 ·· 1

第2章 港口工程水平受荷桩数值计算方法 ······································ 4
  2.1 港口工程水平受荷桩的桩-土作用机理 ··································· 4
    2.1.1 刚性短桩($ah<2.5$)的破坏模式 ······································ 5
    2.1.2 弹性桩($ah\geqslant2.5$)的破坏模式 ···································· 5
  2.2 水平受荷桩常用计算方法 ··· 6
    2.2.1 m法 ·· 6
    2.2.2 P-Y曲线法 ·· 7
    2.2.3 NL法 ··· 9
  2.3 水平受荷桩数值分析方法 ··· 10
    2.3.1 m法数值分析方法 ··· 10
    2.3.2 P-Y曲线法数值分析方法 ··· 14
    2.3.3 NL法数值分析方法 ·· 16
  2.4 水平受荷桩数值分析反演方法 ··· 19

第3章 岸坡变形下桩基与结构承载力评估方法 ······························· 24
  3.1 模型的简化与建立 ·· 24
    3.1.1 接触单元的应用 ··· 24
    3.1.2 模型的简化 ··· 25
    3.1.4 参数换算 ·· 25
  3.2 码头后方堆载案例分析 ·· 25
    3.2.1 模型构建 ·· 25
    3.2.2 计算参数 ·· 26
    3.2.3 工况设置 ·· 27
    3.2.4 计算成果分析 ·· 28
  3.3 码头前方淤积案例分析 ·· 30
    3.3.1 模型构建 ·· 30

3.3.2　工况设置……………………………………………………………31
　　　3.3.3　计算成果分析…………………………………………………………31
　3.4　码头前方清淤案例分析………………………………………………………33
　　　3.4.1　模型构建………………………………………………………………33
　　　3.4.2　计算成果分析…………………………………………………………33
　　　3.4.3　清淤连续过程计算成果分析…………………………………………35

第 4 章　沉桩振动及其对周围结构物影响数值分析………………………………38
　4.1　沉桩振动传播理论……………………………………………………………38
　　　4.1.1　应力波的定义…………………………………………………………39
　　　4.1.2　应力波波速的计算……………………………………………………39
　　　4.1.3　应力波的传播和衰减特点……………………………………………40
　　　4.1.4　动力边界的分类………………………………………………………40
　　　4.1.5　材料阻尼的计算………………………………………………………41
　4.2　桩基锤击贯入数值模拟基本方法……………………………………………42
　　　4.2.1　Zipper Type 方法………………………………………………………42
　　　4.2.2　显式有限元法算法……………………………………………………43
　　　4.2.3　ALE 方法………………………………………………………………43
　　　4.2.4　计算实例………………………………………………………………44
　4.3　沉桩振动对周围结构物安全影响评估分析…………………………………48
　　　4.3.1　爆破安全控制标准……………………………………………………49
　　　4.3.2　某海底管道结构安全性指标…………………………………………49
　　　4.3.3　取水管线安全性评估…………………………………………………54

第 5 章　防波堤与防浪护岸应力变形与稳定性分析………………………………59
　5.1　防波堤与防浪护岸应力变形计算分析方法…………………………………59
　　　5.1.1　计算模型………………………………………………………………60
　　　5.1.2　计算原理………………………………………………………………61
　5.2　防波堤与防浪护岸边坡稳定性计算分析方法………………………………62
　　　5.2.1　圆弧滑动法……………………………………………………………62
　　　5.2.2　有限元强度折减法……………………………………………………63
　5.3　案例分析………………………………………………………………………65
　　　5.3.1　案例概况………………………………………………………………65
　　　5.3.2　计算剖面选择…………………………………………………………66
　　　5.3.3　有限元模型及计算参数………………………………………………68
　　　5.3.4　管架荷载………………………………………………………………69
　　　5.3.5　基于变形的安全性评价………………………………………………69
　　　5.3.6　基于应力的安全性评价………………………………………………73

  5.3.7　边坡稳定性安全性评价 ·· 74

第6章　堤防建筑与邻近工程交叉影响数值分析 ·· 78
6.1　评估依据及安全控制标准 ·· 78
  6.1.1　桥梁桥墩变形机理 ·· 78
  6.1.2　桥梁变形控制指标 ·· 78
  6.1.3　堤防变形机理 ·· 79
  6.1.4　堤防变形控制标准 ·· 79
6.2　邻近工程交叉影响经验数据 ··· 80
  6.2.1　某跨江大桥3号墩基础大堤防护施工技术 ···································· 80
  6.2.2　某河流入海水道堤防施工变形观测 ·· 81
  6.2.3　某过江隧道垂直下穿南岸防洪堤 ··· 82
6.3　案例分析 ·· 83
  6.3.1　案例概况 ·· 83
  6.3.2　计算参数和计算工况 ··· 84
  6.3.3　计算模型 ·· 86
  6.3.4　上跨铁路桥计算安全评估分析 ·· 87
  6.3.5　堤坝计算结果分析 ·· 93
  6.3.6　安全评估结论 ·· 98

第7章　航道开挖对邻近高铁的影响分析 ··· 99
7.1　开挖卸荷变形计算理论 ··· 99
7.2　隔离桩施工扰动计算理论 ··· 101
  7.2.1　隔离桩工作机理 ·· 101
  7.2.2　单桩施工引起的土体位移计算 ··· 102
  7.2.3　挤密效应的影响半径计算 ··· 102
7.3　航道下穿高铁案例分析 ··· 105
  7.3.1　软件介绍 ··· 105
  7.3.2　项目概况 ··· 106
  7.3.3　计算模型建立 ··· 107
  7.3.4　有限元网格划分 ·· 109
  7.3.5　分阶段施工 ·· 110
  7.3.6　结果查看 ··· 113
  7.3.7　二维模型与三维模型的对比 ·· 119

第8章　沉船荷载对河床管道影响数值分析 ··· 123
8.1　沉船荷载特点 ··· 123
8.2　地下工程安全控制指标 ··· 124
  8.2.1　盾构隧道变形机理 ··· 124

|||8.2.2 安全评定控制指标 ·· 124
8.3 沉船冲击荷载计算 ··· 125
|||8.3.1 经验方法 ·· 125
|||8.3.2 动量守恒计算法 ··· 125
8.4 案例分析 ·· 127
|||8.4.1 案例概况 ·· 127
|||8.4.2 沉船有效重量 ··· 128
|||8.4.3 沉船冲击荷载 ··· 129
|||8.4.4 沉船贯入深度计算 ·· 129
|||8.4.5 安全评估结果分析 ·· 134

第9章 应急抛锚对穿越工程影响数值分析 ······································· 135
9.1 应急抛锚的特点 ··· 135
9.2 应急抛锚贯入深度计算分析 ·· 136
|||9.2.1 锚型选取 ·· 136
|||9.2.2 应急抛锚过程分析 ·· 137
|||9.2.3 垂直贯入阶段分析 ·· 138
|||9.2.4 安全富余深度分析 ·· 145
|||9.2.5 拖锚淌航阶段分析 ·· 146
|||9.2.6 埋深安全控制指标 ·· 146
9.3 案例分析 ·· 147
|||9.3.1 案例概况 ·· 147
|||9.3.2 触底速度 ·· 147
|||9.3.3 垂直贯入深度计算 ·· 148

第10章 双线船闸施工过程及工艺优化研究 ······································ 152
10.1 双线船闸工程案例分析 ·· 152
|||10.1.1 案例基本情况 ··· 152
|||10.1.2 工程地质条件 ··· 153
|||10.1.3 船闸主体结构 ··· 153
|||10.1.4 研究内容 ·· 154
10.2 双线船闸有限元模型构建 ··· 155
10.3 双线船闸施工工艺优化分析 ··· 156
|||10.3.1 闸首与邻近闸室施工顺序优化分析 ···································· 156
|||10.3.2 双线船闸施工顺序研究 ··· 165
10.4 分块浇筑工艺比选 ··· 170
|||10.4.1 浇筑顺序 ·· 170
|||10.4.2 不同浇筑顺序下闸首沉降分析 ··· 171

10.4.3　不同浇筑顺序下闸首应力分析	172
10.5　双线船闸施工工况预测分析	174
10.5.1　实际工况模拟分析	174
10.5.2　回填工况预测分析	175
10.5.3　检修工况预测分析	177

第11章　码头后方陆域地基处理数值分析 ……182

11.1　大型储罐复合地基变形性状数值分析	182
11.1.1　储罐地基的沉降变形模式	182
11.1.2　案例工程概况及数值模型建立	184
11.1.3　计算成果分析	187
11.2　堆场吹填土地基加固设计数值分析	191
11.2.1　工程概况	191
11.2.2　地基处理要求	192
11.2.3　地基处理方案	192
11.2.4　地基沉降预测	193
11.2.5　计算结果及分析	195

第12章　海上风机基础结构数值模拟 ……201

12.1　海上风机基础的形式和特点	201
12.1.1　重力式基础	201
12.1.2　单桩基础	202
12.1.3　多桩基础	202
12.1.4　其他形式基础	203
12.2　海上风机基础模型建立	203
12.2.1　模型几何参数	203
12.2.2　材料的本构模型和参数	205
12.2.3　部件相互作用设置	206
12.2.4　荷载施加与边界条件	206
12.2.5　初始地应力处理	206
12.3　环境荷载作用下结构强度数值模拟	207
12.3.1　竖向荷载作用下桩桶复合基础的力学特性	207
12.3.2　水平荷载作用下桩桶复合基础的力学特性	212
12.4　动力响应分析和疲劳寿命分析	214
12.4.1　基础平面刚度分析	214
12.4.2　整体自振频率	215
12.4.3　结构动力性能	218

参考文献 …… 221

第 1 章
绪论

由于新型材料和结构型式的发展、大型机械制造能力的提高和施工技术的进步,港航工程设计与施工逐步向大型化、复杂化转变,涵盖地域由内河向近、远海拓展。传统意义上港航工程主要包括码头建筑物、防波堤与海岸建筑物、修造船建筑物和渠化工程建筑物,其中码头建筑物主要包括重力式码头、板桩码头、高桩码头、斜坡式码头与浮码头;防波堤与海岸建筑物主要包括防波堤、海岸与近海建筑物;修造船建筑物主要包括机械化滑道、干船坞;渠化工程建筑物主要包括挡、泄水建筑物、通航建筑物、水电站建筑物。随着我国"海洋强国"战略的深化,海洋资源的逐步开发与利用,跨海桥-岛-隧工程、海上风机和海洋平台等近、远海地域的海洋工程也成为港航工程的重要研究领域。港航工程涵盖研究领域见图 1-1。

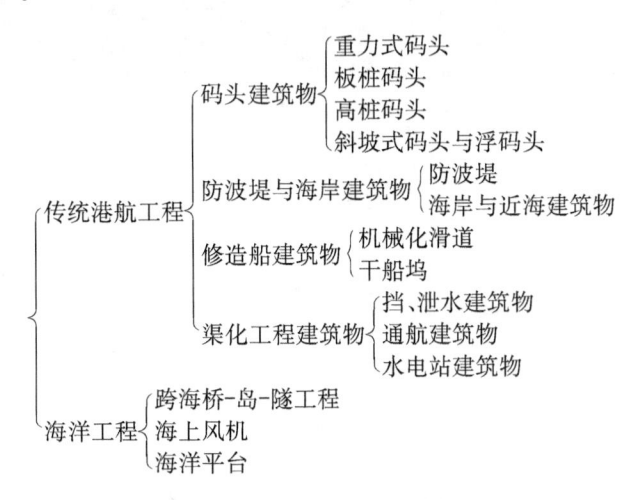

图 1-1 港航工程涵盖研究领域

港航工程建筑物,特别是大型深水码头、跨海桥隧工程等,相比于一般土木工程建筑物,具有独特性、艰巨性、复杂性等特点。港航工程建筑物的型式、尺寸和结构需要结合当地的地质、水文等条件进行设计,大规模的港航工程更需要综合考虑各种复杂因素,譬如航道船舶抛锚与拖锚、码头港区频发的撞击沉没事故以及运行状况下复杂的水力条件、交叉建筑物的相互影响等。图 1-2 为目前我国最大的超级港口——洋山深水港码头。科研技术人员对选址论证、工程立项到开工建设全过程进行研究论证，对港口建设的技术可行性进行了深入分析，对地质、水文、气象、环境等各方面进行了综合评价，洋山港建成后也成为世界吞吐量最大的港口码头。图 1-3 为迄今最长跨海大桥——港珠澳大桥。中国建设施工人员通过一系列开创性技术创新，实现了外海人工岛及岛内深基坑的有效止水，形成了外海大型钢圆筒快速筑岛施工成套技术，完成了桥-岛-隧整体结构的修筑。港珠澳大桥由于其超大的建筑规模、空前的施工难度和顶尖的建造技术而闻名世界。

图 1-2　洋山深水港码头俯瞰图

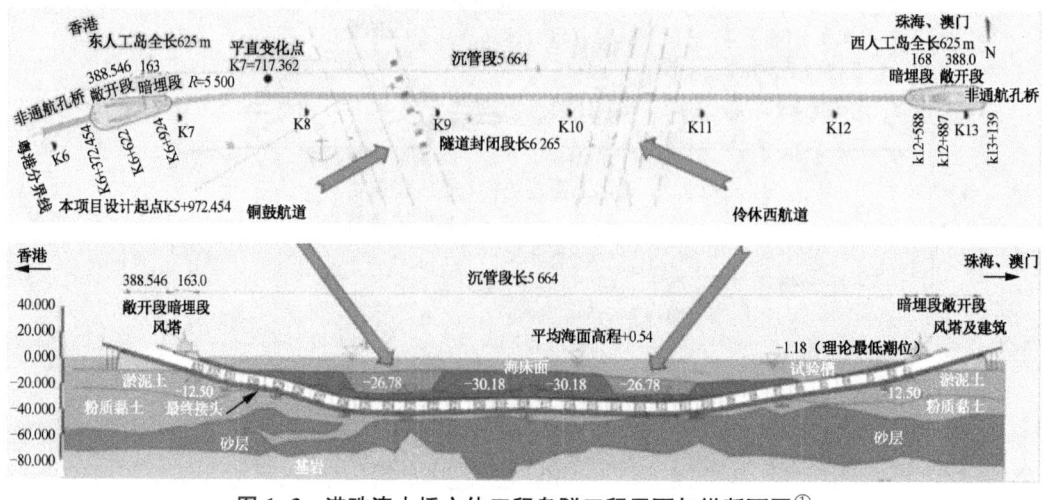

图 1-3　港珠澳大桥主体工程岛隧工程平面与纵断面图[①]

---

① 引自陈韶章《港珠澳大桥沉管隧道新技术》

随着港航工程建筑物结构复杂化、施工规模大型化、运行条件恶劣化，传统设计计算方法很难准确求解，因此通过数值模拟技术，求解出满足工程要求的数值解，从而获得结构变形、应力分布规律等结果，为设计、施工和管理提供科学的决策依据。目前，数值模拟方法已经与理论分析、试验研究成为三种相互依存、不可缺少的研究手段。在工程技术领域内常用的数值模拟方法及软件有：

(1) 有限单元法：ANSYS、ABAQUS、MARC、MIDAS、PLAXIS；

(2) 边界元法：Examine2D、Examine3D；

(3) 离散单元法：UDEC、3DEC、PFC；

(4) 有限差分法：FLAC3D。

其中，有限单元法和有限差分法应用最为广泛。有限单元法将连续的求解域划分成有限个互不重叠的单元，以包含未知量的参数方程表征单元特征，然后将各个单元的特征方程组合成大型代数方程组，通过求解方程组得到节点未知参数，从而求得结构内力等结果。有限差分法将连续的求解域划分为差分网格，以有限个网格节点代替连续的求解域，其通过泰勒级数展开等方法，把控制方程中的导数用网格节点上的函数值的差商代替进行离散，从而建立以网格节点上的值为未知数的代数方程组，将微分问题变为代数问题的近似数值解法。本书结合工程案例，详细介绍数值模拟方法在港航工程结构分析中的应用。

第 2 章
港口工程水平受荷桩数值计算方法

在一般的房屋建筑基础工程中,桩主要承受垂直的轴向荷载,但在码头、桥梁、高耸塔型建筑、近海采油平台、支挡建筑以及抗震工程中,桩还同时承受侧向的风力、波浪力、船舶撞击力、土压力和地震力等水平荷载。因此,这类工程广泛采用具有承载力高、沉降小、适于机械化施工的桩基础。此类桩基础主要承受水平荷载,因此,水平荷载成为桩基础设计的一种重要荷载,研究桩基的水平承载力对工程有重要意义。

水平受荷桩的计算方法有极限地基反力法、弹性地基反力法、复合地基反力法和弹性理论法等,其中弹性地基反力法基本概念明确,计算较为简单,且已积累了大量计算用表,当桩基挠曲变形较小时,其假定与实际也比较符合,因此,国内各规范手册一般采用这种方法。通过弹性地基反力法能够得出幂级数通解,但是这种方法存在一定的局限性,如地基分层,比例系数变化或桩身抗弯刚度变化等,均无法直接应用。

而数值计算灵活方便,局限性小,计算精度可控,适用于桩侧土地基系数沿桩身成各种规律变化的情况,且该方法不仅适用于弹性地基反力法,并且适用于复合地基反力法的计算。因此,本章针对我国《港口工程桩基规范》(JTS 167—4—2012)推荐使用的方法、P-Y 曲线法和 NL 法,运用数值模拟方法计算水平受荷桩,为港口工程水平受荷桩设计分析提供有力工具。

2.1 港口工程水平受荷桩的桩-土作用机理

水平承载桩的作用机理体现在桩-土相互作用的过程,无论是完全埋置桩或部分埋置桩都是利用桩周土的抗力来承担水平荷载,桩在水平荷载的作用下发生变位,促使桩周土发生相应的变形而产生抗力,这一抗力阻止了桩变形的进一步发展。当水平位移较低时,这一抗力是由靠近地面的土提供的,而且土的变形主要为弹性变形,即桩周土处于弹性压缩阶段;随着水平荷载的增大,桩的变形加大,表层土将逐渐产生塑性屈服,从而使水平荷载向更深的土层传递。当变形增大到桩所不能容许的程度或桩周土失去稳定时,桩-土体系便趋于破坏。单桩桩顶在水平荷载作用下,桩顶将产生水平位移和转角,桩身出现弯曲应力,桩前土体受侧向挤压。桩和地基的破坏性状则因桩的几何尺寸、桩顶约束条件、材料强度、地基土的性质等而异。

2.1.1 刚性短桩($\alpha h < 2.5$)的破坏模式

当桩很短、桩顶自由时,如图 2-1(a)所示,由于桩的相对刚度很大,在水平荷载作用下,不考虑桩身的挠曲变形,因此将产生全桩长的刚体转动。桩绕靠近桩端的一点 O 转动时,O 点上方的土层和 O 点到桩底之间的土层分别产生了被动抗力。这两部分作用方向相反的土抗力构成力矩以共同抵抗桩顶水平荷载的作用,并构成力的平衡。当水平荷载达到一定值时,桩侧土体开始屈服,随着荷载增加,逐渐向下发展,直至刚性短桩因转动而破坏。对于桩顶自由的刚性短桩,当桩身抗剪强度满足要求时,桩体本身一般不发生破坏,故其水平承载力主要由桩侧土的强度控制。但桩径较大时,尚需考虑桩底土偏心受压时的承载能力。对于桩顶受到承台或桩帽约束而不能产生转动的刚性短桩,桩与承台将一起产生刚体平移,如图 2-1(b)所示,当平移达一定限度时,桩侧土体因屈服而破坏。

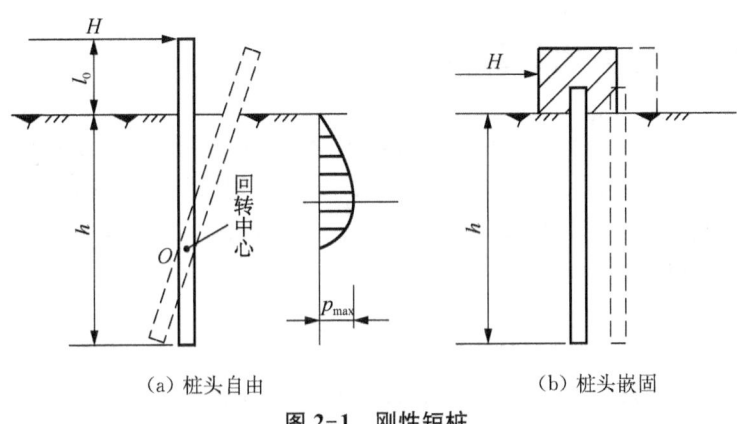

(a) 桩头自由　　(b) 桩头嵌固

图 2-1　刚性短桩

2.1.2 弹性桩($\alpha h \geqslant 2.5$)的破坏模式

弹性桩的破坏机理与刚性短桩不同,由于桩的埋入深度较大,桩下段的土抗力可视为无限大,即桩下段可视为嵌固于土中而不能转动,如图 2-2(a)所示。在水平荷载作用下桩将发生挠曲变形(水平位移和转角),在桩全长范围的水平方向上地基土不会同时出现屈服,而是沿桩轴从地表向下逐渐地出现屈服,在桩体及连接构件上产生的内力随着地基的逐渐屈服而增加。当桩身某点弯矩超过其截面抵抗矩或桩侧土体屈服失去稳定时,弹性桩便趋于破坏。其水平承载力由桩身材料的抗弯强度和侧向土抗力所控制。

当桩顶受约束时,其破坏形态也类似于上述弯曲破坏,但在桩顶与承台嵌固处也会产生较大的弯矩,因此,基桩也可能在该点破坏,如图 2-2(b)所示。

此外,桩体发生转动或破坏之前,桩顶将产生一可观的水平位移,而该水平位移往往使所支承结构物的位移量超出容许范围或结构不能正常使用。因此设计时还必须考虑桩顶位移是否满足上部结构所容许的限度。

(a) 桩头自由　　　　　　　(b) 桩头嵌固

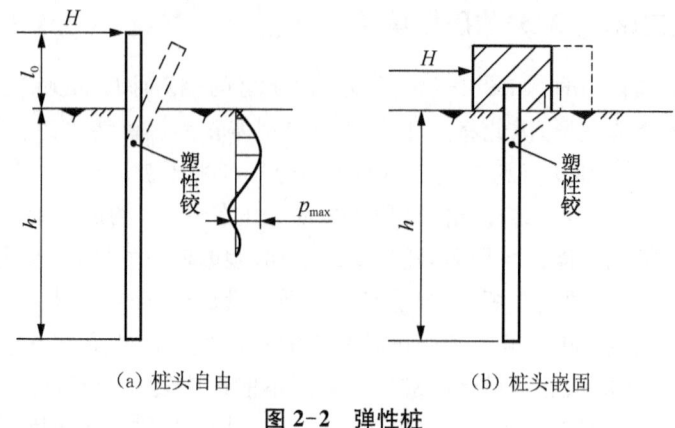

图 2-2　弹性桩

2.2　水平受荷桩常用计算方法

关于水平受荷桩的计算方法,主要有弹性理论法、极限地基反力法、弹性地基反力法、P-Y 曲线法、NL 法和其他一些方法。根据我国水运工程建设的实际需求,《港口工程桩基规范》推荐了其中的 3 种方法,即 m 法、P-Y 曲线法和 NL 法。本书的研究主要是结合这 3 种计算方法开展。

2.2.1　m 法

m 法属于弹性地基反力计算方法,因使用方便得到了广泛地使用。对于桥台、桥墩等桩结构物,桩的水平位移较小,但在港口工程和海洋工程中允许桩顶有较大位移,有的甚至希望桩顶产生较大的水平位移来吸收水平撞击能量。现有桩基规范没有给出泥面水平位移大于 10 mm 的 m 值的取值范围和选取方法,这对于实际工程设计的参数选择造成了一定困难。大量试验证明,桩基在水平荷载作用下,即使在小位移情况下土也表现出较强的非线性。m 法仅能反映土的弹性性能,在桩身变位不大时,能很好地反映桩土相互作用;当水平荷载较大、桩在泥面处发生较大位移、桩侧土体进入塑性工作状态时,桩周土体随着水平荷载的增大会发生软化,因而 m 值亦随着水平荷载的增大而减少,并非一个确定的参数。

m 法基本假设是:将土体作为弹性变形介质,具有沿深度成正比增加的地基系数,能更好地反映地基系数沿深度分布的情况。此时桩的微分方程式为:

$$EI\frac{\mathrm{d}^4 y}{\mathrm{d}z^4} + mBzy = 0 \tag{2-1}$$

令 $\alpha = \sqrt[5]{\dfrac{mB}{EI}}$,代入上式,公式可转换为:

$$\frac{d^4y}{dz^4} + \alpha^5 zy = 0 \tag{2-2}$$

求解方程(2-2)的方法有幂级数法、差分近似法、反力积分法和量纲分析法。这些方法的精度一般能满足工程应用要求,现在国内外已把解答结果编制成表格,便于工程应用。

2.2.2 P-Y 曲线法

对于桥台、桥墩等桩基结构物,桩的水平位移较小,一般可认为作用在桩上的荷载与位移呈线性关系,采用线弹性地基反力法求解。但在港口工程和海洋工程中,允许桩顶有较大水平位移,土的非线性反应将变得突出,使土压力同位移成线性关系的求解方法不相适应。

P-Y 曲线法最早由 Matlock 等人提出,并被列入美国 API 规范。我国现行规范中水平受荷桩的 P-Y 曲线法借用了美国 API 规范的内容。长桩桩顶受到水平力后,桩附近的土从地表面开始屈服,塑性区逐渐向下扩展。P-Y 曲线法对大变形和小变形桩均适用,它是目前唯一一种能考虑循环荷载的方法,而港口海洋工程中大部分荷载为循环荷载。在这一方法中,横向荷载所产生的土反应由 P-Y 曲线表达,各深度处的 P-Y 曲线被假定为互不干扰并共同构成如图 2-3 的曲线族来表达桩-土体系的应力-应变性状。图 2-3(a)为沿深度的 P-Y 曲线,图 2-3(b)为其曲线族,计算中的土模量 E_s 用图 2-3(c)中割线 P-Y 表示,土模量沿深度分布可采用任意的图式。所用的土的主要物理力学性指标对黏性土为不排水抗剪强度 C_u、重度 γ 和三轴试验中最大主应力差一半时的应变值 ε_{50},对砂性土为内摩擦角 φ、重度 γ 和地基反力系数 K,对这两类土,都要求每单位桩上的极限土阻力和土阻力随位移发展的规律。这些指标和参数均可由土样的实验室试验或现场试验确定,其原则是使由 P-Y 曲线法求得的桩变位或内力同由弹性分析法求得的结果相协调;同时,还应使地基反力系数法所用的地基反力系数同由 P-Y 曲线推求得的土模量值相一致。不然,应调整所用的地基反力系数值使两者达到相符或接近时为止。如不能取得实验数据,通常可参照目前已知的经验制作 P-Y 曲线。

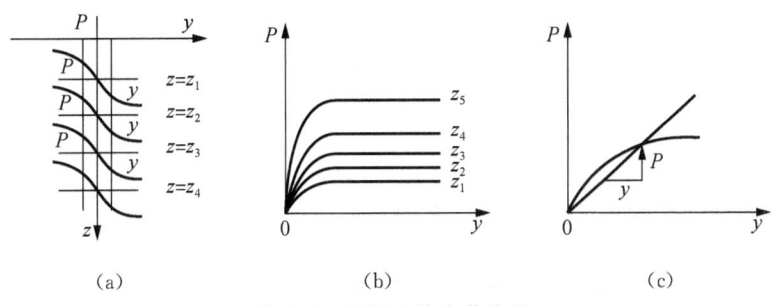

图 2-3 各层土抗力曲线图

2.2.2.1 软黏土的 P-Y 曲线公式

软黏土($c_u \leqslant 96 \text{ kPa}$)的 P-Y 曲线公式为:

(1) 当 $\frac{Y}{Y_{50}} < 8$ 时：

$$\frac{P}{P_u} = 0.5\left(\frac{Y}{Y_{50}}\right)^{\frac{1}{3}} \tag{2-3}$$

(2) 当 $\frac{Y}{Y_{50}} \geqslant 8$ 时：

$$\frac{P}{P_u} = 1 \tag{2-4}$$

式中：P 为泥面以下 Z 深度处作用于桩上的水平土抗力标准值(kPa)；P_u 为桩侧单位面积的极限水平土抗力(kPa)；Y 为泥面以下 Z 深度处桩的侧向水平变形；Y_{50} 为桩周土达极限土抗力之半时桩的侧向水平变形(mm)，$Y_{50} = 2.5\varepsilon_{50}B$；$\varepsilon_{50}$ 为三轴试验中最大主应力差一半时的应变；B 为桩的宽度或直径。

2.2.2.2 硬黏土的 P-Y 曲线公式

硬黏土($c_u > 96$ kPa)的 P-Y 曲线公式为：

(1) 当 $\frac{P}{P_u} < 1$ 时：

$$\frac{P}{P_u} = 0.48\left(\frac{Y}{Y_{50}}\right)^{\frac{1}{3}} \tag{2-5}$$

(2) 当 $\frac{P}{P_u} \geqslant 1$ 时：

$$\frac{P}{P_u} = 1 \tag{2-6}$$

由于硬黏土比软黏土脆性大，且影响的不确定因素较多，目前对其研究还不成熟，可以由试桩材料绘制 P-Y 曲线，若没有试桩资料则可按式(2-5)和(2-6)计算。在桩周土达极限土抗力之半时桩的侧向水平变形 $Y_{50} = 0.0158 a_v^{1.15} B^{3/4}$，其中 a_v 为地基土压缩系数(MPa^{-1})。

2.2.2.3 砂土的 P-Y 曲线公式

砂土的 P-Y 曲线公式为：

$$P = \psi P_u \tanh\left[\frac{KZ}{\psi P_u}Y\right] \tag{2-7}$$

式中：ψ 为考虑循环荷载与非循环荷载的系数，非循环荷载时为：

$$\psi = \left(3.0 - 0.8\frac{Z}{B}\right) \geqslant 0.9 \tag{2-8}$$

式中：K 为土抗力的初始模量，与砂土内摩擦角有关，根据图形查得，也可以根据公式计算。

P-Y 曲线法考虑了土的非线性反应，既可用于小位移情况，也可适用于大位移及循环荷载情况下的求解，但该法由于 P-Y 曲线及其参数的确定比较困难，绘制 P-Y 曲线的数据通常由经验方程得出，理论上每个沿桩身的节点都得到一个 P-Y 曲线。而实际上，在用水平荷载试验反算 P-Y 曲线时，只知道在地面处或地面以上的挠度，因此几乎全部所得只有几根曲线具有真实的有效性，如果节点挠度不知道，也能借助计算机生成 P-Y 曲线，但它只是近似结果；且一般须利用计算机进行反复收敛计算，耗时较大，难以满足工程的实际需要。

2.2.3 NL 法

桩在横向荷载作用下将产生横向变形 y，同时受土抗力 q 的作用，其基本方程为：

$$EI\frac{\mathrm{d}^4 y}{\mathrm{d}z^4} + Bq = 0 \tag{2-9}$$

通过对大量现场试验成果的总结研究和数理统计分析确定桩所受土抗力的计算公式为：

$$q = k_N z^{\frac{2}{3}} y^{\frac{1}{3}} \tag{2-10}$$

把式(2-10)代入式(2-9)得：

$$EI\frac{\mathrm{d}^4 y}{\mathrm{d}z^4} + Bk_N z^{\frac{2}{3}} y^{\frac{1}{3}} = 0 \tag{2-11}$$

式中：EI 为抗弯刚度；B 为桩宽；z 为离泥面的深度；k_N 为水平地基反力系数。

由于土抗力 q 是非线性的，EI 对混凝土桩在一般的情况下也是非线性的，因此要求解方程(2-11)的理论解是困难的，一般用差分法或有限元法。

和土的性质有关的水平地基反力系数 k_N 可以由土的压缩系数 α_{1-2} 来推求，把 α_{1-2} 和 k_N 进行回归拟合，考虑到使用方便，把拟合结果进行简化得到地基反力系数 k_N 和压缩系数 α_{1-2} 的关系式为：

$$k_N = \frac{\xi \cdot 110}{(\alpha_{1-2} - 0.2)^{0.5}} \tag{2-12}$$

当 $B \geqslant 0.4$ m，$\xi = 1$；
当 $B < 0.4$ m，$\xi = 0.7 + 0.05/B^2$。

式中：k_N 为水平地基反力系数(kN/m³)；α_{1-2} 为地基的压缩系数(1/MPa)；ξ 为桩宽修正系数；B 为桩径或桩宽(m)。对黏性土，无试桩资料时，可用式(2-12)求解；对砂土和填土，可查阅《港口工程桩基规范》相应表格。

据试验结果和大量的国内外资料证明，当桩宽较大时，桩承受土抗力 q 值仅和土的性质有关，和桩宽无关，但当桩宽较小时，土抗力 q 值将随桩宽的减小急剧增加。根据试验结果并结合有关资料，当桩宽小于 0.4 m 时，用系数 ξ 对土抗力进行修正。

NL 法是在总结了国内外多种计算方法的基础上，依据大量桩基水平静载荷实测资料提出的一种新的桩基水平承载力非线性计算方法，1999 年被纳入《港口工程桩基规范》。由于非线性计算的复杂性,《港口工程桩基规范》提供了相似原理进行理论计算,但相似原理方法只能用于水平荷载作用在泥面以上桩的计算,当水平荷载作用于泥面、多层地基问题、或者遇到变刚度桩的计算问题时,相似原理方法就不适用了,只能用加权平均法来把多层地基转化为均质地基或是把变刚度桩转化为等刚度桩。当多层地基各层土质差别较大时,这种均质地基简化将会使计算结果出现较大的误差,上述问题限制了该方法的推广应用。

2.3 水平受荷桩数值分析方法

2.3.1 m 法数值分析方法

2.3.1.1 m 法基本方程

以二维问题为例,将水平力作用下的桩身离散为一系列的平面梁单元,如图 2-4 所示。节点处有弹簧支撑,取出单元如图 2-5 所示,方向规定如图所示,不考虑桩身的荷载及变形,各单元每一节点处有转角,竖向位移两个分量,如下:

$$\{F\}^e = \begin{Bmatrix} Q_1 \\ M_1 \\ Q_2 \\ M_2 \end{Bmatrix} \quad \{\delta\}^e = \begin{Bmatrix} v_1 \\ \theta_1 \\ v_2 \\ \theta_2 \end{Bmatrix} \tag{2-13}$$

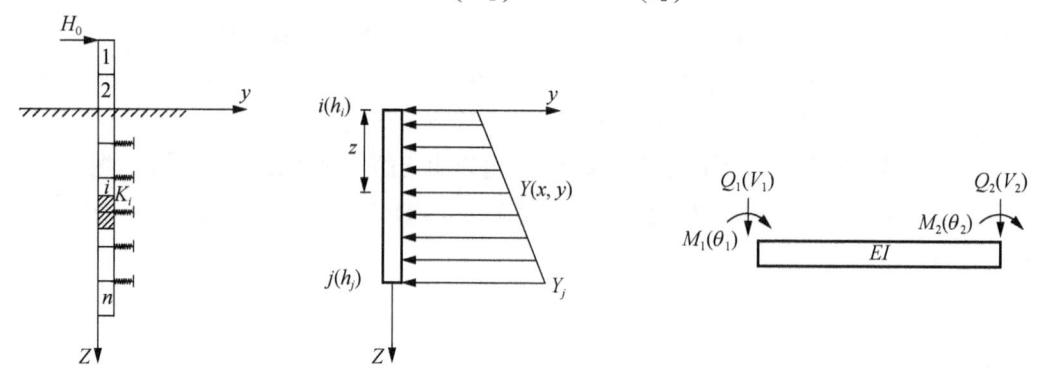

图 2-4 桩身单元划分　　图 2-5 桩身单元正方向

可得桩的单元刚度矩阵为:

$$[k]^e = \begin{bmatrix} \dfrac{12EI}{l^3} & \dfrac{6EI}{l^2} & -\dfrac{12EI}{l^3} & \dfrac{6EI}{l^2} \\ \dfrac{6EI}{l^2} & \dfrac{4EI}{l} & -\dfrac{6EI}{l^2} & \dfrac{2EI}{l} \\ -\dfrac{12EI}{l^3} & -\dfrac{6EI}{l^2} & \dfrac{12EI}{l^3} & -\dfrac{6EI}{l^2} \\ \dfrac{6EI}{l^2} & \dfrac{2EI}{l} & -\dfrac{6EI}{l^2} & \dfrac{4EI}{l} \end{bmatrix} \tag{2-14}$$

单元的平衡方程为：

$$[k]^e\{\delta\}^e = \{F\}^e \tag{2-15}$$

合成总刚度、总节点位移矩阵、荷载矩阵，建立总体有限平衡方程为：

$$[K]\{\delta\} = \{F\} \tag{2-16}$$

式中：$\{\delta\}$ 为总节点位移矩阵，$\{F\}$ 为总节点力位移矩阵，包括桩顶、桩底约束以及桩身各节点所受土体横力，其表达式如 2-17 所示，y_0、θ_0、M_0、T_0，…，分别为各自桩顶开始的各节点的位移、转角、弯距、土体集中反力。

$$\{\delta\} = \begin{Bmatrix} y_0 \\ \theta_0 \\ y_1 \\ \theta_1 \\ \vdots \\ y_n \\ \theta_n \end{Bmatrix}, \{p\} = \begin{Bmatrix} H_0 - T_0 \\ -M_0 \\ -T_1 \\ 0 \\ \vdots \\ T_n \\ M_n \end{Bmatrix} \tag{2-17}$$

2.3.1.2 单元划分原则

在水平荷载作用下，桩附近的土从地表面开始屈服，塑性区逐渐向地下扩展，桩的上半部受力变形较明显，此时，单元划分应密一些，下部单元划分可相对疏一些；在土层变化处和水面分界处划分为自然段的分段点，然后每自然段内再进行单元划分。梁单元内位移根据相关结点的位移和转角，采用线性插值函数求解任意入土深度处的水平位移。

2.3.1.3 地基反力的计算

按 m 法的假设，设每单元处土对桩的反力 p_i 与位移 y_i 为线性关系：

$$p_i = k_i y_i \tag{2-18}$$

k_i 近似取节点上下相邻两端各半段内地基反力系数之和，如图 2-6 所示。

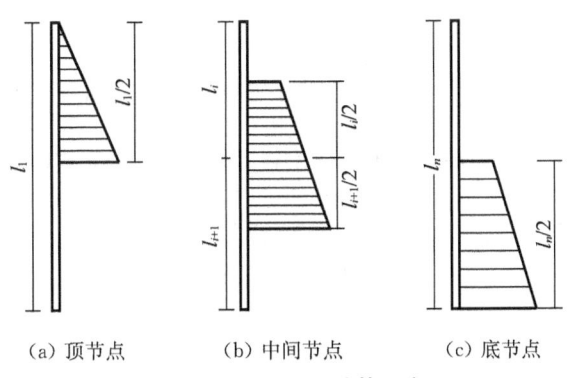

(a) 顶节点　　(b) 中间节点　　(c) 底节点

图 2-6　m 法土反力计算示意图

泥面节点、土层交界面节点和桩底各节点的地基反力系数的计算公式为:
(1) 泥面节点[如图 2-6(a)所示]:

$$k_0 = \frac{1}{4} m_1 l_1^2 B_1 \tag{2-19}$$

(2) 土层交界面节点[如图 2-6(b)所示]:

$$k_i = \frac{1}{4}\left[m_i l_i \left(2z_i - \frac{l_i}{2}\right)B_i + m_{i+1} l_{i+1}\left(2z_i - \frac{l_{i+1}}{2}\right)B_{i+1}\right] \tag{2-20}$$

(3) 桩底节点[如图 2-6(c)所示]:

$$k_n = \frac{1}{4} m_n l_n \left(2z_i - \frac{l_n}{2}\right) B_n \tag{2-21}$$

式中: m_1、m_i、m_{i+1}、m_n 为土的反力系数; l_1、l_i、l_{i+1}、l_n 为桩段长; B_1、B_i、B_{i+1}、B_n 为相应桩段的等效计算宽度, z_i 为 i 节点对应 z 坐标。

2.3.1.4 非线性 m 法研究

大量试验证明,在小位移时土也表现出较强的非线性,且位移越小,m 值变化越大。现有规范中对于大位移情况下水平受荷桩在采用 m 法的情况下,取消了小位移的条件限制,即 m 法可用于泥面位移大于 10 mm 的情况。但是对于泥面处水平位移大于 10 mm 时,m 值的取值问题没有给出明确说明,这对实际工程设计参数选择造成了一定困难,因此有必要进一步研究 m 值在大位移情况下的变化规律。

根据现场实测资料,采用本书提供的计算方法进行反演分析,每根试桩均可得到单桩在各级荷载作用下桩身刚度和周围土体 m 值的变化,进而得到 m 值与泥面位移的关系曲线,这组曲线基本上反映了该地区浅层地基固有的力学性质,因此能用它来研究大位移情况下 m 值的变化规律,进而和土质指标挂钩,以便获得能用土质指标来确定不同泥面位移情况下 m 值的计算公式。

根据梁在横向荷载作用下的弯曲理论,采用 m 法的桩的挠曲线微分为:

$$EI\frac{\mathrm{d}^4 y}{\mathrm{d}z^4} + mzy = 0 \tag{2-22}$$

首先在方程中引入参数 $\alpha = \sqrt[5]{\dfrac{mB}{EI}}$,采用幂级数解法得到半无限长桩在泥面处桩上作用水平荷载 H_0 和弯矩 M_0 时,泥面水平位移 y_0 与荷载关系式(2-23)确定。

$$y_0 = \left(\frac{A_{y_0}}{\alpha^3 EI} + \frac{B_{y_0} h_0}{\alpha^2 EI}\right) H_0 \tag{2-23}$$

弯矩 M 与泥面水平位移 y_0 关系由式(2-24)确定。

$$M = \frac{A_m \alpha^2 EI}{A_{y_0}} \frac{1+\left(\frac{B_m}{A_m}\alpha h_0\right)}{1+\left(\frac{B_{y_0}}{A_{y_0}}\alpha h_0\right)} y_0 \tag{2-24}$$

式中：A_{y_0}、B_{y_0}、A_m、B_m 为无量纲系数，根据 α、桩长和桩头约束条件查表得到。

从公式(2-23)和公式(2-24)可以看出，荷载与泥面位移、弯矩与泥面位移均为线性关系。由于实际上在荷载较小时这些关系即表现出非线性特性，m 值随位移增加而减小，因此需要根据桩型或建筑物要求选择某一荷载或位移所对应的 m 值，来考虑非线性的影响。

随着作用荷载的增大，水平荷载和泥面位移并不是呈线性关系，由此说明，随着桩身水平位移的增大，桩侧土表现很强的非线性。由于桩的混凝土材料的非线性，桩的抗弯刚度也是非线性的，并呈现逐渐下降趋势，在加载过程中，随着承受水平力逐渐加大，部分桩出现开裂，其刚度与荷载关系曲线则呈现突变现象。

根据收集到的现场资料和室内单桩模型试验，水平受荷桩泥面下各深度处土抗力与水平位移呈现指数关系：

$$p = C_p y^{k_p} \tag{2-25}$$

由 m 法可知，$p = mBzy$，代入式(2-25)得：

$$m = \frac{C_p}{Bz} y^{k_p - 1} \tag{2-26}$$

由式(2-26)可以看出，在不同深度处 m 值与 y 也呈现指数关系。在泥面附近处，令 $C_p = C_m B z$，$k = k_p - 1$，式(2-26)有：

$$m = C_m y_0^k \tag{2-27}$$

为进一步分析 C_m、k 值的物理意义，将式(2-27)位移项无量纲化，并令 $C = C_m (0.001B)^k$ 得：

$$m = C \left(\frac{y_0}{0.001B}\right)^k \tag{2-28}$$

式中：比值 $\frac{y_0}{B}$ 代表了土中发生的应变，C 则与 m 具有同一量纲，其代表单位应变所对应的 m 值。对于每根试桩，均可得到一系列的 C_1、C_2、$\cdots$、C_n 和 k_1、k_2、$\cdots$、k_n，根据拟合函数的性质，系数 C 决定 m 值的大小，系数 k 决定 m 值随泥面位移衰减的程度，m 值是反映土的力学性质的一个综合性的指标，桩在水平荷载作用下，土体受力状态很复杂，很难直接通过严格的理论推导把它们和常规的土质指标建立起一个明确的关系。m 值的减小主要是由于桩身浅层土的抗力衰减所致,因此通过 C 值和 k 值与浅层土的主要物理力学指标建立一定关系,通过大量对比分析发现其和土的压缩系数 a_{1-2} 有很好的相关性。因为压缩系数和水平地基反力系数 m 一样都是反映土体受到压缩时力和变形之间关系的一个物理量,况且压缩系数具有很好的稳定性,是一个常规的物理指标,容易得到。桩的 k 值在 $-0.4\sim-0.65$ 之间变化,可采用常数拟合,取其平均值为 -0.53,因此式(2-28)可改写为:

$$m = C\left(\frac{y_0}{0.001B}\right)^{-0.53} \tag{2-29}$$

C 与压缩系数 a_{1-2} 的相关系数为 0.842,相应关系式为:

$$C = \frac{750}{(a_{1-2} - 0.25)^{0.5}} \tag{2-30}$$

通过大量现场试验成果的总结研究和分析,得到了水平荷载作用下单桩的 m 值随泥面位移呈现指数衰减的变化规律,并统计分析出了不同土质的 m 值的经验计算公式。在没有现场实测资料的情况下,可以采用此经验公式计算相应的 m 值。

由此在不同水平荷载作用下桩的受力特性可按照下列步骤进行:

根据现场实测资料确定 m 值随泥面位移关系式,如果没有实测资料,可采用提供的经验公式;

根据浅层的土质参数,选取 m 值初值 m_0;

将 m_0 作为初始值,根据 m 法进行计算,得到泥面位移 y_0^1,根据 m 值与泥面位移关系式计算得到 m_0^1;

检验 $\|y_0^1 - y_0\|^2 \leqslant EPS$(为一较小值)是否成立,若不成立,则 $y_0 = y_0^1$,$m_0 = m_0^1$,返回第二步直到收敛条件满足为止,执行下一步;

通过计算得出桩的位移、转角和应力等。

2.3.2　P-Y 曲线法数值分析方法

2.3.2.1　桩土相互作用模型

P-Y 曲线法与 m 法计算程序有一些相同之处,如桩段划分原则、单元刚度矩阵和总体刚度矩阵的形成、支座条件的考虑和桩身内力位移的输出等。因为计算模式不同,P-Y 曲线法与 m 法在程序处理上有许多差异,主要在于确定每一节点处的土体集中反力与水平位移的关系。在 m 法计算程序中,输入土的参数为土的 m 值,P-Y 曲线法中为土的类别及相应参数值,对每一节点,建立一条 P-Y 曲线,根据已知位移,计算等效的反力-位移比例系数(割线模量),类似于 m 法程序,对总体刚度矩阵进行修正,重复迭代计算,直到计算前后的位移变化满足一给定的控制值为止。

在 P-Y 曲线法中，节点水平力（折算水平力）与节点水平位移不能用简单的线性函数式描述，考虑桩周土体弹塑性的相互作用体系如图 2-7 所示。

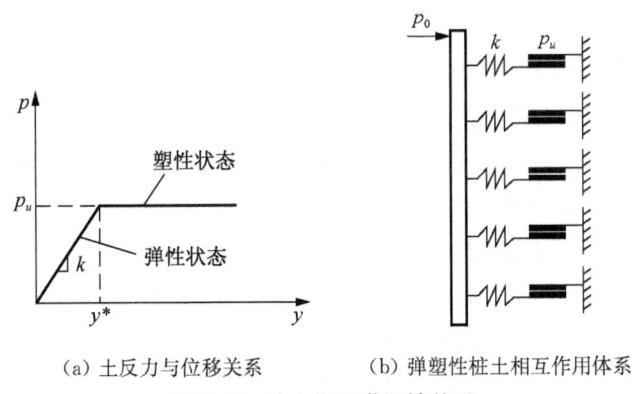

(a) 土反力与位移关系　　(b) 弹塑性桩土相互作用体系

图 2-7　桩土作用弹塑性关系

2.3.2.2　地基反力的计算

类似 m 法计算程序，区分顶节点、中间节点、底节点分别进行考虑。k_i 近似取节点上下相邻两端各半段内地基反力系数之和，如图 2-8 所示。

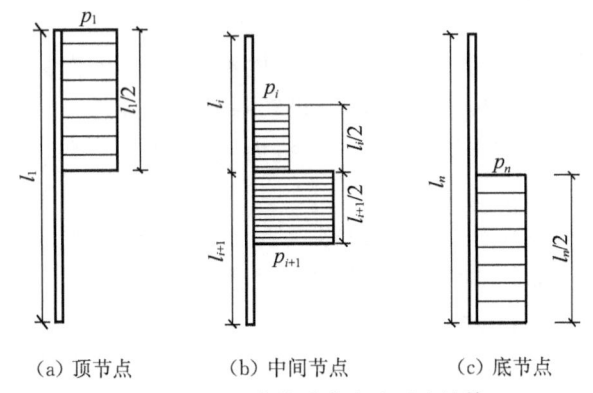

(a) 顶节点　　(b) 中间节点　　(c) 底节点

图 2-8　P-Y 曲线法节点土反力计算

泥面节点、土层交界面节点和桩底各节点的地基反力系数的计算公式如下所示：

(1) 泥面节点[如图 2-8(a)所示]：

$$k_0 = \frac{p_1 B_1 l_1}{2y_0} \tag{2-31}$$

(2) 土层交界面节点[如图 2-8(b)所示]：

$$k_i = \frac{(p_i B_i l_i + p_{i+1} B_{i+1} l_{i+1})}{2y_i} \tag{2-32}$$

(3) 桩底节点[如图2-8(c)所示]：

$$k_n = \frac{p_n B_n l_n}{2 y_n} \tag{2-33}$$

式中：p_i 为水平抗力，由式(2-3)至式(2-7)计算。

2.3.2.3 P-Y 曲线法程序流程

基于 P-Y 曲线方法的有限元分析过程实际上是一个不断改变弹簧弹性系数的接触非线性分析过程，其具体分析过程为：

Step1：用有限元软件建立桩土作用的梁-弹簧结构体系分析模型；

Step2：将模型初始弹簧弹性系数设式(2-19)至式(2-21)计算所得的地基反力系数，通过有限元软件计算出桩的位移和转角；

Step3：将 Step2 得到的位移作为初始位移 Y_0，通过式(2-31)至式(2-33)计算所需的弹簧弹性系数，再通过有限元软件计算得出桩的位移 Y_1、转角、内力等；

Step4：检验 $\|y_0^1 - y_0\|^2 \leqslant EPS$（为一较小值）是否成立，若不成立，则 $Y_0 = Y_1$，返回 Step3，直到收敛条件满足为止，执行下一步；

Step5：通过有限元软件结果文件得出桩结构的位移、转角和内力等。

2.3.3 NL 法数值分析方法

在桩土之间设置非线性弹簧模拟桩土之间的相互作用，土弹簧弹性系数根据桩结点位移通过 NL 法计算公式不断迭代修正，其求解基本步骤如下：

Step1：根据土性参数初步拟定各层土的抗力系数，并将此值作为土弹簧初始弹性系数，计算桩上各结点的横向位移 y_0；

Step2：将计算的位移 y_0 作为初始位移，利用 NL 法计算公式求得桩上入土范围内各单元的水平抗力 F_i，从而可得第 i 个弹簧的弹性系数为 $K_i = F_i/y_0$，再通过有限元程序计算相应桩的位移、转角和内力等；

Step3：检验 $\|y_i - y_0\|^2 \leqslant EPS$（为一较小值）是否成立，若不成立，则 $y_0 = y_i$，返回 Step2，直到收敛条件满足为止，执行下一步。

通过后处理程序得出桩结构的位移、转角和应力等。

【例1】 某双线铁路桥位于弯道上，采用圆锥形桥墩，其基础为8根直径为1.0 m的钻孔桩高桩承台，桩尖置于砂夹卵石层中，承台板底面高出局部冲刷线2.0 m，作用于承台板底面桩群重心处的设计荷载为：$H_x = 420$ kN，$N = 16\,800$ kN，$H_z = -1\,050$ kN，$M_x = 10\,500$ kN·m，$M_z = 4\,200$ kN·m，$M_y = 840$ kN·m，如图2-9所示，考虑顺桥轴方向桩的相互影响系数为0.822，垂直桥轴方向桩的相互影响系数为0.756，取 $m = 10\,000$ kN/m^4。

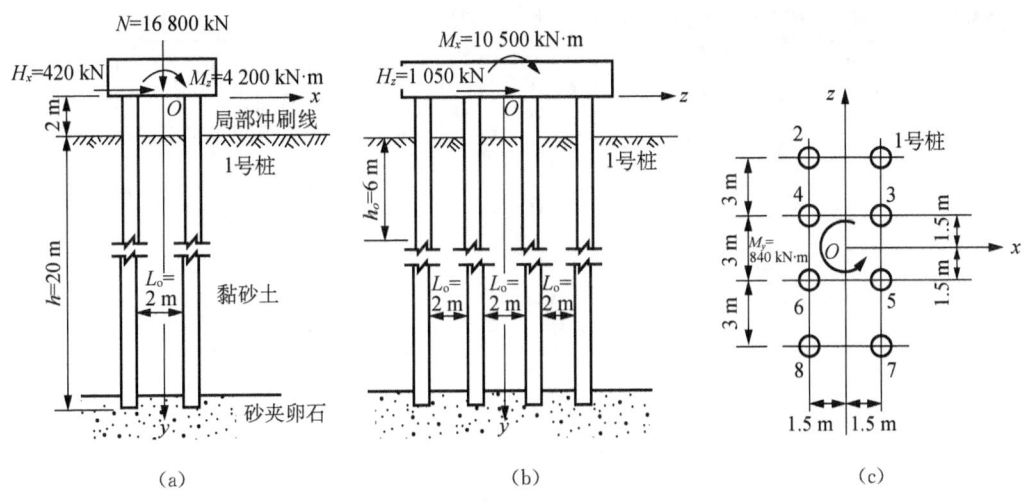

图 2-9 承台结构受力示意图

本例仅列出承台的位移及 1 号桩的桩顶内力,计算结果见表 2-1、图 2-10 和图 2-11 所示,群桩计算结果如图 2-12 所示。

表 2-1 承台位移与 1 号桩顶内力

	承台 x 向位移(cm)	桩顶弯距(kN·m)	桩顶剪力(kN)
文献	0.195	420.290	140.000
本文 m 法	0.157	467.445	141.715

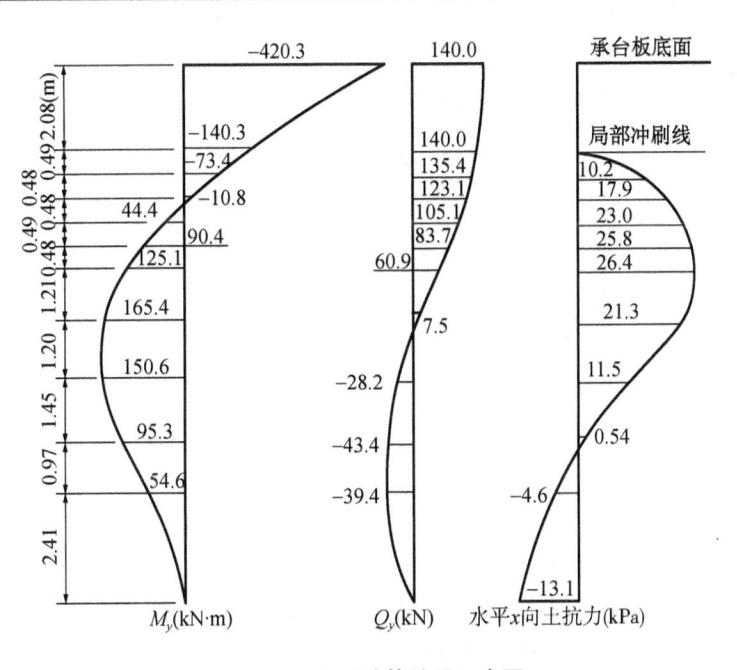

图 2-10 文献计算结果示意图

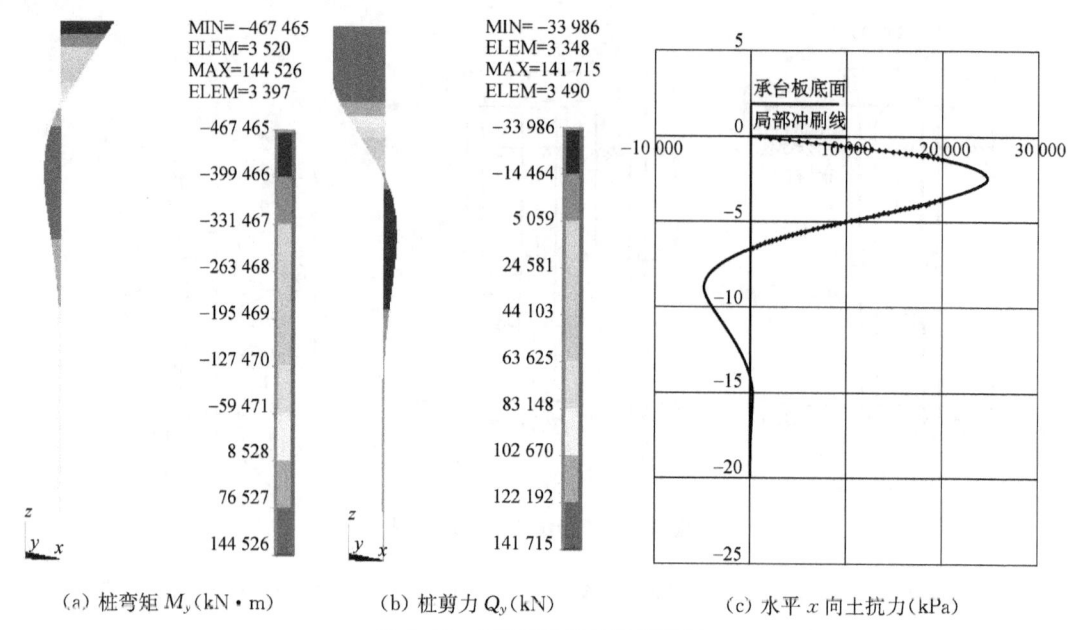

(a) 桩弯矩 M_y(kN·m)　　(b) 桩剪力 Q_y(kN)　　(c) 水平 x 向土抗力(kPa)

图 2-11　1 号桩计算结果示意图

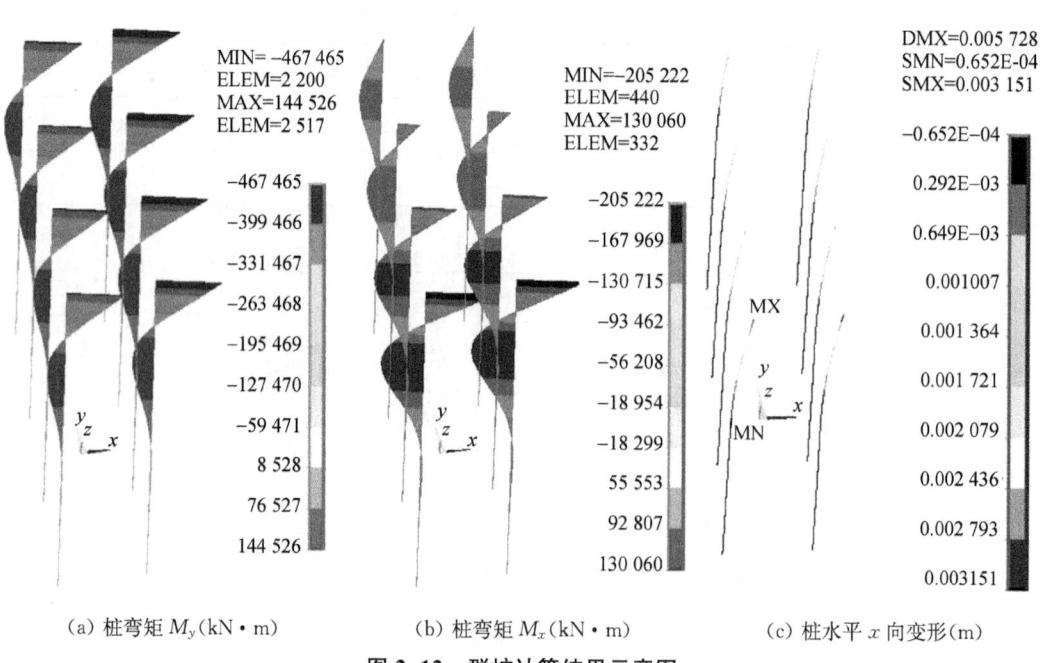

(a) 桩弯矩 M_y(kN·m)　　(b) 桩弯矩 M_x(kN·m)　　(c) 桩水平 x 向变形(m)

图 2-12　群桩计算结果示意图

【例 2】 某小桥位于弯道上,桥下无水,采用单排桩的排架式桥墩,桩为 2 根 1.2 m 直径的钢筋混凝土钻孔灌注桩。桩身采用 C25 钢筋混凝土。帽梁高 1.5 m,宽 2.5 m,长 6 m,采用 C25 钢筋混凝土。顺桥轴方向水平力为 100 kN,力矩为 150 kN·m,横桥轴方向水平力 300 kN,竖向力为 1 500 kN 和 2 500 kN,如图 2-13 所示。桩侧地基抗力系数随深度增长的比例系数为 8 000 kN/m^4,横桥轴方向桩的相互影响系数为 0.802。

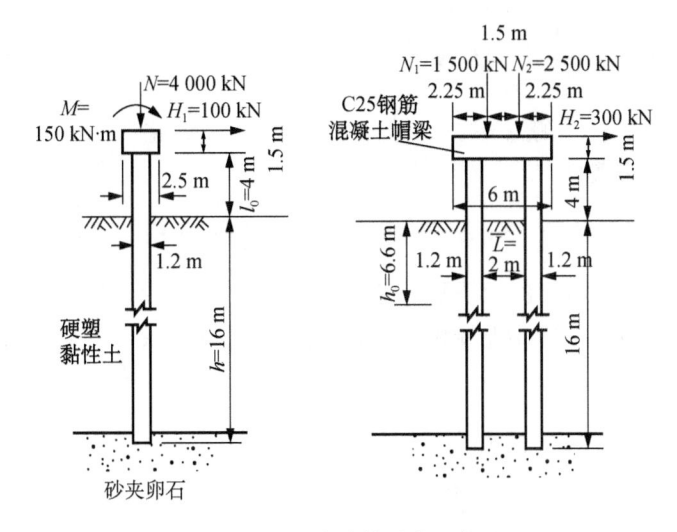

图 2-13　承台结构受力示意图

根据文献计算结果，地面处顺桥轴方向的位移为 2.8 mm，地面处的桩身转角为 9.6×10^{-4} rad，采用本文 m 法计算地面处顺桥轴方向的位移为 2.45 mm，地面处的桩身转角为 8.13×10^{-4} rad，群桩的顺桥轴方向和横桥轴方向的弯矩如图 2-14 所示。

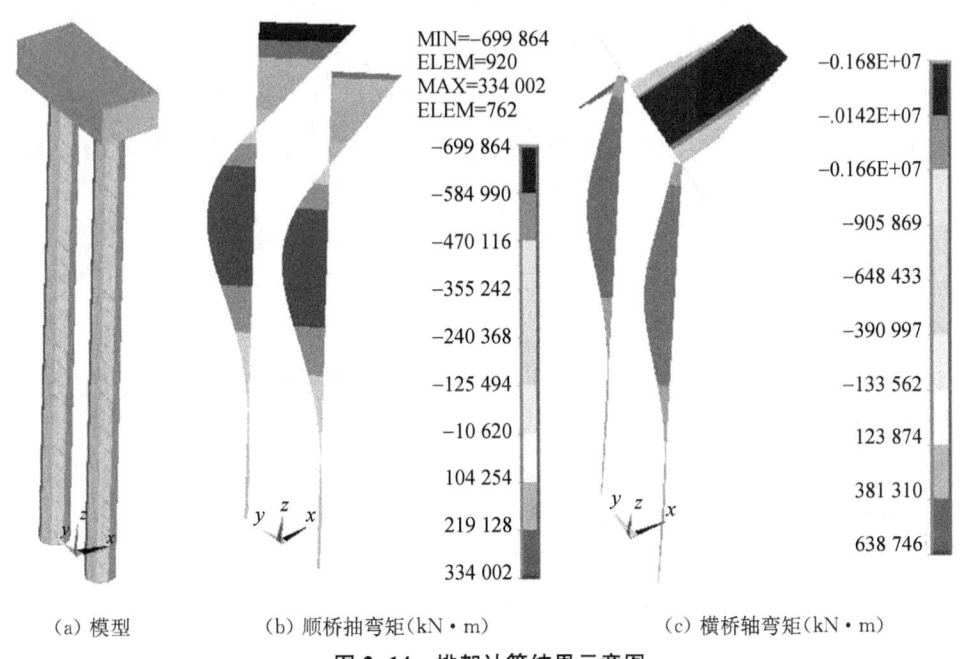

(a) 模型　　(b) 顺桥抽弯矩(kN·m)　　(c) 横桥轴弯矩(kN·m)

图 2-14　排架计算结果示意图

2.4　水平受荷桩数值分析反演方法

位移反分析函数即为目标函数，其目标函数为：

$$f(X) = \sum_{i=1}^{N} (y_i - y_i^*)^2 \tag{2-34}$$

式中：N 为测点总数；y_i 为测点 i 的水平位移计算值；y_i^* 为测点 i 的水平位移实测值。

存在如下的约束条件：

$$m_i^{\min} \leqslant m_i \leqslant m_i^{\max}, EI_i^{\min} \leqslant EI_i \leqslant EI_i^{\max} (i = 1, 2, 3, \cdots, n)$$

式中：$m_i^{\min}$、$m_i^{\max}$ 分别为 m_i 的上下限，$EI_i^{\min}$、$EI_i^{\max}$ 分别为 EI_i 的上下限。

由于 y_i 为 m 和 EI 的复杂非线性函数，故这是个非线性最小二乘问题，其解可通过迭代求得：

$$\Delta X_k = -[J(X^{(k)})^T J(X^{(k)})]^{-1} J(X^{(k)})^T F(X^{(k)}) \tag{2-35}$$

$$X^{(k+1)} = X^{(k)} + \Delta X_k \tag{2-36}$$

式中：

$$\Delta X_k = \begin{Bmatrix} m - m^k \\ EI - EI^k \end{Bmatrix}, J(X) = \begin{Bmatrix} \dfrac{\partial(y_1 - y_1^*)}{\partial m} & \dfrac{\partial(y_1 - y_1^*)}{\partial EI} \\ \dfrac{\partial(y_2 - y_2^*)}{\partial m} & \dfrac{\partial(y_2 - y_2^*)}{\partial EI} \\ \vdots & \vdots \\ \dfrac{\partial(y_N - y_N^*)}{\partial m} & \dfrac{\partial(y_N - y_N^*)}{\partial EI} \end{Bmatrix} \tag{2-37}$$

迭代过程中引入步长因子 β 控制其步长以改善其收敛性，即以下式代替式(2-36)：

$$X^{(k+1)} = X^{(k)} + \beta \Delta X_k \tag{2-38}$$

式中：β 按下式选择：

$$f(X^{(k)} + \beta \Delta X_k) \leqslant (1 - \beta \lambda) f(X^{(k)}) \tag{2-39}$$

计算中 $\lambda = 0.2$，β 首置 1，以后如不满足式(2-39)，则令 $\beta = 2^{-j} (j = 1, 2, \cdots, 16)$，如 $j > 16$ 则认为已求的解，按公式(2-37)计算 $J(X)$。

位移反分析计算步骤为：

(1) 根据土的类别和桩身参数大致确定 m 值和桩身刚度的初值；

(2) 由给定的刚度和 m 值初值，利用有限元方法计算某一工况下桩的水平位移；

(3) 由计算的水平位移和相应的实测水平位移建立目标函数；

(4) 按式(2-39)选择合理步长通过迭代逐次改进 m 值和刚度值，求目标函数的极小值。迭代终止以满足收敛精度为标准，对应的 m 值和刚度值即为反分析结果，相应的可以求得满足桩的水平位移条件下的桩身内力、弯矩和转角等力学特性。

【例3】 宁波某 20 万 t 级码头大直径预应力混凝土管桩，桩径 1 200 mm，壁厚 145 mm，水平力作用点离泥面高度为 27.75 m，如土深度为 32.25 m，桩顶自由，第一层土为淤泥质亚黏土，厚度 25.6 m，$\gamma = 18.3$ kN/m³，$\varphi = 22.26$，$c = 13.4$ kPa；第二层土为灰色亚黏土厚度 1.6 m，$\gamma = 20.0 \text{ kN/m}^3$，$\varphi = 19.38$，$c = 44.7 \text{ kPa}$。

采用本书的反演分析方法的计算结果与实测数据对比见表 2-2 所示。

表 2-2　反演分析结果与实测数据对比

水平荷载 (kN)	m 值 (kN·m^{-4})	EI (kN·m^2)	计算泥面位移 (mm)	实测泥面位移 (mm)
6.00	6 342.36	45 141 113.28	1.22	1.20
12.00	4 330.39	44 574 951.17	2.71	2.70
24.00	4 488.88	44 734 863.28	3.96	3.95
36.00	4 795.17	45 731 689.45	5.04	5.02
48.00	4 984.78	43 260 498.04	6.47	6.45
54.00	4 327.47	43 136 474.60	8.28	8.25

为检验上述计算的 m 值是否反映试桩的真实受力特性，在此利用上述计算的 m 值作为初始输入参数，绘制出了桩身水平位移和弯矩随桩深度变化的关系曲线，并与试桩的试验数据进行对比分析。如图 2-15 所示。

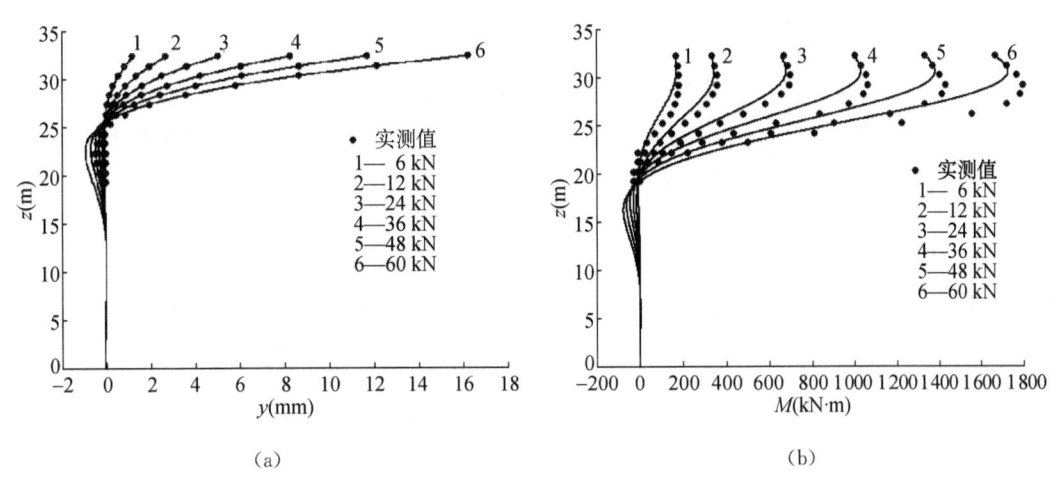

图 2-15　桩身水平位移、弯矩计算值与实测值对比图

从图 2-15 中可以看出，由于计算的 m 值是由位移推求的，因此计算的位移值与实测值非常接近，而弯矩则是从位移的导数求出的，其计算值与实测值的符合程度相对较差，特别是在入土越深的地方，这也是 m 法的缺点之一。

【例 4】　为了验证本书的方法能够准确分析试桩的刚度变化情况，选取上海某码头预应力混凝土空心方桩作为研究对象。试桩桩宽 0.6 m，水平力作用点高度为 1.9 m，深度为 37.23 m，桩顶自由，浅层土为灰色淤泥质亚黏土，$\omega = 42.9\%$，$\gamma = 17.7 \text{ kN/m}^3$，$e = 1.21$，$a = 0.61/\text{MPa}$，试桩数据见表 2-3。

表 2-3 试桩数据

H (kN)	y_h (mm)	y_0 (mm)	M_0 (kN·m)	M_{max} (kN·m)	z_{max} (m)
12	1.72	0.82	22.85	34.40	1.00
24	3.89	1.86	46.50	66.70	1.50
36	5.74	3.30	69.90	106.10	2.00
48	10.12	5.40	92.70	142.40	2.50
60	13.84	7.60	114.90	184.80	2.50
72	18.22	10.50	138.30	229.40	2.50
84	23.16	13.70	162.10	280.17	3.00
96	28.06	17.10	184.30	327.92	3.00
108	35.50	22.30	207.10	373.40	3.00
120	48.39	29.60	229.70	406.50	3.00
132	68.56	44.80	251.50	447.60	3.00
144	98.28	62.10	275.20	488.10	3.00

注：H 为水平荷载，y_h 和 y_0 分别表示力作用点和泥面的水平位移，M_0 和 M_{max} 分别为泥面弯矩和最大弯矩，z_{max} 为最大弯矩距泥面的距离。

采用位移反演分析法进行计算，求的各级荷载下的桩身刚度和相应的 m 值。为了检验计算的 m 值和桩身刚度能否反映试桩的真实受力状态，这里绘制了桩身位移和桩身弯矩随深度变化的关系曲线，并与试桩数据进行对比，如图 2-16 所示。

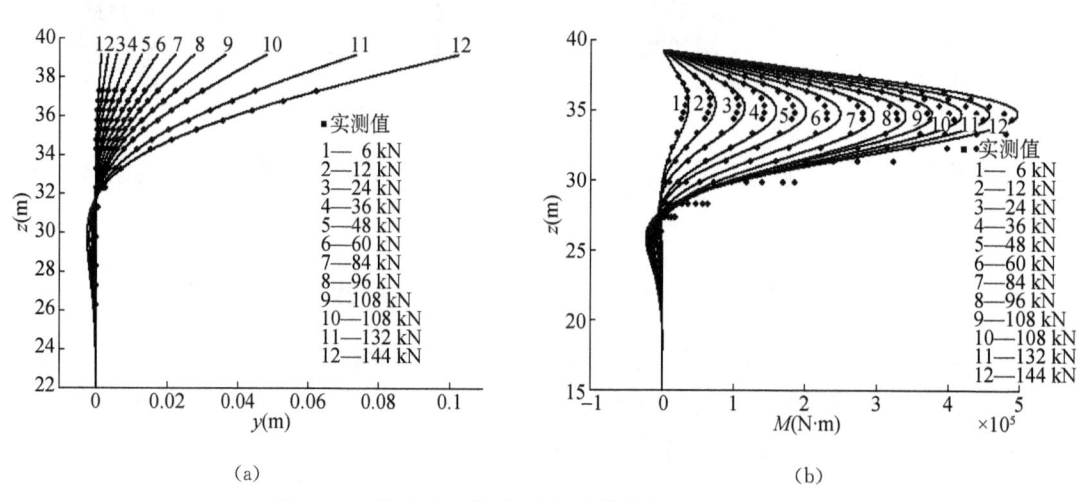

图 2-16 桩身水平位移、弯矩计算值与实测值对比图

从图 2-16 中可以明显看出，由于采用多位移点拟合，计算桩身位移的值与实测值吻合得比较好，由于弯矩是通过相应的水平位移各个级导数求得，因此弯矩计算值与实测值

的符合程度不如位移符合得好,随着荷载的增加,试桩从小位移变形发展到大位移变形,计算误差越来越大。总的来说,根据实测位移反推的桩身弯矩已经能满足工程精度要求。根据反演分析法计算结果,桩身刚度随荷载级数的增大逐渐减小,其变化曲线如图 2-17 所示。

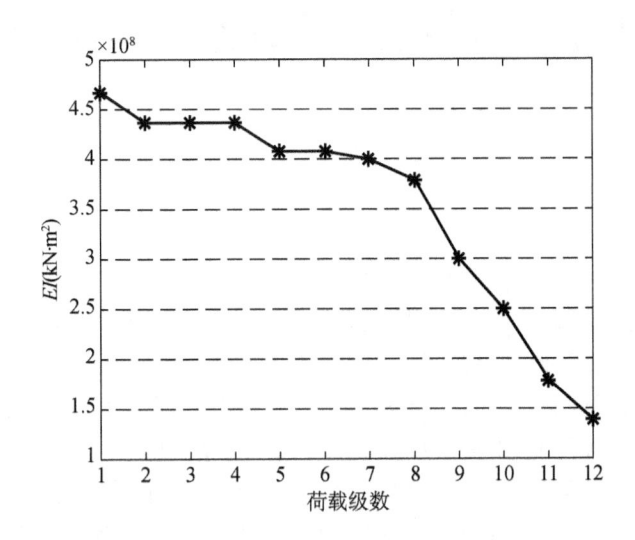

图 2-17 桩身刚度和荷载级数的关系

根据试验之前进行桩的整体率定,得到试桩的 EI 为 4.17×10^5 kN·m²。从图 2-17 可以看出,在荷载 1 级~8 级的情况下,桩身刚度的变化很小,计算桩身刚度和试桩前率定值基本吻合,在第 9 级荷载作用下,刚度突然减小,由此可以判断在此荷载情况下,桩身开裂,实际测试中,也同样发现在此荷载作用的情况下,桩身弯矩达到开裂弯矩状态。

第 3 章
岸坡变形下桩基与结构承载力评估方法

高桩码头是沿海、河口和河流下游软土地基区域常用的结构形式。高桩码头除了直接承受码头上部竖向荷载之外,还直接或间接受到许多其他方式荷载的影响,其中岸坡土体变形造成直桩倾斜,当倾斜变形较大时,构件之间的连接部位开裂,桩、梁、板间出现错位或脱离,更有甚者,码头桩基可能会因承受过大外力作用发生折断,此时桩基完全丧失支撑作用,承载力大大降低,对高桩码头的安全性造成威胁。

目前,导致岸坡变形的主要原因包括后方堆载和前方淤积清淤等。岸坡变形在高桩码头使用过程中,会产生怎样的作用?引起码头结构尤其是桩基础多大的变位和内力,其影响过程是怎样的?这些通过传统手段难以得出明确的结论,特别是定量分析存在较大困难。为了评估岸坡变形下桩基与结构承载力,可以采用有限元方法。

3.1 模型的简化与建立

3.1.1 接触单元的应用

接触单元的运用是采用有限元模拟桩土间相互作用的一种常见方法。要考虑桩土交界面之间的相互滑动、脱离、接触等可能出现的情况,就需要引入接触单元来模拟桩土交界面之间的这类相互作用。在桩和土相互作用过程中,可能表现为三种接触状态:①黏结接触,即在相互作用过程中,接触面上的节点在变形前后坐标值相同,不发生分离和滑动;②滑移接触,即在作用过程中,接触点可沿接触面相对滑动,在接触面法线方向上两接触面坐标值相同;③摩擦接触,认为两物体在作用开始时某些部位并没有接触,但在作用过程中,随着物体的变形可能产生接触,或以前接触的部分在相互作用后脱开分离,从而使接触解除。为了模拟桩土之间不同的接触状态,每个有限元软件都有自己的接触单元,PLAXIS 软件中通过界面单元采用一种弹塑性模式来模拟桩土接触面性状,该法采用 Coulomb 准则来判断接触面内发生微小结构与土体相对位移时的弹性变形和持久变形发生时的塑性性状。桩土相互作用通过给界面选取合适的界面强度折减因子(R_{inter})来模拟,该因子把界面强度与土体强度相互联系在一起。

3.1.2 模型的简化

由于岸坡变形与高桩码头间是一个复杂的桩土相互作用体系,具有很强非线性,计算量非常大。根据高桩码头结构的受力特点,在纵向方向,码头特有的排架结构可以简化为二维模型反映其受力状况,同时大大降低计算量,节约资源。具体简化过程包括:

(1) 土体连续介质的模拟:有限元数值计算中土体采用基于 Mohr-Coulomb 土体弹塑性模型,桩基础采用线弹性模型,同时采用接触单元考虑土体和桩基之间的相互作用;

(2) 堆载过程的模拟:通过在高桩码头后方坡顶施加均布荷载模拟堆载,以研究坡顶堆载对高桩码头的影响;

(3) 岸坡淤积清淤过程的模拟:通过有限元软件的"单元生死"技术模拟岸坡的淤积和清淤过程对高桩码头的影响。

计算时,需要边坡计算结果趋于稳定的边界范围。研究发现,如果令三个边距中的一个变化,其余两个不变,那么左边界(坡脚端)对计算结果的影响最不敏感,不同的取值相差不到 1%,底端边界次之,最大相差在 1% 左右;右端边界对计算精度的影响最大,达到 5%。当坡角到左端边界的距离为坡高的 1.5 倍,坡顶到右端边界的距离为坡高的 2.5 倍,且上下边界总高不低于 2 倍坡高时,计算精度最为理想。

3.1.3 参数换算

对于高桩码头,若采用二维分析,需要忽略纵向边界条件的影响,因此将桩基等效为板桩,按下式进行参数换算:

$$EA = \frac{E_s A_s + E_p A_p}{u} \tag{3-1a}$$

$$EI = \frac{E_s I_s + E_p I_p}{u} \tag{3-1b}$$

式中:p 表示桩;s 表示土体;u 为相邻桩的中心距离;EA、EI 分别为板桩的等效轴向刚度和抗弯刚度。

3.2 码头后方堆载案例分析

3.2.1 模型构建

某高桩码头排架由前、后两部分组成,后部直桩为 0.7 m×0.7 m 方桩,共 8 根,横梁截面为 0.8 m×1.2 m,横梁与桩之间采用铰接;前部有直桩和叉桩,桩的截面为 0.6 m×0.6 m,横梁截面为 0.8 m×1.4 m,横梁与桩之间刚性连接。直桩桩长为 23 m,码头排架间距为 3.5 m。单个码头排架结构共有 14 根桩，从码头后沿往前沿方向，依次编号为 (1)、(2)、(3)、…、(14)，在码头的不同位置截取 5 个不同截面，观察岸坡土体的变形特点，标记为(Ⅰ)、(Ⅱ)、…、(Ⅴ)，如图 3-1(a)所示，再综合考虑岸坡与码头结构的整体布局。本模型中选取计算域取长 95 m，高 33.5 m。模型底部设置水平和垂直两个方向的约束，侧面仅约束水平向位移，如图 3-1(b)所示。

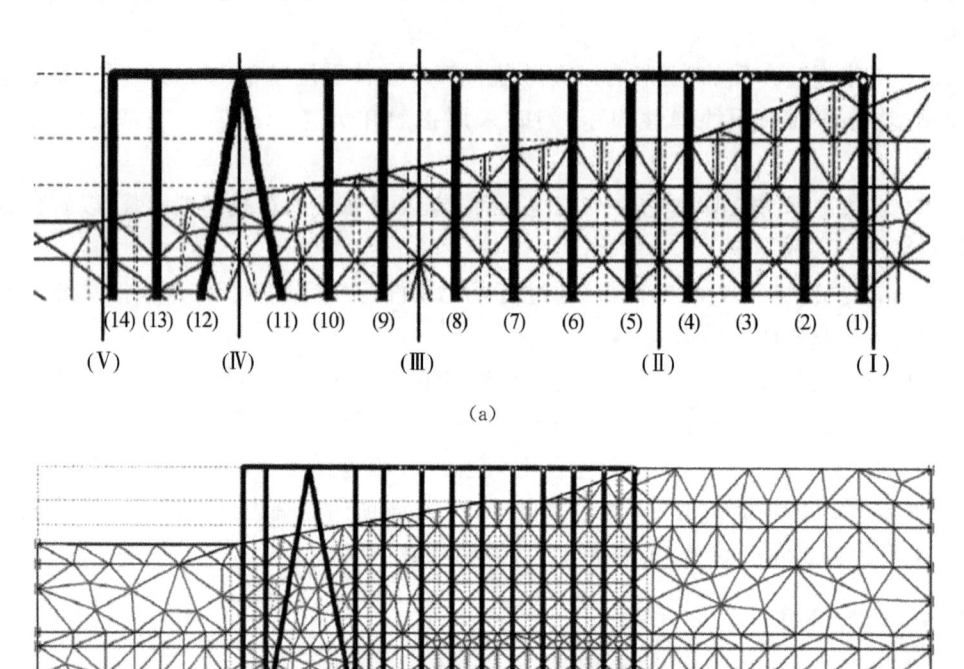

(a)

(b)

图 3-1 二维计算模型

3.2.2 计算参数

有限元计算中等效应的结构和土体力学参数取值见表 3-1 和表 3-2。

表 3-1 结构力学参数

结构参数	结构			
	前桩	后桩	前梁	后梁
EI (kN·m^2)	9.27×10^4	1.71×10^5	1.57×10^6	9.87×10^5
EA (kN)	3.09×10^6	4.21×10^6	9.6×10^6	8.23×10^6

表 3-2　土体参数

土层	模量(MPa)	密度(kg/m³)	泊松比	黏聚力(kPa)	摩擦角(°)
粉质黏土	22	1 835	0.27	30	20
粉质黏土	21	1 800	0.28	20	20
淤泥质黏土	7	1 730	0.30	14	15
淤泥质黏土	6.7	1 734	0.33	11	15
淤泥质黏土	6.5	1 500	0.35	10	15
工程砂	45	2 039	0.30	3	35
填土	15	1 734	0.32	14	30

3.2.3　工况设置

有限元模型建立后,在计算之前必须设定初始条件,包括水位条件和初始应力状态。天然土体受到任何扰动(建造或开挖等)前本身具有自重应力,此时认为土体表面及内部各处的位移为零,故天然土体处于无位移但有应力的初始平衡状态。采用有限元计算时,首先要模拟土体这种位移为零但存在应力的初始状态,这个过程称之为平衡地应力。由于土体非线性特征,岸坡进行地应力平衡后,不同深度土体处于不同的应力状态。在外力作用下,受力较大部位土体会达到塑性,此时土体的受力状态与没有自重应力平衡下状态是截然不同的。本计算模型是一个非水平的土体表面,需要通过"重力加载"的方法计算初始应力。高桩码头后方堆载,相当于在后方坡顶部位施加均布荷载,分析中直接将堆载简化为均布荷载施加,大大简化了计算的过程,计算模型见图 3-2。由于本节主要关注的是码头后方堆载对岸坡及高桩码头的影响,因此码头结构施工结束后,应将所产生的位移归零。为分析高桩码头后方堆载对岸坡及码头的影响,有限元模型建立后,应将计算过程分为以下 5 个工况进行:

(1) 确定水位,施加初始水压力;
(2) 形成岸坡固有倾斜泥面,码头前方临海;

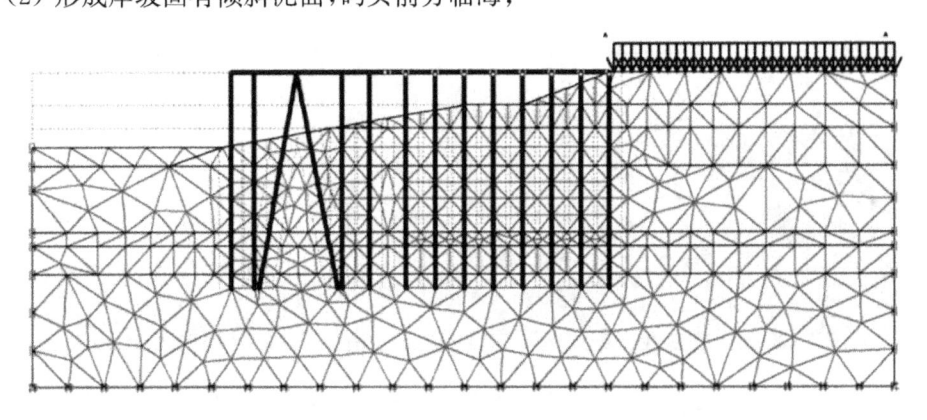

图 3-2　后方堆载计算模型

(3) 平衡地应力,计算后形成土体自重应力场,土体位移归零;
(4) 激活高桩码头单元,并将计算后位移归零;
(5) 施加码头后方堆载。

3.2.4 计算成果分析

图 3-3 为后方堆载引起的码头变形图。从矢量图中可以看出,在码头后方堆载作用下,堆载部位下方坡顶土体有下滑趋势,总体变形最大,且以竖向变形为主,达到 62.16 mm,岸坡变形向周围土体传递,下滑趋势减弱逐渐发展为水平向海的位移,并对码头桩基产生作用,由此码头后方堆载的影响转化为周围土体位移对码头桩基的影响。由于码头后方堆载不同距离处岸坡土体变形的差异,各处桩基也产生不同的反应。对于后方临近桩基础影响明显且主要是竖向位移作用,而水平方向作用在土体中传递范围更大,其对岸坡前方的码头桩基影响较大。图 3-3(e)是码头不同位置处土体的位移矢量图,其中(Ⅰ)是紧靠桩(1)右边土体位移,(Ⅱ)是桩(4)和桩(5)之间位置,(Ⅲ)是码头前梁和后梁中间,(Ⅳ)是 2 根叉桩间,(Ⅴ)是桩(14)即临海的最后一根桩左边位置。由 5 处不同位置的土体位移矢量图可以看出,在码头后方,堆载引起的竖向和水平位移都比较大,越向临海方向,堆载影响以水平方向为主。

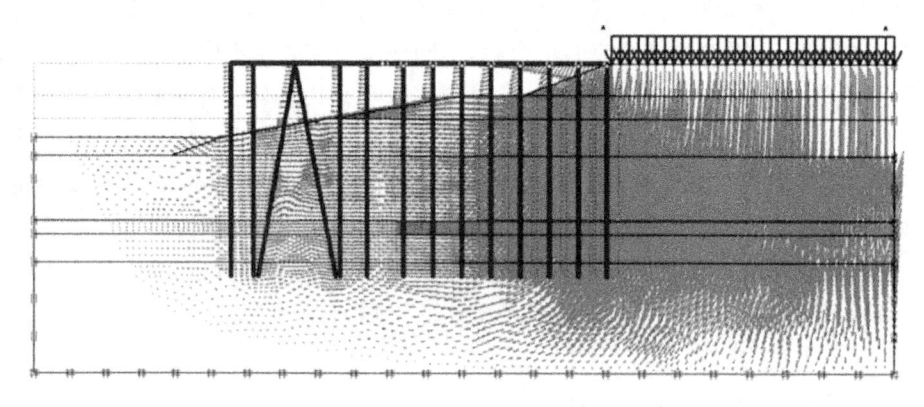

(a) 变形矢量图

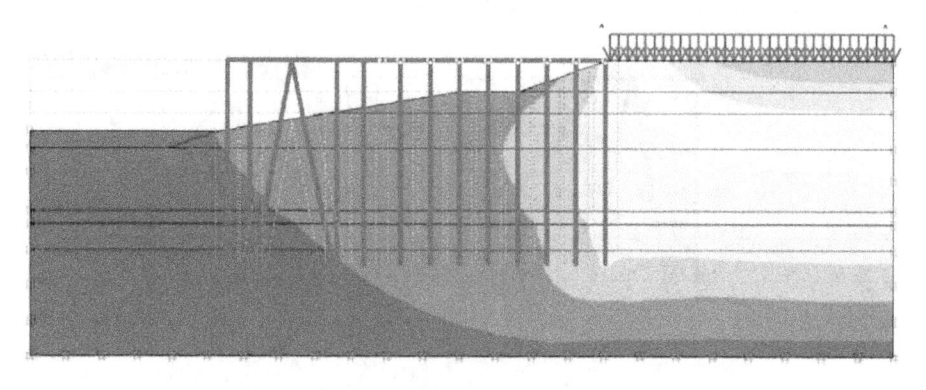

(b) 变形云图

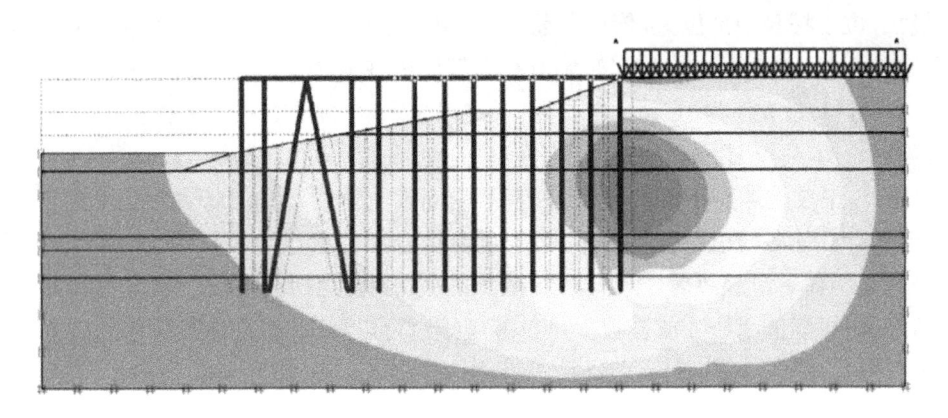

(c) 水平位移图

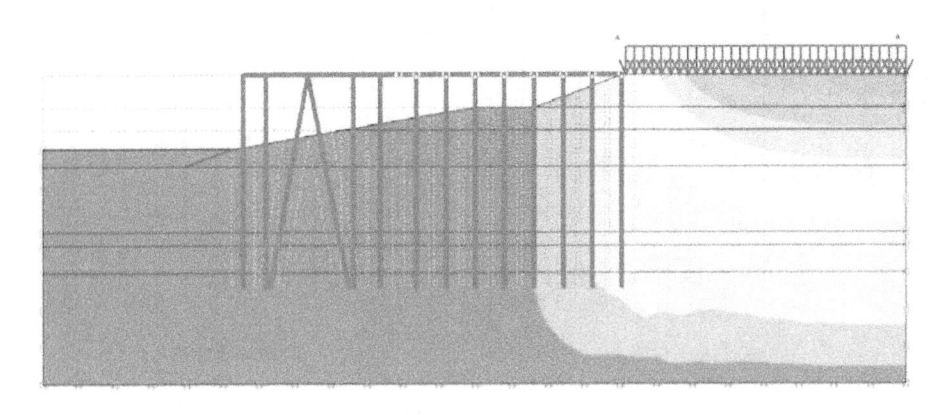

(d) 竖直位移图

(Ⅰ)　　　(Ⅱ)　　　(Ⅲ)　　　(Ⅳ)　　　(Ⅴ)

(e) 不同位置土体位移矢量图

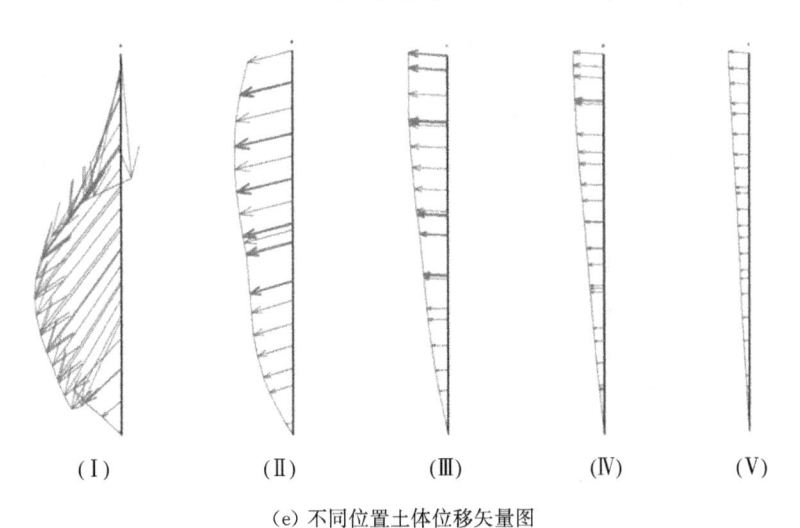

图 3-3　后方堆载引起的码头变形图

图 3-4 为后方堆载时桩基变形与内力沿桩长变化情况。由图 3-4(a)可以看出，后方承台下的桩基础均在桩身中部的不同位置产生水平位移，最靠近后方的桩基产生的水平

位移最大,位于桩身中部位置,依次向前,水平位移逐渐减小,且位移最大值的位置逐渐上移,而前方承台下各桩的水平位移最大值基本都位于桩顶部位。竖向位移主要发生在码头后方桩基,桩(1)最大值为 18 mm 左右,由于桩基与承台之间为铰接,前方桩基在竖向产生的位移很小。堆载作用下桩基以受压为主,只是在局部地方出现拉应力。这是因为在后方堆载作用下,岸坡土体有下滑的趋势,桩基承受周围土体的运动趋势,便承担了较大的压力,承台的存在使各桩位移保持一致,桩与承台结合部位就产生了拉应力;后承台直桩与后叉桩承受土体下滑趋势后,土体与结构之间较强的相互作用,改变了后叉桩和桩(13)的受力情况,由可能的受压变成受拉。由桩基弯矩也可以看出,后方堆载引起的后方桩基弯矩最大,桩(1)达到 43 kN·m,前承台与桩刚性连接,因此在桩顶部位会产生弯矩。

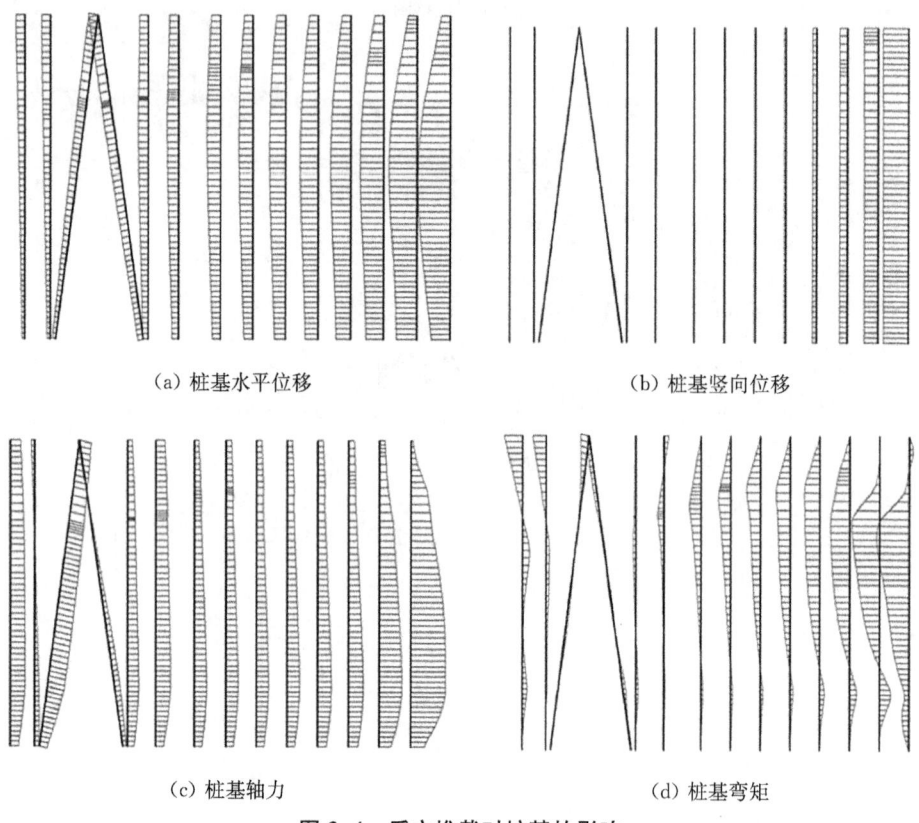

(a) 桩基水平位移　　　　　　　　　(b) 桩基竖向位移

(c) 桩基轴力　　　　　　　　　　　(d) 桩基弯矩

图 3-4　后方堆载对桩基的影响

3.3　码头前方淤积案例分析

3.3.1　模型构建

码头前方淤积的计算过程,大致与堆载过程相似,采用 PLAXIS 中的生死单元技术,即"激活"图 3-5 中注写"模拟淤泥淤积"对应单元的方式模拟淤泥淤积的过程,产生岸坡变形,进而对高桩码头结构产生影响。前方淤积计算模型见图 3-5,桩编号同图 3-1。

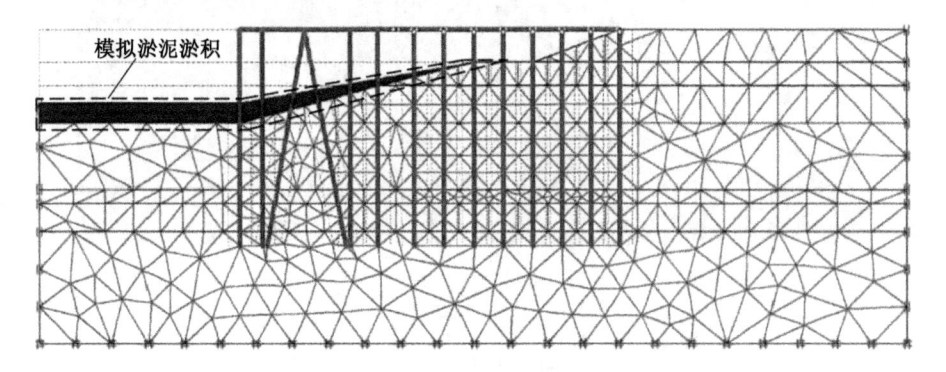

图 3-5 前方淤积计算模型

3.3.2 工况设置

为分析高桩码头前方淤积对岸坡及码头的影响,有限元模型建立后,应将计算过程分为以下 5 个工况进行:

(1) 确定水位,施加初始水压力;
(2) 形成岸坡固有倾斜泥面,码头前方临海;
(3) 平衡地应力,计算后形成土体自重应力场,土体位移归零;
(4) 施工高桩码头,并将计算后位移归零;
(5) 模拟码头前方淤积过程。

3.3.3 计算成果分析

图 3-6 为前方淤积引起的码头变形图。从位移矢量图可以看出,码头前方淤积,在淤积下方尤其是码头前方的土体竖向位移明显,最大达到 23.82 mm,淤积作用在土体中越往后方,其水平方向作用越明显,在前承台下桩(14)附近水平位移最大达到 4.43 mm。在土体淤积范围以外,图 3-6(e)的(Ⅰ)、(Ⅱ)剖面位置,土体位移基本是水平方向,桩编号同图 3-1。

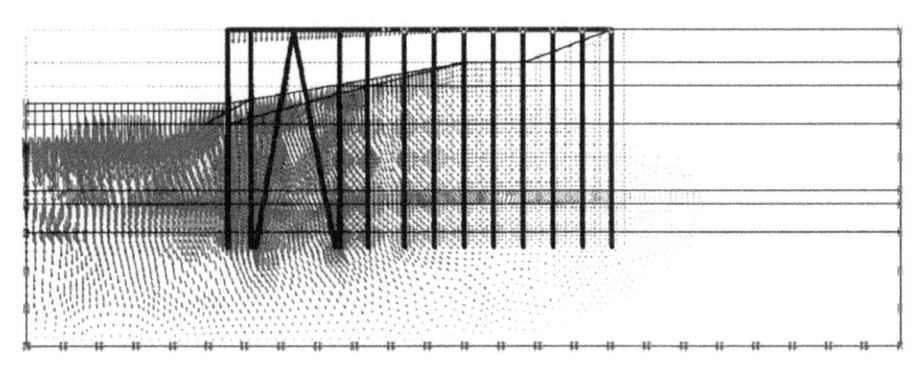

(a) 变形矢量图

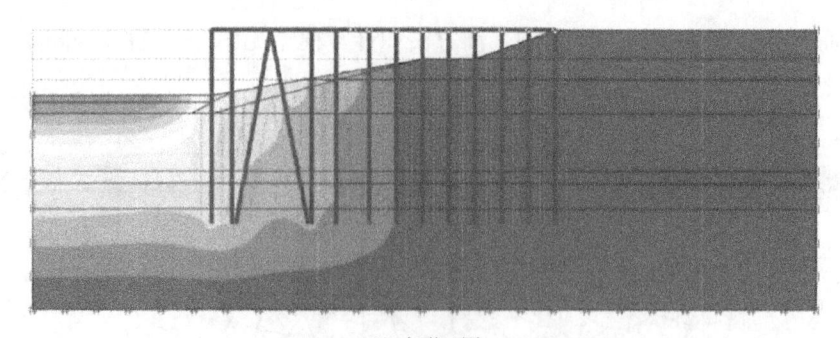

(b) 变形云图

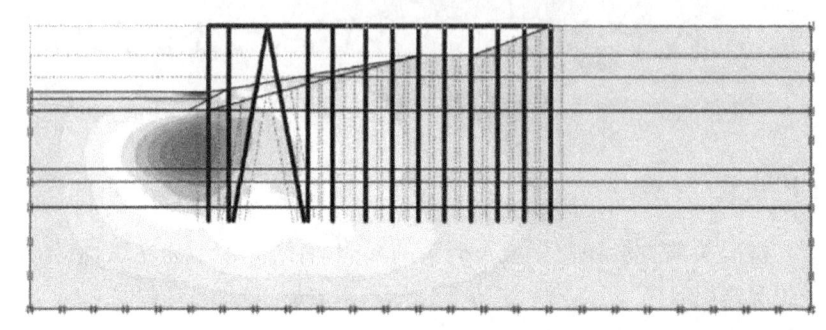

(c) 水平位移图

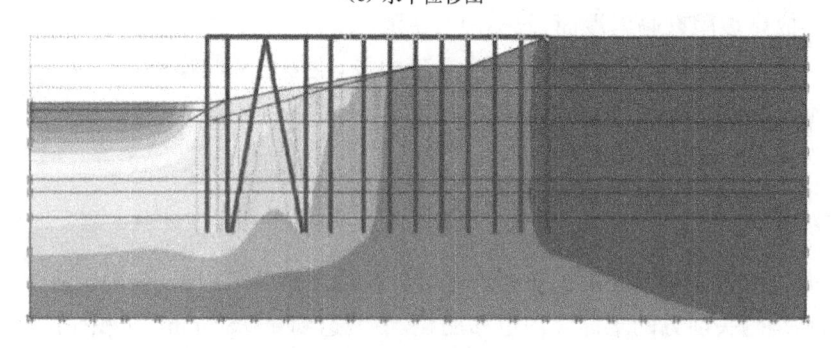

(d) 竖向位移图

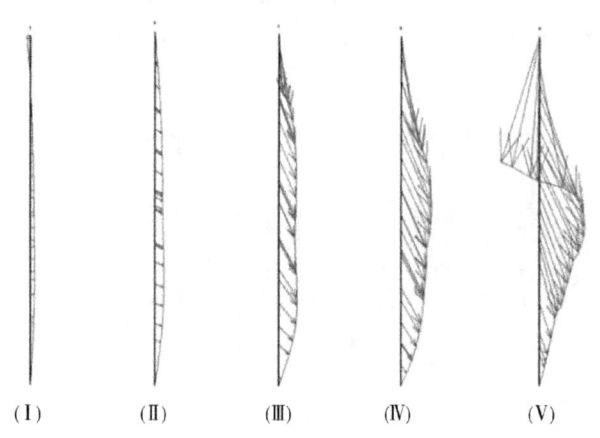

(Ⅰ)　(Ⅱ)　(Ⅲ)　(Ⅳ)　(Ⅴ)

(e) 不同位置土体位移矢量图

图 3-6　前方淤积引起的码头变形图

图3-7为前方淤积对码头桩基的影响。由图中可以看出,桩基由于淤积作用产生的位移主要位于前承台下的桩基础,对于后承台下的桩基础尤其是靠近岸坡的桩影响很小。桩基基本受压,只有个别桩基顶部出现拉应力。由桩基弯矩也可以看出,淤积引起的码头前方桩基弯矩最大,桩(14)达到 16.26 kN·m,前承台与桩刚性连接,因此在前承台下桩顶部位会都会产生弯矩,相对的后承台桩基轴力和弯矩都较小。

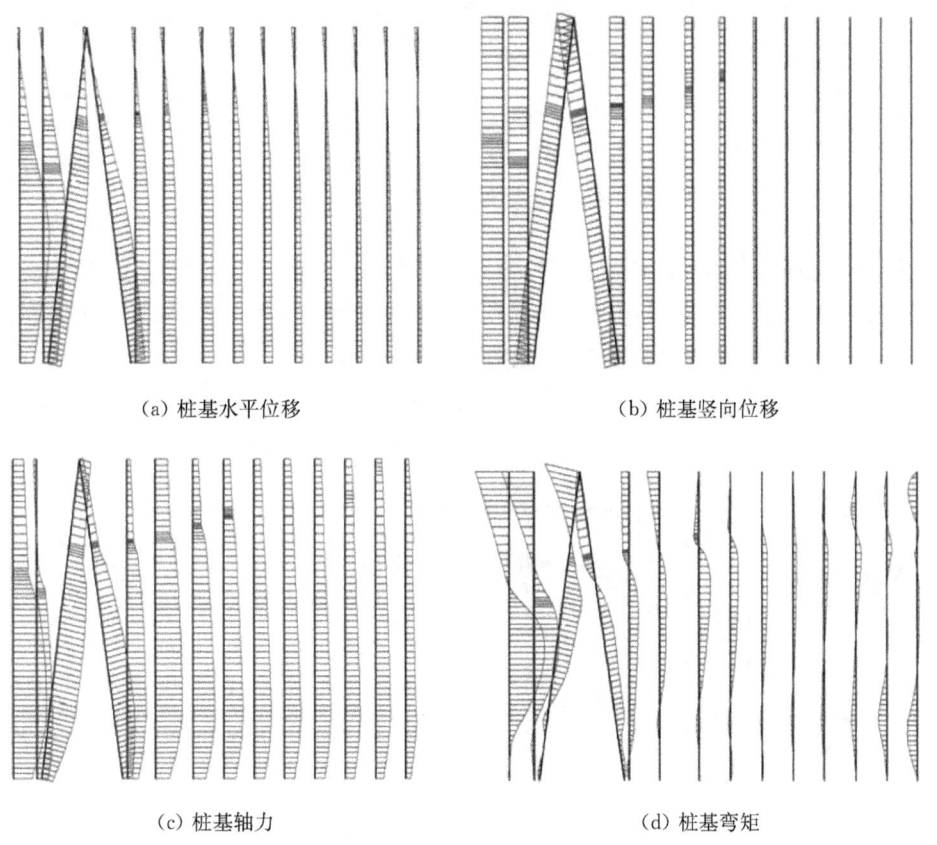

(a) 桩基水平位移　　　　　　　　(b) 桩基竖向位移

(c) 桩基轴力　　　　　　　　(d) 桩基弯矩

图 3-7　前方淤积对码头桩基的影响

3.4　码头前方清淤案例分析

3.4.1　模型构建

在3.3节码头前方淤积模型的基础上,研究清淤过程对码头的影响。图3-8为码头前方清淤的有限元计算模型,以"杀死"图中注写"模拟清淤过程"对应单元的方式模拟清淤过程,其工况设置类似于前方清淤计算,仅最后工况变更为模拟清淤过程。

3.4.2　计算成果分析

图3-9为前方清淤工程引起的码头变形。挖除淤泥引起地层应力释放及整个土坡变

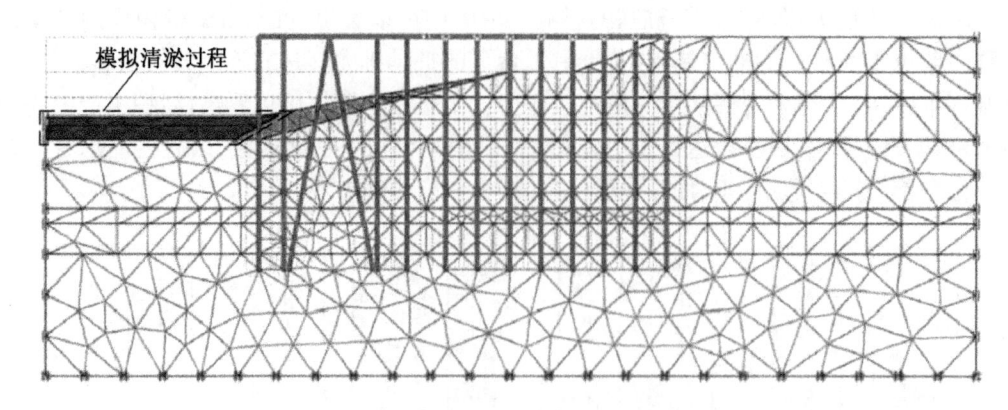

图 3-8　码头前方清淤有限元计算模型

形,清淤部位土体隆起,产生垂直于开挖面方向的位移。随着土体位移向后方传递,竖向位移迅速减弱,水平位移发挥作用,所以后方桩基主要承受其周围土体水平向位移作用。码头前方清淤对临海面前承台下桩基位移产生的影响较大。随着位移在传递过程中的衰减,后承台下桩基受到的位移影响很小。清淤对桩基水平和竖直两个方向的位移均产生影响,水平最大位移为 3.92 mm,竖直方向最大位移为 3.87 mm。

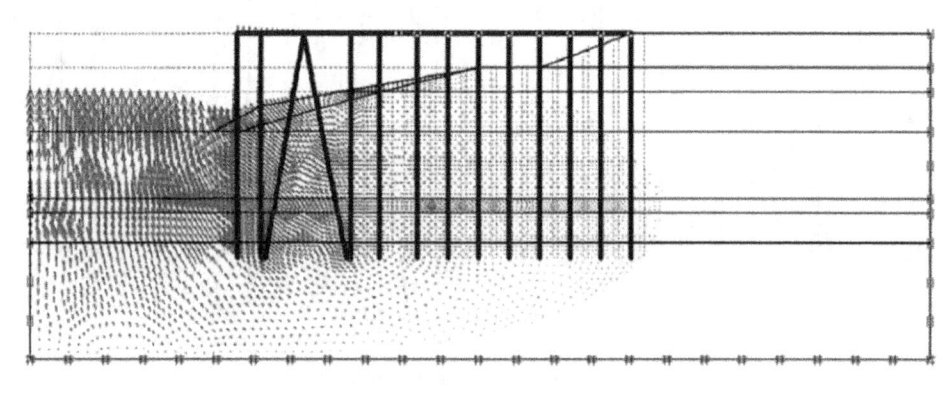

(a) 变形矢量图

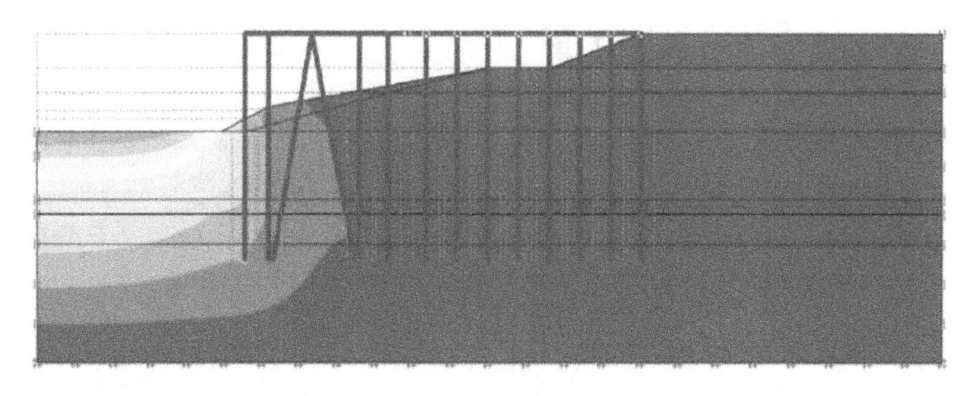

(b) 变形云图

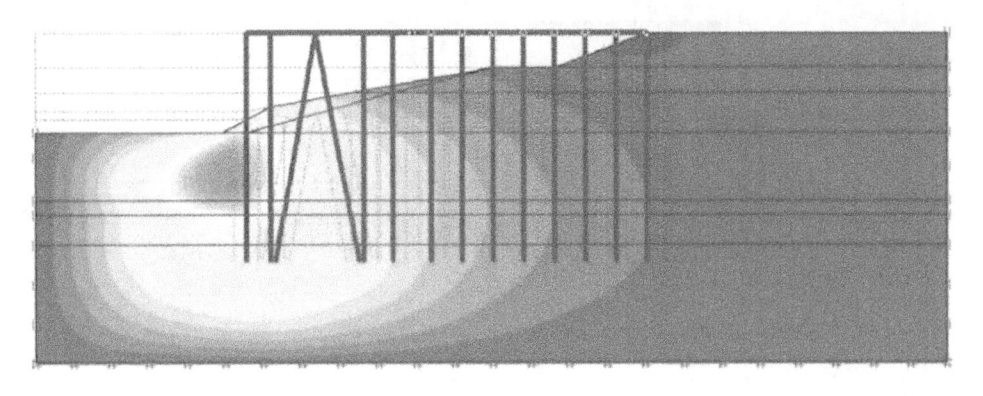

(c) 水平位移图

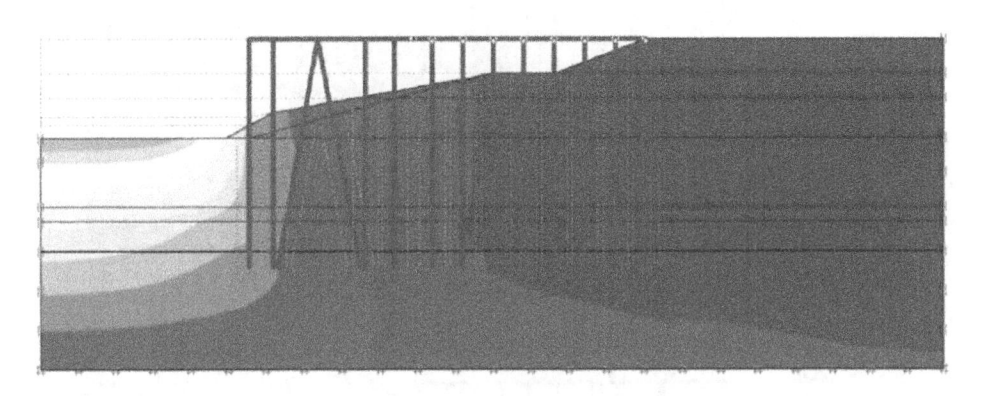

(d) 竖向位移图

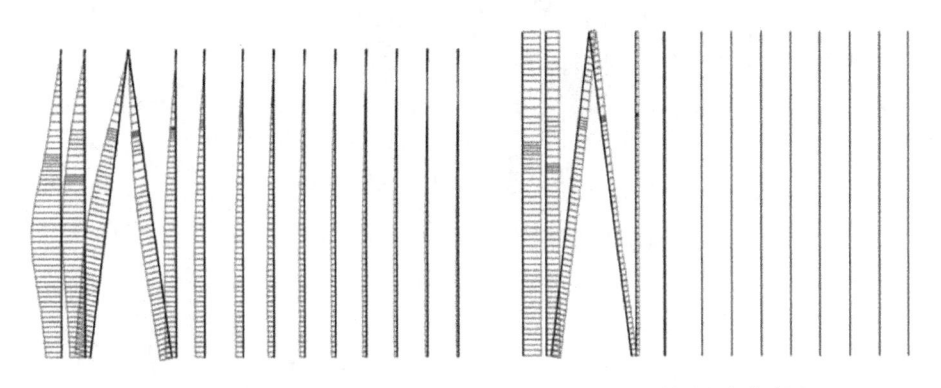

(e) 桩基水平位移图　　　　　　　　　　(f) 桩基竖向位移图
图 3-9　前方清淤工程引起的码头变形

3.4.3　清淤连续过程计算成果分析

在实际工程中,码头结构前方淤积和清淤过程的影响是连续的,实际工程中需将码头清淤过程与之前淤积过程影响叠加。需要指出的是,由于土体的非线性特性,此处的叠加并非数学上的线性叠加,而是计算工况中先进行淤泥过程分析,然后在淤泥过程分析的基础上进行清淤过程分析计算。图 3-10 为码头经历前方淤泥淤积和清淤过程引进的码头总位移。

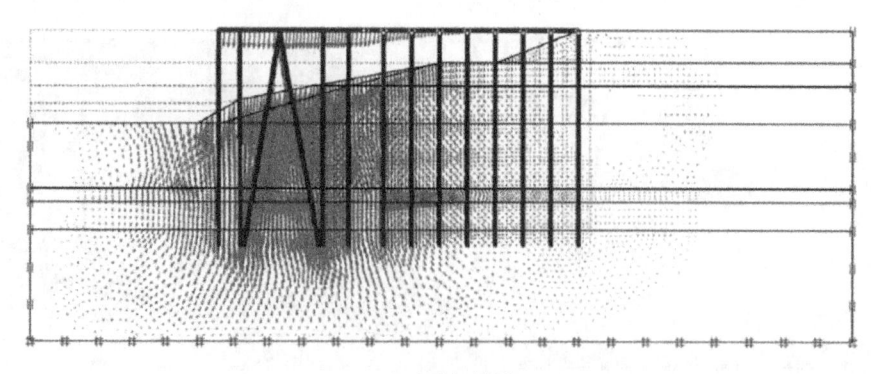

(a) 变形矢量图

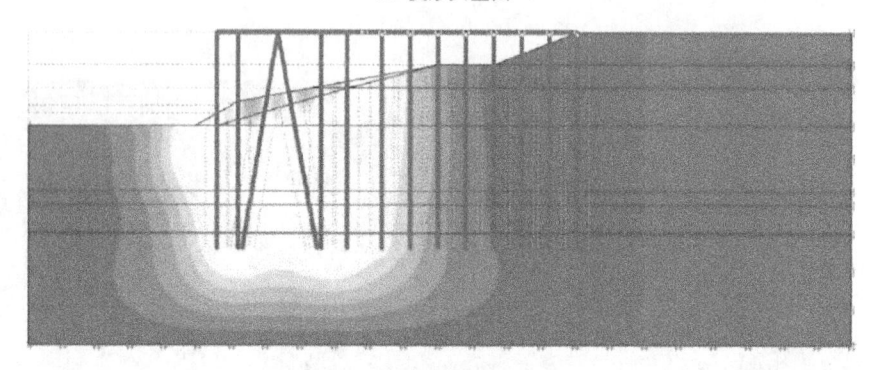

(b) 变形云图

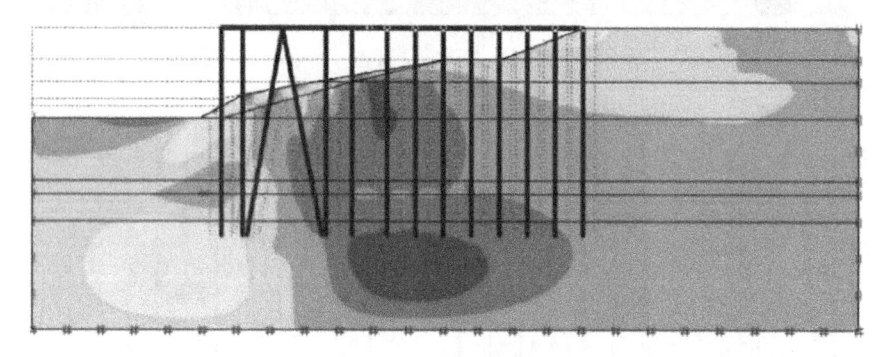

(c) 水平位移图

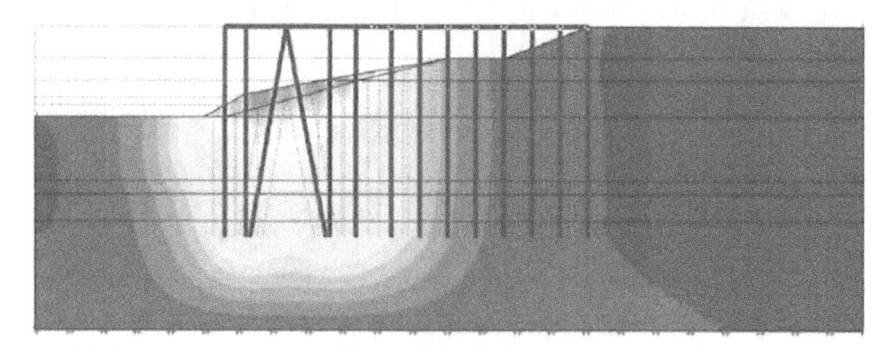

(d) 竖向位移图

图 3-10　前方淤积清淤过程引起码头总变形

从图 3-10 中可以看出，淤积清淤过后，码头位移主要集中在前承台桩间淤积但不能挖除的淤泥部位，也就是说，淤积清淤过程对码头产生影响的主要是淤积未挖除部分。图 3-11 所示为码头前方淤积清淤后桩基的总位移和内力。由图中可以看出，前方淤积清淤作用主要影响前横梁下的桩基础，其位移和内力相对较大，而距离淤积清淤位置较远的后承台桩影响较小。

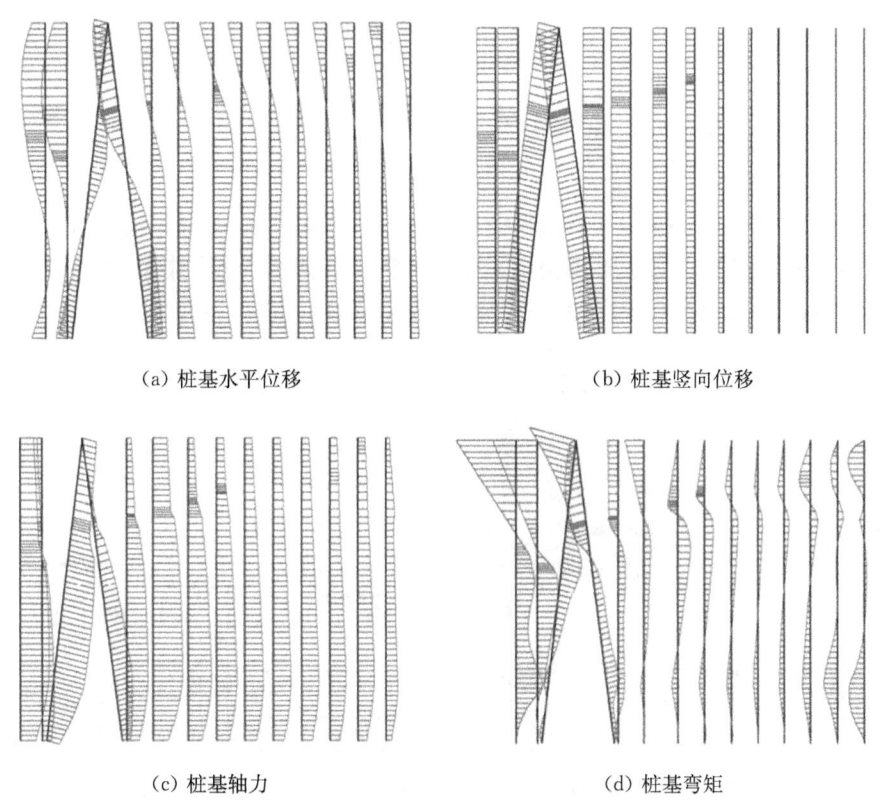

(a) 桩基水平位移

(b) 桩基竖向位移

(c) 桩轴力

(d) 桩基弯矩

图 3-11　前方淤积清淤过程对桩基影响

第 4 章 沉桩振动及其对周围结构物影响数值分析

在工程实践中,预制桩因其质量易于保证、承载力稳定、施工效率高等优点而得到广泛应用。然而,锤击施工方法不仅会产生噪音,还会引起桩附近土体振动,并且土体振动会导致土体性质发生变化,从而使周围结构物发生破坏,如图 4-1 所示。

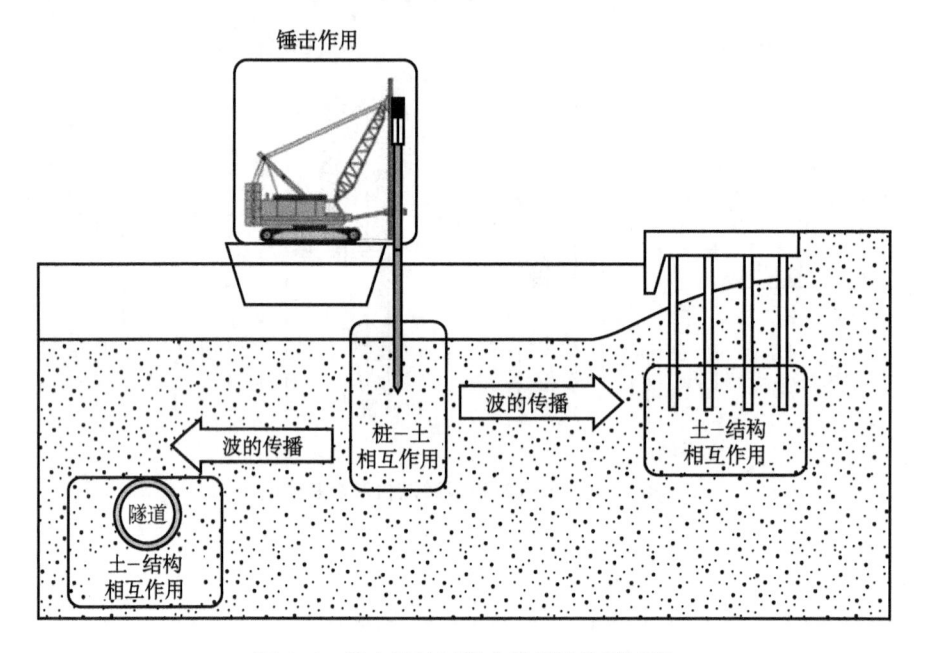

图 4-1 锤击沉桩过程中的振动传播过程

现场测试是研究锤击沉桩振动的常用方法。许多学者利用该方法研究了地面振动的传播和衰减特性。然而,现场测量的成本较高,沉桩的影响无法通过现场测量来预测。此外,简单的现场测量也会导致施工风险。相反,数值分析方法避免了这些缺点。

4.1 沉桩振动传播理论

锤击沉桩过程中,桩身由于桩锤锤击产生的振动会通过桩身与土体的摩擦接触和桩端的挤土作用传递到土体中，振动以应力波的形式在土体介质中向四周传播，因此会对桩附近一定范围内土体产生不同程度的扰动，一般称这种现象为锤击沉桩对土体的振动效应。而土体的位移、速度和加速度一般统称为土体的动力响应。而峰值响应是衡量沉桩振动的重要指标，同时也是判断沉桩过程对周围结构设施影响程度的标准。

4.1.1 应力波的定义

应力波从传播位于介质中的位置分类，主要包括体波和面波，如图4-2所示。体波主要在介质内部传播，而面波则是在介质的表面或者分界面处传播。

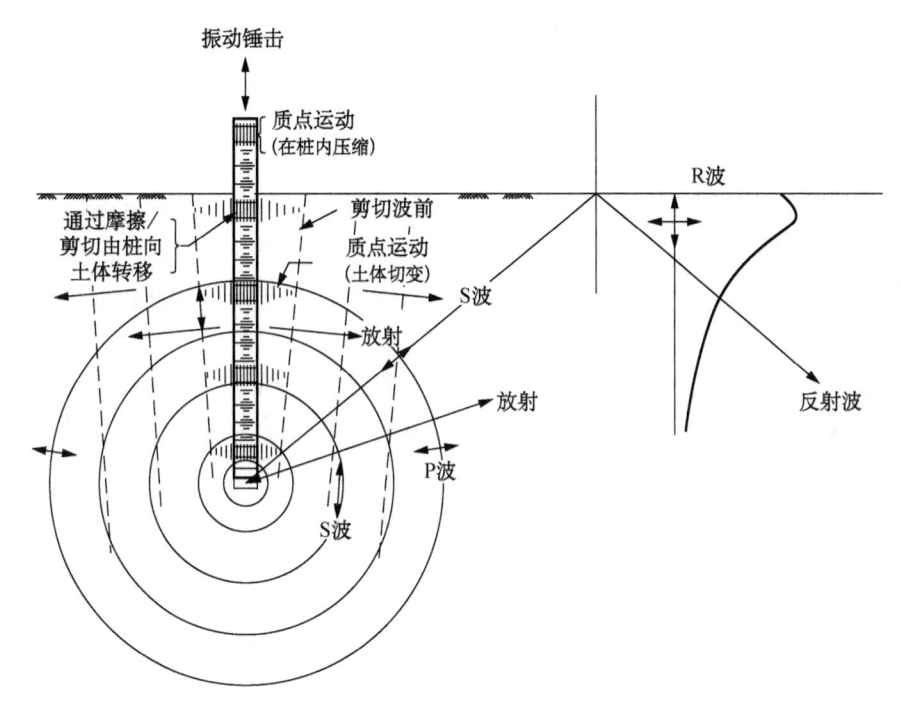

图4-2 在原状土中振动(或锤击)打桩过程中应力波的产生机理

体波根据其传播特征可分为纵波和横波。纵波(也称压缩波,简称P波)的传播方向与介质中质点的运动方向一致，并且在传播过程中会引起介质的体积变形，但不会使介质产生剪切变形。而横波(也称剪切波,简称S波)的传播方向与介质内部质点的运动方向相垂直，在传播过程中会引起介质的剪切变形，但不会导致介质的体积发生改变，其实质是剪切变形在介质内部的传播。

面波一般只存在于介质的分界面处，其性质与体波存在明显区别，当体波传播至介质的分界面时横波与纵波发生干涉，便会出现面波。从波的传播特征及介质内部质点的振动规律角度，可以将面波分为瑞利波(R波)和勒夫波。

4.1.2 应力波波速的计算

横波和纵波以及瑞利波的波速分别为V_P，V_S和V_R，可表示为式(4-1)，式(4-2)和式(4-3)：

$$V_P = \sqrt{\frac{\lambda + 2\mu}{\rho}} = \sqrt{\frac{E(1-\nu)}{\rho(1+\nu)(1-2\nu)}} \tag{4-1}$$

$$V_S = \sqrt{\frac{\mu}{\rho}} = \sqrt{\frac{E}{2\rho(1+\nu)}} \tag{4-2}$$

$$V_R = \frac{0.87 + 1.12\nu}{1+\nu} V_S \tag{4-3}$$

式中：E 为介质的弹性模量；ν 为泊松比；ρ 为密度；λ 为 Lame 常数；μ 为剪切模量。

4.1.3 应力波的传播和衰减特点

由于几何耗散和材料耗散，应力波在传播过程中其振动强度会不断衰减。波在传播过程中会不断地扩散，即波振面不断扩大，介质中振动的质点也不断增加，而波的能量是一定的，因此，单位面积质点的能量(能量密度)便减小，这是通常讲的几何耗散。应力波的传播导致介质中的质点不断振动，质点的振动、摩擦会引起应力波能量的衰减，通常称这种现象为材料耗散。

不同的应力波传播过程中的衰减特性也各不相同。一般而言，体波的传播速度快，但是能量衰减得也快，而面波虽然传播速度慢，但是能量衰减得也慢，所以距离振源较远的区域都是面波(瑞利波)主导地位，且地表的振动一般最为强烈。以均质弹性半无限空间体为例，体波的以 $R-2$ 的速度衰减，而面波(瑞利波)则以 $R-1/2$ 的速度衰减。从振动方向角度分析，一般竖向振动的衰减速度要比水平向振动和纵向振动快；从距离振源的距离角度分析，距离振源较近的介质中质点的振动衰减速度要比距离振源较远的介质中的质点振动快得多。现实的介质(比如土体)往往不是均质的弹性体，因此应力波的衰减也往往复杂得多，其衰减特性往往与介质的特性相关。

4.1.4 动力边界的分类

岩土工程的地基实际是个半无限空间体，精确而言分析区域是无限大的，一般静力问题采取截断边界的方法，但是对于动力问题而言，由于存在波在边界面的反射、透射等一系列问题，究竟取多大的范围一直是个难点，目前对于动力计算的边界处理方法常用的包括简单粗糙的截断边界法、黏弹性边界法和无限元边界法。

4.1.4.1 截断边界

动力有限元计算中的截断边界法与静力计算相似，都是通过扩大计算范围的方法实现，不同的是较静力计算而言，动力有限元计算选取的范围更大，一般视具体情况取关心的计算区域的 5~10 倍，让应力波在传播的过程中耗散，也可以采用人工增大边界处单元阻尼的方法(如图 4-3)，实现应力波能量的快速消减。截断边界的方法虽然比较粗糙，精度不高，并且非常明显地增加了计算量导致硬件负荷较大，但是由于其简单实用，仍然被广泛采用。

图 4-3 人工边界

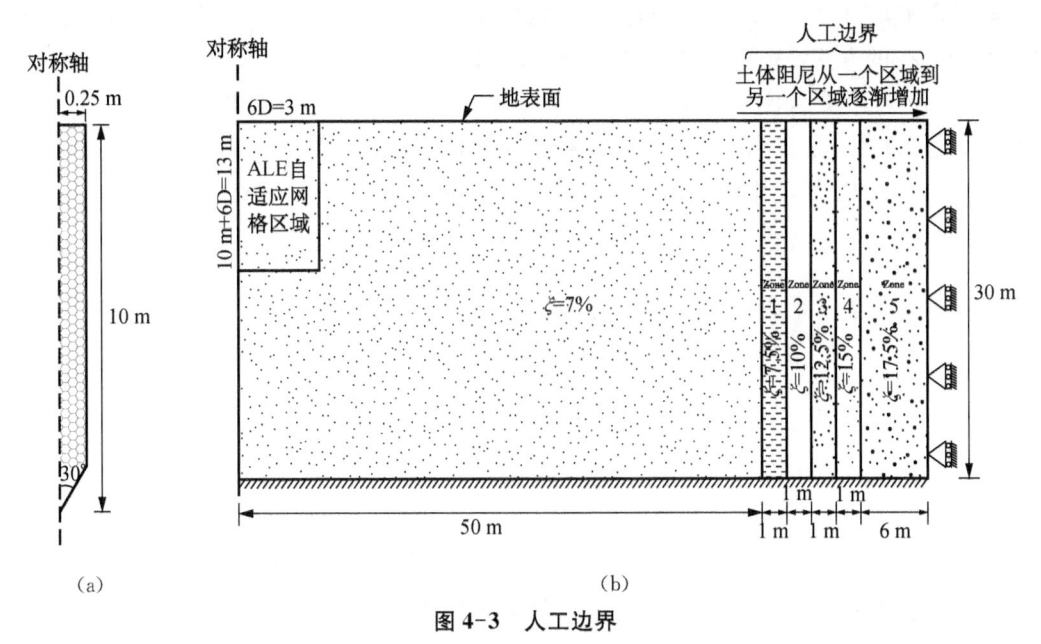

4.1.4.2 黏弹性边界

黏弹性边界是一种应力型的局部人工边界,最初由与黏性边界相似的方法推导而出,应用于二维的应力波散射问题中。目前,黏弹性边界应用已经非常广泛,包括三维黏弹性边界也已经有了相当多的应用。与简单粗糙的截断边界相比,黏弹性边界可以极大地缩小模型的计算区域,减小模型的工作量。黏弹性边界主要通过在计算区域的边界处设置人工阻尼器来实现,阻尼器可以吸收传播至此的应力波以避免发生不真实地反射。

4.1.4.3 无限元边界

无限元边界是结合解析法和数值法形成的一种半解析半数值单元,其形成过程是在位移模式中添加解析函数,整体或部分代替无限方向上的离散与插值,以节省单元数,达到简化的目的。无限元法的思想概念最早是 1973 年由 Rungless 提出,并在随后的 20 世纪 70 至 80 年代由 Beer、Meek、Bettess 和 Zienkiewicz 等众多科学家推广发展,逐步建立有限元与无限元耦合模型来模拟无限土体的真实情况。20 世纪 80 年代后,经过张楚汉、葛修润等对无限元的研究更加扩大了无限元法的应用范围。

无限元法的技术特点在于:

(1)局部坐标系中的有限域到整体坐标系中的无限域的映射,即局部坐标 $\zeta \to 1$ 时,相应整体坐标趋向无穷大,从而实现计算范围伸向无穷远点;

(2)无限域上位移衰减过程的描述,即 $\zeta \to 1$ 时,位移趋向于零,从而实现无限。

4.1.5 材料阻尼的计算

在动力有限元计算中,任何材料的振动、摩擦都会引起能量的耗散,通常将引起能量衰减的作用称为阻尼。阻尼的大小对动力学问题的解决至关重要,阻尼的偏差可能得出完全不同的动力响应规律。而材料的阻尼恰恰是个非常复杂的问题,非常难以精确地确定,目前通行的方法是根据理论公式结合经验确定。

通常情况下,要求比较严格的动力计算项目,可以通过动态试验获取阻尼参数,而不具备试验条件的一般的项目可以根据工程经验或者查阅相关资料选取阻尼参数。目前瑞利阻尼在工程中广泛应用,其包括质量阻尼和刚度阻尼两个部分,表达式为:

$$[C] = \alpha [M] + \beta [K] \qquad (4-4)$$

式中:α 为质量阻尼系数;β 为刚度阻尼系数,其表达式为:

$$\begin{cases} \alpha = \dfrac{2(\xi_i \omega_j - \xi_j \omega_i) \omega_i \omega_j}{(\omega_j + \omega_i)(\omega_j - \omega_i)} \\ \beta = \dfrac{2(\xi_j \omega_j - \xi_i \omega_i)}{(\omega_j + \omega_i)(\omega_j - \omega_i)} \end{cases} \qquad (4-5)$$

式中:ω_i 为动力系统第 i 阶自振频率;ω_j 为动力系统第 j 阶自振频率;ξ_i 为第 i 阶自振频率对应的动力系统的阻尼比;ξ_j 为第 j 阶自振频率对应动力系统的阻尼比。通常假定不同自振频率对应的阻尼比相同,那么式(4-5)可以简化为:

$$\begin{cases} \alpha = \dfrac{2\xi \omega_i \omega_j}{(\omega_j + \omega_i)} \\ \beta = \dfrac{2\xi}{(\omega_j + \omega_i)} \end{cases} \qquad (4-6)$$

4.2 桩基锤击贯入数值模拟基本方法

桩基锤击贯入由于涉及挤土、大变形、非线性接触等一系列复杂问题,近几十年来一直是研究热点。在以往的研究中,Zipper Type 是用于实现桩基贯入的挤土效应最被广泛接受的一种方法,而在锤击沉桩中解决土体由于桩基贯入而产生大变形的常用方法则是 ALE 方法和显式有限元算法。

4.2.1 Zipper Type 方法

由于桩基贯入是典型的非连续介质力学问题,而有限元则是连续介质力学理论,为了利用有限元方法实现桩基锤击贯入,便在土体中对应的桩轴线处预先开挖 10 mm 的孔隙(10 mm 的孔隙对桩径 0.5 m 以上的桩基影响可以忽略不计),同时利用与孔隙相同尺寸的刚性管与土体建立无摩擦接触,保证土体的应力状态不发生变化。在桩基贯入的过程中,土体被桩端向桩周和桩底挤压,如此便可以实现桩基贯入与挤土。

由于 Zipper Type 方法预先假定了桩基贯入的方向,诸如锤击沉桩过程中桩身的侧向振动、桩身的扭曲变形等问题便无法反映。

4.2.2 显式有限元法算法

显式有限元法的算法理论研究始于20世纪60年代,用于处理非线性问题具有强大的优势,其材料本构模型能够考虑弹塑性、损伤、断裂破坏等,同时也能够考虑高速动力学问题的率效应。

有限元法的基本思路可以归结为:将连续系统分割成有限个分区或单元,对每个单元提出一个近似解,再将所有单元按标准方法加以组合,从而形成原有系统的一个数值近似系统,也就是形成相应的数值模型。显示有限元法算法的优点是具有较好的稳定性,不用直接求解切线刚度,不需要进行平衡迭代,计算速度较隐式方法快,容易收敛。

4.2.3 ALE方法

有限元法作为连续介质力学最为成熟的理论之一,对其单元的描述常用的有两种方法:拉格朗日法和欧拉法。桩基的锤击贯入是强烈非线性、严重大变形问题,如若使用拉格朗日法必将产生一系列收敛问题。而欧拉方法可以很好地解决大变形问题,但是网格和物质的不一致性即网格和物质的分离,导致难以处理由此产生的对流效应且运动边界也很难准确地确定。

ALE网格自适应方法整合了单纯的拉格朗日方法与欧拉方法各自的优点,让网格脱离材料而流动,但网格必须被一种材料充满,并不改变网格的拓扑结构。一个完整的ALE分析包含两个步骤:①建立一个新的网格;②将旧网格的解答及状态变量传输到新网格上。通过这种做法,网格和物质点之间是可以相互脱离的,因而即使网格发生很大的扭曲变形,ALE方法也能在整个分析过程中保持高质量的网格。如图4-4所示的锻造问题,使用ALE方法得到的网格质量明显好过拉格朗日法的网格质量。

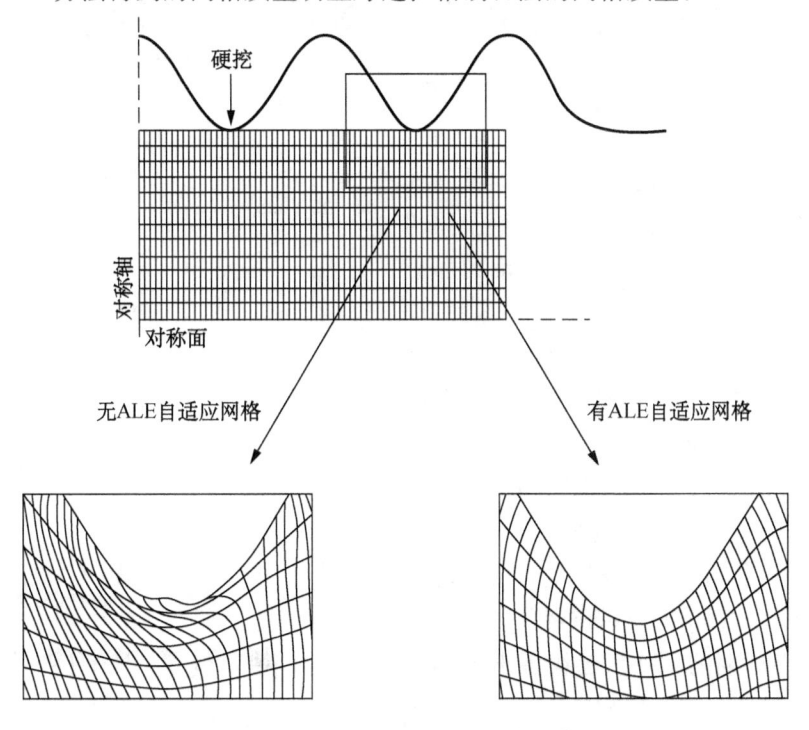

图 4-4 锻造问题 ALE 方法效果图

当然，由于 ALE 方法并不改变网格的拓扑关系，即单元的个数、编号、节点编号等，在某些极端大变形情况下并不能得到理想的结果，即 ALE 方法的效率与初始网格的质量有一定程度的依赖关系。

4.2.4 计算实例

某混凝土实心桩桩长 5 m，桩径 0.5 m，试模拟在锤击荷载（如图 4-5）作用下桩基贯入均质土层的过程，并对相关参数的影响进行分析。锤击荷载历时 40 ms，冲击过程中存在 2 个峰值，最大冲击力 2 500 kN。整个沉桩过程中，每次锤击间隔为 1 s，连续锤击之间并不相互影响。土体的密度为 2 030 kg/m^3，弹性模量为 38 MPa，泊松比为 0.33，摩擦角和黏聚力分别为 25°和 13.2 kPa。混凝土的密度为 2 350 kg/m^3，弹性模量为 32 500 MPa，泊松比为 0.17。

采用摩尔-库伦模型进行模拟，桩土之间设置运动接触。模型中土体深度方向取 15 m，长度方向取 5 m。土体在桩轴线处预留 5 mm 孔隙以实现桩的挤土贯入，对于半径 0.25 m 的混凝土桩而言，5 mm 孔隙的影响可以忽略不计。考虑到收敛性和计算效率将桩端简化为 60°的倾角并作光滑处理，几何模型如图 4-6 所示。

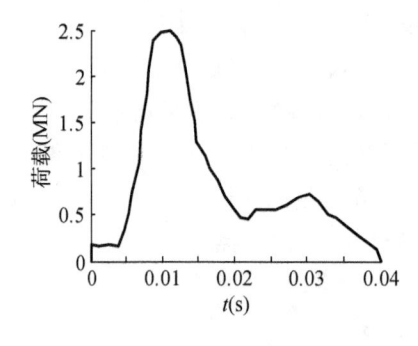

图 4-5 锤击荷载

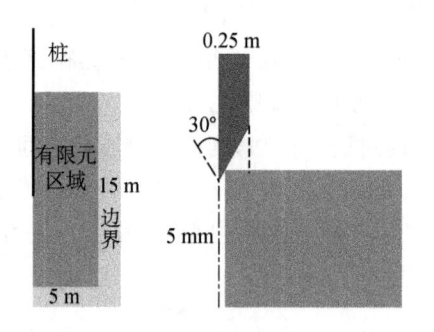

图 4-6 模型示意图

在锤击沉桩之前，先平衡地应力，使得地层的应力水平与实际应力状态接近而土体的位移接近于零，并且保证土体的振动的加速度可以忽略。然后在此基础上，稳桩压锤，让混凝土桩在重力作用下下沉 1.45 m，桩下沉稳定后再开始进行锤击沉桩的模拟，整个锤击贯入过程为 5 min，最后的贯入深度为 8.0 m，桩端贯入位移曲线如图 4-7 所示。

从图 4-7 中可以明显地发现，桩端的贯入是由快到慢的过程，锤击前期的贯入速度相当快，第 50 次锤击时桩端已经贯入到了地下 5.8 m，而后期的 250 次连续锤击桩端只

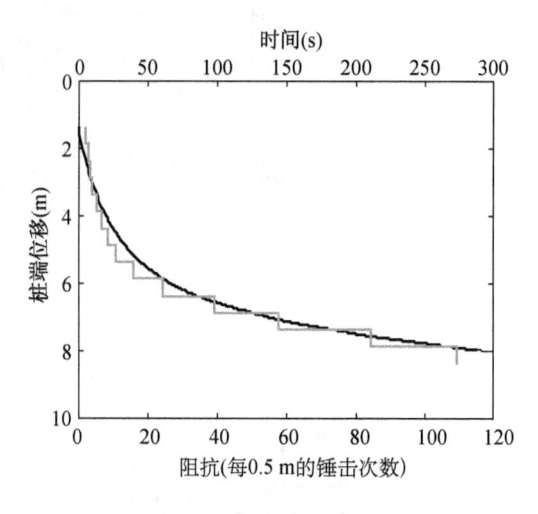

图 4-7 桩端贯入位移曲线

是继续下沉了 2.2 m。

4.2.4.1 锤击力的影响

图 4-8 是不同锤击力情况下桩端贯入位移曲线,从图中可以发现,锤击力越大,桩端贯入曲线越陡,当锤击力为 1.2F 时,桩端贯入到地下 8 m 附近时只需要 35 次锤击;当锤击力为 1.0F 时,桩端贯入到地下 8 m 附近时则需要 70 次锤击;而当锤击力为 0.8F 时,桩端贯入到地下 8 m 附近时就需要 182 次锤击。可见锤击力的变化会导致桩端贯入速度的明显变化,而且锤击力越小,由于锤击力增大而导致的贯入速度增大越明显,锤击力从 0.8F 增大至 1.0F 时,锤击次数减少了 112 次,而锤击力从 1.0F 增大至 1.2F 时,锤击次数只减少了 35 次。图 4-9 是不同锤击力情况下桩端贯入度曲线。可以发现,锤击力越大,桩端的初始贯入度越大,锤击力为 1.2F 时,初始贯入度约为 40 cm,锤击力为 1.0F 时,初始贯入度约为 30 cm,锤击力为 0.8F 时,初始贯入度约为 20 cm;同样,对于相同的桩端深度而言,锤击力越大桩端的贯入度越大。桩端深度达到 8 m 时,锤击力 0.8F 情况下桩端的贯入度已经在 1 cm 以内,而锤击力 1.2F 情况下桩端的贯入度有 4 cm 左右。

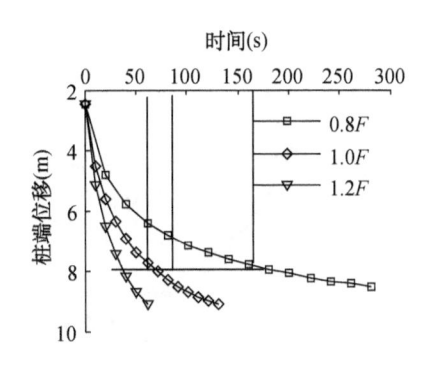

图 4-8　桩端贯入位移曲线　　　　图 4-9　桩端贯入度曲线

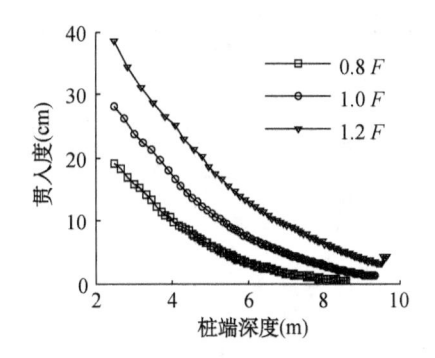

4.2.4.2 摩擦系数的影响

图 4-10 是不同桩土摩擦系数情况下桩端贯入位移曲线,从图中可以发现,摩擦系数越大,桩端贯入受到的阻抗越大,桩端的贯入越慢。摩擦系数为 0.3 时,桩受到的阻抗最小,所以桩端达到相同的深度所需要的锤击次数最小;而对于摩擦系数在 0.4 以上的情况,桩受到的阻抗差别并不明显。图 4-11 是不同桩土摩擦系数情况下桩端贯入度变化曲线,从图中可以发现,桩土摩擦系数越大,桩端的贯入度越小,但是这种差别随着桩端的贯入深度的增加不断减小,当桩端深度达到地下 8 m 后,不同摩擦系数情况下桩端的贯入度基本没有差别。

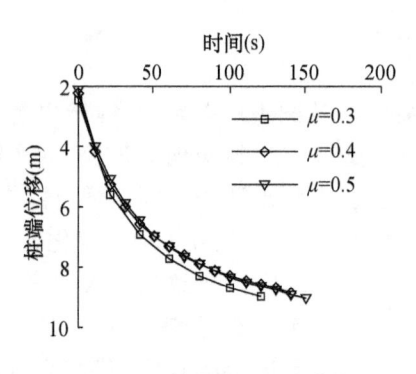

图 4-10　桩端贯入位移曲线　　　　图 4-11　桩端贯入度曲线

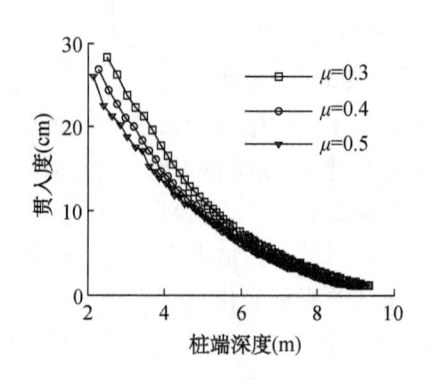

4.2.4.3　土层重度的影响

图 4-12 是不同土层重度情况下桩端贯入位移曲线,从图中可以发现,重度越大,土层的应力水平越高,导致桩贯入时受到的阻抗越大,因而桩端的贯入越困难,但是影响并不明显。图 4-13 是不同土层重度情况下桩端贯入度曲线,重度越小,桩端的贯入度越大,但是重度对贯入度的影响并不是十分明显。

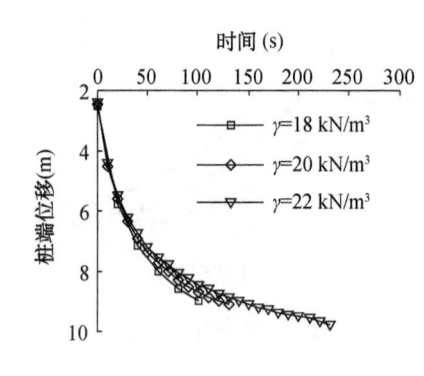

图 4-12　桩端贯入位移曲线　　　　图 4-13　桩端贯入度曲线

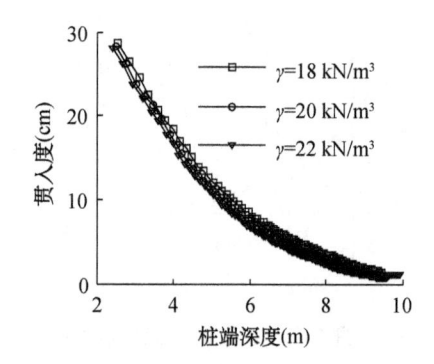

4.2.4.4　土层弹性模量的影响

图 4-14 是不同土层弹性模量情况下桩端贯入位移曲线,从图中可以发现,弹性模量越大,桩端贯入过程中受到的土体阻抗越大,且弹性模量越小,由于弹性模量增大而导致土体阻抗增大越大,图中弹性模量由 20 MPa 增大到 30 MPa 时,相同时刻(相同锤击次数)对应的桩端深度的增加明显要比弹性模量由 30 MPa 增大到 40 MPa 时对应的桩端深度增加更大。图 4-15 是不同土层弹性模量情况下桩端贯入度曲线,弹性模量越大,桩端的贯入度越小。

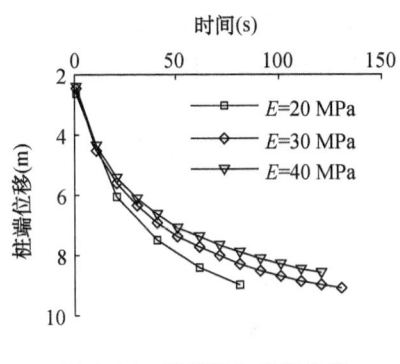

图 4-14　桩端贯入位移曲线　　　　　　图 4-15　桩端贯入度曲线

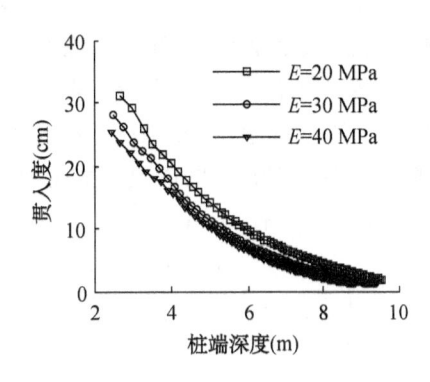

4.2.4.5　土层泊松比的影响

图 4-16 是不同土层泊松比情况下桩端贯入位移曲线,从图中可以发现,泊松比越大,桩端贯入过程中受到的土体阻抗越大,且泊松比越大,由于泊松比增大而导致土体阻抗增大越大。图中泊松比由 0.2 增大到 0.3 时,相同时刻(相同锤击次数)对应的桩端深度的增加明显要比泊松比由 0.3 增大到 0.4 时对应的桩端深度增加更小。图 4-17 是不同泊松比情况下桩端贯入度曲线,从图中可以发现泊松比越大,桩端的贯入度越小,但是对于贯入初期(桩端地下 4 m 以前)而言,由于土体泊松比差异引起的桩端贯入度差别并不明显,而随着桩端贯入深度增加,尤其是桩端位于地下 6～8 m 段,桩端的贯入度差别比较明显。

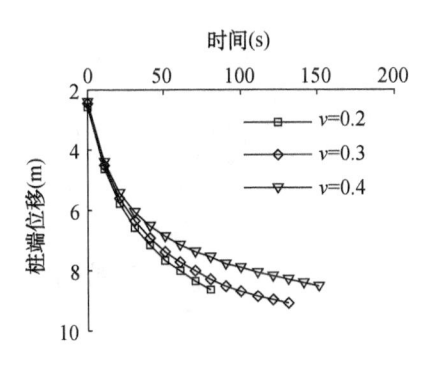

图 4-16　桩端贯入位移曲线　　　　　　图 4-17　桩端贯入度曲线

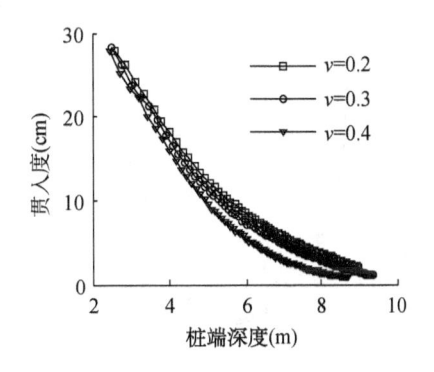

4.2.4.6　土层摩擦角的影响

图 4-18 是不同土层摩擦角情况下桩端贯入位移曲线,从图中可以发现摩擦角越小,桩的贯入越快。摩擦角为 10°时,桩在重力作用下下沉到 5.2 m,而后在锤击力的作用下快速下沉,在 25 次锤击时桩端已经下沉到 9.6 m 附近。而对于摩擦角为 20°和 25°的情况,桩端在重力作用下只下沉到 2.2 m 附近,在 5 m 深度以上,桩的贯入度曲线基本重合,桩端下沉5 m 之后,摩擦角为 20°的情况下,桩端以更快的速度下沉。

图 4-19 是不同土层摩擦角情况下桩端贯入度曲线,从图中可以发现摩擦角为 10°时

的桩端初始贯入度较小,为 26 cm,而摩擦角 20°以上时桩端的贯入度为 29 cm,因为摩擦角小时,桩在重力作用下下沉时受到的阻力小,所以下沉的深度更大,因此初始贯入度小;而对比相同深度不同摩擦角情况下桩的贯入可以发现,摩擦角越大桩贯入度越小,在地下 10 m 附近,摩擦角为 10°的情况下桩端的贯入度在 10 cm 左右,而摩擦角在 20°以上情况,相应的桩贯入度只有 1 cm 左右。

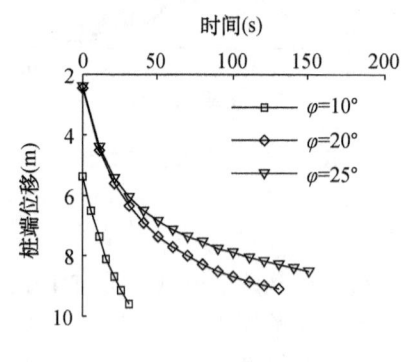

图 4-18 桩端贯入位移曲线

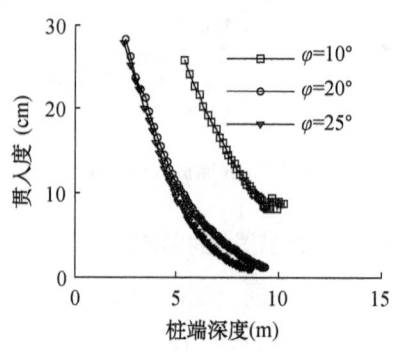

图 4-19 桩端贯入度曲线

4.2.4.7 土层黏聚力的影响

图 4-20 是不同土层黏聚力情况下桩端贯入位移曲线,从图中可以知道,黏聚力越大桩贯入的速度越慢,即达到相同的深度需要更多的锤击次数。图 4-21 是不同土层黏聚力情况下桩端贯入度曲线,从图中可以发现,黏聚力越小,桩端的贯入度越小。

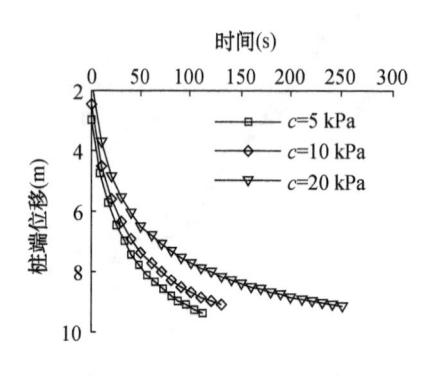

图 4-20 桩端贯入位移曲线

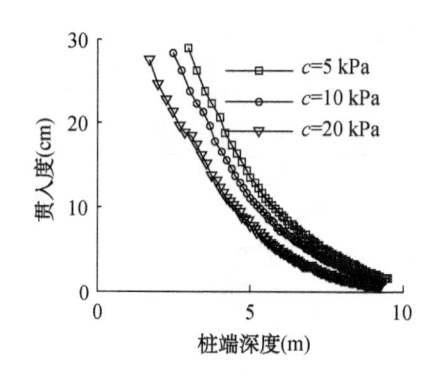

图 4-21 桩端贯入度曲线

4.3 沉桩振动对周围结构物安全影响评估分析

目前对沉桩振动破坏的理论研究还不充分,我国对沉桩振动效应的评估因尚无适用的安全标准,目前常规的做法是直接套用《爆破安全规程》(GB 6722—2014)来决定安全指标。本节以海底管道附近码头加固沉桩工程为例,研究在不同的施载方式下,随桩基打入深度不同对海底管道及周边土体产生的动力响应、孔隙水压力与变形,确定沉桩振动对周边土体的扰动及影响范围,进而研究沉桩振动对附近海底管道安全性的影响。

4.3.1 爆破安全控制标准

《爆破安全规程》(GB 6722—2014)规定:地面建筑物、电站(厂)中心控制室设备、隧道与巷道、岩石高边坡和新浇大体积混凝土的爆破振动判据,采用保护对象所在地基础质点峰值振动速度和主振频率,安全允许标准如表 4-1。

表 4-1 《爆破安全规程》(GB 6722—2014)爆破振动安全允许标准

序号	保护对象类别	安全允许质点振动速度 V(cm/s)		
		$f \leqslant 10$ Hz	10 Hz$< f \leqslant 50$ Hz	$f > 50$ Hz
1	土窑洞、土坯房、毛石房屋	0.15~0.45	0.45~0.9	0.9~1.5
2	一般民用建筑物	1.5~2.0	2.0~2.5	2.5~3.0
3	工业和商业建筑物	2.5~3.5	3.5~4.5	4.2~5.0
4	一般古建筑与古迹	0.1~0.2	0.2~0.3	0.3~0.5
5	运行中的水电站及发电厂中心控制室设备	0.5~0.6	0.6~0.7	0.7~0.9
6	水工隧洞	7~8	8~10	10~15
7	交通隧道	10~12	12~15	15~20
8	矿山巷道	15~18	18~25	20~30
9	永久性岩石高边坡	5~9	8~12	10~15
10	新浇大体积混凝土(C20): 龄期:初凝~3 d 龄期:3~7 d 龄期:7~28 d	1.5~2.0 3.0~4.0 7.0~8.0	2.0~2.5 4.0~5.0 8.0~10.0	2.5~3.0 5.0~7.0 10.0~12.0

注:爆破振动监测应同时测定质点振动相互垂直的三个分量。
1. 表中质点振动速度为三分量中的最大值;振动频率为主振频率。
2. 频率范围根据现场实测波形确定或按如下数据选取:硐室爆破 f 小于 20 Hz;露天深孔爆破 f 在 10~60 Hz 之间;露天浅孔爆破 f 在 40~100 Hz 之间;地下深孔爆破 f 在 30~100 Hz 之间;地下浅孔爆破 f 在 60~300 Hz 之间。

4.3.2 某海底管道结构安全性指标

为了合理评价海底埋地管道的安全性,避免在进行现场测量或简单的数值模拟时出现施工风险,本书采用现场实测与数值模拟相结合的方法,对某码头改造工程埋地管道的安全性进行了评估,评估首先利用数值模拟对其动力响应进行了预测。同时,根据已有的规范和精细数值模型,提出了适合于该工程的振动阈值和位移阈值。

4.3.2.1 工程背景

某码头工程泊位将进行升级改造,1# 系缆墩桩与海底管道最小平面间距仅为

24.8 m，2#、3#系缆墩桩与海底管道的间距分别为 45.4 m 和 76.3 m（如图 4-22 所示）。采用 D100 柴油锤进行打桩，钢管桩直径为 1.2 m，长度为 67.0 m。衬砌管道直径 4.8 m，壁厚 0.3 m，衬砌混凝土为 C50，抗渗标号为 S6。系缆墩钢管桩位及编号见图 4-22，桩长及壁厚见图 4-23。

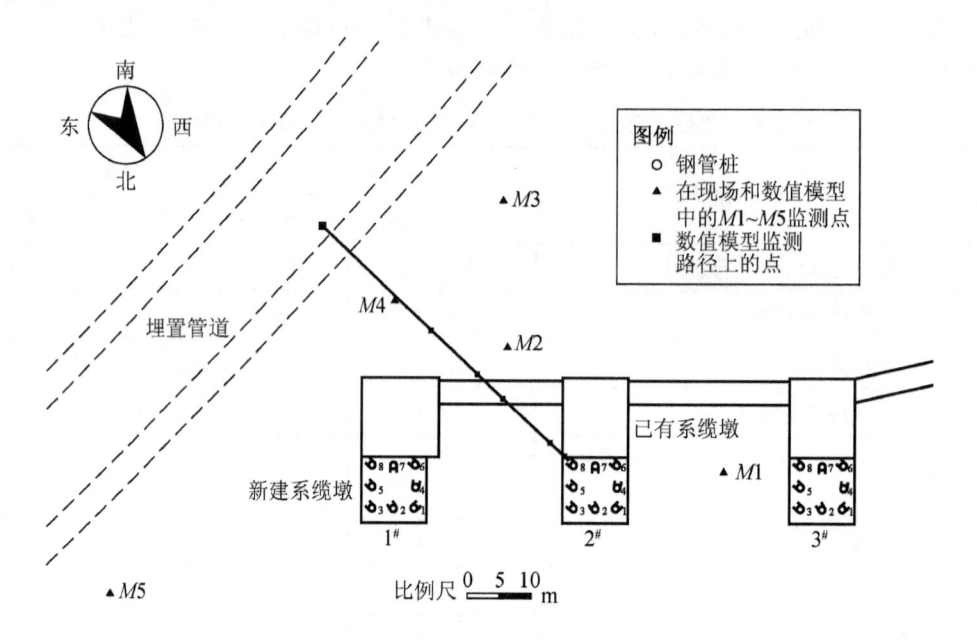

图 4-22　某工程泊位与监测点布置图

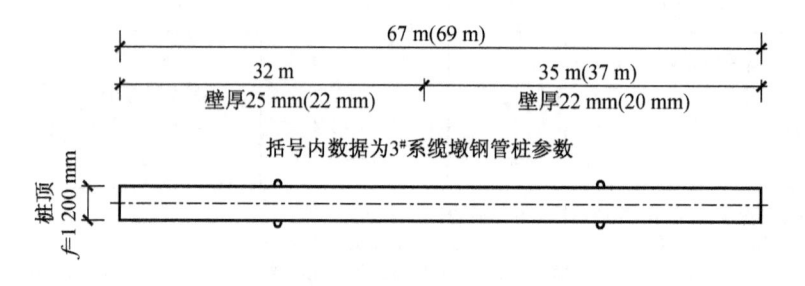

图 4-23　钢管桩结构图

根据该码头已沉钢管桩和地质分析，正常锤击沉桩时，每分钟锤击次数为 42 次左右，对于 67 m 或 69 m 的桩，净锤击时间一般为 15 min 左右，常用柴油锤参数见表 4-2。

表 4-2　常用柴油锤参数

型号	D80	D100
上活塞重(kg)	8 000	10 000
锤重(kg)	16 905	20 360
下活塞外径(mm)	820	820
锤总高度(mm)	7 200	7 385

续表

型号	D80	D100
每次打击能量(Nm)	171 080~268 300	213 860~333 540
打击次数(次/min)	36~45	36~45
作用于桩最大爆炸力(kN)	2 600	2 600
适宜打桩最大规格(kg)	30 000	40 000

根据地质调查报告,施工现场地质条件相当复杂。码头前沿相对高差约23 m,土层大致分为11层,深度约70 m,各土层深度随地理坐标变化而变化。具体地质力学参数见表4-3。

表4-3 工程地质力学参数

土层	土层名称	渗透率系数 水平向 kv(cm/s)	渗透率系数 竖向 kh(cm/s)	动态泊松比 (μ_d)	动态弹性模量 (E_d/MPa)	天然容重 (kN/m³)	黏聚力 (kPa)	摩擦角 (°)
①₂	淤泥质粉质黏土	3.0×10^{-7}	4.2×10^{-7}	0.498	60.0	18.2	11.7	4.6
②	淤泥质粉质黏土	3.2×10^{-7}	4.5×10^{-7}	0.497	75.0	17.9	13.2	4.9
③₁	粉质黏土	5.0×10^{-7}	7.5×10^{-7}	0.495	120.0	18.5	13.8	5.4
③₂	黏土	2.5×10^{-7}	2.8×10^{-7}	0.495	150.0	18.1	18.4	6.3
④₁	粉质黏土	2.5×10^{-7}	3.9×10^{-7}	0.491	240.0	19.1	19.5	10.1
④₂	粉质黏土	3.0×10^{-7}	4.2×10^{-7}	0.491	250.0	18.9	21.5	7.5
⑤	含砂黏土	—	—	0.487	330.0	19.3	19.0	33.2
⑥₁ₐ	含砂黏土	—	—	0.487	330.0	19.5	19.0	33.2
⑥₁	粉质黏土	—	—	0.488	350.0	20.2	47.6	15.9
⑥₂	中砂黏土	—	—	0.489	280.0	19.9	27.3	27.3
⑦	含砾黏土	—	—	0.485	380.0	20.1	—	—

4.3.2.2 取水管安全指标

建立如图4-24对应的管道土体数值模型,土的参数由工程地质勘察资料给出;混凝土材料参数由《水工混凝土结构设计规范》(SL 191—2008)给出,弹性模量为34.5 GPa,泊松比为0.167,抗拉强度为2.75 MPa。

为了模拟混凝土管接缝处的薄弱面,将接缝处单元的弹性模量和抗拉强度进行折减。施加的荷载包括土体和混凝土管的重量、混凝土管内的静水压力和冲击速度。冲击速度沿x方向施加(见图4-25)。图4-26为不同折减率下混凝土管节点单元的起始损伤速

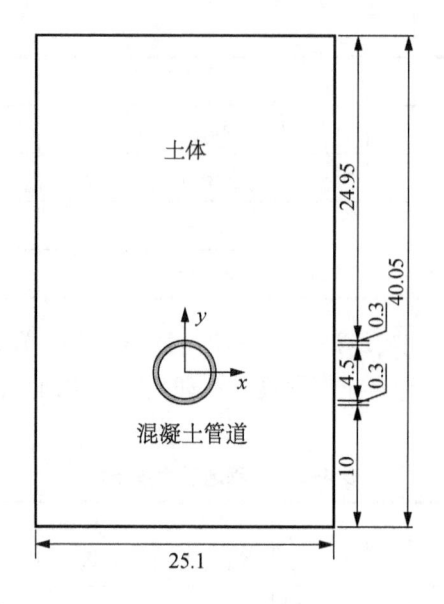

图 4-24　混凝土管和土体的横截面尺寸(单位：m)

度。初始损伤发生时,混凝土管相应的冲击速度约为 0.30 m/s,混凝土管的初始损伤从接头处开始,逐渐延伸到混凝土管底部。

管道埋深变化较大(图 4-27),为了研究管道埋深对初始损伤的影响,将图 4-24 中混凝土管的埋深减少 10 m。

图 4-25　冲击速度

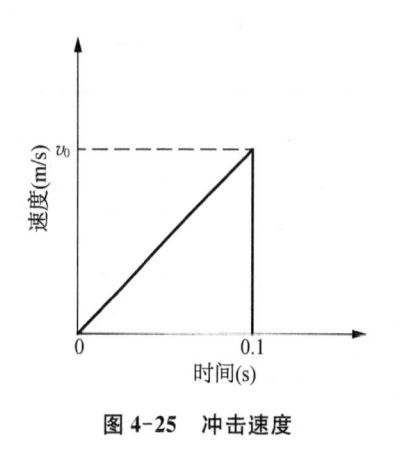

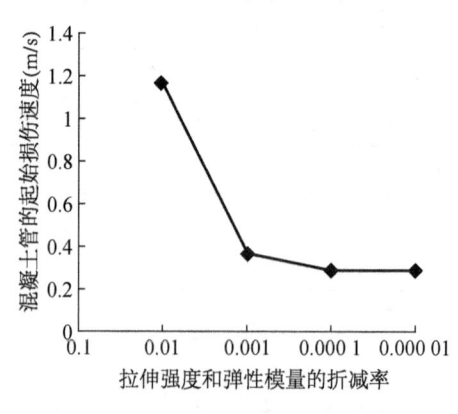

图 4-26　不同折减率下混凝土管的起始损伤速度

同时,为了消除材料参数的影响,采用加权平均后的土体参数作为所有土层的材料参数。埋深减少后,混凝土管损伤起始时间为 0.002 58 s,冲击速度 v_0 取为 2 m/s,因此相应的混凝土管初始损伤速度约为 0.052 m/s,而在埋深减少前,混凝土管损伤起始时间为 0.015 s,冲击速度 v_0 取为 2 m/s,相应的混凝土管初始损伤速度约为 0.30 m/s,因此,埋深较浅时,冲击速度对混凝土管的影响较大。

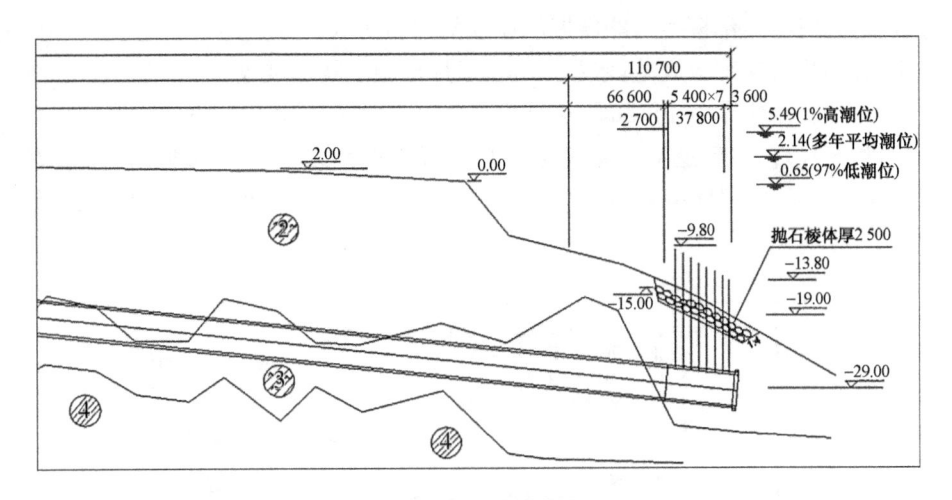

图 4-27　某工程海底管道纵剖面图

1. 侧向位移损伤分析

经现场测量,在距管道中心线约 10 m 处有约 5 mm 的水平变形。因此,要分析混凝土管在这种变形下是否满足承载能力,如图 4-28 所示在土体一侧施加一位移边界条件。数值分析结果表明,混凝土管是稳定安全的,不会发生损伤。为了进一步研究混凝土管的安全性,将土侧的给定位移逐渐放大。当土侧位移放大到 23 倍时,混凝土管开始发生破坏。初始损伤出现在混凝土管的顶部,当损伤贯穿顶部时,混凝土管的底部出现损伤。

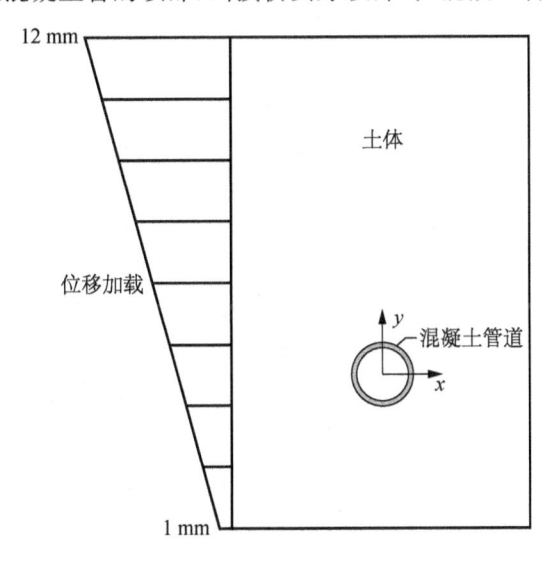

图 4-28　位移边界条件

2. 振动控制指标的阈值

打桩具有低频、多次振动的特点,标准(Studer and Suesstrunk 1981; Deutches Institut für Normang 1983;英国标准协会 1990,见图 4-29)规定峰值振动速度阈值为 10~30 mm/s,由于埋地管道的安全要求,控制测点只能布置在距埋地管道 10 m 左右,与现有标准限值相比,精细模型的峰值振动速度阈值将更大。通过对冲击速度损伤的精细模型分析,并与现有文献与规范《水利水电工程爆破施工技术规范》(DL/T 5135—2013)、《水运工程爆破技术规范》(TS 204—2008)、《轨道交通工程建设监控量测控制指标参考资料汇编》进行比较,且管道实际埋深变化较大,从安全角度考虑,峰值振动速度阈值取为20~30 mm/s。另外,根据精细模型中侧向位移的损伤分析,为保证安全性,确定侧向位移阈值为8~10 mm。

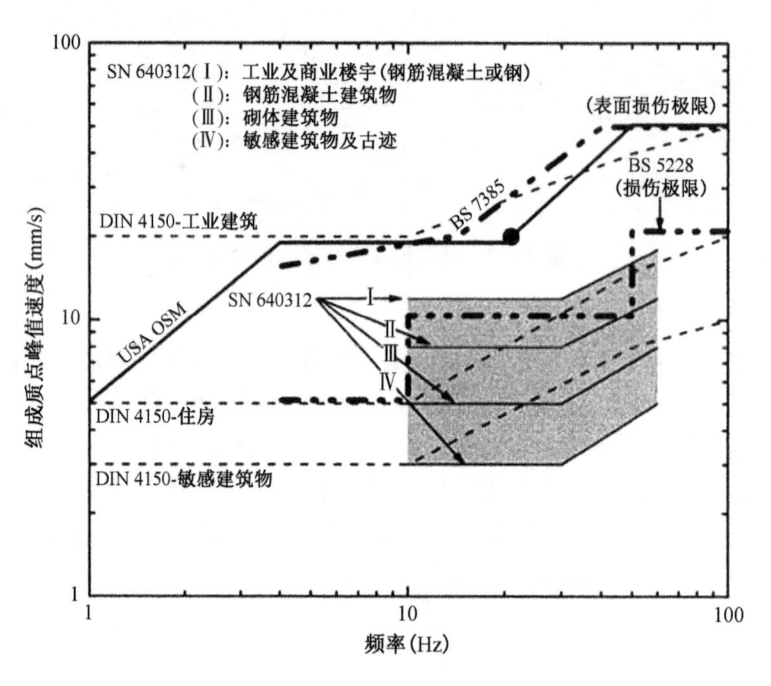

图 4-29　各种标准峰值振动速度阈值

4.3.3　取水管线安全性评估

本节采用数值分析方法模拟了沉桩振动效应在土体中的传播,根据上文给出的振动阀值和位移阈值对海底管道进行了安全评估,并结合现场实测数据进行校核。由于埋地管道不能触及,因此将监测点布置在土体中,尽可能地反映海底管道周边土体振动响应情况和埋深的变化。工程现场设有5个指定监测点,如图 4-22 所示,$M1$、$M2$、$M3$、$M4$ 和 $M5$。监测点附近共设有 11 个钻孔,包括 21 个速度传感器、16 个深度位移传感器、12 个孔隙水压力传感器。这些传感器的测量布局和埋深如图 4-30 所示。埋置式传感器可以监测土壤的速度、变形和孔隙水压力的变化。

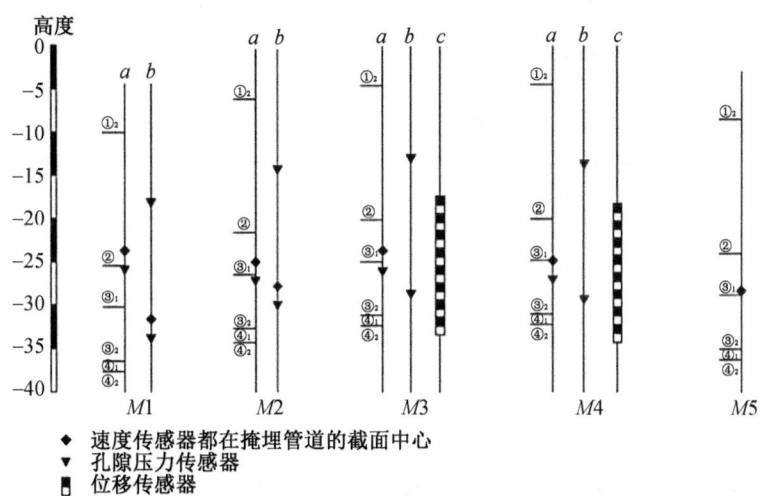

图 4-30 观测点深度布置

4.3.3.1 数值分析模型

1. 数值模型与网格

计算模型包含土体、群桩、承台、埋管等多组实体，以实际尺寸模拟埋地管道和桩。由于模型比较复杂，采用 Midas/GTS 软件建立几何实体和网格，采用 FLAC3D 对模型进行分析。为减小边界效应影响，选取土体计算范围为 250 m×250 m×150 m（长×宽×深）。模型采用四面体四节点单元。土的弹塑性采用莫尔-库仑屈服准则。孔隙水压力分析考虑了土体的流固耦合特性，采用 Goodman 单元模拟桩土接触特性。相应的网格如图 4-31 所示。

2. 选择阻尼

这里采用局部阻尼，局部阻尼系数取 0.157 1，通过增加或减少结构单元节点或节点质量的方法达到收敛。由于单元质量的提高和单元质量的降低相等，在振动周期内可以达到收敛，总体上，系统的质量是守恒的。

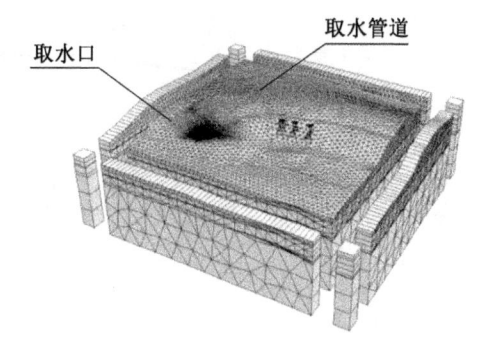

图 4-31 自由场边界施加后的网格

3. 边界条件设置

这里的研究对象是桩周围的土体，这是一个无限地基问题，因此可以在模型周边设置自由场边界，并且主网格的侧边界可以与自由场网格耦合。在应用自由场边界后的计算模型网格如图 4-31 所示。

4. 冲击载荷

在 FLAC3D 中，可以将动荷载施加在模型边界或内部节点上，模拟结构在外部或内部动力作用下的响应，采用作用于桩顶的竖向集中荷载按调和函数变化来模拟冲击荷载。时间与荷载的函数曲线如图 4-32 所示。

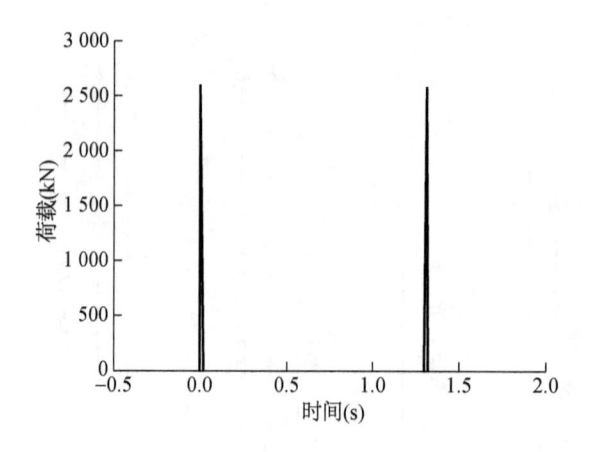

图 4-32 时间与荷载函数曲线

4.3.3.2 土体振动速度随深度的衰减规律

为了解复杂土层中土体振动的传播衰减规律,在数值模型中建立了一条监测路径,监测路径沿 2#8 桩至埋管最近的一条路径(图 4-22),最近点距离 2#8 桩 2 m,最远点距离 2#8 桩 50 m。利用 2#8 桩的数值模拟结果,得到了桩底坐标为 −25 m 时,监测路径上各点的振动衰减随深度的变化规律。最近点和最远点的土体振动峰值速度(PPV)衰减曲线如图 4-33 和图 4-34 所示。

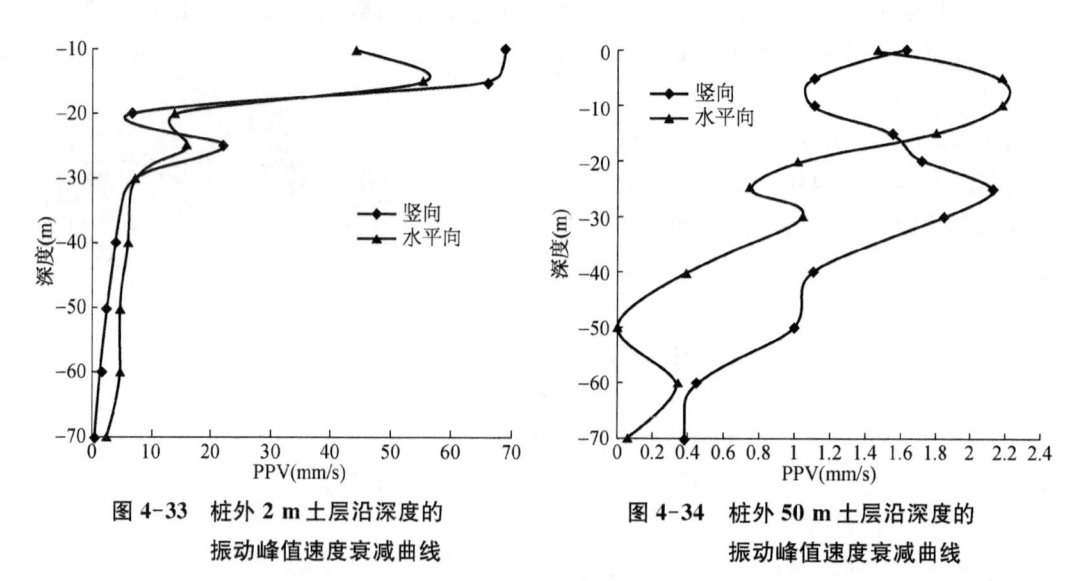

图 4-33 桩外 2 m 土层沿深度的振动峰值速度衰减曲线

图 4-34 桩外 50 m 土层沿深度的振动峰值速度衰减曲线

从图 4-33 和图 4-34 可以看出,地表振动的峰值速度明显大于深层土体的振动峰值速度。振动峰值速度总体上随深度的增加而衰减,但在 −25 m 位置周围土体的振动明显增大,因为桩端位于 −25 m。桩端在该深度处压缩土体并剧烈振动,能量以压缩波的形式向外传播;监测点距离最短,在不考虑材料差异的情况下,能量的阻尼损失和几何损失最小,与桩土摩擦产生的剪切波产生叠加。随着波传播距离的增加,土体的复杂性对振动衰减的影响越来越明显,因此沿远端深度方向的振动衰减较小。

4.3.3.3 土体振动速度随水平距离的衰减规律

图 4-35 给出了当 2#8 桩的桩端在 −25 m 位置时水平振动峰值速度和垂直振动峰值速度随水平距离的衰减规律。

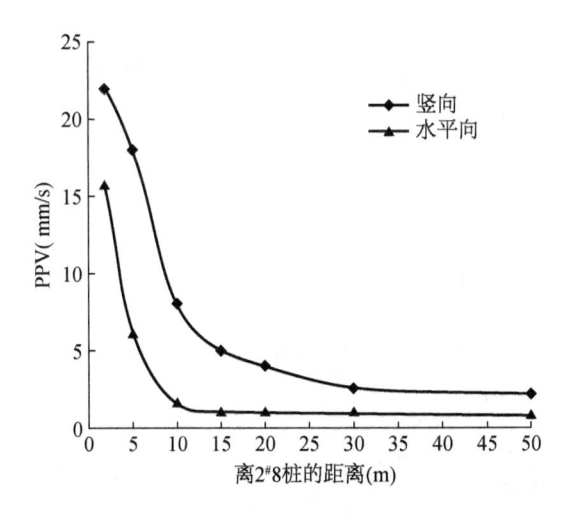

图 4-35　土的振动速度沿距离衰减曲线

结果表明，水平振动峰值速度在离桩较近的距离内衰减更为强烈，这是由于水平振动是由压缩波（纵波）引起的，压缩波传播速度快，能量衰减快；竖向振动峰值速度的衰减在距桩体 30 m 以外并不强烈。

4.3.3.4 孔压变化规律

根据前人的研究结果，打桩对孔隙水压力的影响主要在 $5D$ 范围内（D 为桩径）。为了确定打桩振动是否会对土体造成破坏，在打桩过程中，选取了 2#1 桩、2#2 桩、2#5 桩、2#7 桩、2#8 桩 5 个桩（距测点 1-1 的距离约为 16～24 m）时，选取测点 $M1$ 作为研究对象。图 4-36 所示为打桩过程中的孔隙水压力变化曲线。

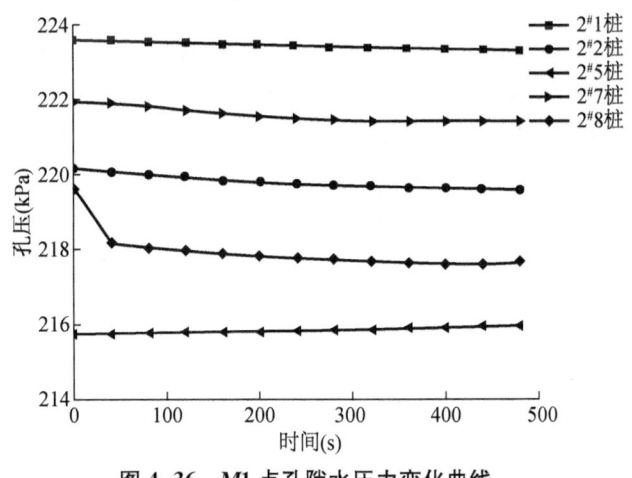

图 4-36　$M1$ 点孔隙水压力变化曲线

从图 4-36 中可以看出,工程打桩对土体孔隙水压力的影响不明显,孔隙水压力的变化不超过 3 kPa,在总孔隙水压力的 1‰左右。结果表明,在工程中,孔隙水压力对土体和海底管道的强度不会产生明显的影响。

4.3.3.5 土体水平变形的变化规律

打桩过程中的振动和挤密效应是引起土体变形的主要原因。工程 $M4$ 点施工期间水平位移变化曲线见图 4-37。

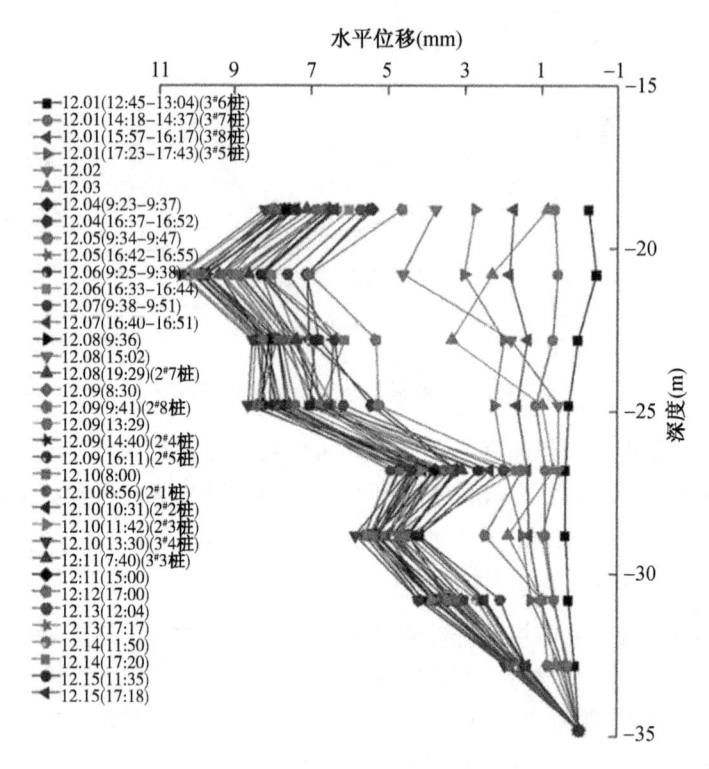

图 4-37 $M4$ 点水平位移变化曲线

由图 4-37 可知:①水平位移总体趋势是随土层深度的减小而增大,最大位移小于 11 mm;②由于土体差异,水平位移并不理想地随土层深度的减小而增大,最大水平变形是在 −20.80 m(在淤泥质粉质黏土中);③位移在 −26.5 m 高度处减小,主要是由于该部分处于埋管深度,埋管增大了土体的刚度;④前 4 根桩施工时,土体水平位移变化明显。随着时间的推移,土体的变形具有明显的滞后性,在后期打桩过程中,土体的水平位移变化较小。

第 5 章
防波堤与防浪护岸应力变形与稳定性分析

随着我国沿海港区建设的快速发展,防波堤与防浪护岸建设的需求也不断扩大。沿岸地区地质的特殊性,会极大地影响工程的建设以及长期稳定和安全使用,使防波堤以及防浪护岸建设的难度加大。因此,工程稳定性计算问题以及应力变形的计算分析对于防波堤与防浪护岸的发展建设十分重要。

沿海港区往往存在深厚的软弱黏土层,这种土层的土体强度随着深度的变化而变化,使用常规稳定计算方法计算得到的稳定性安全系数与工程的实际情况存在误差,危害了工程安全。而使用有限单元法进行数值模拟,适用于地基系数沿深度方向成各种规律变化的情况,这既考虑了土的连续性,又考虑了土的非线性特点,可以对防波堤与防浪护岸的应力、变形和稳定特性进行准确的计算分析。

5.1 防波堤与防浪护岸应力变形计算分析方法

1925 年太沙基(Terzaghi)建立了土体的单向固结基本微分方程,用以解决基础沉降和时间的关系,并获得了一定的初始条件和边界条件下的解析解,这一计算方法过程较为简单,但适用的范围比较有限。1941 年,比奥(Biot)从较严格的固结机理出发推导了准确反映孔隙水压力消散与土骨架变形相互关系的三维固结方程。随着近代电子计算机和数值方法的发展,以比奥固结理论为代表的有效应力数值分析方法得到了广泛地研究与应用。

在土体本构模型方面,自从 1963 年 Roscoe 提出著名的剑桥模型以来,提议的各种本构模型已多得难以统计。Duncan 非线性模型由于使用了两个为人们所熟悉的变量-弹性模量和泊松比或弹性模量和体积模量(E_t、V_t 或 E_t、B_t),模型参数少且物理概念明确和容易推求,所需试验简单易行,参数测试简单,因而一直被广泛应用于土工计算问题中。然而,工程实践中随着观测资料的积累,发现 Duncan 非线性模型计算结果与实测值存在一定的偏差,主要表现在非线性模型计算的水平位移偏大较多。为了改进计算结果,各种形式的弹塑性模型被相继提出,比较有代表性的有双屈服面弹塑性模型。这类模型由于能较好地反映土的变形特性,在我国土工数值计算中正被越来越广泛地采用。在计算模拟方面,结合比奥固结理论,并且采用增量法进行计算,能方便模拟土工建筑物的施工过程、土体的固结过程以及孔隙水压力的增长和消散过程。

5.1.1 计算模型

本章采用沈珠江院士提出的"南水"双屈服面弹塑性模型模拟土石料的应力应变关系。它能较好地反映了土体的非线性、压硬性、剪胀(缩)性和应力引起的各向异性等变形特性,其计算参数亦可通过常规三轴试验测定。

增量型的应力应变关系一般可表示为:

$$\Delta\sigma = [D]_{ep}\Delta\varepsilon \tag{5-1}$$

其弹塑性模量矩阵为:

$$[D]_{ep} = [d_{ij}] \quad (i,j = 1\sim 6) \tag{5-2}$$

式中:d_{ij} 为模量矩阵系数。对于平面应变问题,其弹塑性应力-应变关系如下:

$$\begin{Bmatrix} \Delta\sigma_x \\ \Delta\sigma_y \\ \Delta\sigma_z \\ \Delta\tau_{xy} \end{Bmatrix} = \begin{bmatrix} d_{11} & d_{12} & d_{13} \\ d_{21} & d_{22} & d_{23} \\ d_{31} & d_{32} & d_{33} \\ d_{41} & d_{42} & d_{43} \end{bmatrix} \begin{Bmatrix} \Delta\varepsilon_x \\ \Delta\varepsilon_y \\ \Delta\gamma_{xy} \end{Bmatrix} \tag{5-3}$$

"南水"双屈服面弹塑性模型由下列双屈服面组成:

$$F_1 = \begin{Bmatrix} p^2 + r^2q^2 \\ q^s/p \end{Bmatrix} \tag{5-4}$$

式中:$p = (\sigma_1+\sigma_2+\sigma_3)/3$;$q = [(\sigma_1-\sigma_2)^2 + (\sigma_2-\sigma_3)^2 + (\sigma_3-\sigma_1)^2]^{1/2}/\sqrt{2}$;$r$ 和 s 为屈服面参数,这里 r 和 s 对于软土地基取3,对于堆石体取2。

模型的基本变量为切线杨氏模量 E_t 和切线体积比 μ_t,分别由以下两式求出:

$$\begin{aligned} E_t &= E_i(1-R_fS_l)^2 \\ E_i &= KP_a(\sigma_3/P_a)^n \end{aligned} \tag{5-5}$$

式中:P_a 为标准大气压力值;E_i 为初始切线模量。

$$\mu_t = 2c_d(\sigma_3/p_a)^{n_d}\frac{E_tR_s}{\sigma_1-\sigma_3}\frac{1-R_d}{R_d}\left(1-\frac{R_s}{1-R_s}\frac{1-R_d}{R_d}\right) \tag{5-6}$$

式(5-6)中:$R_s = R_fS_l$,而 S_l 为应为水平,有

$$S_l = \frac{\sigma_1-\sigma_3}{(\sigma_1-\sigma_3)_f} \tag{5-7}$$

$(\sigma_1-\sigma_3)_f$ 由摩尔-库伦(Mohr-Coulomb)准则确定为:

$$(\sigma_1-\sigma_3)_f = 2\frac{c\cos\varphi + \sigma_3\sin\varphi}{1-\sin\varphi} \tag{5-8}$$

式中:c、φ 分别为有效应力强度指标黏聚力和摩擦角。

破坏比 R_f 定义为侧限破坏时主应力差与极限值之比,即 $R_f = \dfrac{(\sigma_1-\sigma_3)_f}{(\sigma_1-\sigma_3)_{u/t}}$。

卸荷情况下,回弹模量按下式计算为:

$$E_{ur} = K_{ur} P_a (\sigma_3/P_a)^n \tag{5-9}$$

以上双屈服面弹塑性模型共涉及 9 个计算参数 K、K_{ur}、n、c、φ、R_f、c_d、n_d、R_d,可由三轴固结排水剪试验得出。

在应用比奥固结理论进行的有效应力计算时,准饱和土体中孔隙流体的流动采用如下模式考虑:假定孔隙气以气泡形式封闭或溶解在孔隙水中,把水气混合体当作一种可压缩的流体对待,其压缩系数按下式考虑为:

$$c_p = n_s \left(\dfrac{1-S_r}{P_w + P_a} c_0 \right) \tag{5-10}$$

式中:n_s 为孔隙率;S_r 为饱和度;c_0 为无气水压缩系数,其值为 $4.7 \times 10^{-6} \, \mathrm{m^2}/t$;$P_w$ 为孔隙水压力。

假定填筑时的初始饱和度为 S_{r_0},随着孔隙压力增加,孔隙气逐步溶解于水中,饱和度逐步增加,其变化规律为:

$$S_r = \dfrac{P_w + P_a}{P_a + (1-C_h) S_{r_0} P_w} S_{r_0} \tag{5-11}$$

式中:C_h 为亨利(Henry)溶解系数,可取 0.02。

5.1.2 计算原理

由应力应变关系模式结合几何方程、平衡微分方程及土的水流连续方程,可得到比奥固结理论的求解方程式为:

$$\begin{cases} D_{11} \partial^2 u/\partial x^2 + (D_{14}+D_{41}) \partial^2 u/\partial x \partial y + D_{44} \partial^2 u/\partial y^2 + D_{14} \partial^2 v/\partial x^2 + \\ \qquad (D_{12}+D_{44}) \partial^2 v/\partial x \partial y + D_{42} \partial^2 v/\partial y^2 - \partial p/\partial x + X = 0 \\ D_{41} \partial^2 u/\partial x^2 + (D_{21}+D_{44}) \partial^2 u/\partial x \partial y + D_{24} \partial^2 u/\partial y^2 + D_{44} \partial^2 v/\partial x^2 + \\ \qquad (D_{24}+D_{42}) \partial^2 v/\partial x \partial y + D_{22} \partial^2 v/\partial y^2 - \partial p/\partial y + Y = 0 \\ -\dfrac{\partial}{\partial t}(\partial u/\partial x + \partial v/\partial y) + \bar{k}_x \partial^2 p/\partial x^2 + \bar{k}_y \partial^2 p/\partial y^2 = 0 \end{cases} \tag{5-12}$$

式中:u、v、p 分别为水平位移、垂直位移及孔隙水压力;X、Y 为体积力;k_x、k_y 分别为水平向及垂直向渗透系数,$\bar{k}_x = k_x/\gamma_w$,$\bar{k}_y = k_y/\gamma_w$;γ_w 为水的容重。

式(5-12)采用有限单元离散,并结合时间域上差分法分段后,比奥固结理论求解方程可以表示为:

$$\begin{cases} \sum_{j=1}^{n}(K_{ij}^{11}\Delta u_j + K_{ij}^{12}\Delta v_j + K_{ij}^{13}\Delta p_j) = \Delta F_i^1 \\ \sum_{j=1}^{n}(K_{ij}^{21}\Delta u_j + K_{ij}^{22}\Delta v_j + K_{ij}^{23}\Delta p_j) = \Delta F_i^2 \\ \sum_{j=1}^{n}(K_{ij}^{31}\Delta u_j + K_{ij}^{32}\Delta v_j + \beta\Delta t K_{ij}^{33}\Delta p_j) = -\Delta t \sum_{j=1}^{n}K_{ij}^{33}P_{j0} \end{cases} \quad (5\text{-}13)$$

式中：Δu_j、Δv_j 和 Δp_j 为 Δt 时段内 j 结点的水平、垂直位移和孔隙水压力增量；ΔF_i^1、ΔF_i^2 为 i 结点的水平、垂直向荷载增量；p_{j0} 为上一段末 j 结点的孔隙水压力；β 为差分常数，此处取 2/3；$K_{ij}^{11},K_{ij}^{12},\cdots$，为方程式的系数，反映 j 结点对 i 结点的影响。

5.2 防波堤与防浪护岸边坡稳定性计算分析方法

计算边坡稳定的方法众多，包括出现时间较早的工程地质类比法、边坡稳定性图解法、极限平衡分析法等。目前工程中所使用的计算方法主要以刚体极限平衡分析法和有限元法为主。这里主要研究极限平衡法中圆弧滑动法及有限元法中强度折减法。

5.2.1 圆弧滑动法

圆弧滑动法的原理是假定土坡的滑移面为圆弧面，并将圆弧滑动体分为若干个竖直的土条，分别计算各土条对圆弧圆心的抗滑动力矩以及滑动力矩，再由抗滑动力矩与滑动力矩之比来判别土坡的稳定性。圆弧滑动法可以分为瑞典条分法、毕肖普法、简布法、Spencer 法以及摩根斯坦-普赖斯法（$M\text{-}P$ 法）等。

边坡稳定分析采用基于条分法的简化毕肖普（Bishop）法（图 5-1）进行。采用瑞典条分法进行边坡稳定分析时，条间力必须满足以下两个基本条件：

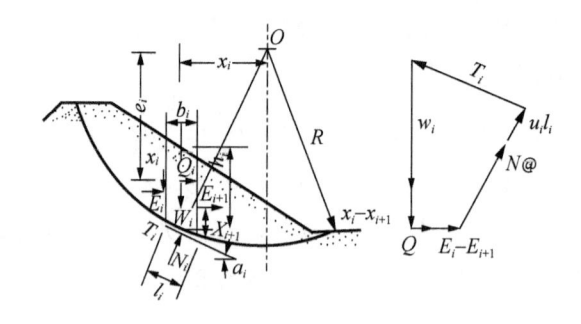

图 5-1 毕肖普法示意图

（1）在土条分界面上不违反土体破坏准则。即由条间力得出的平均抗剪力应小于分界面上的平均抗剪强度，或每一土条分界面上的抗剪安全系数必须大于 1；

（2）一般地说，不允许土条之间出现拉应力。

毕肖普等将土坡安全系数 K 定义为沿整个滑裂面的抗剪强度 τ，与实际产生的剪应

力 r 之比,即:$K = \tau_f/\tau$。该方法考虑了条间力的作用,如图 5-1 所示,E_i 及 X_i 分别表示法向及切向条间力,W_i 为土条自重,Q_i 为水平作用力,N_i、T_i 分别为土条底部的总法向力(包括有效法向力及孔隙水压力)和切向力。根据每一土条垂直方向力的平衡条件有:

$$N_i \cos W_i = W_i + X_i - X_{i+1} - T_i \sin \alpha_i \tag{5-14}$$

根据摩尔-库仑准则:

$$\tau_f = c' + (\sigma - u)\tan \varphi' \tag{5-15}$$

式中:σ 为法向总应力;u 为孔隙水压力;c'、φ' 为有效抗剪强度指标,土条底部的切向阻力 T_i 为:

$$T_i = \tau l_i = \tau_f l_i/K = c'_i l_i/K + (N_i - u_i l_i)\tan \varphi'_i/K \tag{5-16}$$

将式(5-16)代入式(5-14)中,可得土条底部总法向力为:

$$N_i = [W_i + (X_i - X_{i+1}) - c'_i l_i \sin \alpha_i/K + u_i l_i \tan \varphi'_i \sin \alpha_i/K]/(\cos \alpha_i + \sin \alpha_i \tan \varphi'_i/K) \tag{5-17}$$

在极限平衡时,各土条对圆心的力矩之和应为零,此时条间力的作用相互抵消,因此得:

$$\sum W_i x_i - \sum T_i R + \sum Q_i e_i = 0 \tag{5-18}$$

式中:$x_i = R\sin \alpha_i$。将式(5-16)、式(5-17) 代入式(5-18),最后得到安全系数的公式为:

$$K = \frac{\sum\{c'_i l_i + [W_i - u_i b_i + (X_i - X_{i+1})]\tan \varphi'_i\}/(\cos \alpha_i + \tan \varphi'_i \sin \alpha_i/K)}{\sum W_i \sin \alpha_i + \sum Q_i e_i/R} \tag{5-19}$$

式中:X_i、X_{i+1} 是未知的,毕肖普假定各土条之间的切向条间力均略去不计,也就是假定条件力的合力是水平的,这样式(5-19)可简化为:

$$K = \frac{\sum[c_i l_i + (W_i - u_i b_i)\tan \varphi_i]/(\cos \alpha_i + \text{tg } \varphi_i \sin \alpha_i/K)}{\sum W_i \sin \alpha_i + \sum Q_i e_i/R} \tag{5-20}$$

因为式(5-20) 右边也含有 K 因子,所以在求 K 时要进行迭代计算。

式(5-20)为有效应力计算公式,如采用总应力法计算,孔隙水压力 $u = 0$,强度指标采用相应的总应力指标。

5.2.2 有限元强度折减法

有限元强度折减法的基本思路和计算原理是将岩土材料的抗剪强度参数黏聚力和内摩擦角除以折减系数得以降低,用折减降低后新得到的参数来进行边坡稳定性的分析计算,不断降低土质边坡或岩质边坡的抗剪强度参数并反复试算,直到其达到破坏状态为止。

目前,判断边坡是否破坏的条件主要有三种:①根据有限元解的收敛性判断失稳状态,即在所给定的限值条件及非线性迭代次数下,不平衡力或最大位移的残差值不能满足收敛条件,则认为该强度折减系数下边坡发生失稳破坏;②根据计算域内某一部分的折减系数与位移关系曲线的变化特征来确定边坡的失稳状态;③通过域内广义剪应变等物理量的分布和变化来判断,如当域内的塑性区连通时,则认为边坡发生破坏。

5.2.2.1 计算原理

强度折减的基本原理是将边坡强度参数黏聚力 c 和内摩擦角 φ 同时除以一个折减系数 F,得到一组新的 c 和 φ 值,然后作为一组新的材料参数输入,再进行试算。当计算不收敛时,对应的 F 被称为边坡的最小安全系数,此时,边坡达到极限状态,发生剪切破坏,同时可得到临界滑动面所在的塑性区。其分析方程为:

$$c' = c/F \tag{5-21}$$

$$\tan \varphi' = \tan \varphi / F \tag{5-22}$$

5.2.2.2 屈服条件

1. 摩尔-库仑准则

摩尔-库仑准则用大小主应力表示为:

$$\frac{\sigma_1' - \sigma_3'}{2} = \frac{\sigma_1' + \sigma_3'}{2}\sin \varphi' - c\cos \varphi' \tag{5-23}$$

式中:σ_1'、σ_3' 分别指土中一点的大小主应力。在主应力空间中,如果不考虑 σ_1、σ_2、σ_3 之间的大小关系,屈服面是一个不等角六棱锥,在 π 平面上是一个等边不等角六边形,如图 5-2。

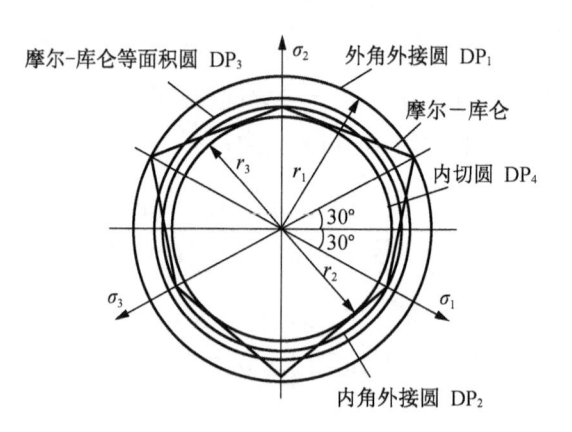

图 5-2 摩尔-库仑准则曲线

2. D-P 准则

D-P 准则可以写成式(5-24)为:

$$\alpha I_1 + \sqrt{J_2} = k_f \tag{5-24}$$

式中：I_1 为第一应力不变量；J_2 为第二应力不变量；α 和 k_f 为试验常数，在主应力空间中其屈服面是一个圆锥，在 π 平面上是一个圆形。

α 和 k_f 是与岩土材料内摩擦角 φ 和黏聚力 c 有关的常数，不同的 α 和 k_f 在 π 平面上代表不同的圆。为解决棱边处的不可导问题，应采用不同的 D-P 准则，各种有限元程序采用不同的 D-P 准则见表 5-1。

表 5-1 各屈服准则的参数转换

编号	准则种类	α	k_f
DP_1	外角点外接圆	$\dfrac{2\sin\varphi}{\sqrt{3}(3-\sin\varphi)}$	$\dfrac{6c\cos\varphi}{\sqrt{3}(3-\sin\varphi)}$
DP_2	内角点外接圆	$\dfrac{2\sin\varphi}{\sqrt{3}(3+\sin\varphi)}$	$\dfrac{6c\cos\varphi}{\sqrt{3}(3+\sin\varphi)}$
DP_3	摩尔-库仑等面积圆	$\dfrac{2\sqrt{3}\sin\varphi}{\sqrt{2}\sqrt{3\pi(9-\sin^2\varphi)}}$	$\dfrac{6\sqrt{3}c\cos\varphi}{\sqrt{2}\sqrt{3\pi(9-\sin^2\varphi)}}$
DP_4	内切 D-P 圆	$\dfrac{\sin\varphi}{\sqrt{3}\sqrt{3+\sin^2\varphi}}$	$\dfrac{3c\cos\varphi}{\sqrt{3}\sqrt{3+\sin^2\varphi}}$

5.3 案例分析

5.3.1 案例概况

某港口成品油及液体化工品码头主管架建设于北防波堤及防浪护岸的顶部。北防波堤及防浪护岸顶宽 10~25 m、底宽 55~75 m，设计边坡 1:2.5~1:1.5，顶高程 +5.5~+6.0 m，底高程 -8.9~-9.7 m。北防波堤及防浪护岸由 10~100 kg 的块石回填而成，3.0 t 扭王字块一层护坡，完工至今已达 3 年之久。成品油及液体化工品码头一期主管架基础直接坐落于防波堤及护岸顶部，要求的地基承载力为 150 kPa。现因二期工程的需要，拟增加输油管道，要求地基承载力达 220~260 kPa。

港区潮型为不规则半日潮，涨潮延时 5.7 h，落潮延时 6.7 h，落潮历时大于涨潮历时。根据相关资料，最高潮位 +4.76 m（高程以新皱鱼圈零点为基准，下同），最低潮位 -2.10 m，平均低潮位 +0.74 m，最大潮差 4.23 m，最小潮差 0.71 m，平均潮差 2.56 m；设计高水位 +4.03 m，设计低水位 +0.26 m，校核高水位 +5.13 m，校核低水位 -1.34 m。

5.3.2 计算剖面选择

在北防波堤及防浪护岸各取 2 个典型剖面，典型剖面选取的原则主要考虑沿线分布，同时考虑地质条件的不利影响(图 5-3)。取 4 个典型剖面，截面 1-1 和截面 1-2 处于防浪护岸段，截面 2-1 和截面 2-2 处于防波堤段。北防波堤与防浪护岸地基土层自上而下成海相—陆相变化趋势。图 5-4 为 4 个典型剖面的剖面位置图，图中给出了各个剖面地基土层分布情况。

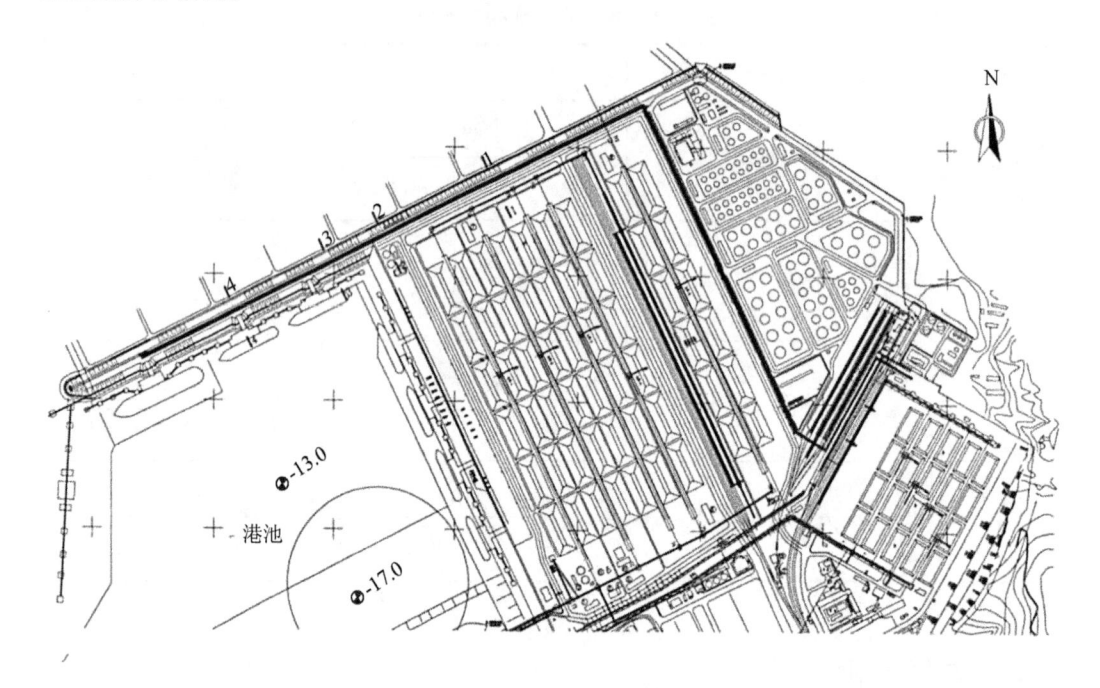

图 5-3 典型剖面位置图

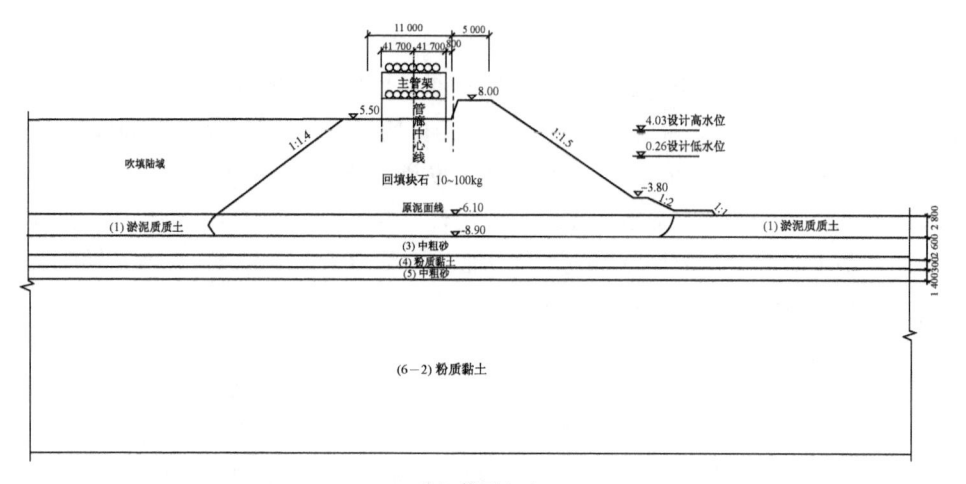

(a) 截面 1-1

(b) 截面 1-2

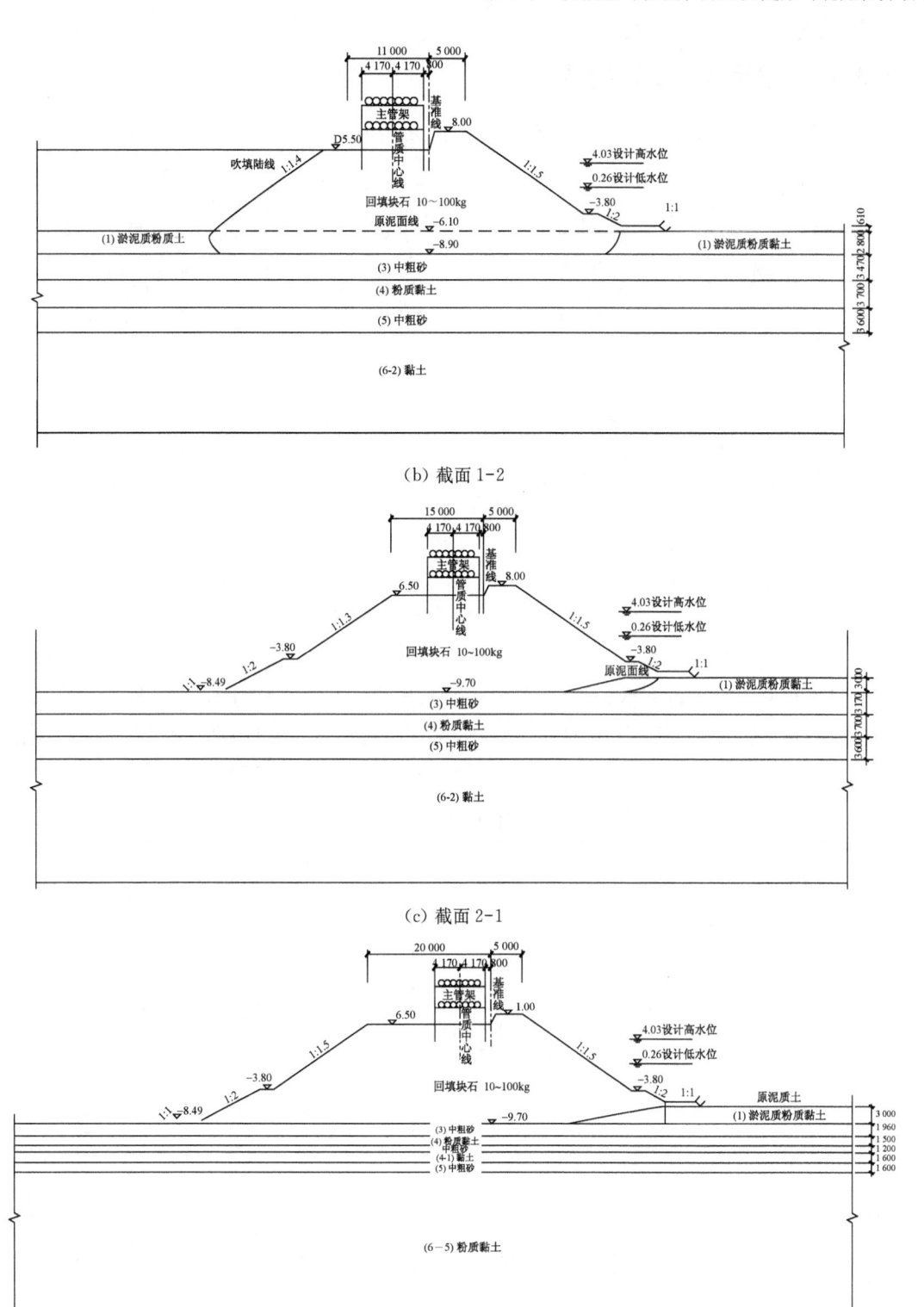

(c) 截面 2-1

(d) 截面 2-2

图 5-4　典型剖面图

5.3.3 有限元模型及计算参数

如图 5-5 所示给出了 4 个典型断面的有限元网格。

(a) 截面 1-1

(b) 截面 1-2

(c) 截面 2-1

(d) 截面 2-2

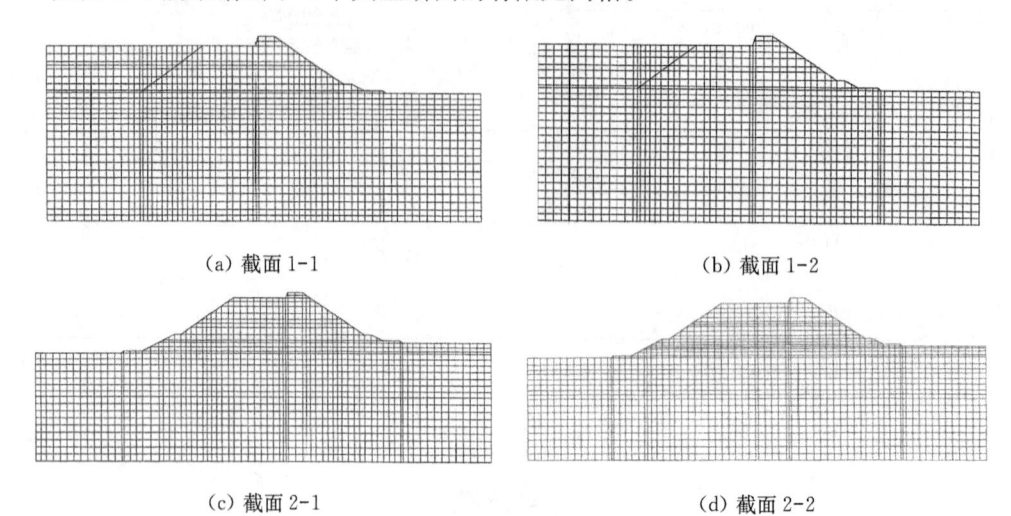

图 5-5 典型断面的有限元网格

地基土层物理力学参数如表 5-2 所示。地基土层的参数根据土工常规试验成果确定。堆石体和吹填体的参数根据工程经验确定,堆石一为水下部分堆石体,堆石二为水上部分堆石体,为了考虑最不利的情况,水位线采用设计低水位。计算时所用渗透系数根据地质资料结合矿石堆场工程经验确定。模型地基土层渗透系数如表 5-3 所示。

表 5-2 地基土层物理力学参数

土层	ρ	K	K_{ur}	n	c	Φ	R_f	R_d	c_d	n_d
	g/cm³	—	—	—	kPa	—	—	—	—	—
淤泥质粉质黏土	1.80	120	260	0.65	10.9	16.5	0.75	0.56	0.04	0.5
中粗砂	1.95	300	600	0.50	0	32	0.70	0.58	0.006	1.2
粉质黏土	1.95	250	500	0.60	41.4	20.7	0.75	0.56	0.008	1.1
黏土	1.87	200	400	0.60	66.4	15.4	0.70	0.57	0.01	0.8
中粗砂	1.95	350	700	0.55	0	33	0.75	0.58	0.005	1.3
粉质黏土	1.95	280	550	0.60	46.0	20.5	0.75	0.56	0.007	1.1
黏土	1.89	220	450	0.60	45.5	16.1	0.75	0.57	0.01	0.8
堆石体一	1.00	500	800	0.42	0	38	0.72	0.60	0.004	1.5
堆石体二	1.80	500	800	0.42	0	38	0.72	0.60	0.004	1.5
吹填体	1.60	110	250	0.66	8	15	0.72	0.56	0.04	0.5

表 5-3 　地基土层渗透系数　　　　　　　　　　单位：cm/s

土层	淤泥质粉质黏土	中粗砂	粉质黏土	黏土	中粗砂	粉质黏土	黏土	堆石体	吹填体
K_v	3.6× 10⁻⁶	5.0× 10⁻³	4.0× 10⁻⁶	3.0× 10⁻⁷	5.0× 10⁻³	3.0× 10⁻⁶	5.0× 10⁻⁷	1.0× 10⁻¹	3.6× 10⁻⁶
K_h/K_v	1.6	1.0	1.6	2.0	1.0	1.6	2.0	1.0	1.6

5.3.4 管架荷载

该案例管廊基础的承载力要求为：
(1) 加层后及新建的 T 架要求 $f_{ak}=220\ \text{kPa}$；
(2) 原有 P 架要求 $f_{ak}=220\ \text{kPa}$；
(3) T 架改为 P 架要求 $f_{ax}=250\ \text{kPa}$；
(4) 所有 G 架要求 $f_{ak}=160\ \text{kPa}$；
(5) P 架改 T 架要求 $f_{ak}=180\ \text{kPa}$；
(6) T1434-T1436 要求 $f_{ax}=260\ \text{kPa}$。

5.3.5 基于变形的安全性评价

为研究管架基础及地基的安全性，需从荷载作用下塑性区发展情况和地基沉降变形情况进行分析。

5.3.5.1 模拟工况及变形评价

计算模拟的荷载过程如下：先堤体抛填，然后在堤体荷载下地基固结，再堤顶施加管架荷载，最后在堤体和管架荷载下地基固结。计算时假设堤体抛填及地基固结 3 年后堤顶施加管架荷载。首先假定各剖面管廊基础承载力要求为 $f_{ax}=260\ \text{kPa}$，以考察各剖面的最大沉降。对每一个剖面来说，整理了 3 个阶段的变形结果：管架荷载施加前的变形、管架荷载施加后的变形、最终变形。以剖面截面 1-1（防浪护岸段）计算结果为例，进行仿真计算结果分析。

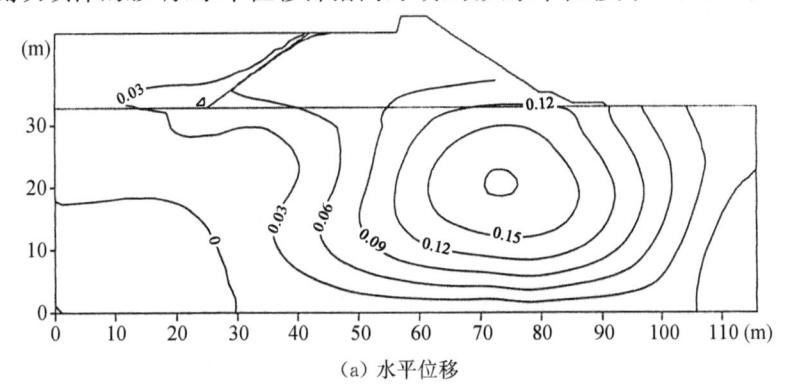

图 5-6 为管架荷载施加前，截面 1-1 剖面沉降及水平位移等值线。堤体抛石后地基经过 3 年固结，地基最大沉降为 34.6 cm，最大沉降基本位于地基面，在堤轴线附近。由于陆域一侧吹填体的影响，水平位移都指向海域，最大水平位移为 18.5 cm。

(a) 水平位移

(b) 沉降

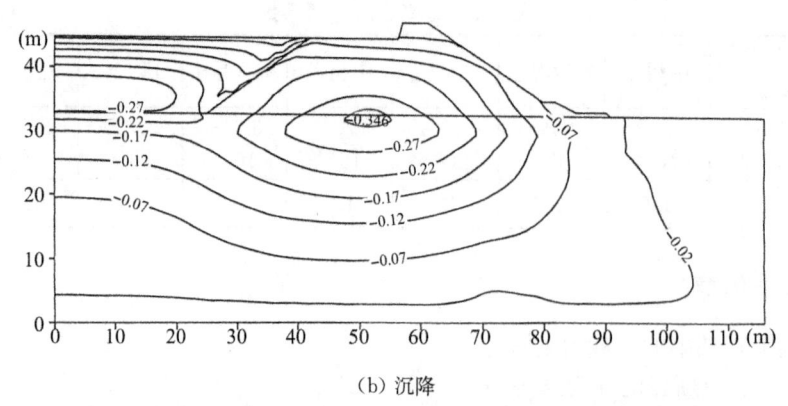

图 5-6　管架荷载施工前截面 1-1 剖面沉降及水平位移等值线(m)

图 5-7 为管架荷载施加后截面 1-1 剖面内沉降和水平位移等值线。由于施加管架荷载，地基的变形有所增加，这时最大沉降增加为 37.5 cm，水平位移最大值增加到 19.8 cm。与图 5-6 相比，管架荷载施加后地基最大沉降增量为 2.9 cm，可见堤顶荷载经过堆石堤体扩散后对地基的作用是有限的。

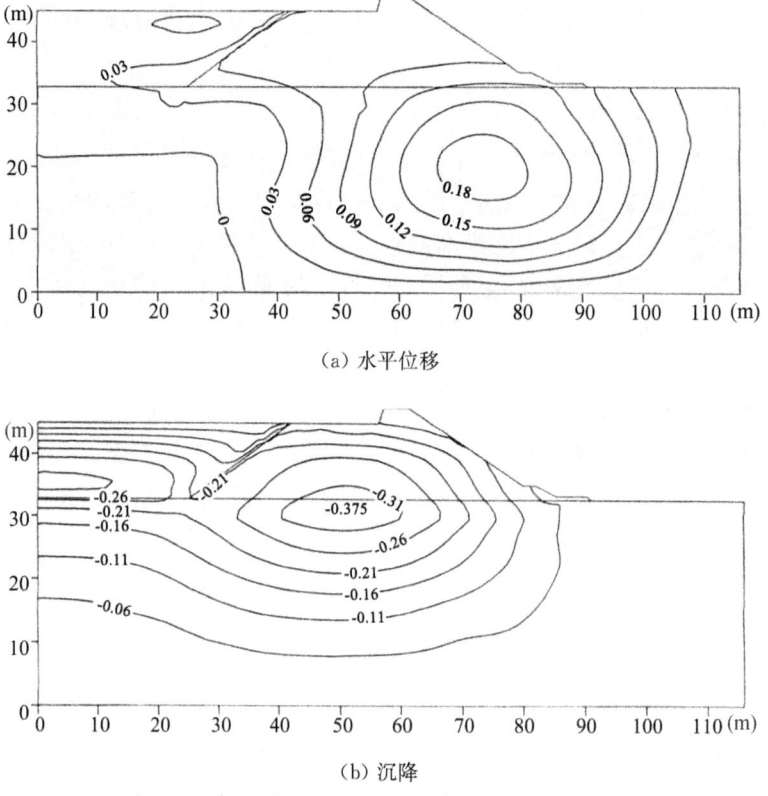

(a) 水平位移

(b) 沉降

图 5-7　管架荷载施工后截面剖面 1-1 内沉降和水平位移等值线(m)

图5-8为施加管架荷载并经过长期固结后截面1-1剖面沉降和水平位移等值线。结算结果表明,地基经过15年固结后,变形基本稳定。地基最终最大沉降为62.7 cm,相对管架荷载施加后的增量为25.2 cm。与沉降相比,地基固结过程中水平位移的增加很小,最终水平位移最大值为21.1 cm。

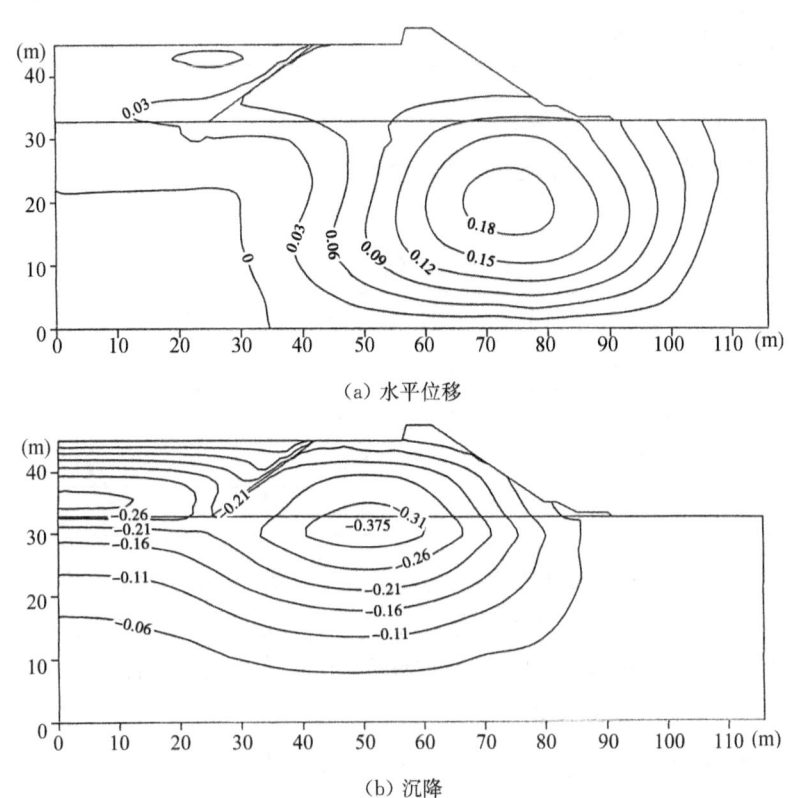

(a) 水平位移

(b) 沉降

图 5-8 施加管架荷载后并经长期固结后截面 1-1 剖面沉降和水平位移等值线(m)

截面1-1、截面1-2、截面2-1、截面2-2计算结果如表5-4所示。

表 5-4 仿真计算结果(cm)

工况	截面1-1	截面1-2	截面2-1	截面2-2
管架荷载施加前水平位移向海	18.5	9.7	11.3	9.4
管架荷载施加前水平位移向陆	0.0	0.0	23.1	18.1
管架荷载施加前地基沉降	34.6	31.3	38.4	36.4
管架荷载施加后水平位移向海	19.8	10.8	11.8	10.5
管架荷载施加后水平位移向陆	0.0	0.0	23.6	21.3
管架荷载施加后地基沉降	37.5	34.4	41.0	40.1
管架荷载施加并长期固结水平位移向海	21.1	12.0	11.8	12.0

续表

工况	截面			
	截面1-1	截面1-2	截面2-1	截面2-2
管架荷载施加并长期固结水平位移向陆	0.0	0.0	26.4	24.1
管架荷载并长期固结地基沉降	62.7	56.2	64.0	63.3

5.3.5.2 不施加管架荷载沉降分析

计算不施加管架荷载情况下地基的沉降如表5-5所示。表中同时列出了考虑管架荷载的结果。

表5-5 地基沉降计算结果(cm)

工况	截面1-1	截面1-2	截面2-1	截面2-2
现状(固结3年)	34.6	31.3	38.4	36.4
最终沉降(无管架荷载)	57.3	51.4	59.9	58.1
最终沉降(有管架荷载)	62.7	56.2	64.0	63.3
因管架荷载导致的沉降	5.4	4.8	3.1	5.2

由计算结果可见,由于施加管架荷载,地基的沉降有所增加,但增加量并不太大(不超过6 cm)。从4个剖面计算结果来看,相对无管架荷载的情况,施加管架荷载引起的最大沉降增量为5.4 cm。由此可以基本判断,施加管架荷载对防浪护岸堤以及防波堤的安全性影响不大。

5.3.5.3 最不利情况不均匀沉降分析

对管线来说,管架基础及地基的不均匀沉降是影响其运行性状的一个重要因素。前面对4个剖面计算时,各剖面管廊基础承载力要求都采用了最大值 $f_{ak}=260$ kPa。计算所得各剖面沉降及沉降增量如表5-6。

表5-6 $f_{ak}=260$ kPa 时地基沉降计算结果(cm)

工况	截面1-1	截面1-2	截面2-1	截面2-2
现状(固结3年)	34.6	31.3	38.4	36.4
管架荷载施加后	37.5	34.4	41.0	40.1
管架荷载引起增量	2.9	3.1	2.6	3.7
最终沉降	62.7	56.2	64.0	63.3
施加管架荷载后增量	35.2	21.8	23.0	23.2
相对于现状的增量	28.1	24.9	25.6	26.9

从表5-6可以看出,管架荷载施加后,各剖面将发生25 cm左右的沉降。从各剖面沉降量看,差异沉降很小,最大不到4 cm。

实际上,不同区域管廊基础荷载并不一样,而且,如果某剖面荷载减小,则其与相邻剖面的沉降差异将增大。从表 5-6 看,剖面截面 1-2 和截面 2-1 沉降相对较小,考虑最不利的情况,这两个剖面管廊承载力要求采用最小值 $f_{ak}=160\ \text{kPa}$,以考察不均匀沉降。表 5-7 给出了各剖面沉降结果。

表 5-7　最不利情况地基沉降结果　　　　　　　　　　　　单位:m

工况	截面 1-1	截面 1-2	截面 2-1	截面 2-2
现状(固结 3 年)	34.6	31.3	38.4	36.4
管架荷载施加后	37.5	33.2	40.2	40.1
管架荷载引起增量	2.9	1.9	1.8	3.7
最终沉降	62.7	54.2	62.3	63.3
施加管架荷载后增量	25.2	21.0	22.1	23.2
相对于现状的增量	28.1	22.9	23.9	26.9

根据表 5-6 和表 5-7 计算结果,即使在最不利的荷载组合情况下,不均匀沉降也不严重。就剖面截面 1-1 和截面 1-2 来说,管架荷载刚施加时,沉降增量分别为 2.9 cm 和 1.9 cm。到最终沉降达到稳定的状态下,相对于施加管架荷载前的最大沉降差异为 5.2 cm,相对于两个剖面之间的距离,沉降梯度是很小的。

根据各剖面沉降计算结果,虽然管架荷载施加后各剖面将产生 2～28 cm 不等的沉降,但剖面之间的沉降差异不大,沉降梯度很小。各剖面在管架荷载施加之初的沉降增量在 2～4 cm,其余大部分沉降将在以后 15 年内逐渐完成。由沉降计算结果可以判断,管线不会因不均匀沉降而破坏。同时,因为沉降梯度较小,沿堤体轴向因地基不均匀沉降发生剪切破坏的可能性可以排除。根据沉降计算结果,为了保证管线的安全,各管架墩应有合理的高度,以 22～28 cm 为宜。

5.3.6　基于应力的安全性评价

图 5-9 为一个典型断面 1-1 在现状、管架荷载施加初期、运行期应力水平计算结果。由计算结果可以发现,各剖面在各种工况下的应力水平都在安全范围内,没有出现塑性破坏区域。剖面截面 1-1 和 1-2 各种工况下应力水平基本在 0.5 以下。剖面截面 2-1 和 2-2 内应力水平相对较高,但大部分区域仍在 0.7 以下,局部到 0.8。应力水平计算结果显示,各剖面在管架荷载作用下,软土地基不会发生塑流破坏。

4 个剖面沉降计算结果表明,管架荷载通过堆石堤体扩散,分布到地基上已经较小。相对于无管架荷载的情况,施加管架荷载引起的最大沉降增量为 5.4 cm。可见施加管架荷载对防浪护岸堤以及防波堤的安全性影响不大。根据各剖面沉降计算结果,虽然管架荷载施加后各剖面将产生一定的沉降,但剖面之间的沉降差异不大,沉降梯度很小。各剖面在管架荷载施加之初的沉降增量约在 2～4 cm,其余大部分沉降将在以后 15 年内逐渐完成,最终沉降增量在 22～28 cm。由沉降计算结果可以判断,管线不致因不均匀沉降而发生破坏。同时,因为沉降梯度较小,沿堤体轴向因地基不均匀沉降发生剪切破坏的可能性可以排除。

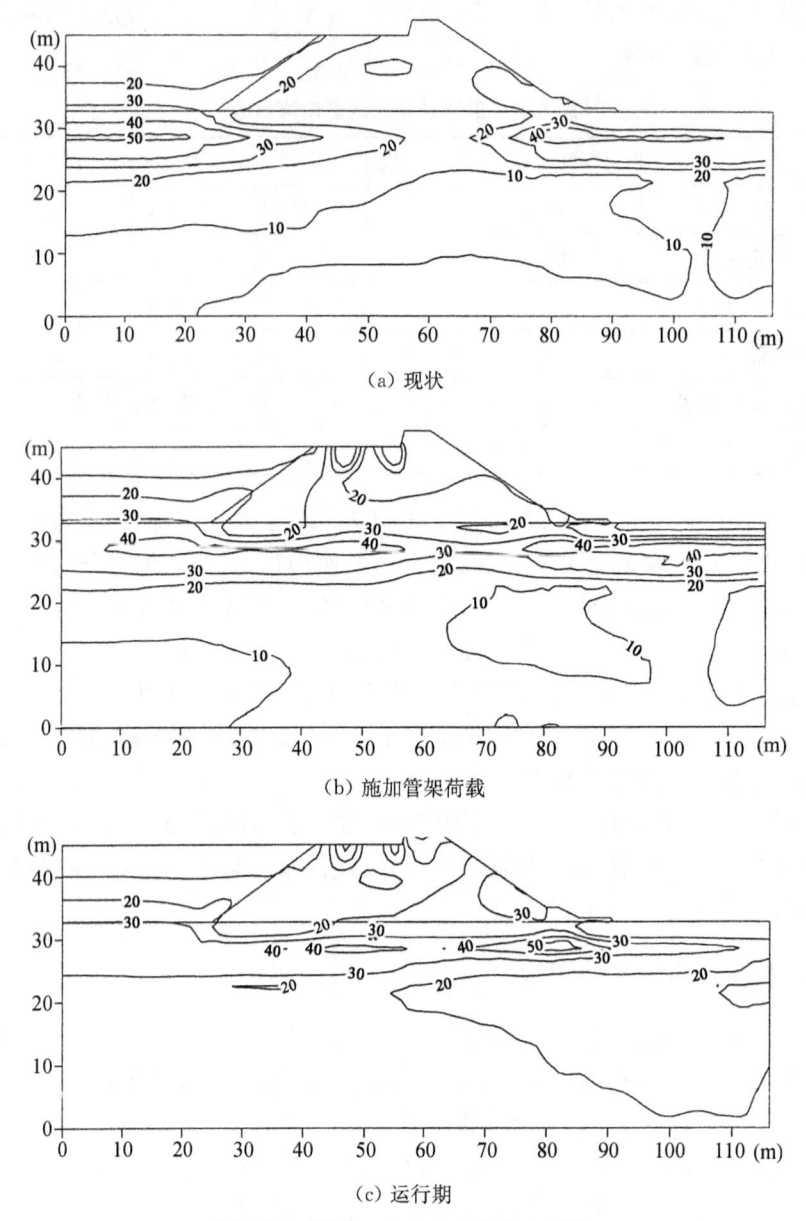

(a) 现状

(b) 施加管架荷载

(c) 运行期

图 5-9 截面 1-1 应力水平分布(%)

根据计算结果可以判断,防浪护岸堤和防波堤作为管廊基础,防浪护岸堤和防波堤以及管道管线都是安全的。

5.3.7 边坡稳定性安全性评价

港区稳定分析采用总应力法进行,考虑到防浪护岸堤和防波堤都已经竣工 3 年,计算时地基土的强度指标采用固结快剪指标如表 5-8 所示。

表 5-8　稳定分析土体容重及强度指标

土层	(1)	(3)	(4)	(4-1)	(5)	(6-1)	(6-2)	堆实体
γ (kN/m³)	8.0	9.5	9.5	8.7	9.5	9.5	8.9	10/18
c (kPa)	10.9	0	41.4	66.4	0	46.0	45.5	0
φ (0)	16.5	32.0	20.7	15.4	33.0	20.5	16.1	38

注：堆石体容重水上部分为 18 kN/m，水下部分为 10 kN/m。

剖面截面 1-1 和 1-2 因为陆域有吹填体，故只分析临水域侧边坡的稳定性。剖面截面 2-1 和截面 2-2 分析两侧边坡的稳定性。

各个剖面稳定分析计算针对施加管架荷载时的工况。计算时管架荷载按最大荷载考虑，即管廊基础承载力要求采用 $f_{ak}=260$ kPa。图 5-10 至图 5-13 为各剖面边坡稳定分析最危险滑弧位置图。计算结果表明：各剖面抗滑稳定安全系数都满足规范要求。剖面截面 1-1 和 1-2 地基第一层均为 1.4 m 厚淤泥质粉土层，虽然地基土层分布不同，但由于最危险滑弧都从淤泥质粉土层滑出，所以两个剖面的抗滑稳定安全系数一样大，临水域侧边坡抗滑稳定安全系数都为 1.40。剖面截面 2-1 陆域侧和水域侧边坡抗滑稳定安全系数分别为 1.66 和 1.38。剖面截面 2-2 陆域侧和水域侧边坡抗滑稳定安全系数分别为 1.63 和 1.38。

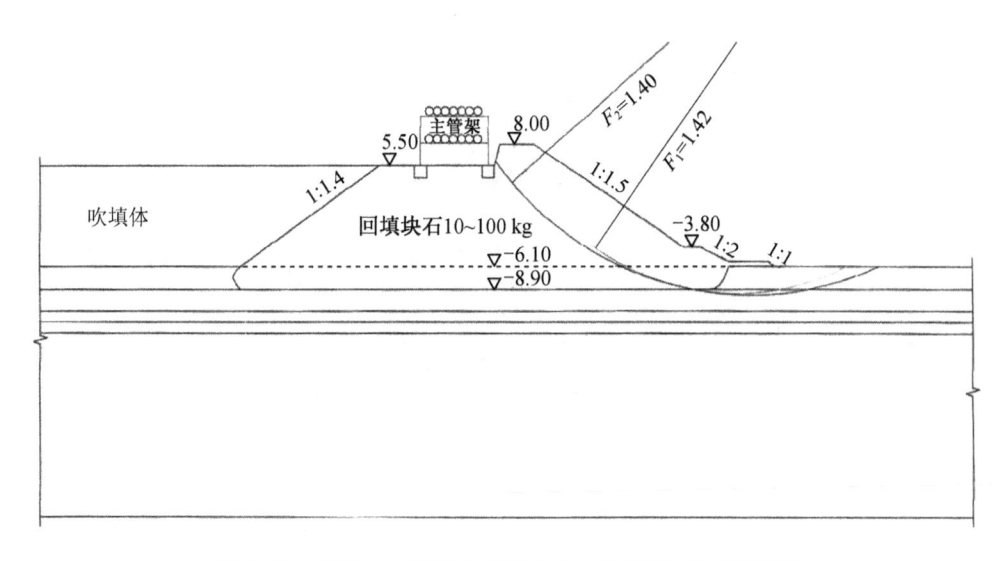

图 5-10　剖面 1-1 稳定分析结果（F_1 加载前，F_2 加载后）

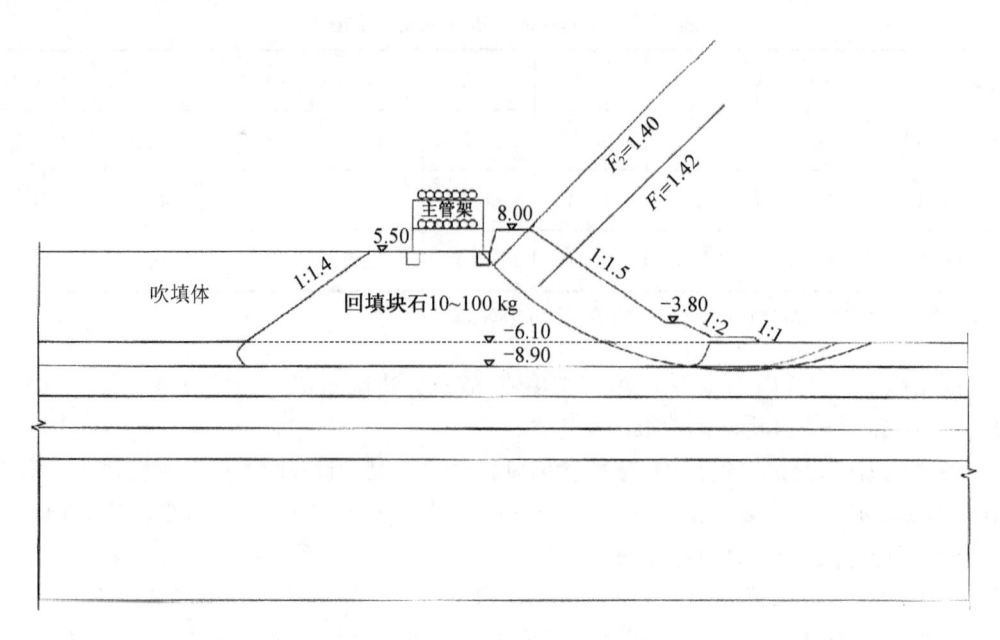

图 5-11　剖面 1-2 稳定分析结果（F_1 加载前，F_2 加载后）

为了考察管架荷载对堤坡稳定性的影响，计算了不施加管架荷载的情况。结果表明，安全系数与上述考虑管架荷载的结果相比，只有微小的增加。两种情况计算结果见表 5-9。

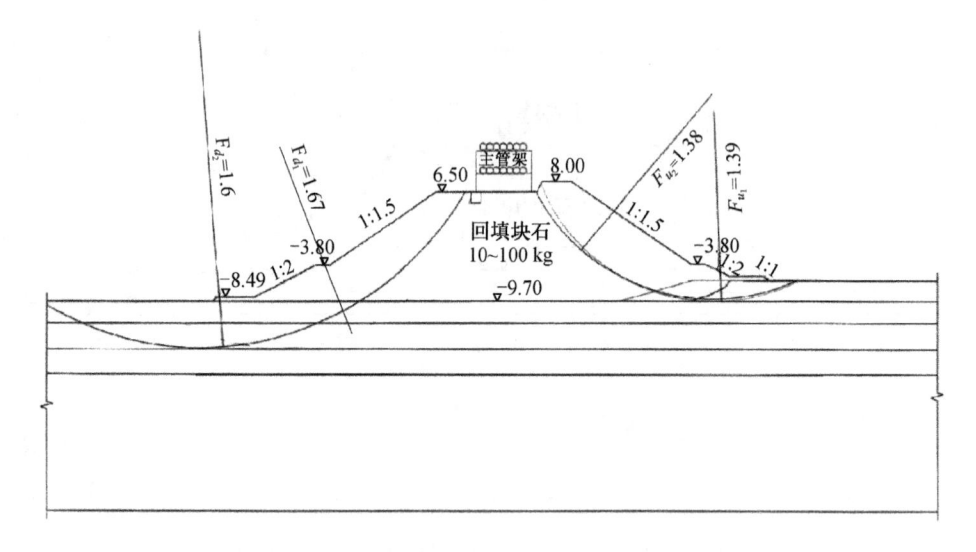

图 5-12　剖面截面 2-1 稳定分析结果（下标 1、2 分别代表加载前后）

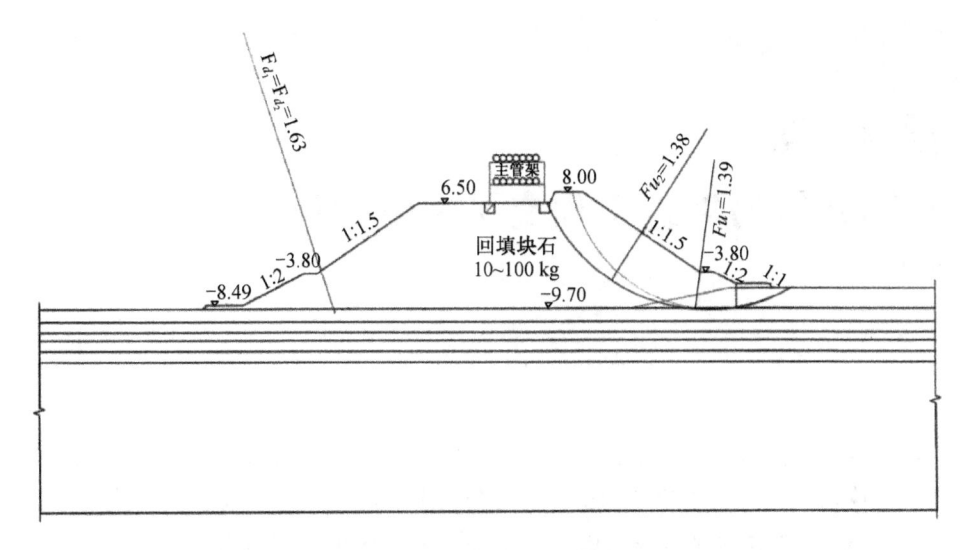

图 5-13 剖面截面 2-2 稳定分析结果（下标 1、2 分别代表加载前后）

表 5-9 边坡稳定分析结果

管架荷载	工况	截面 1-1	截面 1-2	截面 2-1	截面 2-2
施加前	临水域侧	1.42	1.42	1.39	1.39
	临陆域侧	—	—	1.67	1.63
施加后	临水域侧	1.40	1.40	1.67	1.38
	临陆域侧	—	—	1.66	1.63

边坡抗滑稳定分析结果显示，防浪护岸堤和防波堤堤顶施加管架荷载后，堤坡和地基是稳定的。

第6章
堤防建筑与邻近工程交叉影响数值分析

　　堤防建筑物是指沿河、渠、湖、海岸或行洪区、分洪区、围垦区的边缘修筑的起加固作用的挡水建筑物，主要用于防御波浪、水流侵袭和淘刷，保护海岸和陆域不被侵蚀。其中，护岸和护坡是常见的两种加固岸坡的工程措施。由于城市空间资源利用率高，堤防建筑难免与邻近工程交叉，临近工程在施工期和运行期对堤防建筑可能造成不利影响以及标准堤填筑可能引起临近工程不均匀变位。因此对交叉段结构相互影响安全评估也愈发重要。

　　为了评估在堤防建筑与邻近工程交叉下结构安全性，本章结合具体案例，利用有限单元法，介绍堤防建筑与邻近工程交叉影响数值分析方法。

6.1　评估依据及安全控制标准

6.1.1　桥梁桥墩变形机理

　　桥梁墩台基础不均匀沉降将在墩台位置产生变坡点，即出现明显的折角，直接影响行车的安全和舒适。研究桥墩墩顶位移限值是否满足相关标准规范以及设计要求，将直接影响桥梁的正常使用以及寿命周期。对桥梁基础沉降量给予一定的限制可保证墩台发生沉降后，桥头或桥上线路坡度的改变不致影响车辆的正常运行。验算墩台顶的弹性水平位移是为了保证运营时线路平稳。地基的物理力学性质、桥墩的结构刚度、桥桩的结构类型、支座的约束程度都会对桥墩墩顶位移产生一定的影响。在最不利荷载组合情况下，梁体最大纵向位移必须小于梁间伸缩缝间距以及梁端的支撑长度。

6.1.2　桥梁变形控制指标

　　《高速铁路设计规范》(TB 10621—2014)第7.3.9条：墩台横向水平线刚度应满足高速行车条件下列车安全性和旅客乘车舒适度要求，并对最不利荷载作用下墩台顶横向弹性水平位移进行计算。在 ZK 活载、横向摇摆力、离心力、风力和温度的作用下，墩顶横向水平位移引起的桥面处梁端水平折角应不大于 1.0‰弧度。梁端水平折角如图 6-1 所示。

　　《高速铁路设计规范》(TB 10621—2014)第7.3.10条：墩台基础的沉降应按恒载计

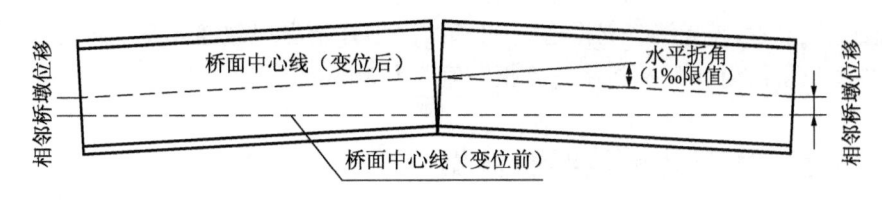

图 6-1 梁端水平折角示意图

算,其在恒载作用下产生的工后沉降量不应超过表 6-1 中规定的限值。超静定结构相邻墩台沉降量之差除应符合规定外,还应根据沉降差对结构产生的附加应力的影响确定。静定结构墩台基础沉降限值列于表 6-1 中。

表 6-1　TB 10621—2014 对墩台基础沉降限值　　　　　　　　单位:mm

沉降类型	桥上轨道类型	限值
墩台均匀沉降	有砟轨道	30
	无砟轨道	20
相邻墩台沉降差	有砟轨道	15
	无砟轨道	5

《铁路桥涵设计规范》(TB 10002—2017):简支梁桥墩台顶面顺桥方向的弹性水平位移应符合下列规定:

$$\Delta \leqslant 5\sqrt{L} \tag{6-1}$$

式中:L 为桥梁跨度(m)。当为不等跨时采用相邻跨中的较小跨度,当 $L < 24$ m 时,L 按 24 m 计;Δ 为墩台顶面处顺桥或横桥方向的水平位移(mm),包括由于墩台身和基础的弹性变形以及基底土弹性变形的影响。

6.1.3　堤防变形机理

堤防施工完成后,因为自身的重力作用,会对地基施加一定的堆载,由于地基的变形和堤身的变形会使堤坝产生位移变化。堤防变形常常表现为沉降变形,若不均匀沉降就会产生裂缝,危及大堤安全。同时,堤防加高培厚,新填土自身会发生固结变形,同时增加的填土荷载还会引起原有堤身和堤基的进一步变形;以及堤防周边新建结构物(桥梁、隧道等)也会引起堤身和堤基的进一步变形。

6.1.4　堤防变形控制标准

不同类型堤防结构对沉降及变形的承受能力不同,通常可取差异沉降量、最大沉降量及裂缝开展宽度等作为控制指标。具体的桥梁跨越工程,应在详细调查堤防结构后,针对性地制定合理可靠的控制标准。

一般可取堤面差异沉降斜率和沉降速度作为沉降控制参数。国内对一些土石堤坝的长期现场监测显示,差异沉降斜率超过 1‰时,堤坝开始出现裂缝。安全起见,取大堤差异沉降斜率报警值为 0.5‰,沉降速度报警值取为 3 mm/d。

6.2 邻近工程交叉影响经验数据

鉴于已完成的多项桥梁桥墩基础附近施工影响及国内已研究的多项堤坝建设的安全评估项目,通过收集、分析和总结相关工程建设经验,为堤防建筑与邻近工程交叉影响安全性评估提供了有价值的参考。

6.2.1 某跨江大桥 3 号墩基础大堤防护施工技术

跨江大桥全长 3 420 m,其中:主桥长 2 100 m,采用(200+2×850+200) m 三塔四跨钢板结合梁悬索桥;引桥长 1 320 m,采用 35 m、50 m 预应力混凝土连续箱梁结构。

3#墩位于江岸坡脚,墩位处江岸坡度较大,为保证堤防安全,结合 3#桩基及承台施工需要,需在 3#墩下游侧施工一排防护桩,对大堤进行防护。大堤防护桩采用单排钻孔桩基础,桩径 1.5 m,间距 1.8 m,共 28 根,桩基为端承桩,桩顶标高+20 m,桩底标高−8 m,桩长 28 m。防护桩顶设一道胸墙,长 50.5 m,宽 1.8 m,厚 1.0 m。如图 6-2 所示。

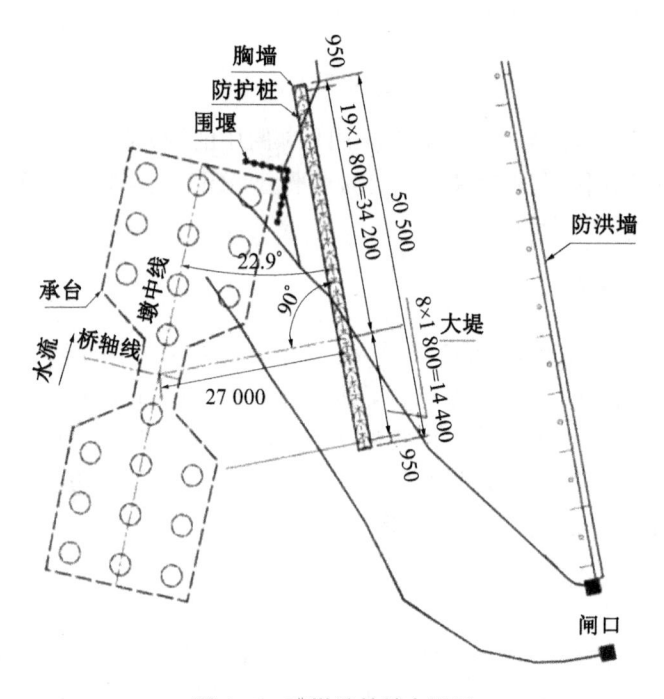

图 6-2 3#墩防护桩布置图

经计算,在跨江大桥 3#桩基及承台施工情况下,设置的防洪堤防护桩桩身最大弯矩

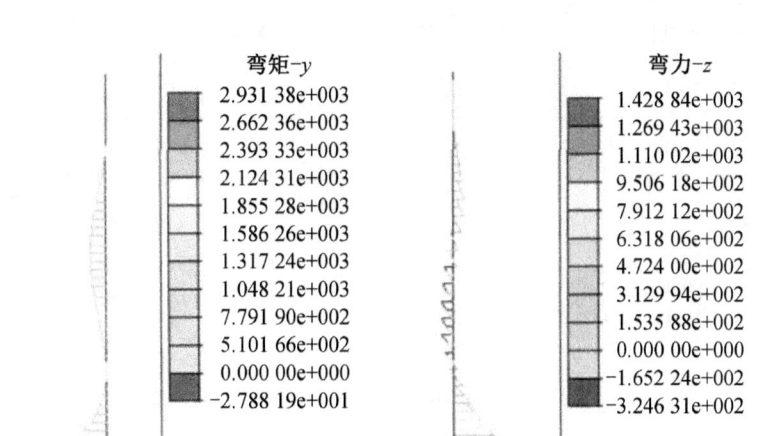

为 2 931 kN·m，最大剪力为 1 429 kN，桩身内力计算结果见图 6-3。

图 6-3 桩身内力计算结果图

6.2.2 某河流入海水道堤防施工变形观测

河流入海水道大堤分南堤和北堤，每堤长约 4 km。由于该地区具有明显的季风气候，雨量充沛，且施工地段地质条件较差（属淤土地段），因此需要在堤防工程的整个施工阶段进行变形观测。堤防施工变形观测的内容主要为南、北大堤堤身施工变形观测，包括水平位移和垂直位移观测。图 6-4 为监测控制网布设图。图 6-5 和图 6-6 为某断面 4# 监测点监测结果趋势图。

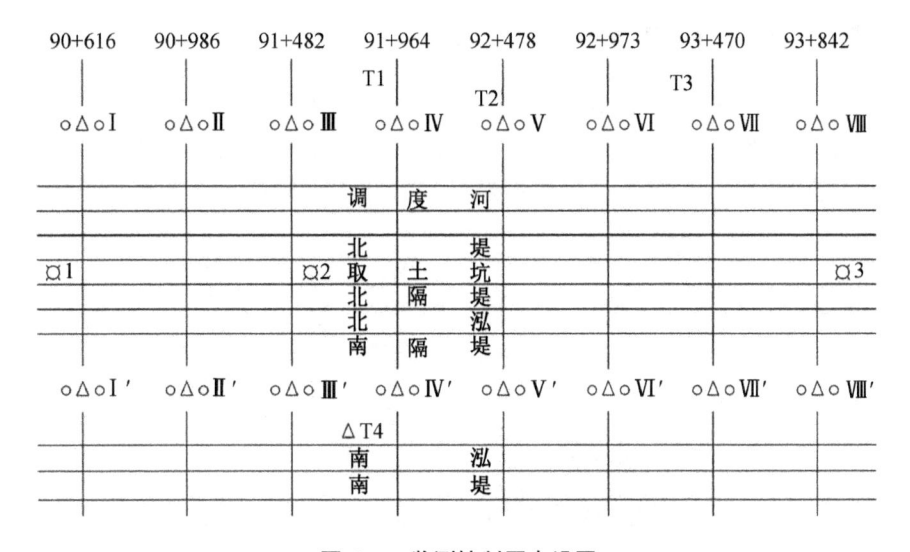

图 6-4 监测控制网布设图

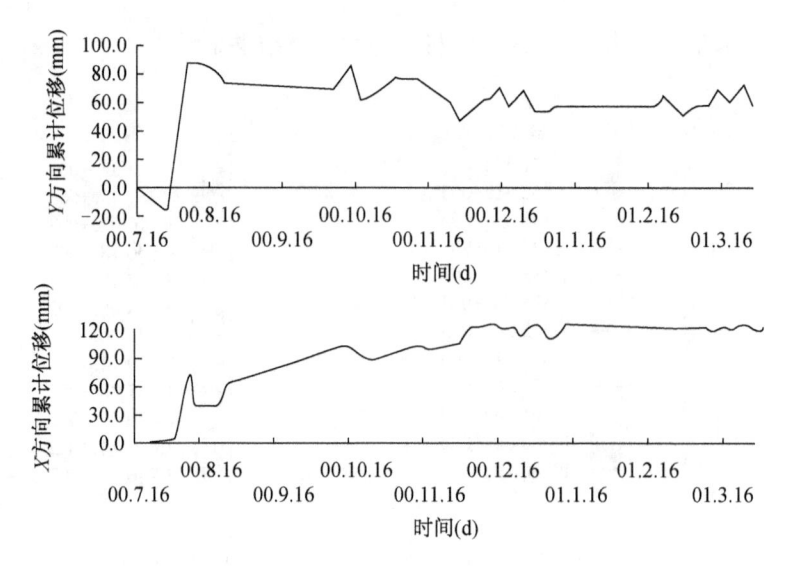

图 6-5　某断面 4#监测点位移—时间过程线图

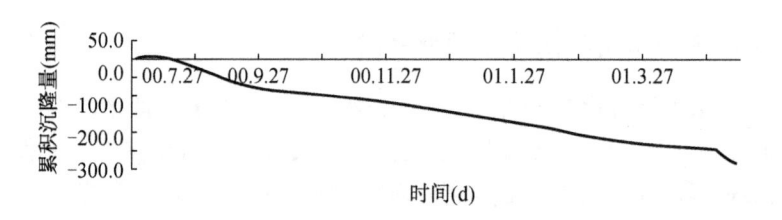

图 6-6　某断面 4#监测点沉降—时间曲线图

6.2.3　某过江隧道垂直下穿南岸防洪堤

过江隧道为泥水盾构,第一次在软土地层中施工。该工程隧道分东西两线,轴线相距约 60 m,由南岸工作井出发,在防洪堤正下方横穿防洪堤(南岸防洪堤结构见图 6-7),南北方向垂直穿越河流。盾构施工主要穿越粉砂及粉土、粉质黏土、粉细砂和圆砾。

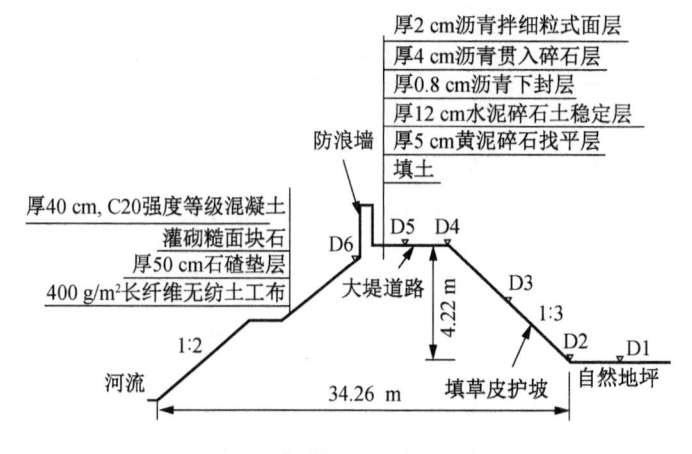

图 6-7　南岸防洪堤结构示意图

在过江隧道垂直下穿南岸防洪堤情况下,隧道轴线位置地面(堤面)沉降-时间曲线见图 6-8。实际评估中该工程取堤面差异沉降斜率和沉降速度作为沉降控制参数,取大堤差异沉降斜率报警值为 0.5%,沉降速度报警值取为 3 mm/d。

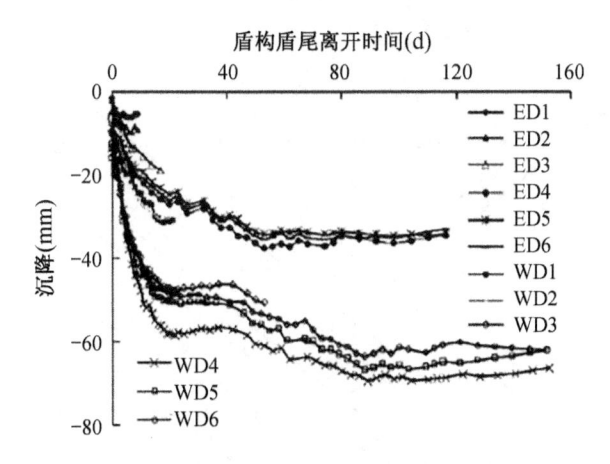

图 6-8 隧道轴线位置地面(堤面)沉降-时间曲线

6.3 案例分析

6.3.1 案例概况

某标准堤挡潮设计标准为 50 年一遇,按允许部分越浪设计,主要建筑物等级为 3 级,断面设计结构如图 6-9 所示。某市域铁路 S1 线为东西走向,与挡潮堤主体结构交叉,其中铁路路线 77#、78# 桥墩位于堤身附近,桥墩间距 40 m,采用 1.25 m 直径灌注桩,每个承台 12 根灌注桩,承台长 20.4 m,宽 6.9 m,高 2.5 m。77# 桥墩位于堤外侧镇压平台中,78# 桥墩位于南堤背水坡上,其承台距离框架直立墙最近距离为 2.71 m,承台下部灌注桩

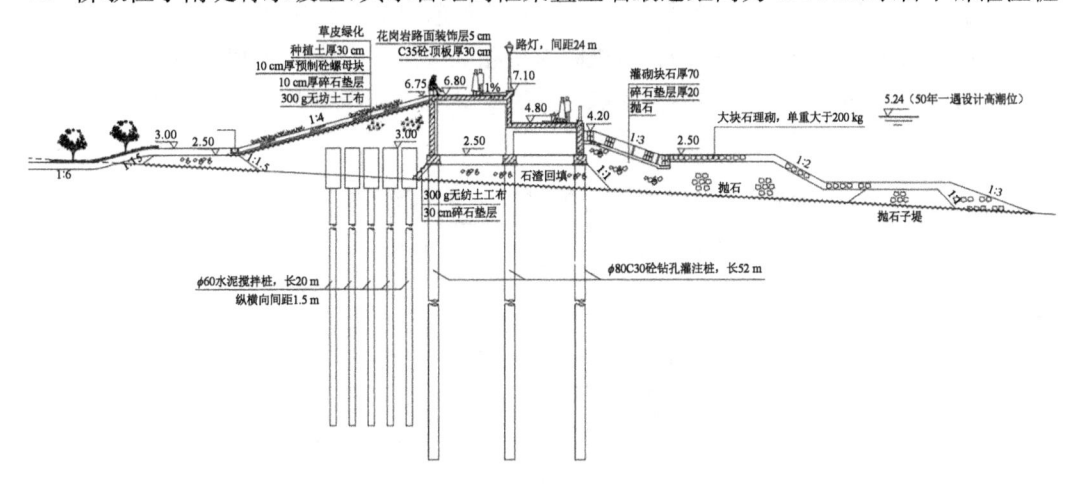

图 6-9 堤防结构示意图

距离南线标准堤灌注桩 3.4 m，78# 承台及灌注桩与堤背水坡搅拌桩重叠，相互关系见图 6-10 所示。因此需要对现行设计方案和先堤后桥施工方案的可行性与安全性进行论证。

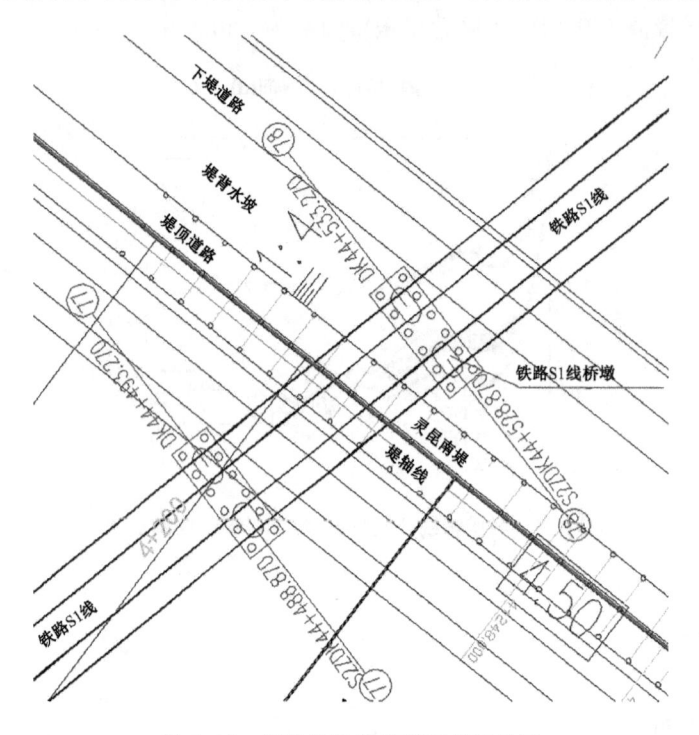

图 6-10 堤防与铁路线平面相互关系

6.3.2 计算参数和计算工况

6.3.2.1 本构模型及参数

各土层采用摩尔-库伦屈服准则，其余分析结构均采用线弹性材料本构模型。

地层参数选取：在保守分析原则和结构设计建议前提下，根据提供的工程地质报告建议值及任务书中地质分区情况说明，以查阅大量相关文献以及类似工程的分析经验为基础，本次计算各结构采用相关力学参数取值见表 6-2，本次计算采用相关力学参数取值见表 6-3。

表 6-2 各部分结构计算采用力学参数表（基本参数）

构件	弹性模量(MPa)	泊松比	容重(kN/m³)
石渣回填	80	0.25	19.11
闭气土	1.76	0.35	18.62
堤坝灌注桩	31 500	0.17	25.00
堤坝搅拌桩	60	0.3	18.13

续表

构件	弹性模量(MPa)	泊松比	容重(kN/m³)
抛石	100	0.25	19.11
桥墩及承台	31 500	0.17	25.00
桥桩	31 500	0.17	25.00
混凝土材料	31 500	0.17	25.00

表6-3 岩土层计算采用力学参数表(基本参数)

层序	土层名称	弹性模量(MPa)	泊松比	黏聚力(kPa)	内摩擦角(°)	容重(kN/m³)
(2)-1	淤泥质黏土	2.4	0.35	7.7	13	17.44
(2)1-1	粉砂混淤泥	4.71	0.35	8.5	17.9	17.74
(2)-2	淤泥	2.55	0.4	9.5	11.8	163.67
(3)-1	淤泥	2.89	0.4	9.6	11.5	16.17
(4)-2	黏土	3	0.35	11.8	13.1	17.25
(5)-3	粉质黏土	9	0.35	11.8	13.1	17.93
(6)-3	圆砾	100	0.28	21.9	15.9	20.58

6.3.2.2 计算荷载

岩土体自重、地应力场、结构自重以及桥体上部结构架设荷载等,不考虑温度和地震作用的影响。

(1) 地应力(A1)

按自重应力场考虑地应力;

(2) 施工期荷载(A2)

堤防结构和铁路路线桥墩等结构施工加载;

(3) 上跨铁路S1线桥体上部结构架设荷载(A3)

桥体上部结构架设,桥墩承受的荷载按分布力施加,分布力大小由设计单位提供,每个桥墩上施加的集中力为竖直方向28 860 kN,顺桥向480 kN,横桥向240 kN。

6.3.2.3 计算工况

为研究交汇处上跨铁路桥梁桥墩基础和下穿堤身在各种情况下的安全稳定性,数值模型结合工程设计图纸和建议施工方案中的施工工况,选取地应力场、施工荷载和桥体上部结构架设荷载三种主要荷载组合进行模拟分析。具体模拟过程如下:

初始状态:

(分析步1) 模拟整个计算模型范围内地层的初始地应力场;

施工过程:

(分析步 2) 铁路桥梁承台及桩基础施工,堤坝搅拌桩、灌注桩基础及框架结构堤身施工;

(分析步 3) 堤坝闭气土及抛石部分填筑;

(分析步 4) 铁路桥梁桥墩施工;

(分析步 5) 桥体上部结构架设。

计算中分析过程采用的是累加模型,即每个施工阶段都继承了上一个施工阶段的分析结果,并累加了本施工阶段的分析结果。上一个施工阶段中结构体系与荷载的变化都会影响到后续阶段的分析结果。

6.3.3 计算模型

主要计算分析采用先堤后桥方案,对堤防南堤和铁路交汇处整个施工过程进行模拟,主要对铁路桥墩基础和堤身进行安全验算、分析评估,重点关注铁路下部 77# 和 78# 桥墩基础以及交汇处堤身的安全稳定性。

数值模型坐标系:计算模型的水平 X 轴指向东方向(堤身垂直方向)为正;水平 Y 轴方向指向北方向(堤身方向)为正;竖直 Z 轴指向重力反方向为正。

模型网格:大量研究表明,计算网格对计算结果的精度有较大的影响。为了更好地模拟堤防南堤和铁路交汇处的力学特性,对交汇处范围附近的土体部分区域网格及重点关注的铁路桥墩基础部分网格进行了细化处理,而对远离所关心的区域采用较大尺寸的网格。整个计算模型单元数为 449 195 个,节点数为 85 393 个。

图 6-11 为整体分析三维数值模型网格图;图 6-12 为分析铁路桥梁桩基础结构三维数值模型网格图;图 6-13 为堤坝结构三维数值模型网格图。

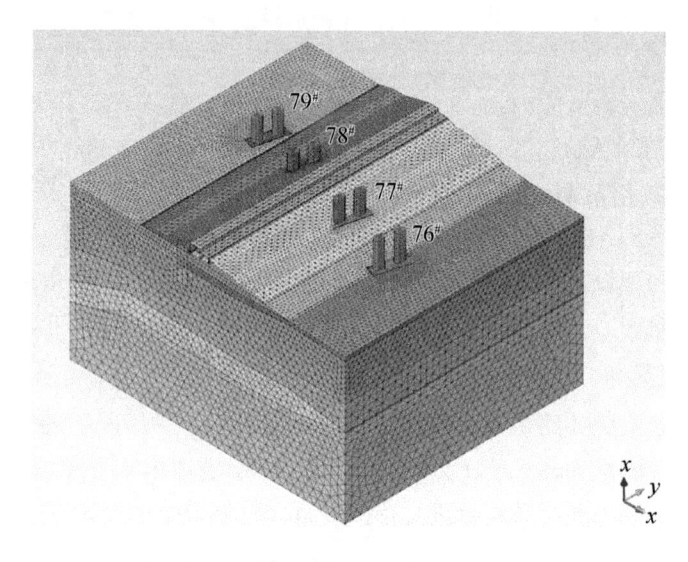

图 6-11 整体分析三维数值模型网格图

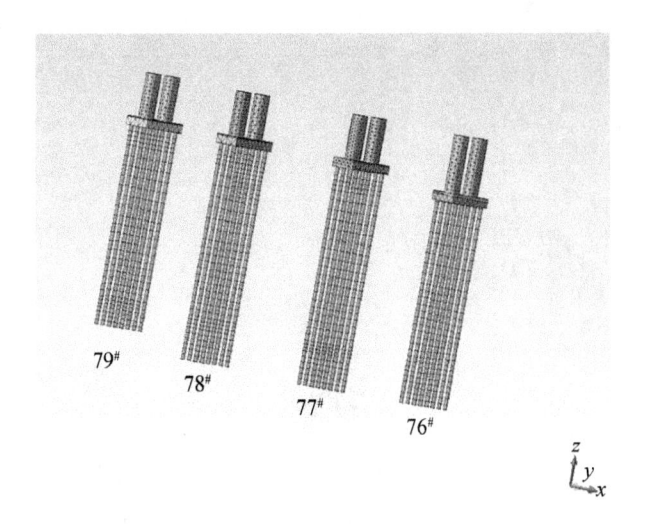

图 6-12 铁路桥梁桩基础结构三维数值模型网格图

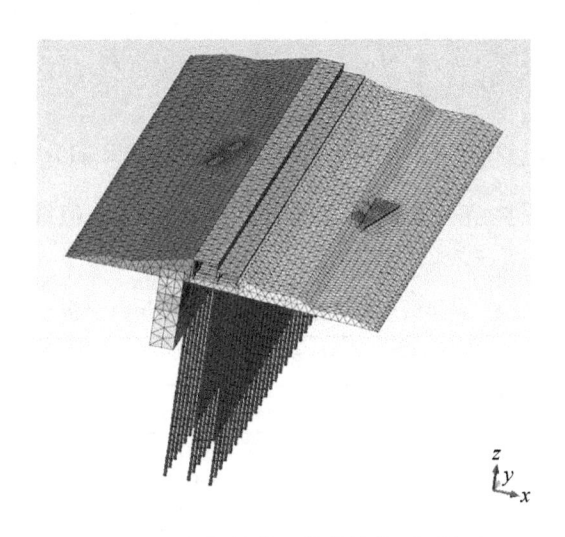

图 6-13 堤坝结构三维数值模型网格图

6.3.4 上跨铁路桥计算安全评估分析

针对上跨铁路桥梁稳定安全性进行分析,主要分析内容包含铁路 S1 线 76#~79# 桥墩基础顶部的位移变化、内力变化,桩基础的承载力分析。计算结果采用局部坐标表示,即局部坐标的 x 轴为铁路桥桥面轴向向东为正,y 轴为铁路桥桥面轴向的垂直向北为正,z 轴仍为重力反方向为正。

6.3.4.1 桥墩顶部的位移变化分析

铁路桥梁各桥墩受到上部荷载本身会产生一定位移变形,而桥墩顶部的位移变化对桥梁上部结构安全运营有着直接的影响。上跨桥梁整体结构在上部结构架设前后部分等值线云图见图 6-14(仅以分析步 4 铁路桥梁桥墩施工分析为例)。

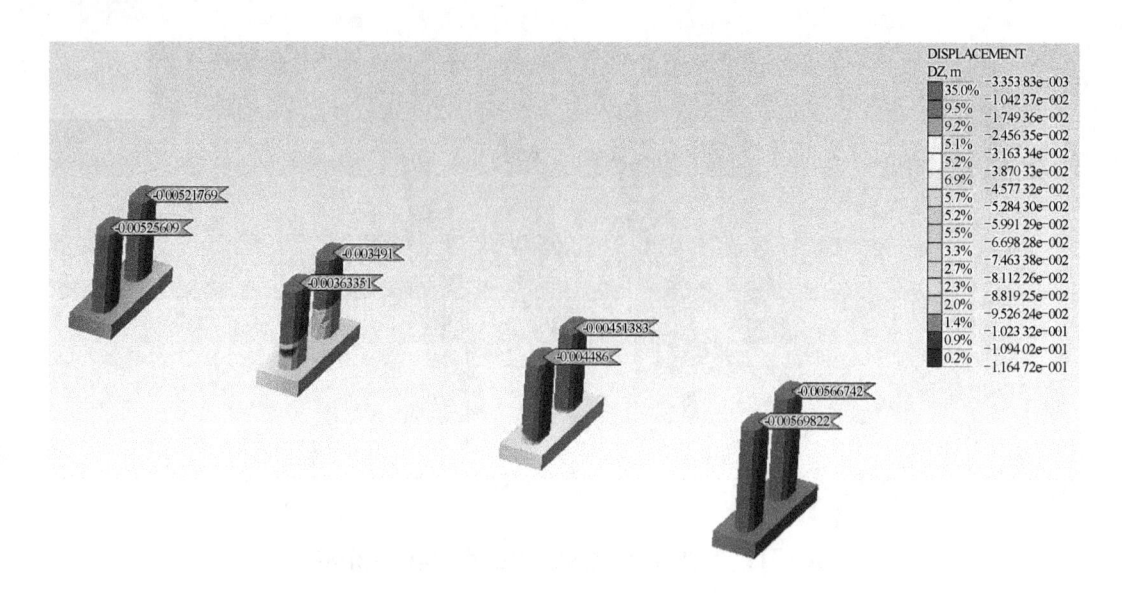

图 6-14　上跨桥梁结构局部坐标 z 轴向等值线云图(分析步 4)

经过有限元计算,具体各桥墩顶部在局部坐标下的位移值统计如表 6-4 和表 6-5 所示：

表 6-4　各桥墩顶部局部坐标位移值统计表(分析步 4)　　　　　　　　单位:mm

顶部位移	76#	77#	78#	79#
x 轴	−1	0	−1	1
y 轴	0	0	0	0
z 轴	−6	−4	−4	−5

表 6-5　各桥墩顶部局部坐标位移值统计表(分析步 5)　　　　　　　　单位:mm

顶部位移	76#	77#	78#	79#
x 轴	−3	0	−5	2
y 轴	−1	−1	−1	−1
z 轴	−18	−16	−16	−19

上跨铁路桥各桥墩顶部在局部坐标下的 x 轴和 y 轴方向上位移偏移值基本都在 mm 级,最大偏移值为 5 mm,小于规范限定的 10 mm 水平位移偏移限制值。同时,相对于桥梁 30～40 m 的单跨长度,桥面中心线变位前后桥面产生的水平折角远小于 0.1‰限定值。

上跨铁路桥各桥墩顶部的位移主要表现在 z 轴方向上的沉降,沉降量最终在 16～19 mm 之间。各桥墩顶部在各分析步中 z 轴方向上沉降量变化对比情况如表 6-6 所示:

表 6-6　各桥墩顶部 z 轴方向沉降值对比表　　　　　　　　　　单位：mm

分析步	76#	77#	78#	79#
4	−6	−4	−4	−5
5	−18	−16	−16	−19

由上表可知，各桥墩顶部都呈下沉趋势，在桥梁上部结构架设前后变化较大，下沉量增大量在 12~14 mm 之间，最终沉降量为 16~19 mm 之间，小于规范限定的 20 mm 的沉降量限制。在施工完成后，对于 76# 桥墩与 77# 桥墩，相对沉降差为 3 mm；对于 77# 桥墩与 78# 桥墩，相对沉降差为 0；对于 78# 桥墩与 79# 桥墩，相对沉降差为 2 mm。在相邻墩台的沉降差均小于规范限定的 5 mm。

由上述可见，根据现有桥梁设计方案和先堤后桥的施工方案，施工完成后上跨桥梁结构变形完全满足规范规定，整个上跨桥梁上部结构变形都在可控范围内。

6.3.4.2　各桥墩和承台的内力变化分析

铁路桥梁各桥墩桩基础结构由于变形会产生结构的内力变化，上跨桥梁整体结构在道路施工前部分内力等值线云图见图 6-15 至图 6-16（仅以分析步 2 铁路桥梁承台及桩基础施工为例）。

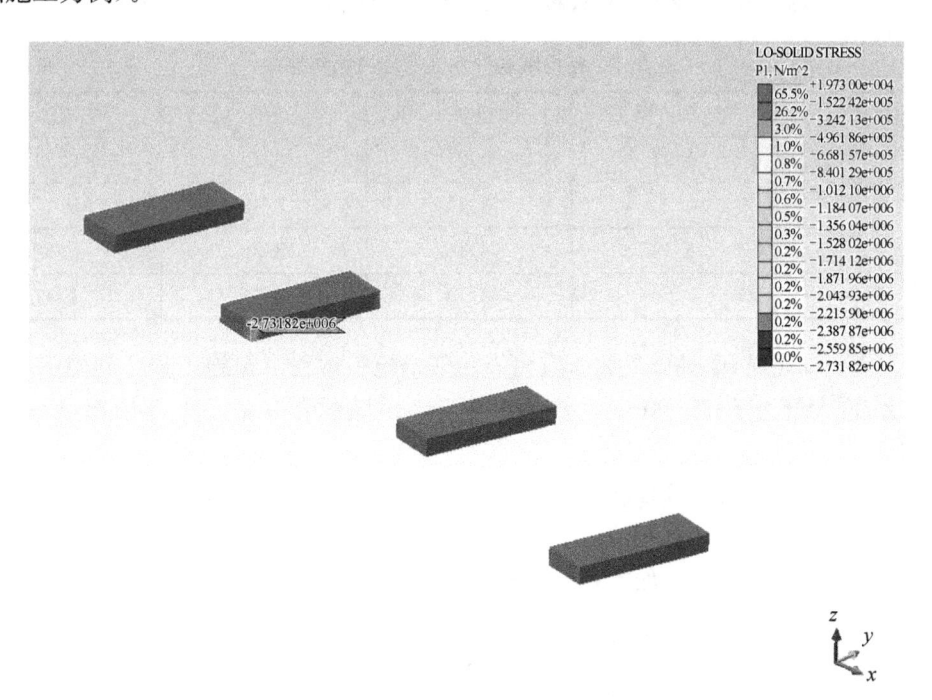

图 6-15　上跨桥梁结构第一主应力（压应力）等值线云图（分析步 2）

经过有限元计算，上跨铁路桥各桥墩和桩基础最大压应力值在 78# 桥墩承台东南角上部，最大值为 8.48 MPa，其余桥墩最大压应力值基本都在 1.1~3.5 MPa。各桥墩基础在不同施工步时最大应力值对比表如表 6-7 所示。

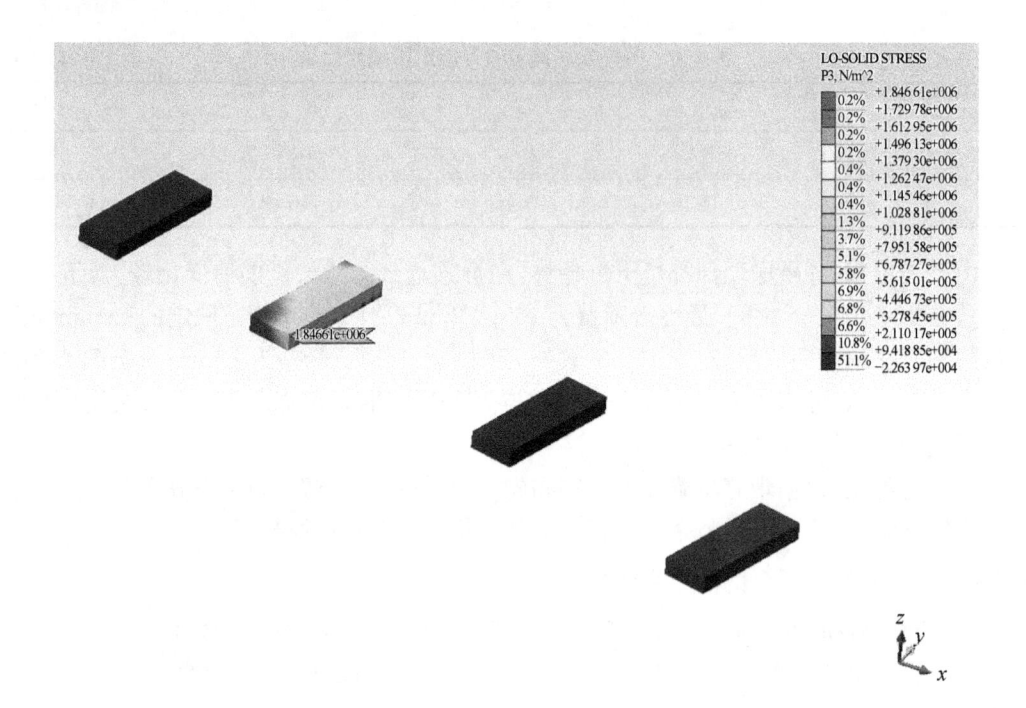

图 6-16　上跨桥梁结构第三主应力(拉应力)等值线云图(分析步 2)

表 6-7　各桥墩基础最大压应力值对比表　　　　　　　　　　　单位:MPa

施工步	76#	77#	78#	79#
2	0.31	0.28	2.73	0.24
3	0.25	3.18	8.48	0.12
4	0.49	3.16	8.39	0.32
5	1.26	3.16	8.11	1.17

由上表可知,各桥墩基础最大压应力值在整个施工过程中在施工步 2 到施工步 3 时变化较大,增大量为 5.75 MPa,主要集中在 78# 桥墩承台东南角上部局部,所占区域较小。

上跨铁路桥各桥墩和桩基础最大拉应力出现在 78# 桥墩承台东南角上部,最大值为 5.11 MPa 左右,其余桥墩最大拉应力值基本都在 0.4～3.6 MPa。各桥墩基础在不同施工步时最大拉应力值对比表如表 6-8 所示。

表 6-8　各桥墩基础最大拉应力值对比表　　　　　　　　　　　单位:MPa

施工步	76#	77#	78#	79#
2	0.10	0.10	1.85	0.08
3	0.10	3.76	5.11	0.18
4	0.17	3.70	5.06	0.16
5	0.43	3.56	4.87	2.42

各桥墩基础最大压应力值在整个施工过程中在施工步 2 到施工步 3 时变化较大,增大量为 3.26 MPa,主要集中在 78# 桥墩承台东南角上部局部,所占区域较小。

由上述可见,整个施工过程中上跨桥梁结构内力值变化最大在施工步 2 到施工步 3,但计算所得最大的应力区域相对集中且拉应力较大,主要是由于桥墩承台与堤防结构加固范围内闭气土部分相交,承台受载后发生不均匀沉降引起的,见图 6-17。

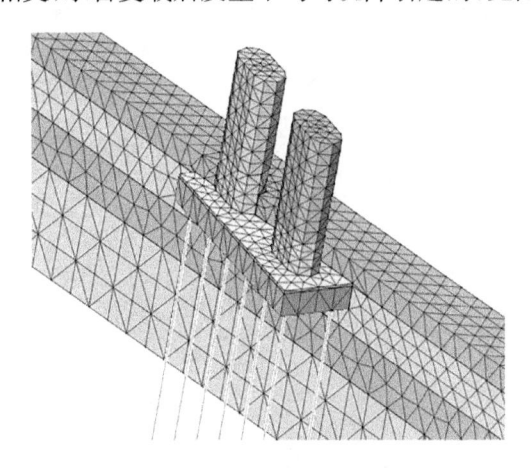

图 6-17　78# 墩台与堤防加固区相交图

6.3.4.3　桥墩桩基础承载力及稳定性分析

针对每个桥墩,通过对其桩基础的轴力值和弯矩值进行分析,讨论桩基础的承载力。上跨铁路桥梁桩基础各分析步下部分轴力、弯矩等值线图见图 6-18 至图 6-19(仅以分析步 2 铁路桥梁承台及桩基础施工为例)。

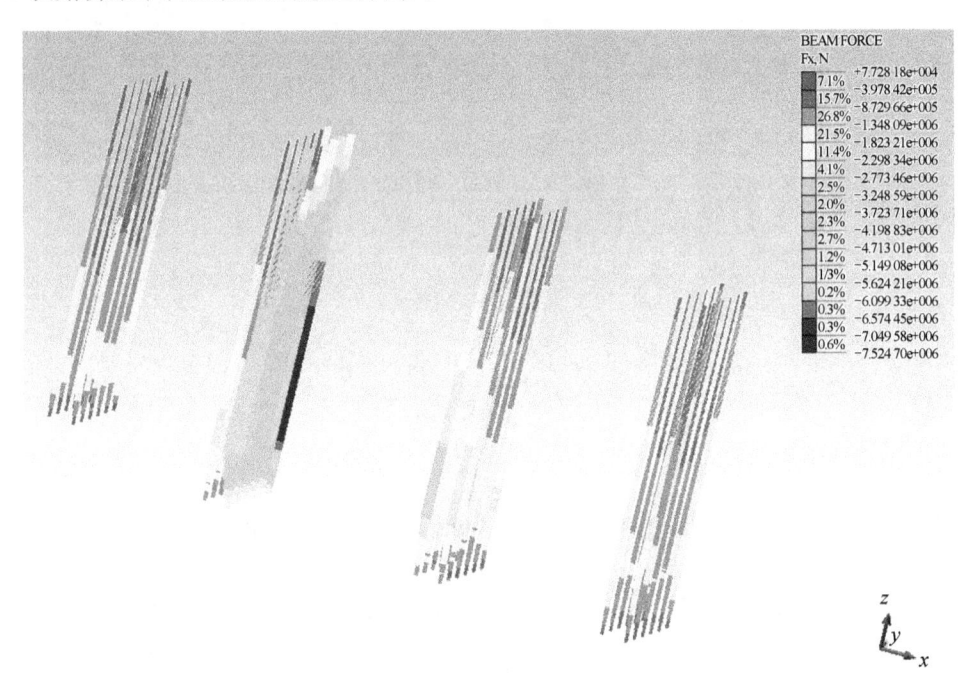

图 6-18　上跨桥梁结构桩基础轴力图(分析步 2)

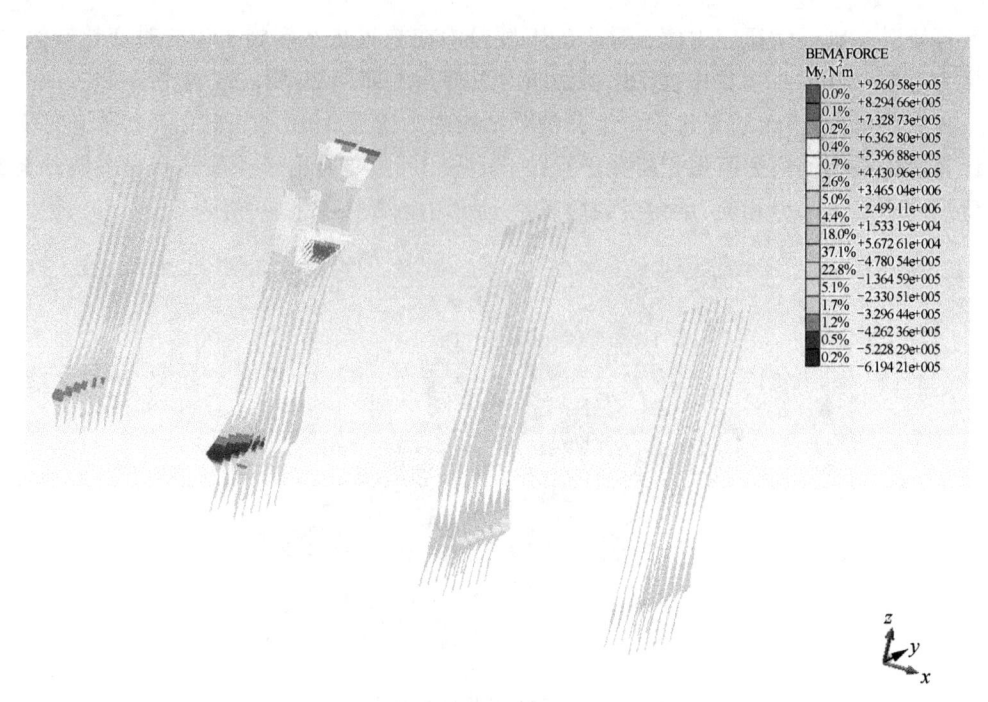

图 6-19　上跨桥梁结构桩基础弯矩图(M_y)(分析步 2)

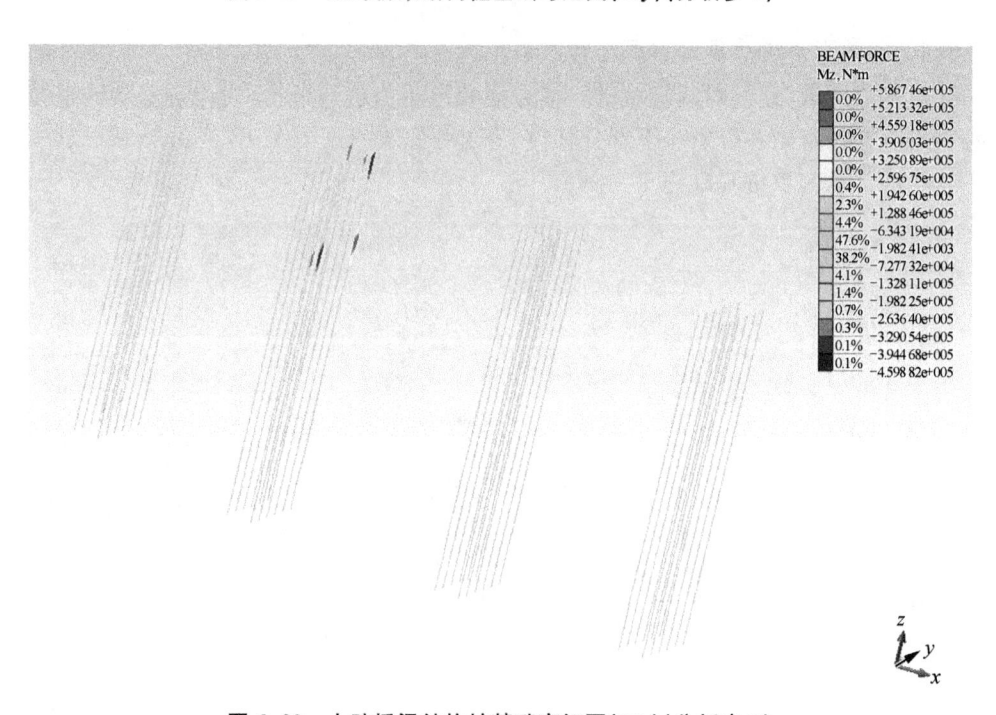

图 6-20　上跨桥梁结构桩基础弯矩图(M_z)(分析步 2)

76#至 79#桥墩桩基础轴力值在各分析步的轴力值对比表分别见表 6-9。

表6-9 76#至79#桥墩桩基础各分析步轴力值对比表　　　　　　　　单位：kN

分析步		2	3	4	5
76#轴力(F_x)	最大值	2 048	2 810	3 952	6 476
	增量	—	762	1 142	2 524
77#轴力(F_x)	最大值	3 084	9 061	9 919	12 308
	增量	—	5 977	858	2 389
78#轴力(F_x)	最大值	7 525	14 327	14 922	17 033
	增量	—	6 802	595	2 111
79#轴力(F_x)	最大值	2 196	4 315	5 222	7 735
	增量	—	2 119	907	2 513

以78#桥墩桩基础弯矩值为例，在各分析步的弯矩值对比表分别见表6-10。

表6-10　78#桥墩桩基础各分析步弯矩值对比表　　　　　　　　单位：kN·m

分析步		2	3	4	5
弯矩(M_y)	最大值	926	1 475	1 445	1 341
	增量	—	549	−30	−104
弯矩(M_z)	最大值	588	1 648	1 623	1 535
	增量	—	1 060	−25	−88

由计算结果可知，各桥墩桩基础轴力值和弯矩值在分析步2至分析步3都有明显变化且变化最大，其中轴力增加量最大为6 802 kN，发生在78#桥墩处；弯矩值增加量最大分别为1 055 kN·m(M_y)和1 568 kN·m(M_z)，同样发生在78#桥墩处。横向对比所有桥墩桩基础，77#和78#桥墩桩基础轴力最大值分别为12 308 kN(压)和17 033 kN(压)，大于76#和79#桥墩桩基础的6 476 kN(压)和7 735 kN(压)，可见堤坝施工对桥墩下部桩基础有明显影响。

6.3.5　堤坝计算结果分析

本小节主要针对堤坝的稳定安全性进行分析，主要分析内容包含堤坝的位移变化及堤坝灌注桩基础的承载力分析。

6.3.5.1　堤坝位移变化分析

堤坝施工完成后，因为自身的重力作用，会对地基施加一定的堆载，由于地基的变形和堤身的变形会使堤坝产生位移变化。堤坝在各施工步位移等值线云图见图6-21至图6-23(仅以分析步2铁路桥梁承台及桩基础施工为例)。

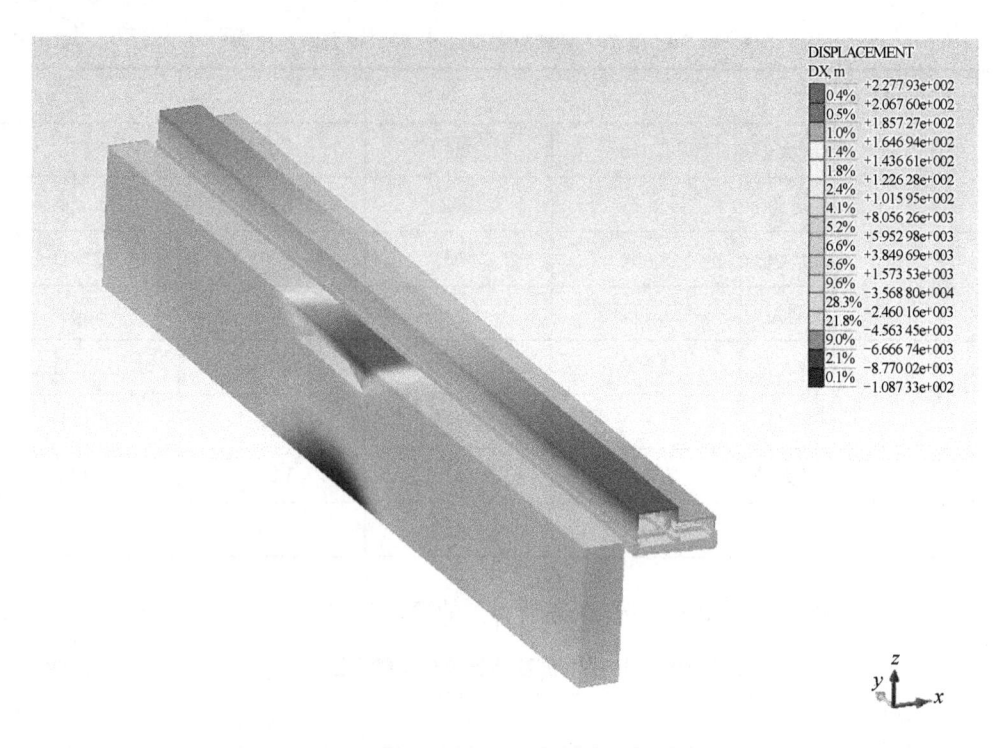

图 6-21 堤坝结构局 x 轴向位移等值线云图(分析步 2)

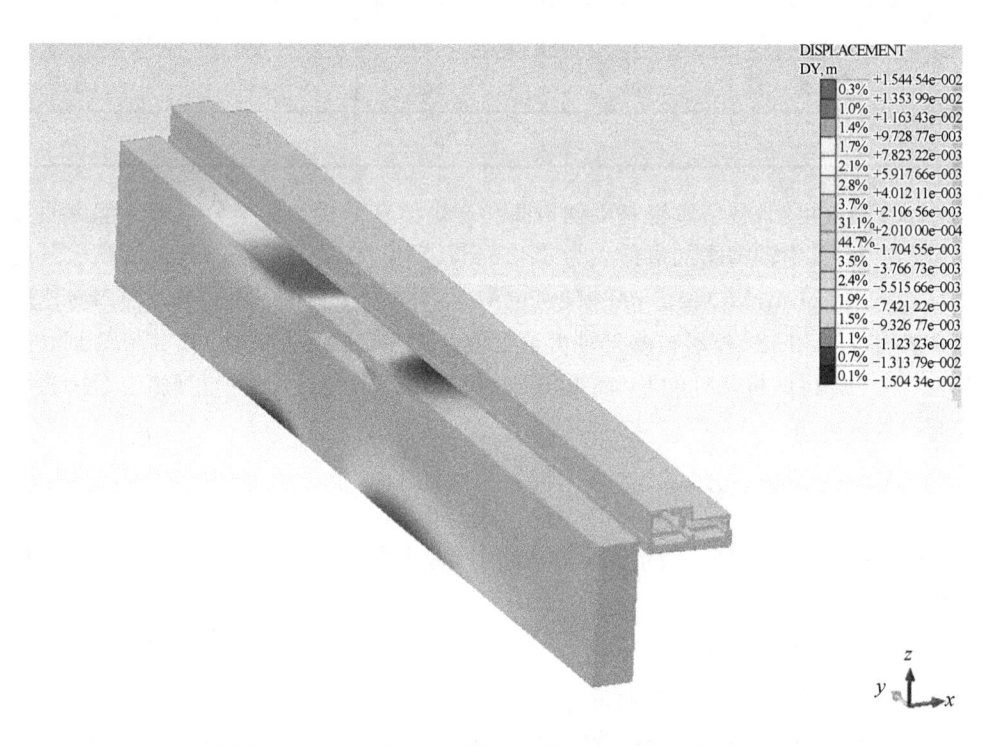

图 6-22 堤坝结构局 y 轴向位移等值线云图(分析步 2)

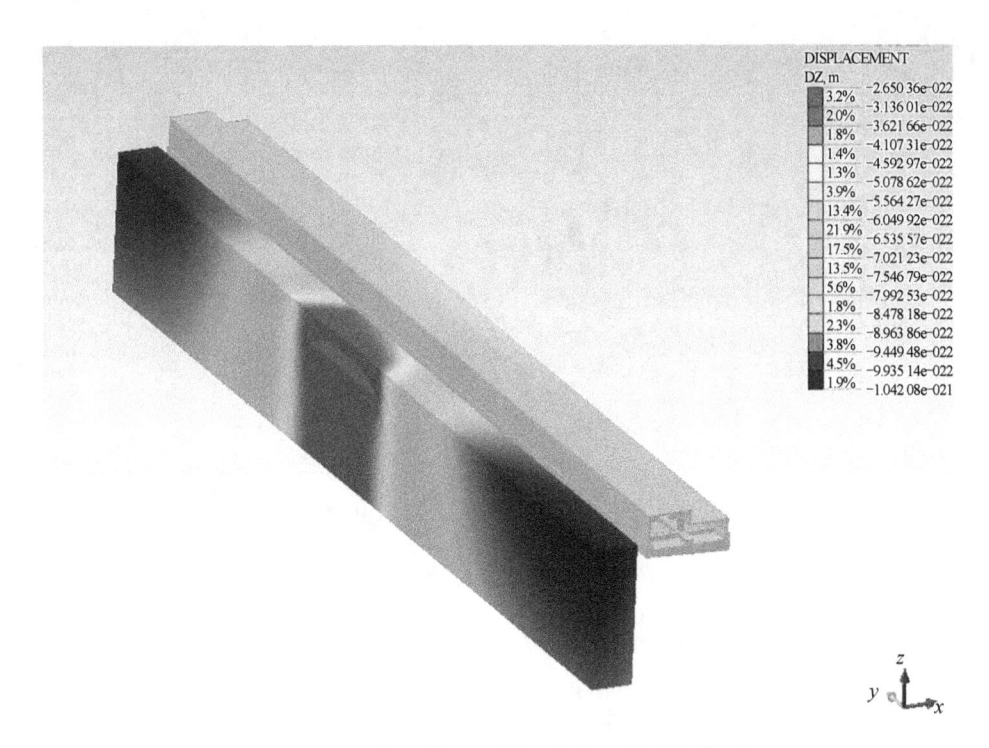

图 6-23　堤坝结构局 z 轴向位移云图(分析步 2)

堤坝各部分结构的分析步 2 下位移值统计如表 6-11 所示:

表 6-11　堤坝各部分位移值统计表(分析步 2)

位移最大值	框架结构	堤坝搅拌桩	闭气土	抛石
x 轴	$-1/-8$	$23/-11$	—	—
y 轴	$1/-1$	$15/-15$	—	—
z 轴	$-55/-79$	$-27/-104$	—	—

综合所有分析步计算结果可知,堤坝在整个施工过程中,在 x 轴方向上水平位移最大偏移值为 62 mm(堤坝搅拌桩,分析步 3、4、5;闭气土,分析步 3、4)和 -91 mm(闭气土,分析步 4)。在 y 轴方向上水平位移最大偏移值为 49 mm(堤坝搅拌桩,分析步 3、4)和 -58 mm(闭气土,分析步 3)。在 z 轴方向上最大沉降量分别为 -195 mm(框架结构,分析步 3、4、5), -306 mm(堤坝搅拌桩,分析步 3、4、5), -422 mm(闭气土,分析步 3、4、5)和 -343 mm(抛石,分析步 3、4、5)。

6.3.5.2　堤坝灌注桩基础

堤坝灌注桩基础部分轴力、弯矩等值线图见图 6-24 至图 6-26(仅以分析步 2 铁路桥梁承台及桩基础施工为例)。

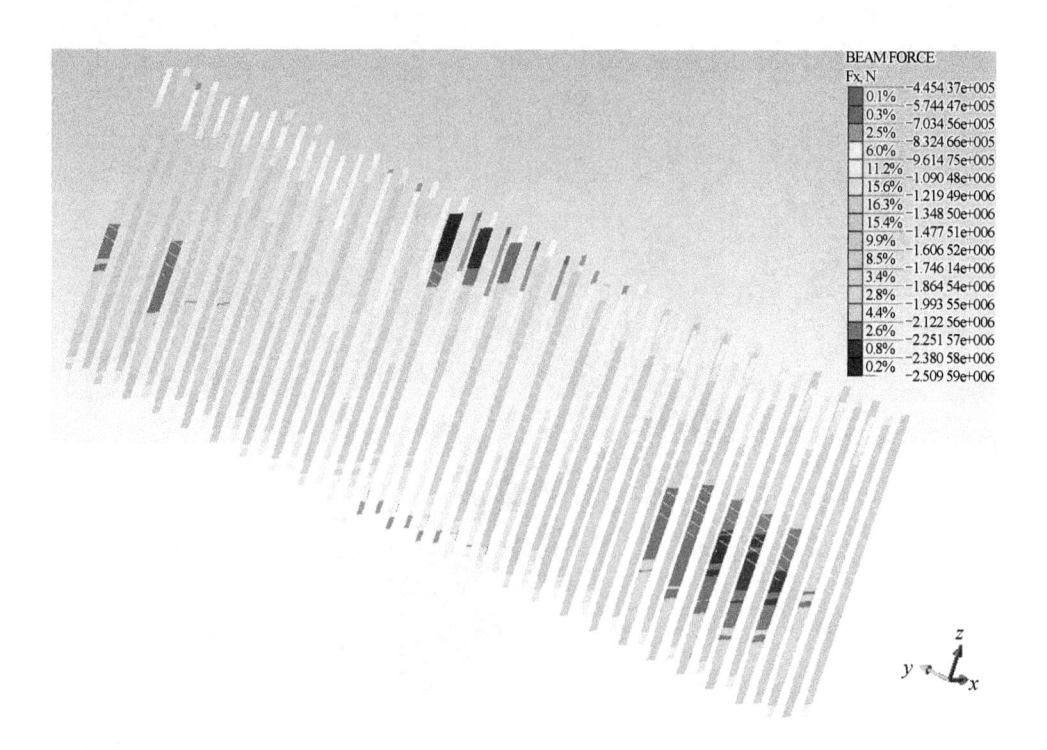

图 6-24 堤坝灌注桩基础轴力图(分析步 2)

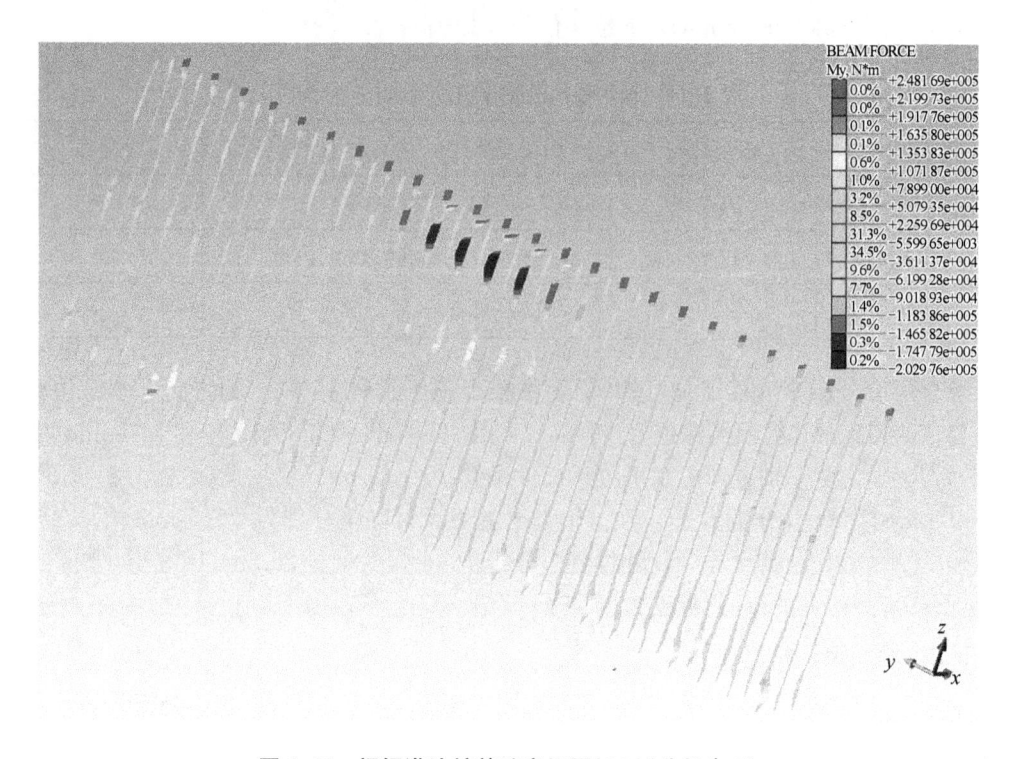

图 6-25 堤坝灌注桩基础弯矩图(M_y)(分析步 2)

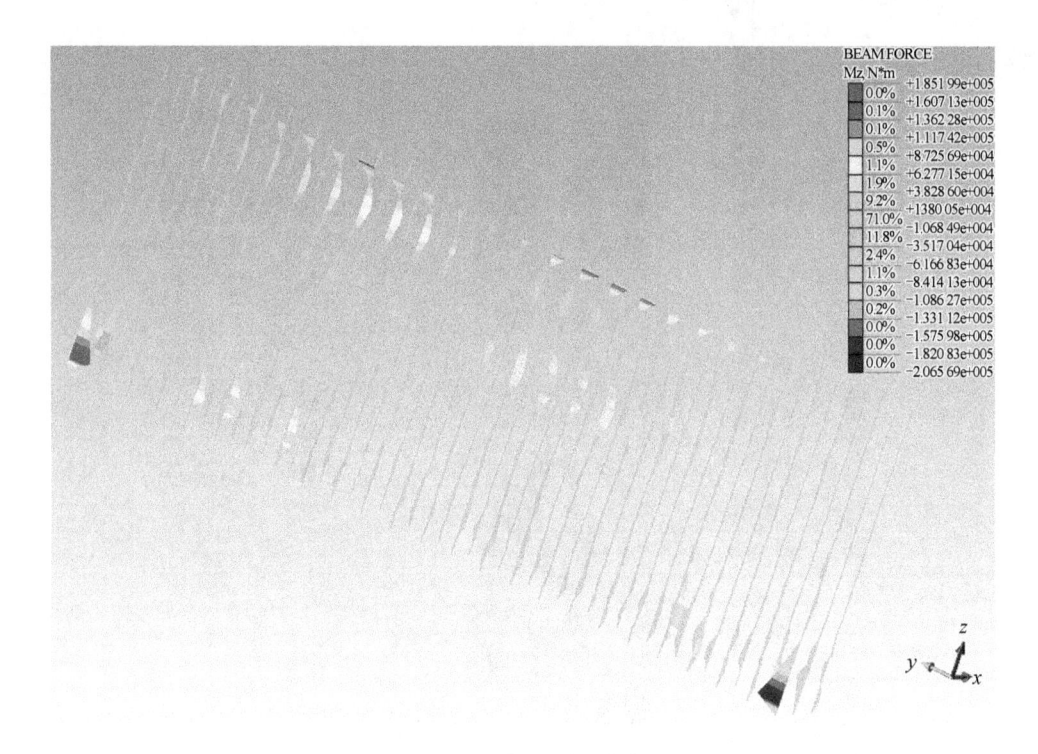

图 6-26　堤坝灌注桩基础弯矩图(M_z)（分析步 2）

具体堤坝灌注桩基础轴力值和弯矩值在各分析步的轴力值对比表分别见表 6-12。

表 6-12　堤坝灌注桩基础各分析步轴力、弯矩值对比表

分析步		2	3	4	5
轴力值(kN)	最大值	2 510	5 519	5 519	5 512
	增量	—	3 009	0	−7
弯矩(M_y)(kN·m)	最大值	248	732	729	720
	增量	—	484	−3	−9
弯矩(M_z)(kN·m)	最大值	207	459	459	460
	增量	—	252	0	1

由表 6-12 可知，堤坝灌注桩基础轴力值和弯矩值在分析步 2 至分析步 3 都有明显变化且变化最大，其中轴力增加量最大为 3 009 kN（压）；弯矩值增加量最大分别为 484 kN·m（M_y）和 252 kN·m（M_z）。堤坝灌注桩基础轴力值最大为 5 519 kN（压），弯矩值最大分别为 732 kN·m（My）和 459 kN·m（Mz）。可见闭气土与抛石施工对堤坝框架结构下部桩基础有明显影响。

6.3.5.3　堤坝与桥墩交汇处

由于上跨桥梁和堤坝存在差异沉降问题，可能导致墩台周边土方开裂、墩台与下方土体脱开，本小节重点分析桥墩施工对墩台周边土体沉降的影响。墩台周边土体各施工步部分沉降差等值线云图如图 6-27 所示。

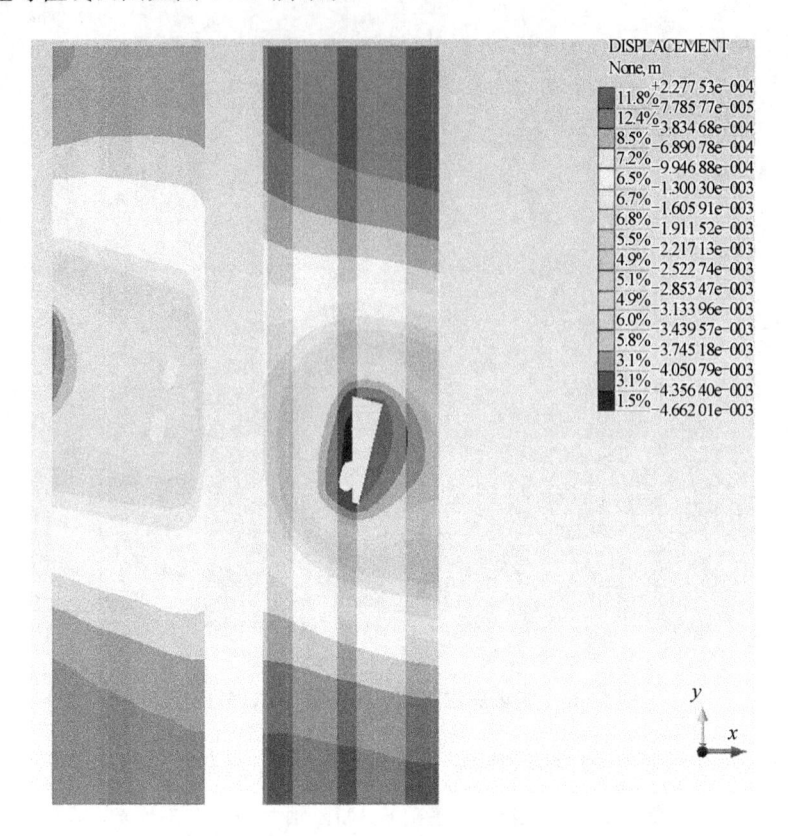

图 6-27　闭气土与抛石沉降量增量俯视等值线云图(施工步 3~4)

由计算结果可知,桥墩周边土体在施工步 4 和施工步 5 会产生进一步沉降,形状呈碗状。78# 桥墩附近闭气土在施工步 4 完成后相对于施工步 3 产生的最大沉降增加量为 4 mm；在施工步 5 完成后相对于施工步 3 产生的最大沉降增加量为 18 mm。77# 桥墩附近抛石在施工步 4 完成后相对于施工步 3 产生的最大沉降增加量为 5 mm；在施工步 5 完成后相对于施工步 3 产生的最大沉降增加量为 17 mm。

6.3.6　安全评估结论

从计算结果来看,现有桥梁桥墩基础设计方案和先堤后桥的施工方案中,上跨铁路桥梁桥墩墩顶的位移值大小满足规范所要求的限值。但堤坝的施工对桥墩墩台及下部桩基础内力有明显影响。其中堤坝的水平方向位移可控,但竖直沉降量在闭气土和抛石区域过大,沉降量主要来自堤坝自身重力作用使堤坝自身和下部地基产生压缩变形。后期桥墩施工和桥墩上部架设过程使堤坝产生进一步沉降,78# 和 77# 桥墩周边堤坝的附加沉降量最大值为 17 mm,但差异沉降斜率远小于 1‰ 的监测报警值。框架结构下灌注桩基础各项指标基本可控。

第 7 章
航道开挖对邻近高铁的影响分析

土体开挖卸载过程中,会引起被动桩周边土体的水平位移,如果土层存在软土,位移值会明显加大,显著的水平位移会给桩周造成非常大的压力,甚至可能因变形过大而使桩破坏。大规模的开挖会使邻近桩基的位置产生大规模卸荷,周围土体会向土体缺失的方向位移,开挖位置的土体也可能发生向上回弹,导致包裹桩基的土体的受力平衡被打破,从而影响到桩基自身结构的稳定性。

7.1 开挖卸荷变形计算理论

在航道开挖过程中,随着土体被清除,周围土层的应力状态改变、受力平衡被打破。航道两侧的土体向航道内产生水平位移,岸边路面发生沉降,河床上新开挖后暴露的土体因不再受到原有的堆载作用,向上隆起,见图 7-1。

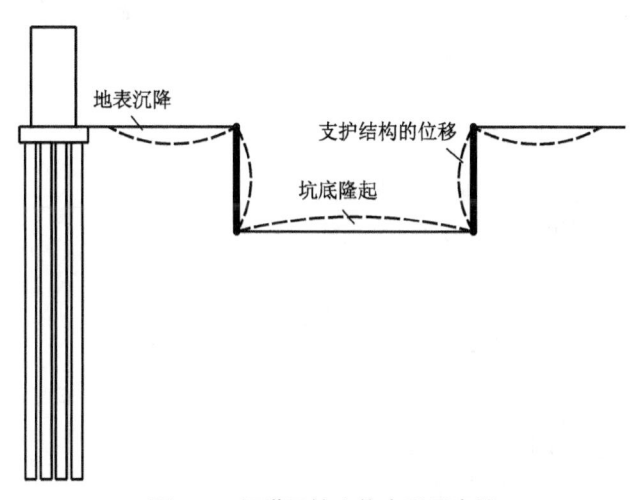

图 7-1 河道开挖土体变形示意图

航道开挖引起的变形主要包括围护墙体变形、坑底土体变形和周围地层移动。开挖的过程就是开挖面上卸荷的过程,由于卸荷而引起坑底土体产生向上为主的位移,同时也引起围护墙在两侧压力差的作用下产生水平位移和因此产生的墙体外侧土体位移。可以认为,基坑开挖引起地层变形的主要原因是坑底土体隆起和围护墙的位移。对于基坑的周围变形,多年来国内外众多学者从不同角度做了大量研究,得出许多有益的结论。Terzaghi、Caspe 等通过试验研究,将有支护围护墙和重力式挡墙的墙后土体移动做了对比,研究了基坑周围土体的移动机理(图 7-2)。Peck 给出了如图 7-3 所示的无因次曲线,得到了下沉的数量级及沉降分布曲线,并提出了地层补偿法原理:在基坑开挖时,土体处于塑性状态,体积不可压缩,导致基坑外侧地面沉降所包围的面积与挡墙水平位移所包围的面积相差不大,且围护墙的水平位移曲线与墙后的地表沉降曲线相仿,并将此作为推算墙后土体沉降的基本依据。

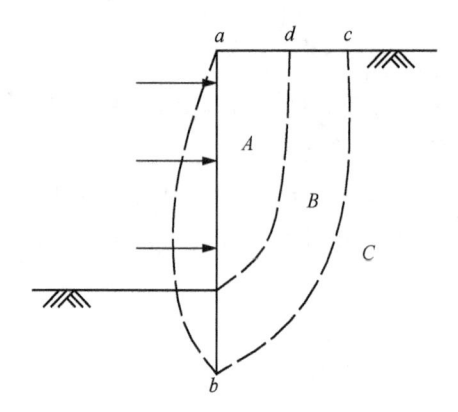

图 7-2 多支撑基坑墙后土体位移场分区

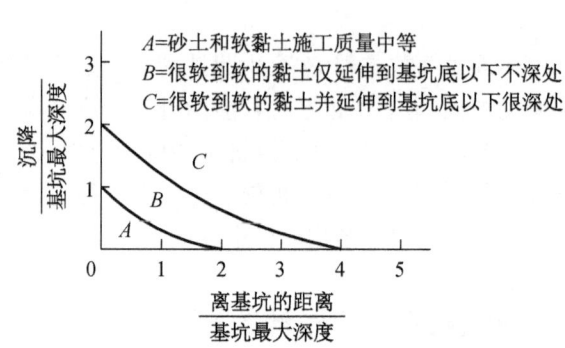

图 7-3 Peck 预估地面下沉曲线

Bransby & Milligan 提出了针对多支护柔性围护墙后土体的位移场分布图。将整个墙后变形区域划分为五个区(图 7-4):Ⅰ区,类似于简单的位移场;Ⅱ区,由一堆数螺旋线组成,该区域土体如刚体移动;Ⅲ区为主动区,类似简单位移场;Ⅳ区,简单处理为被动区土体;Ⅴ区为起连接作用的复杂位移场,土拱作用主要发生在该区域。

随着计算机的发展,有限元法可用于求解基坑周围的位移场。杨国伟利用有限元对深基坑开挖后水平位移场进行了计算,得出墙厚土体水平位移随着距墙体水平距离增大而近乎呈直线规律减少的直线方程:

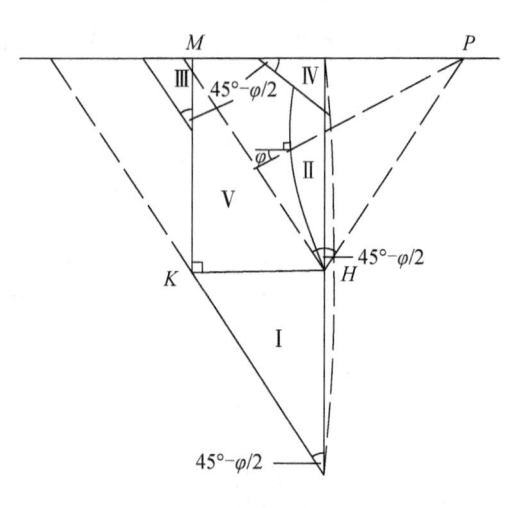

图 7-4 多支护柔性围护墙后土体位移分布

$$\delta_h = 0.4(S_0 - x) \qquad (7\text{-}1)$$

式中:x 为计算点至围护墙的水平距离;δ_h 为距离挡墙 x 距离处水平位移的平均值;S_0 为水平位移的影响距离。

如果在进行工程设计时将位移量作为主要参考标准,土体具有小应变特性,运用反分析技术和计算机模型分析结果,可以得到此种情况下,开挖卸载造成的周边土体三维位移场的计算方法。Mu 据此提出的位移计算公式如下:

$$u(x, y, z) = u_{\max} \cdot a_x \cdot e^{-\left(\frac{z-H_{\max}}{H+D}\right)^2 - \pi\left(\frac{y}{R}\right)^2 - \left(\frac{\frac{x}{z}-b_x}{c_x}\right)^2} \qquad (7-2)$$

$$w(x, y, z) = \begin{cases} 0.8u_{\max} \cdot a_z \cdot \left(\frac{x}{H}+0.5\right) \cdot e^{-\pi\left(\frac{y}{R}\right)^2 - \left(\frac{\frac{x}{z}-b_z}{c_z}\right)^2} & (0 \leqslant x \leqslant 0.5H) \\ 0.8u_{\max} \cdot a_z \cdot \left(-0.6\frac{x}{H}+1.3\right) \cdot e^{-\pi\left(\frac{y}{R}\right)^2 - \left(\frac{\frac{x}{z}-b_z}{c_z}\right)^2} & (0.5H \leqslant x \leqslant 2H) \\ 0.8u_{\max} \cdot a_z \cdot \left(-0.05\frac{x}{H}+0.2\right) \cdot e^{-\pi\left(\frac{y}{R}\right)^2 - \left(\frac{\frac{x}{z}-b_z}{c_z}\right)^2} & (2H \leqslant x \leqslant 4H) \end{cases}$$

$$(7-3)$$

式中:$u_{\max}$ 为防护结构的最大水平位移值;$a_x = 1 + e^{-10.47\frac{z}{H}+0.76}$;$b_x = e^{-6.45\frac{z}{H}+2.76}$;$c_x = e^{-2.86\frac{z}{H}+2.64}$;$a_z = 1 + e^{-1.56\frac{x}{H}+1.68}$;$b_z = e^{-2.56\frac{x}{H}+1.02}$;$c_z = e^{-2.09\frac{x}{H}+1.75}$;$R = \frac{L}{2}\left[0.069\ln\left(\frac{H}{L}\right)+1.03\right]$;$L$ 为基坑沿维护墙方向开挖长度;H 为开挖的深度。

7.2 隔离桩施工扰动计算理论

在建设过程中,由于建筑物分布较为密集,为了尽可能地减少对周边环境的影响,减少地基变形,隔离桩开始广泛应用。隔离桩自身所具备的遮拦作用能够隔离此种应力传递。在工程中通常设置的隔离桩都是位于既有建(构)筑物与需要施工工程之间,所设置的桩体都只承受横向荷载作用,起到遮拦施工产生的土体变形和应力作用的横向传递,从而达到减小既有建筑物变形的目的。隔离桩实际上就是阻断了新工程与被保护建筑之间的土体联系,隔断了土体变形和应力的连续性。

7.2.1 隔离桩工作机理

由于桩基受力是土体自重和堆载等外部因素导致的,桩基的受力是一个被动的过程,因而把这种情况下的桩基称为被动桩。隔离桩是一种具有代表性的被动桩,桩身因邻近的堆载荷载而受到附加应力和土体自重应力会发生侧向变形,而隔离桩引起的土拱效应,减弱了桩间土体的变形作用,还通过土拱传递了荷载。在堆载另一面的主动侧,桩身的侧向变形使得桩后的应力成楔形并向更大范围扩散,见图 7-5。

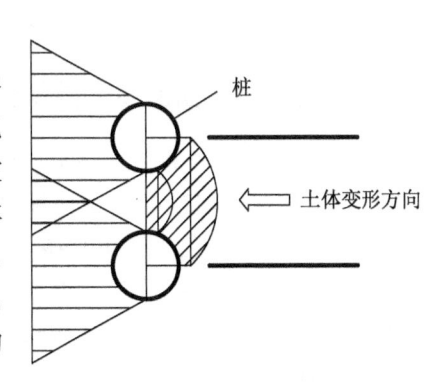

图 7-5 隔离桩工作示意图

7.2.2 单桩施工引起的土体位移计算

Sagaseta 提出了源汇理论,通过假定土体是均匀不可压缩的饱和土,土体只会产生小变形,在计算过程中考虑体力,而且土体是符合胡克定律的弹性材料,模拟了单根桩的沉桩来计算沉桩所造成的土体位移大小。运用源汇理论分析具体工程中的土体位移时,需要修正正应力以及剪应力,从而获得误差较小的位移值。黄院雄等通过 Sagaseta 的源汇理论,运用推导的方式得到的公式可以计算饱和土体中沉桩引起的土体的竖向和水平位移:

$$S_{zs} = \frac{d^2}{16}\left[\frac{1}{\sqrt{(L-z)^2+x^2}} + \frac{1}{\sqrt{(L+z)^2+x^2}} - \frac{2}{\sqrt{z^2+x^2}}\right] \quad (7-4)$$

式中:S_{zs} 为沉桩造成的土体竖向位移;d 是管的直径;L 是管长;z 是计算点和地面之间的距离;x 是计算点和桩中心点的水平距离。

运用源汇法加以修正,得到的土体竖向位移为:

$$S_{zz} = -\frac{d^2}{16}\int_0^\infty\int_0^{2\pi}\frac{1}{r}\left[1 - \frac{1}{\sqrt{\left(1+\frac{L^2}{r^2}\right)^3}}\right]\left[\frac{(x-r\cos\theta)z}{\sqrt{(x^2-2rx\cos\theta+r^2+z^2)^3}}\right]\mathrm{d}\theta\mathrm{d}r \quad (7-5)$$

式中:S_{zz} 为修正后的土体竖向位移。

沉桩造成的土体水平位移:

$$S_{xv} = \frac{d^2}{16}\left[\frac{L-z}{x\sqrt{(L-z)^2+x^2}} + \frac{L+z}{x\sqrt{(L+z)^2+x^2}}\right] \quad (7-6)$$

式中:S_{xv} 为沉桩工程造成的土体水平位移。

运用源汇法修正地表正应力后的土体水平位移为:

$$S_{xx} = -\frac{d^2L}{16\pi}\int_0^\infty\int_0^{2\pi}\frac{r}{\sqrt{(r^2+L^2)^3}}\left[\frac{(x-r\cos\theta)z}{\sqrt{(x^2-2rx\cos\theta+r^2+z^2)^3}}\right]\mathrm{d}r\mathrm{d}\theta \quad (7-7)$$

式中:S_{xx} 为修正后的土体水平位移。

7.2.3 挤密效应的影响半径计算

可以通过计算挤密效应来分析施工中影响土体的范围大小,从而能较为准确地计算防护桩距离被防护建筑的距离。在实际工程中,土体距离桩基越远,有效应力越小,不过在特定断面上有效应力均匀分布,针对每一个平面,可以用圆孔扩张理论加以解释。在内压力 P 作用下,圆孔扩张状态见图 7-6 所示,采用圆孔扩张理论计算时,将平面分成弹性区和塑性区两个区域进行求解,设圆孔初始半径为 R_0,

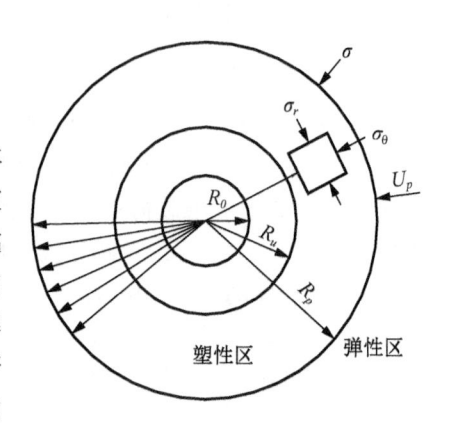

图 7-6 内压力作用下圆孔扩张图

扩张后最大半径为 R_u，塑性区最大半径为 R_p，圆孔内最终压力值为 P_u，塑性区以外土体为弹性区。

（1）弹性解

根据弹性理论，选取应力函数：

$$\psi = c \ln r \tag{7-8}$$

可以得出环向压力 σ_θ 和径向压力 σ_r：

$$\sigma_r = \frac{1}{r} \cdot \frac{\partial \psi}{\partial r} = \frac{c}{r^2} \tag{7-9}$$

$$\sigma_\theta = \frac{\partial^2 \psi}{\partial r^2} = -\frac{c}{r^2} \tag{7-10}$$

根据边界条件得出常数 c。当 $r = R_i$ 时，$\sigma_r = P$，由公式(7-9)得：

$$c = R_i^2 P \tag{7-11}$$

于是得出应力函数：

$$\psi = R_i^2 P \ln r \tag{7-12}$$

有：

$$\sigma_r = \frac{R_i^2 P}{r^2} \tag{7-13}$$

$$\sigma_\theta = -\frac{R_i^2 P}{r^2} = -P = -\sigma_r \tag{7-14}$$

径向位移在满足轴对称时为：

$$u = \frac{(1+\nu)}{E} \frac{\partial \psi}{\partial r} = \frac{(1+\nu) R_i^2 P}{Er} \tag{7-15}$$

将式(7-13)代入，弹性阶段径向位移解为：

$$u = \frac{(1+\nu)}{E} r \sigma_r \tag{7-16}$$

式中：E、ν 分别为土体弹性模量和泊松比。

（2）塑性解

根据摩尔-库伦关于圆孔扩张问题的微分方程：

$$\frac{d\sigma_r}{dr} + \frac{\sigma_r - \sigma_\theta}{r} = 0 \tag{7-17}$$

弹性阶段本构方程为广义胡克定律：

$$\varepsilon_r = \frac{1-\nu^2}{E}\left(\sigma_r - \frac{\nu}{1-\nu}\sigma_\theta\right) \tag{7-18}$$

$$\varepsilon_\theta = \frac{1-\nu^2}{E}\left(\sigma_\theta - \frac{\nu}{1-\nu}\sigma_r\right) \tag{7-19}$$

屈服条件可以表示为:

$$\sigma_r - \sigma_\theta = (\sigma_r + \sigma_\theta)\cdot\sin\varphi + 2c\cos\varphi \tag{7-20}$$

$$\frac{d\sigma_r}{dr} + \frac{2\sin\varphi}{1+\sin\varphi}\frac{\sigma_r}{r} + \frac{2c\cos\varphi}{1+\sin\varphi}\frac{1}{r} = 0 \tag{7-21}$$

由边界条件求解微分方程为:

$$\sigma_r = c\cot\varphi + Kr^{\frac{2\sin\varphi}{1+\sin\varphi}} \tag{7-22}$$

式中:K 为任意常数。

假设圆孔受力扩张,$r = R_u$ 时,$\sigma_r = q$,式(7-21)可表示为:

$$q = c\cot\varphi + KR_u^{\frac{2\sin\varphi}{1+\sin\varphi}} \tag{7-23}$$

可得:

$$K = (q + c\cot\varphi)\cdot R_u^{-\frac{2\sin\varphi}{1+\sin\varphi}} \tag{7-24}$$

将 K 代到式(7-22)求得 σ_r,将 σ_r 代入式(7.19)中得出 σ_θ,则可求出 q 值。

$$q = \frac{(1+\sin\varphi)(\sigma_\theta + c\cot\varphi)}{1-\sin\varphi}\cdot\left(\frac{r}{R_u}\right)^{\frac{2\sin\varphi}{1+\sin\varphi}} - c\cot\varphi \tag{7-25}$$

此时符合弹性区条件,将 $r = R_p$ 代入上式得:

$$q = \frac{(1+\sin\varphi)(\sigma_\theta + c\cot\varphi)}{1-\sin\varphi}\cdot\left(\frac{R_p}{R_u}\right)^{\frac{2\sin\varphi}{1+\sin\varphi}} - c\cot\varphi \tag{7-26}$$

(3) 挤密区影响半径

土体总体积的变化量是弹性区的土体体积变化加上塑性区土体体积变化,即:

$$\pi R_u^2 - \pi R_i^2 = \pi R_p^2 - \pi(R_p - u_p)^2 + \pi(R_p^2 - R_u^2)\Delta \tag{7-27}$$

式中:Δ 为塑性区平均体积应变;u_p 为塑性区外侧边界径向位移;$\pi R_u^2 - \pi R_i^2$ 为土体总的体积变化;$\pi R_p^2 - \pi(R_p - u_p)^2$ 为弹性区土体体积变化;$\pi(R_p^2 - R_u^2)\Delta$ 塑性区土体体积变化。

将式(7-27)整理得:

$$R_u^2(1+\Delta) = 2R_p u_p + R_i^2 + R_p^2\cdot\Delta \tag{7-28}$$

当 $r = Ru$,$\sigma_p = -\sigma_r$ 时,由式(7-16)可知:

$$u_p = -\frac{(1+\nu)}{E} R_p \sigma_p \tag{7-29}$$

在 $r=R_u$ 处,环向应力和径向应力均满足摩尔-库伦屈服条件,当 $r=R_i$ 时,$\sigma_p=\sigma_r=c\cos\varphi$,得:

$$(q+c\cot\varphi)\left(\frac{R_u}{R_p}\right)^{\frac{2\sin\varphi}{1+\sin\varphi}} = c\cot\varphi(1+\sin\varphi) \tag{7-30}$$

整理式(7-30),则影响半径为:

$$R_u = R_p \cdot \left[\frac{c\cot\varphi(1+\sin\varphi)}{q+c\cot\varphi}\right]^{\frac{1+\sin\varphi}{2\sin\varphi}} \tag{7-31}$$

7.3 航道下穿高铁案例分析

随着我国铁路交通运输的发展,高速铁路以其速度快、舒适性好、能耗低等优点成为铁路运输系统中的主流,建设规模不断扩大,逐步形成干线网络。由于高铁运行速度极快,轨道平顺与否对高铁安全运行影响很大,控制高铁在施工和运营过程中的沉降尤为重要。为了控制高速铁路线下工程的工后变形和不均匀变形,高速铁路设计采取了"以桥代路"的设计思路,尤其是在软土地区,桥梁已经成为高速铁路线下工程的主要工程类型。长距离的高铁线路不可避免地需要穿过各种复杂地形,尤其是水系发达的长三角和珠三角地区,高铁线路有相当一部分都分布在水系发达的软土地区,线路与本地交错的河流湖泊发生多次交汇,航道工程与高铁桥墩之间的相互影响问题日渐突出。特别是在二者距离较近的情况下,在既有高铁桥墩桩基附近开挖航道基坑,使得高速铁路线下的土体应力平衡被打破,引起土体应力重分布,最终可能导致高速铁路桥梁桩基,乃至线上轨道结构产生附加变形。运营时期的高速铁路对位移的变形比较敏感,具有较高的控制要求。

通过对下穿既有高铁桥墩的新开航道施工过程的建模、分析、后处理过程的详细介绍,了解桥墩、基坑支护结构的建模方法以及航道分步开挖、基坑降水等方面的实现方法。

7.3.1 软件介绍

PLAXIS 程序是荷兰开发的岩土工程有限元软件,应用性非常强,能够模拟复杂的工程地质条件,尤其适合于变形和稳定分析。它的特点有:

(1) 功能强大,应用范围广;

(2) 用户界面友好,易学易用,用户只需提供与研究对象有关的几何参数和力学参数就可以进行计算;

(3) 方便直观,所有操作都是针对图形,输入输出简单;

(4) 自动生成优化的有限元网格,重要部位网格可以细分,以提高计算精度;

(5) 计算功能强大,计算过程中动态显示提示信息。

PLAXIS 能够模拟土体、墙、板和梁等结构,各种元素和土体的接触面、锚杆、土工织物、隧道和桩基础等;分析的计算类型有变形、固结、分级加载、稳定分析、深流计算、低频动荷载计算等。PLAXIS 的操作步骤大致有以下四个:输入前处理、计算、输出后处理和曲线分析。

7.3.2 项目概况

本工程所分析的高铁中心线和航道中心线夹角为72°,下穿段桥梁为48+80+48的三跨连续梁,受影响桥墩为航道两侧232#和233#两个中墩,如图7-7所示。232#和233#桥墩中心间距为80 m,桥墩横截面为圆端形,承台为双层矩形承台,桥墩及基础相关参数如表7-7所示。

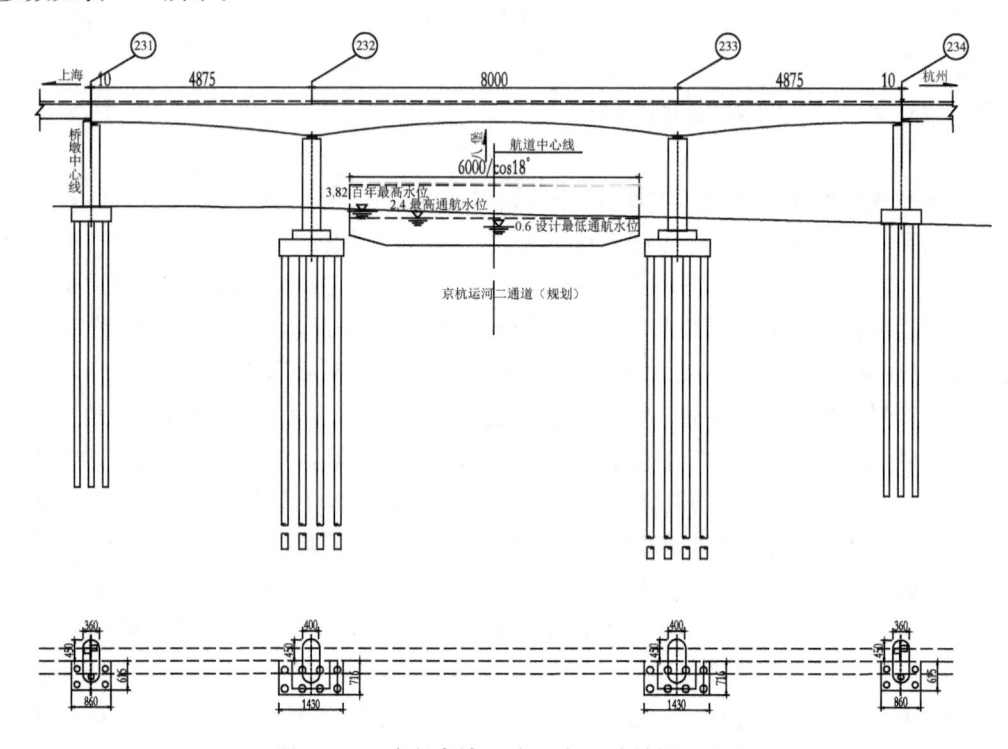

图 7-7 下穿段高铁 48+80+48 连续梁立面图

表 7-1 高铁桥墩尺寸参数

墩底截面尺寸 (顺×横)	承台尺寸 (顺×横×高)	加台尺寸 (顺×横×高)	桩长 (m)	桩径 (m)	桩间距 (m)
4.5 m×9.0 m	14.3 m×14.3 m×3.5 m	8.4 m×10.3 m×2.0 m	67	1.5	3.9

下穿段航道口宽60 m,底宽45 m,航道开挖深度为9.7 m,两侧放坡开挖。为确保高铁桥墩结构及运营安全,需对下穿段桥墩进行加固保护,采用围护桩+支撑+地基处理进行加固。桥墩两侧共设置三排围护桩,桩径1.2 m,桩距1.4 m,外侧围护桩桩长30 m,内侧围护桩和中间围护桩桩长28 m。围护桩间设置两层钢筋混凝土横撑,首层设置内外横

撑,第二层设置内横撑,上下横撑间距4.5 m。横撑截面尺寸为1 m×1 m,横撑间距6 m。在内侧围护桩和中间围护桩之间采用水泥搅拌桩进行地基加固处理,搅拌桩有效桩长10 m,在搅拌桩顶设置1.5 m厚钢筋混凝土底板。在内侧围护桩之间采用水泥搅拌桩进行地基加固处理,搅拌桩有效桩长5 m,在搅拌桩顶设置40 cm厚混凝土铺装。外侧桩和中间桩采用钢筋混凝土斜撑连接,使得围护桩、斜撑和钢筋混凝土板连成整体,斜撑截面尺寸为1 m×1 m,斜撑间距6 m。下穿沪昆高铁段60 m宽航道范围,紧贴航道边线设置防撞墙,墙底采用桩基础,桩径1 m,桩间距3 m。除横撑采用C30混凝土外,其余结构均使用C40水下混凝土。

本算例的分析重点在于:
(1) 支护结构的模拟;
(2) 结构物与土体接触的设置;
(3) 基坑开挖卸荷模拟;
(4) 不考虑渗流作用下基坑降水的模拟;
(5) 不考虑232#及233#桥墩外侧桥墩的微小变形。

7.3.3 计算模型建立

7.3.3.1 一般假设

(1) 根据地勘报告和土层剖面图,对场地土层进行适当简化,假设土层是水平均匀连续各向同性的弹塑性材料;
(2) 围护桩墙与止水帷幕两墙合一,围护桩墙承担止水作用;
(3) 计算时不考虑土体固结和软土蠕变的影响;
(4) 不考虑地下水渗流的影响。

7.3.3.2 模型尺寸及边界

为了减小边界效应,模型尺寸应取结构尺寸的3至5倍,本算例模型尺寸为300 m×150 m×100 m(航道中心线方向×航道断面方向×深度)。定义模型的位移边界条件,侧面约束法向位移,底面完全固定,顶面自由。

7.3.3.3 土层定义

在 $X=0$, $Y=0$ 处进行钻孔,共设6层土,从上至下分别为杂填土(1.5 m)、淤泥质土(11 m)、粉质黏土(20 m)、黏土(15 m)、砾土(10 m)、泥质砂岩。创建地下水水头高度 $h=-4$ m。

土体的本构模型采用易于收敛的 Mohr-Coulomb 模型,按照地勘报告输入每层土 Mohr-Coulomb 模型所需的各项参数。Mohr-Coulomb 模型的界面强度用参数 R_{inter} 定义。当界面与周边土体强度相当时,界面强度选择刚性;当界面强度降低,可手动输入 R_{inter} 值。一般对于实际的土-结构相互作用,界面比相邻土层的强度低、柔性大。当设置 R_{inter} 值后,界面的强度性质与土体的强度性质关系见式(7-32)。

$$c_i = R_{\text{inter}} c_{\text{soil}}; \quad \tan \varphi_i = R_{\text{inter}} \tan \varphi_i \leqslant \tan \varphi_{\text{soil}} \tag{7-32}$$

7.3.3.4 结构单元定义

本算例的航道支护结构及桥墩加固区域结构物类型众多，图形复杂，采用从 CAD 文件导入的方式建模。CAD 文件中线段以 m 为单位进行绘制，置于合适的平面，缩放比例为 1。成功导入的模型如图 7-8 所示。冠梁、内外横撑、斜撑和锚梁用梁单元模拟。选中合适的线段创建梁单元，对创建的梁单元赋予不同的属性即可模拟冠梁、横撑、斜撑和锚梁，各种类型的梁单元及时组成集合，方便在分阶段施工中调用单元。在创建第一层内支撑后，选中首层内支撑梁单元，通过阵列命令创建第二层内支撑。

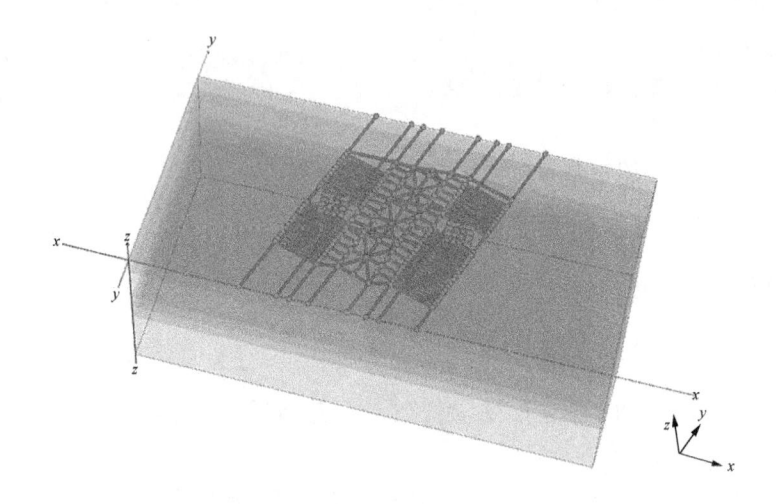

图 7-8　导入的结构几何模型

围护桩、临时挡土墙、混凝土底板和河底铺砌采用板单元模拟。其中，围护桩的排桩结构既作为基坑的支护结构，也作为桥墩保护的隔离结构，采用刚度等效原则，等效为板桩墙。在结构物与土体接触处需设置界面。选择产生界面的板单元，设置对应的正向界面和负向界面。界面的正负没有物理意义，对模拟结果也没有影响，仅表示界面的两个方向。

桥墩桩基以及防撞挡墙桩基用嵌固桩单元模拟。嵌固桩单元通过特殊的界面单元模拟桩与土之间的相互作用，包括桩的侧摩阻力和桩端反力。嵌固桩不占体积，但是 PLAXIS 假定桩周存在一定范围的弹性区域，在该区域中土体不会发生塑性。该区域的大小取决于桩径，因此嵌固桩的行为类似于实体桩。桥墩桩基与桥墩墩台间固接。

桥墩墩台采用实体单元，选用非多孔的线弹性模型，通过绘制桥墩及承台的表面形状，拉伸成实体，再赋予相应的类组参数。创建墩台与土体接触的界面。选择桥墩实体，右键分解为面，在与土体接触的面上创建相应的界面。考虑结构自重以及列车荷载作用下的最不利荷载组合。列车竖向静活载采用 ZK 活载，在考虑多跨连续梁跨数下乘以动力系数得到列车的竖向活荷载。计算得到高铁桥墩墩顶的面荷载约为 880 kN/m^2。面荷载施加在桥墩墩顶。

航道两侧及坑底搅拌桩加固区用实体单元模拟。根据等效刚度原则,通过计算搅拌桩对原有土体的置换率,计算出整个加固区内复合加固土的参数,加固土采用排水的线弹性模型。

通过图形交互在-3.5 m、-5.5 m、-7.5 m、-9.7 m深度处定义开挖面。

PLAXIS三维模型示意图如图7-9所示。

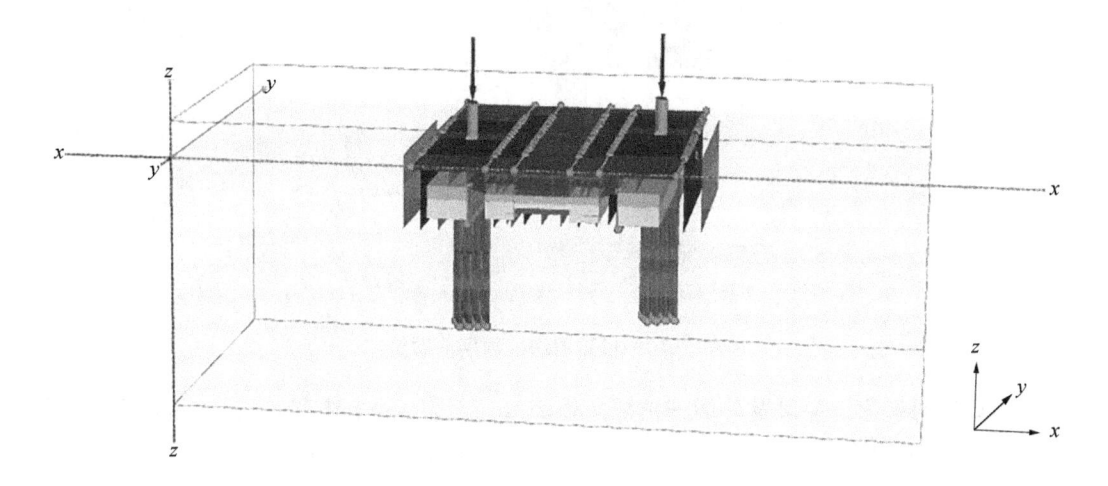

图7-9　PLAXIS 3D有限元模型

7.3.4　有限元网格划分

7.3.4.1　有限元网格自动划分和预览

PLAXIS自动创建单元网格,三维模型的有限元网格的单元类型是10节点四面体单元。除了土体单元外,梁单元采用3节点线单元,板单元采用6节点线单元,12节点的界面单元用于模拟土与结构物的相互作用。

网格生成需要选择全局疏密度,全局疏密度有五种水平:很粗、粗疏、中等、细密、很细密。一般首次计算选用中等水平进行试算,试算根据所需特殊位置的应力、位移输出进行加密。

7.3.4.2　有限元网格加密

网格加密有两种方式:全局加密和局部加密。网格子菜单中选择全局加密,可以对整个有限元网格进行加密。选中此项时,全局疏密度提高一个水平,并同时自动重新生成网格。

在可能出现强烈的应力集中或大变形梯度的区域,需要用更精细的有限元网格进行模拟。可以选择相应的几何点修改局部单元尺寸因子,在默认程序中,实体单元网格粗糙因素为1.0,结构单元网格粗糙因素为0.5。数值越大网格越粗糙。三维模型网格粗糙因素范围在0.0625至8.0之间,在变形和受力变化较大或需要得到更为精确的解答的关键部分加密网格。建议网格加密时,各部分的网格粗糙因素呈倍数,如1.0、0.5、0.25,便于网格的划分。在输出窗口可根据网格栏目下的质量控制球体进行网格质量查看。拖动过滤滑块,模型显示小于特定数值的网格。如图7-10所示,网格质量小于0.10的网格基本没有。

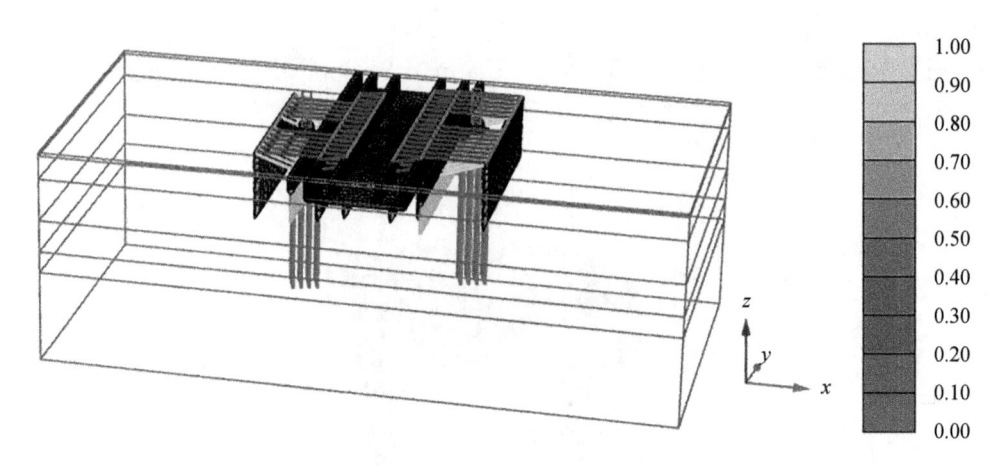

图 7-10 过滤滑块控制网格质量

本算例对航道下穿段及外侧围护桩向外 20 m 范围内的土体和结构物进行了等倍数网格加密,一共生成个 156 787 网格,有限元网格划分如图 7-11 所示。

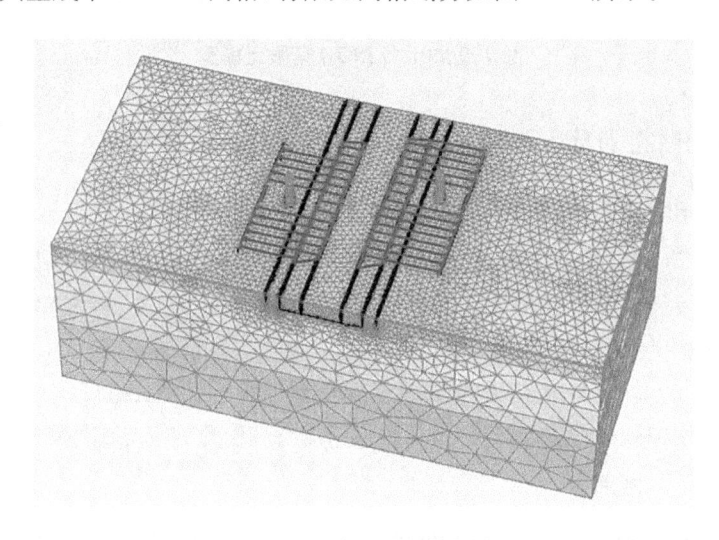

图 7-11 有限元网格划分

7.3.5 分阶段施工

根据实际的施工顺序进行阶段定义。航道开挖采用明挖法施工。由于航道开挖并不是同时将土体开挖至某一平面,而是先开挖航道两侧基坑至坑底,再开挖航道内基坑,因此考虑进行两次降水,第一次将水位降至开挖基坑两侧(即内侧围护桩和中间围护桩之间的土体)第二层土体底部(埋深 -5.5 m 处),第二次降水降至坑底(埋深 -9.7 m 处)。采用封闭型疏干降水,上层土体的渗透性较弱,故不考虑渗流的影响。施工过程中各阶段计算类型采用塑性计算,孔压计算类型采用潜水位。航道基坑土体开挖充分利用"时空效应"原理,随挖随撑,开挖顺序为先桥下、再南北两侧开挖,依次分层、对称、均匀开挖。本算例主要分为以下13个分析步骤:

(1) 土体自应力平衡;
(2) 激活桥墩及墩顶荷载;
(3) 激活围护结构和防撞挡墙桩基;
(4) 地基搅拌桩加固;
(5) 激活首层内外支撑并开挖基坑两侧土体至第二撑底(降水);
(6) 激活第二层内支撑并开挖基坑两侧土体至坑底;
(7) 激活斜撑和混凝土底板;
(8) 开挖航道内土体;
(9) 激活锚梁;
(10) 河底铺砌;
(11) 开挖航道两侧斜坡;
(12) 拆除支撑和多余围护结构;
(13) 激活航道内水荷载。

7.3.5.1 土体自应力平衡

在几何模型和有限元网格划分完成之后,需要通过输入程序的初始条件进行初始应力场的构建,采用 K_0 过程生成初始应力场。

K_0 过程是 PLAXIS 特有的定义初始应力的方法,它考虑了土体的应力历史。初始应力发展过程中所需参数再材料数据组中初始页面标签下定义。两个 K_0 值可以指定,一个是 x 方向,一个是 y 方向。

$$K_{0,x} = \sigma'_{xx}/\sigma'_{zz}, \ K_{0,y} = \sigma'_{yy}/\sigma'_{zz}$$

实际应用中,正常固结土的 K_0 常常认为是内摩擦角相关的 Jaky 公式表达式为:

$$K_0 = 1 - \sin\varphi$$

在超固结土中,将大于上述表达式。

对于 Mohr-Coulomb 模型,默认的 K_0 值是基于 Jaky 公式表达式。采用 K_0 过程,PLAXIS 将根据材料的自重生成垂直应力,再通过 K_0 计算水平应力。K_0 过程计算结束后,整个土体被激活。土的重度在其他计算阶段将不会被改变。

本算例中,初始应力场用于计算土体的初始应力,因此要冻结露出土体的部分桥墩实体单元。

7.3.5.2 其他阶段

(1) 激活桥墩及墩顶荷载

激活桥墩单元及周围界面单元,修改其材料属性为墩台混凝土材料。激活桥墩桩基单元,激活桥墩墩顶荷载。通过点击相应的单元激活土体、结构物和荷载,被激活单元呈现彩色,被冻结的单元呈现灰色。

(2) 激活围护结构和防撞挡墙桩基

在变形控制参数页面,勾选重置位移为零。这一步的目的是消除设置已有桥墩产生的位移场和应力场。因为桥墩在土体中长时间存在,周围土体已经达到一个新的平衡,整个施工过程所产生的位移是从围护结构施工这一步开始的。

(3) 开挖表层土并激活冠梁

土体的开挖通过选中被开挖的土体类组使其处于冻结状态来实现。

(4) 激活首层内外支撑并开挖基坑两侧土体至第二道支撑底(降水)

在该步中,开挖的土体低于地下水位,若不进行降水则会造成坑内涌水,因此需要进行基坑降水。对于不考虑渗流作用的模型,主要考虑的荷载是自重。切换至渗流条件模式,创建降水后的水位,并设置为全局水位。返回分阶段施工模式,在模型浏览器—模型条件—water目录下降全局水位切换至降水位。从本阶段后,该水位作为整个模型的全局水位。由图可知,−5.5 m处(基坑两侧第二次开挖底层)孔压为0。图7-12表示了首次降水后土体静态孔压分布。

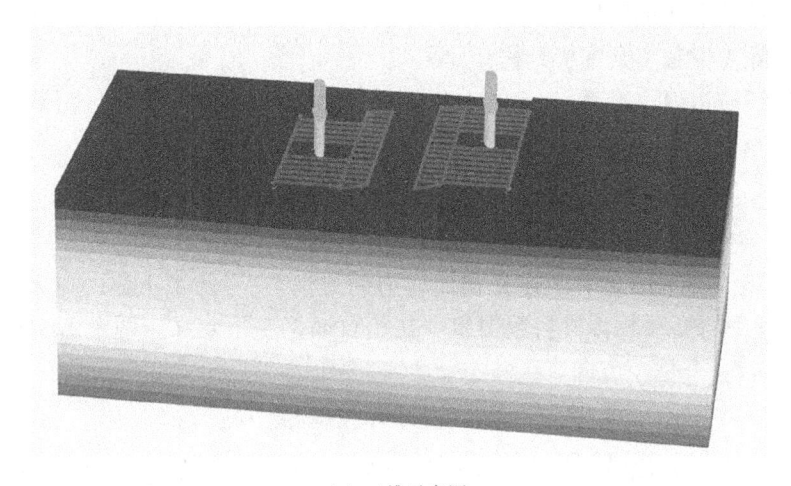

(a) 三维示意图

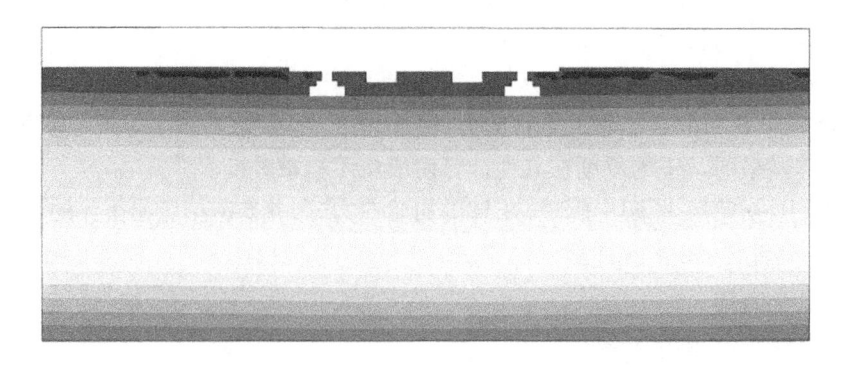

(b) 桥墩断面示意图

图7-12 首次降水后土体静态孔压分布

(5) 激活第二层内支撑并开挖基坑两侧土体至坑底

与上述操作方法相同，二次降水将水位降至基坑底部。图 7-13 表示了二次降水后土体静态孔压分布。

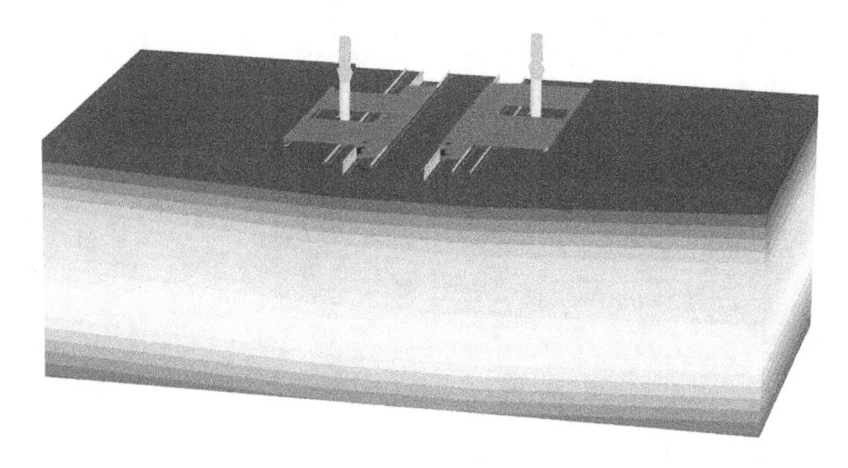

(a) 三维示意图

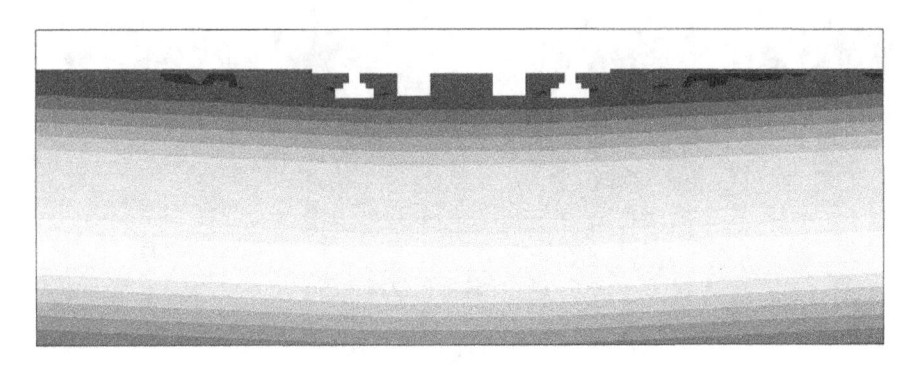

(b) 桥墩断面示意图

图 7-13　二次降水后土体静态孔压分布

(6) 拆除支撑和多余围护结构

选中待拆除的支撑和围护结构，将其冻结。

(7) 激活航道内水荷载

考虑最高通航水位下的最不利情况，将水荷载换算成均面载施加在航道底面和边坡上。航道底面的水荷载为均布荷载，边坡上的荷载为线性荷载。选中水荷载，将其激活。

7.3.6　结果查看

通过查看变形可以分析航道开挖对周围地层和两侧高铁桥墩的位移影响。

查看航道施工过程中各阶段周围土体和航道坑底的竖向变形云图，掌握各阶段地层变形情况，便于找出产生最大变形的施工步骤。如图 7-14 所示。

(a) 开挖表层土　　　　　　　　　　(b) 首次降水

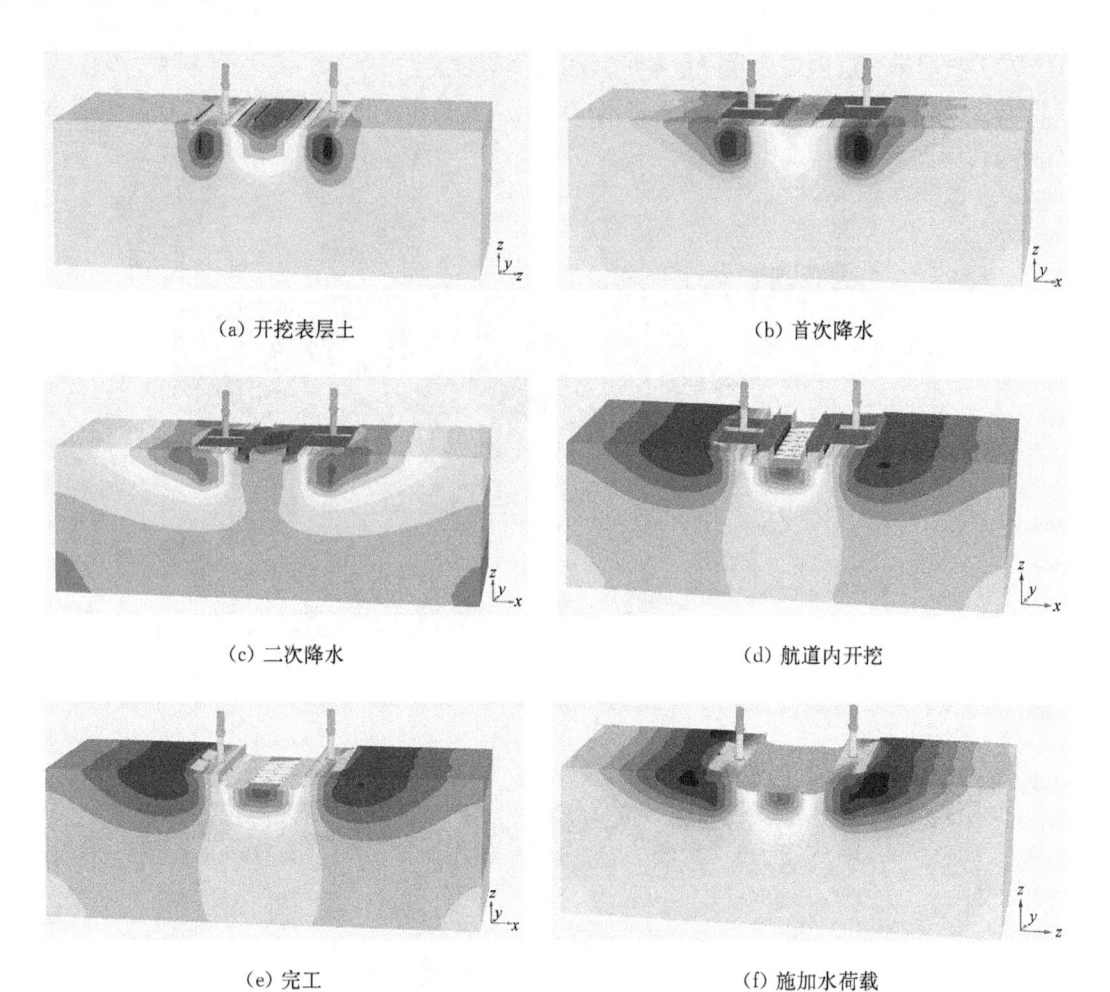

(c) 二次降水　　　　　　　　　　　(d) 航道内开挖

(e) 完工　　　　　　　　　　　　　(f) 施加水荷载

图 7-14　土体竖向位移云图

点击左侧垂直剖面,可以绘制出一条直线查看桥墩所在剖面上的变形。由图 7-15 和图 7-16 可知,土体有向坑内运动的趋势,坑内土体向上隆起,围护桩、桥墩桩基处土体位移较小,对限制土的移动起到有效的作用。

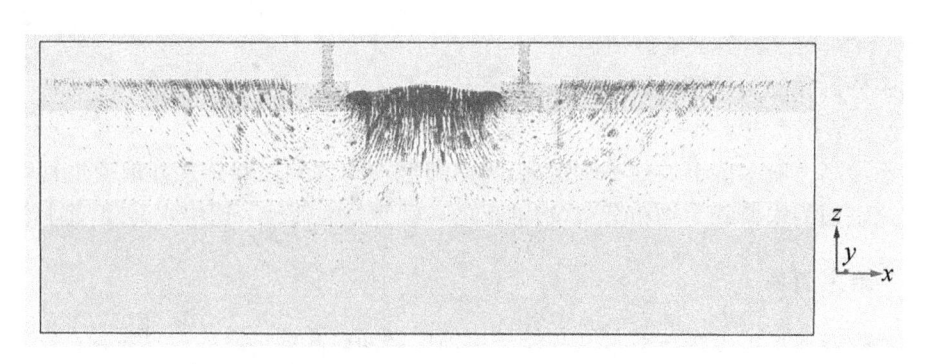

图 7-15　桥墩断面土体变形矢量图

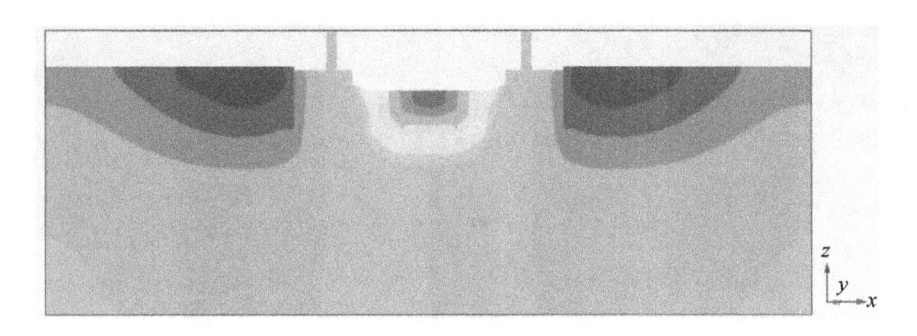

图 7-16　桥墩断面土体变形云图

图 7-17 展示了施加水荷载后桥墩的竖向位移云图。图中显示桥墩墩身竖向位移并不一致,存在一定的不均匀沉降。

图 7-17　桥墩竖向位移云图

图 7-18 表示,桥墩承台结构的压应力分布比较均匀,在航道开挖过程中的裸露部分有应力集中现象。

图 7-18　承台结构压应力云图

桥墩桩基的变形与受力情况是影响上部桥墩变形的重要因素。查看各结构上的变形和内力。如图 7-19 展示了桥墩桩基的水平位移,桥墩处标注出位移的正负。图 7-20 至图 7-22 展示了桥墩桩基的内力,包括桩基轴力、弯矩分布。桩基的位移、内力计算结果均以航道基坑开挖完成分析步为例。为了方便查找支撑结构,隐藏土体、界面、板和其他梁单元,图 7-23 至图 7-28 展示了首层支撑与二层支撑的竖向位移分布、轴力和弯矩,支撑处也标注出变量的正负。支撑的变形和内力计算结果均以航道基坑开挖完成分析步为例。

图 7-19　桥墩桩基水平位移　　　　图 7-20　桥墩桩基的各桩轴力分布

图 7-21　桥墩桩基弯矩图(M_y)

图 7-22　桥墩桩基弯矩图(M_z)

图 7-23 首层支撑的竖向位移分布

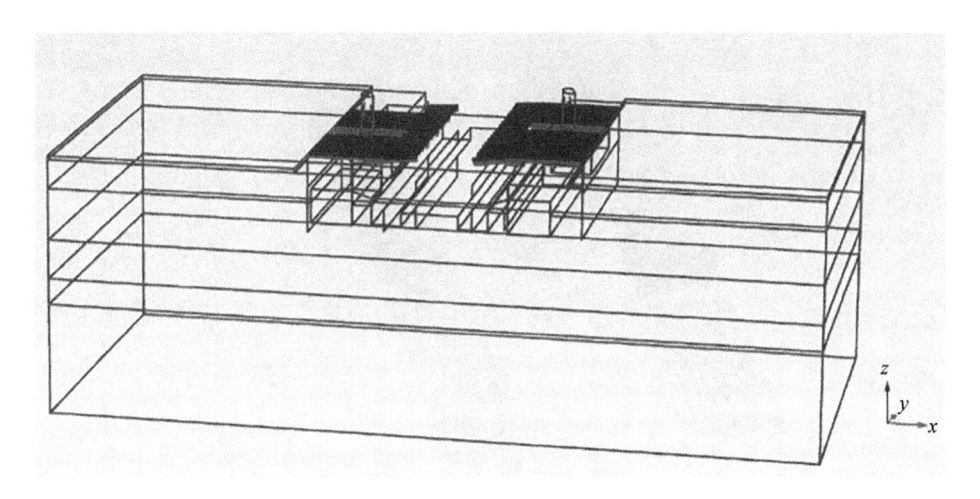

图 7-24 首层支撑轴力

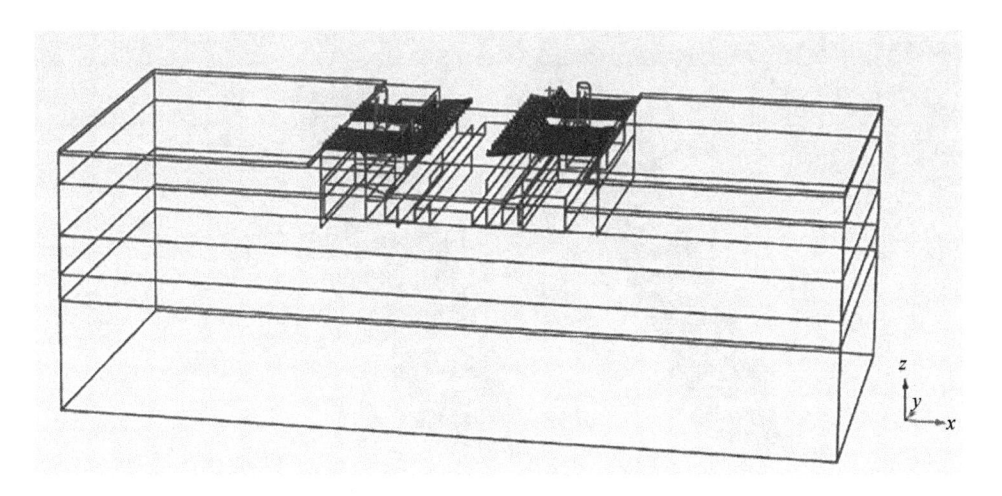

图 7-25 首层支撑弯矩(M_y)

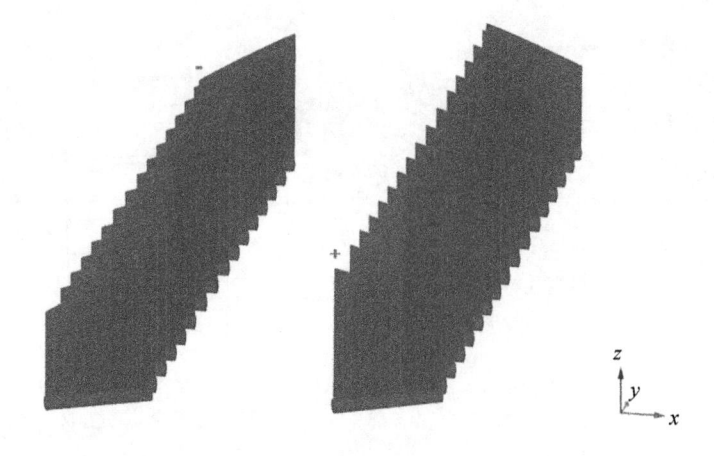

图 7-26　二层支撑的竖向位移分布

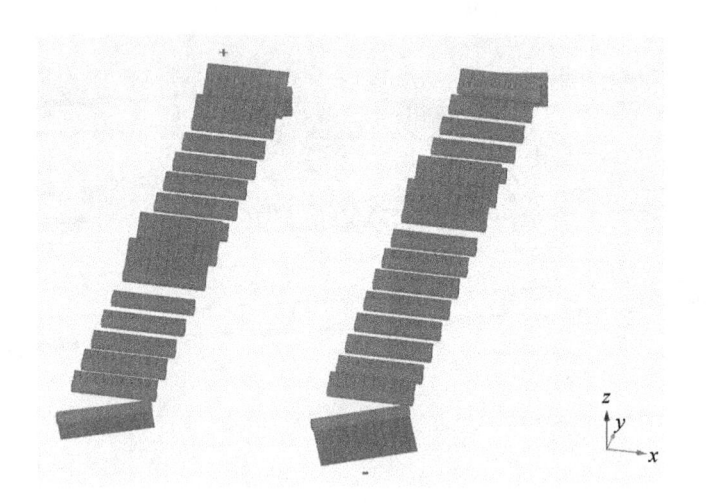

图 7-27　二层支撑轴力

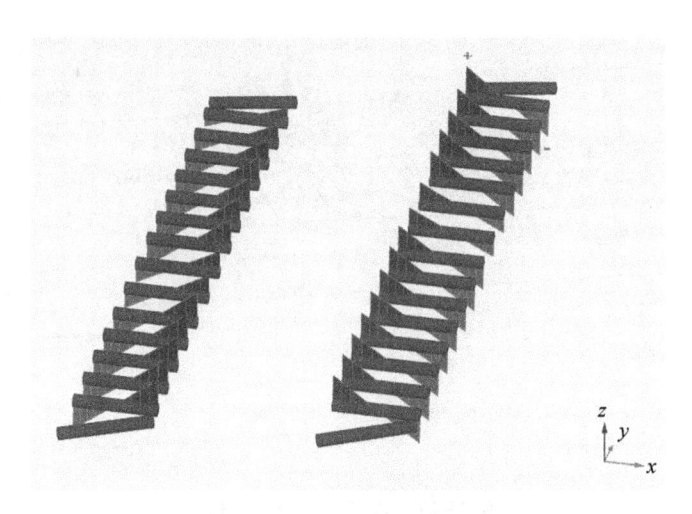

图 7-28　二层支撑弯矩(M_y)

7.3.7 二维模型与三维模型的对比

通过 PLAXIS 2D 建模，对比分析二维模型与三维模型在模拟施工过程中的差异。二维模型选取桥墩中心处的断面，由于工程模型具有对称性，二维模型取实际工程的一半进行分析。模型尺寸与三维模型一致，模型示意图如图 7-29 所示。

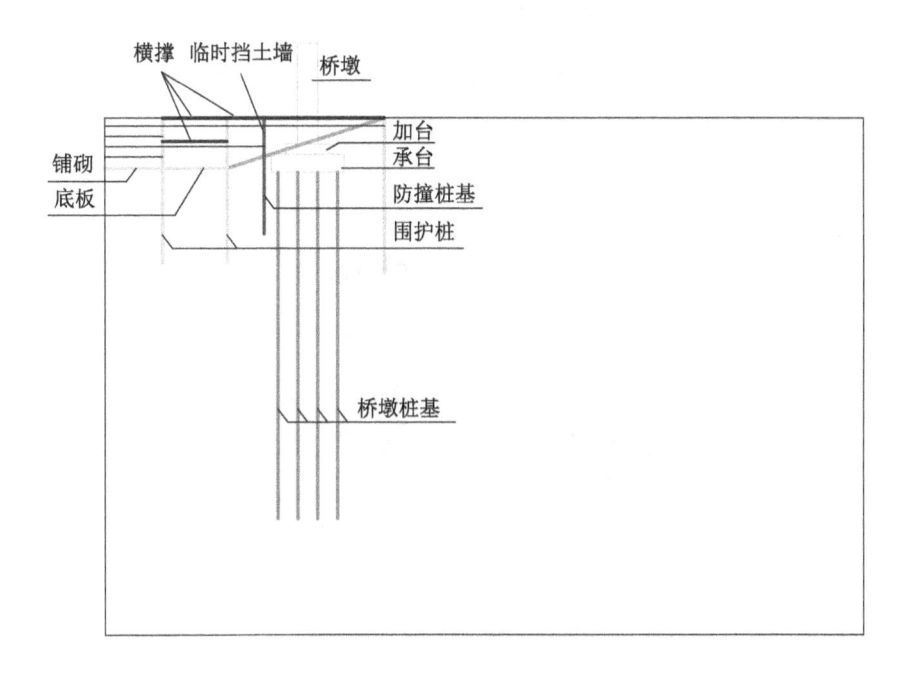

图 7-29 模型示意图

二维模型中，土层定义、模型的边界条件与三维模型一致。在二维模型中，桥墩墩台采用实体单元，通过直线绘制桥墩及承台的形状，再赋予相应的类组参数。围护桩、临时挡土墙用板单元模拟，桥墩桩基和防撞挡墙桩基用嵌固桩单元模拟。其中，围护桩的排桩结构采用刚度等效原则，等效为板桩墙。墩台单元、桥墩桩基与防撞挡墙桩基单元根据刚度等小原则，取相同的惯性矩进行三维-二维换算。钢筋混凝土横撑和斜撑采用锚杆单元模拟，锚杆单元中可设置支撑间距 L_s。锚杆单元的直线不划分类组。加固区和航道开挖区域通过直线绘制，航道两侧基坑和斜坡分三层开挖，航道内基坑分五层开挖。

在结构物与土体接触处设置界面。选择产生界面的几何直线或板单元，设置对应的界面（正或负）。界面的正负没有物理意义，对模拟结果也没有影响，仅表示界面的两个方向。二维有限元模型如图 7-30 所示。

PLAXIS 二维模型的网格单元基本类型有 15 节点的三角形单元和 6 节点的三角形单元，本算例选用 15 节点的三角形单元。全局疏密度选用中等水平，对桥墩墩台、桥墩桩基、开挖区域进行类组加密，对围护结构和支撑进行线加密。查看网格质量，如图 7-31 所示，网格质量较好。共生成 1 420 个单元，生成的有限元网格如图 7-32 所示。

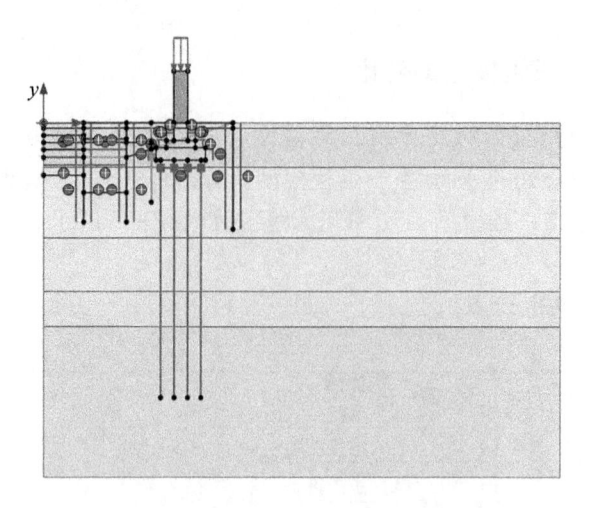

图 7-30　PLAXIS 2D 有限元模型

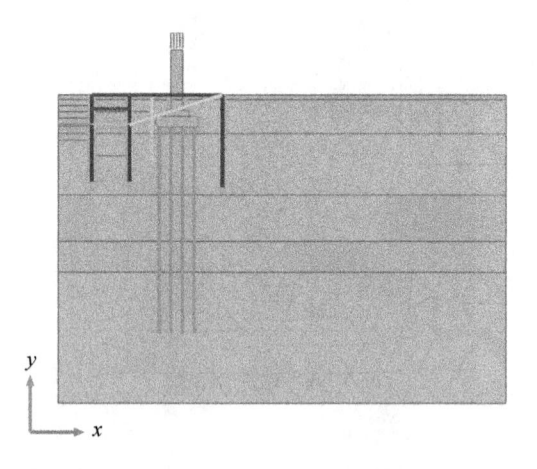

图 7-31　有限元网格质量

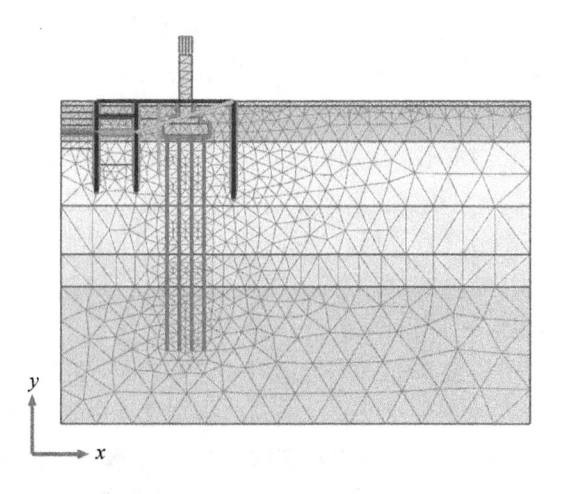

图 7-32　有限元网格划分

二维有限元模型的分析阶段与三维模型类似。

查看二维模型计算结果。如图 7-33 所示。

(a) 开挖表层土

(b) 首次降水

(c) 二次降水

(d) 航道内开挖

(e) 完工

(f) 施加水荷载

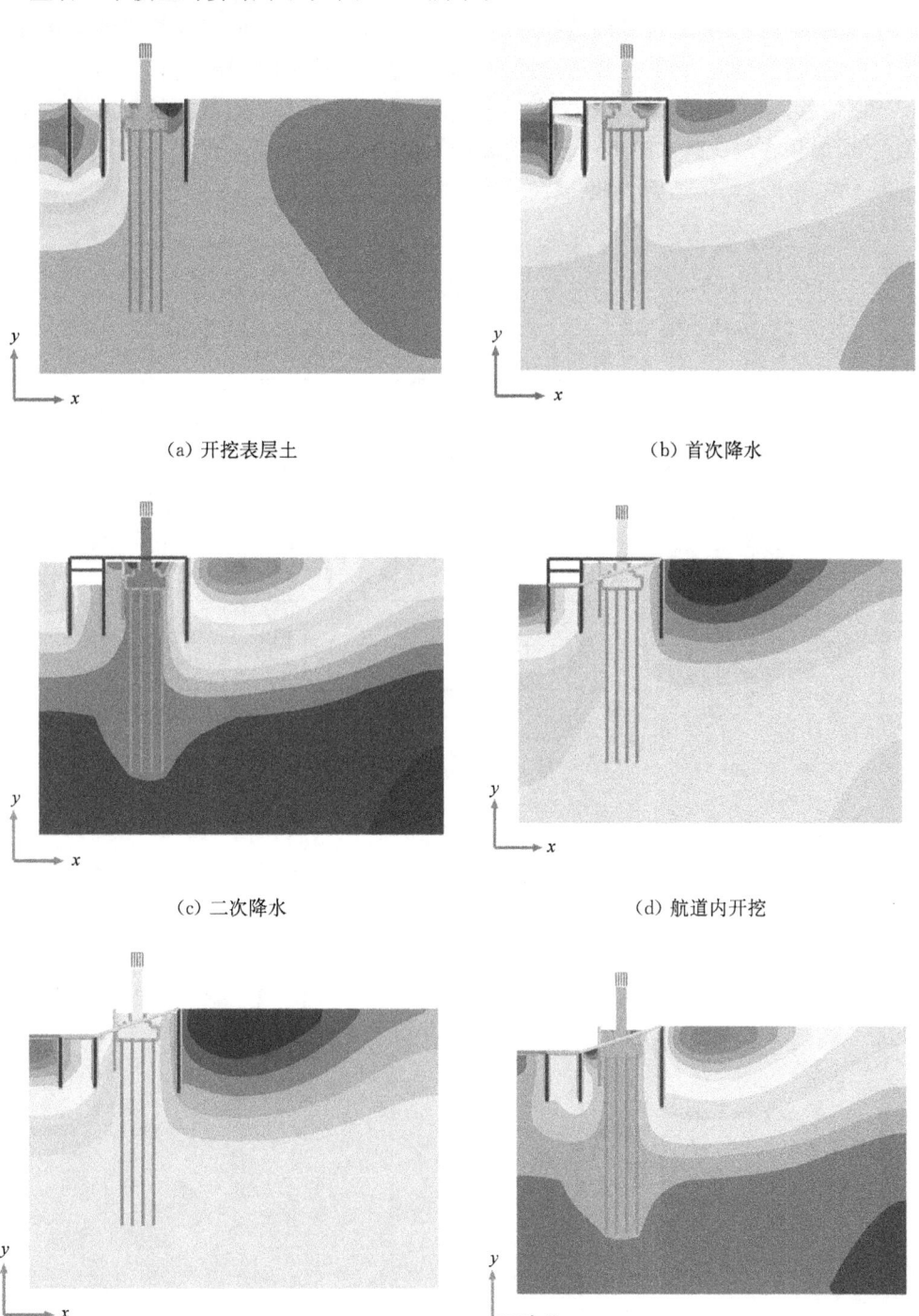

图 7-33　土体竖向位移云图

经对比,二维模型与三维模型的土体位移趋势类似,数值上略有差异。

PLAXIS可自动导出节点位移与内力。该点的选择可以在计算之前选择,也可以在计算完成后选择。在执行计算前选择的点在计算过程中将保存所有计算步的信息,这些点提供的曲线更详细。计算完成后选择的点只保存了计算步(最大保存步)的信息。节点用于绘制位移,应力点用来绘制应力和应变。图 7-34 表示了桥墩墩顶的竖向位移变化。由图可知,墩顶在两次降水时产生较为明显的沉降,在航道开挖过程中,随着土体隆起慢慢上浮。航道水荷载施加后,桥墩有向下的位移。

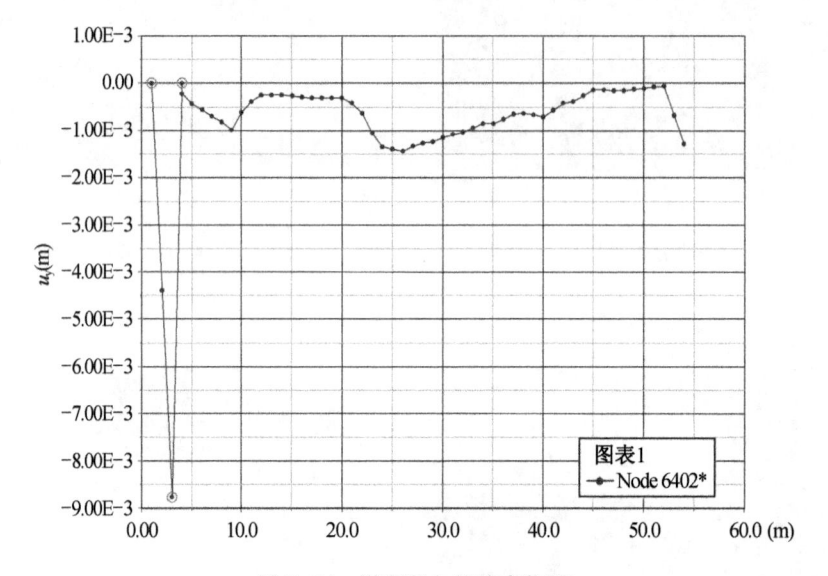

图 7-34 墩顶竖向位移变化图

第 8 章
沉船荷载对河床管道影响数值分析

管道运输,由于其运量大、占地少、可靠性高、连续性强而备受青睐,目前已成为陆上油、气运输的主要运输方式。而管道输送中不可避免会下穿航道,随着我国内河深水航道建设,繁忙航线中沉船事故偶有发生,会对河床中管线安全造成不可估量损失,在设计之初如何评估沉船荷载对管道的影响也愈显重要。本章结合相关规范,采用有限元法、经验法和理论分析法对沉船荷载安全影响进行评估。

8.1 沉船荷载特点

沉船荷载属于设计荷载中的偶然荷载(见表 8-1),偶然荷载的特点是在设计基准期内,可能发生也可能不发生,而一旦发生其值可能很大,而持续时间很短。而沉船荷载是船只失事后刚好沉在隧道顶上时,所产生的特殊荷载,发生概率极小,沉船冲击荷载下的地下工程安全性包括:

(1) 地下工程设计深度满足相关要求;
(2) 地下工程在沉船工况下满足正常使用极限状态要求。

表 8-1 设计荷载中偶然荷载分类表

荷载分类		荷载名称
偶然荷载	附加荷载	落石冲击力
	特殊荷载	人防荷载
		地震荷载
		沉船、抛锚或疏浚河道产生的撞击力

沉船工况下地下工程安全性分析关键在于计算沉船可能的最大贯入深度,判断地下工程设计深度是否满足相关要求,以及计算准确的沉船荷载,通过动力和静力分析判断地下工程在沉船工况下是否满足正常使用极限状态要求。

8.2 地下工程安全控制指标

8.2.1 盾构隧道变形机理

冲击荷载作用下引起土体应力重分布，对地下工程造成不利的影响。以地下盾构隧道为例，区间盾构隧道由一系列单环隧道串联而成，环与环之间通过纵向螺栓联接，单环隧道由多片管片组成，环向管片间通过环向螺栓联接而成一环，如图8-1所示。隧道的安全主要是保证冲击荷载不引起隧道结构的破坏以及产生过量的局部变形（图8-2）。相对于一般地下建筑结构而言，盾构隧道的纵向刚度和整体结构刚度都比较小，自身抵抗外部荷载的能力也较差。在隧道结构附近受到一定冲击时，易对隧道周边土层引起扰动而产生变形，地铁结构也随周围土层的变形而随之变形。如果隧道结构变形超过结构保护标准，轻则引起隧道管片间张开过大，隧道结构环缝或通缝渗漏水，重则引起管片开裂、继而锈蚀钢筋、导致使用寿命缩短、隧道结构损坏等，危及隧道的正常使用。

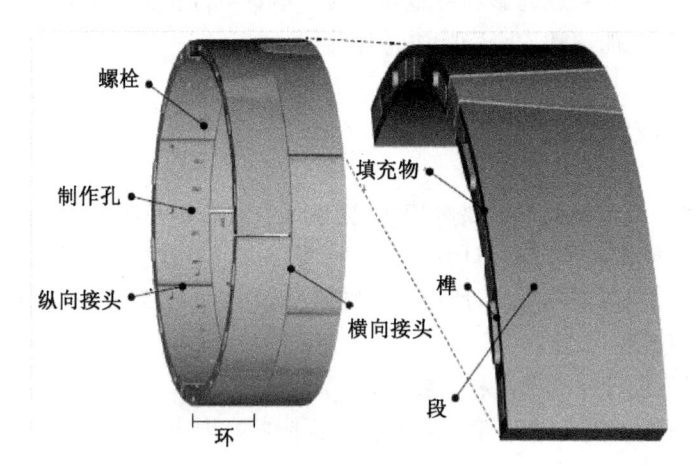

图8-1 盾构隧道衬砌结构型式

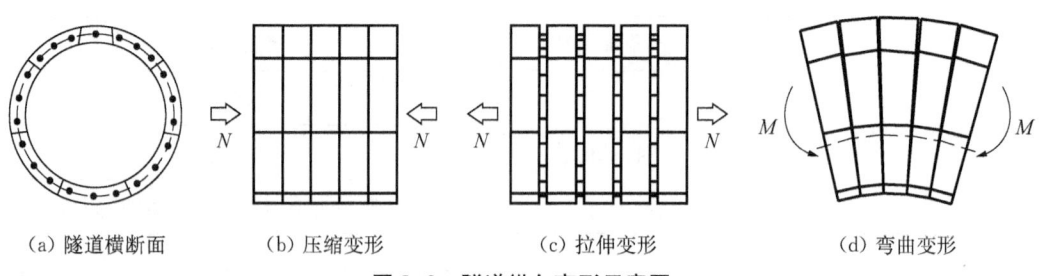

(a) 隧道横断面　　(b) 压缩变形　　(c) 拉伸变形　　(d) 弯曲变形

图8-2 隧道纵向变形示意图

8.2.2 安全评定控制指标

参考《城市轨道交通结构安全保护技术规范》(CJJ/T 202—2013)中对地下工程安全

的判别标准、地下工程内力计算理论以及类似工程经验,对地下工程安全标准提出如下要求:

(1) 地下工程衬砌结构水平位移、竖向位移预警值≤10 mm、控制值≤20 mm(包括各种加载和卸载的最终位移量);

(2) 地下工程变形曲线的曲率半径 $R \geqslant 15\,000$ m;

(3) 地下工程相对变曲≤1/2 500;

(4) 由于建筑物垂直荷载及降水、注浆等施工因素而引起的地下工程外壁附加荷载控制值≤20 kPa;

(5) 由于振动产生的震动对地下工程引起的峰值速度≤2.5 cm/s。

结构安全控制指标主要由内力的增加值决定,一般根据附加内力大小进行设计复核。

8.3 沉船冲击荷载计算

不同的国家沉船荷载取值有所不同,沉船荷载取值的合理与否,影响运营期地下工程的安全。目前沉船荷载计算方法一般有经验方法和动量守恒计算法。

8.3.1 经验方法

资料表明国外对水底隧道的沉船荷载,目前一般按如下规律取值:(1)隧道顶部与河床表面基本持平,船只正在下沉并与河床或隧道衬砌结构的上表面接触时,其对隧道的附加接触压力值取为 50~100 kN/m²。(2)隧道顶部在河床表面以下或水深不足时,沉船对隧道的附加接触压力取为 35 kN/m²。

国内规范对于沉船荷载并没有明确的计算方法,绝大部分穿越隧道设计时均根据经验等效为均布荷载。这些荷载的大小与船型、吨位、装载情况、沉没方式和覆土厚度等因素有关。如广州黄沙至芳村珠江水下隧道处于珠江主航道上,远期规划通航 5 000 t 货轮,沉船及抛锚荷载取 50 kN/m²;日本东京港沉管隧道按东京港通航 70 000 吨位的船只考虑,沉船荷载取 130 kN/m²;广州鱼珠至长洲岛越江隧道,航道最高通航 25 000 t 船只,沉船荷载取值 100 kN/m²(见表 8-2 所示)。

表 8-2 实际工程沉船荷载取值表

船舶吨位(t)	5 000	25 000	70 000
等效均布荷载(kN/m²)	50	100	130

8.3.2 动量守恒计算法

基于物理学动量原理出发导出越江隧道的沉船荷载计算公式。

8.3.2.1 沉船静水压力

沉船与沉管隧道顶部接触时,船体和装载在水中的净重将由河床和隧道分摊。将总接触面积近似取为沉船的横截面面积,则沉船对河床和隧道的平均静附加压力为船体和装载在水中的净重将由河床和隧道分摊。将总接触面积近似取为沉船的横截面面积,则沉船对河床和隧道的平均静附加压力为:

$$P_{均静} = \frac{G}{BL} \times \alpha \tag{8-1}$$

式中:G 为船只重量;B 为船只宽度;L 为船只长度;α 为船只的水中净重量与船只重量之比。

8.3.2.2 沉船冲击压力

船只下沉将对隧道和河床产生冲击压力。船只下沉触及河床和隧道时,船只的纵向或横向倾斜会影响触及时的接触面积和隧道、河床对船只下沉的制动时间,因而也会影响沉船对隧道和河床的平均冲击压力。要准确计算冲击压力非常困难,因为这涉及许多不定因素。当考虑船只水平下沉时,考虑周围水体对沉船的附加拖拽力及船内进水的影响时,根据动量原理可得:

$$(P_{均冲} BL) \times \Delta t = (M + \Delta M_1 + \Delta M_2) \times V \tag{8-2}$$

式中:$P_{均冲}$ 为沉船对隧道和河床的平均冲击压力;B 为船只宽度(取型深);L 为船只长度(取垂线长);Δt 为隧道和河床对船只下沉的制动时间;M 为船只的质量;ΔM_1 为船内进水的质量;ΔM_2 为船周水体的附加质量;V 为船只下沉的速度。

沉船水平下沉时,沉船对隧道和河床的平均冲击压力:

$$\begin{aligned} P_{均冲} &= \frac{(M + \Delta M_1 + \Delta M_2) \times V}{\Delta t \times BL} \\ &= \frac{M \times V}{\Delta t \times BL} \times (1 + \beta_1 + \beta_2) \end{aligned} \tag{8-3}$$

式中:β_1 为沉船进水系数,$\beta_1 = \dfrac{\Delta M_1}{M}$,根据有关资料和经验,可取为 3;$\beta_2$ 为船周水体的附加质量系数,$\beta_2 = \dfrac{\Delta M_2}{M}$,参照船撞桥的情况将周围水体的附加拖拽力系数取为 $\beta_2 = 0.5$。

当考虑船只完全侧倾而垂直下沉(船甲板垂直水面)时,平均冲击压力为:

$$P_{均冲} = \frac{M \times V}{\Delta t \times HL} \times (1 + \beta_1 + \beta_2) \tag{8-4}$$

当考虑船只垂直下沉(船头或船尾朝下)时,平均冲击压力为:

$$P_{均冲} = \frac{M \times V}{\Delta t \times HL} \times (1 + \beta_1 + \beta_2) \tag{8-5}$$

由公式 8-3 和公式 8-4 可知,沉船冲击荷载和沉船与河床接触面相关,接触面积越大,冲击荷载越小,一般来说沉船高度 H 远小于其长度 L,因此船舶垂直下沉时冲击荷载远大于船舶水平下沉时冲击荷载。但实际上,对于大型船舶其长度大于河口水深,垂直下沉的情况基本不可能发生。

若沉船以某一横向倾斜角 θ 下沉(沉船下沉过程中基本与水面平行,θ 为船甲板面与水平面的夹角,$0 \leqslant \theta \leqslant \dfrac{\pi}{2}$)时,此时,沉船对河床的平均冲击压力近似为:

$$P_{均冲} = \frac{M \times V}{\Delta t \times (BL\sin\theta + HL\cos\theta)} \times (1 + \beta_1 + \beta_2) \tag{8-6}$$

一般来说,船宽 B 要略大于船高 H,由公式 8-6 可知,沉船荷载在 $\theta = 0$(完全侧倾)时,冲击荷载取得最大值。

8.3.2.3 沉船总荷载

将沉船对沉管隧道的附加荷载 P 取为船对隧道顶部的静压力 $P_{静}$ 与冲击压力 $P_{冲}$ 之和,并均令为平均压力,则:

$$P = P_{静} + P_{冲} \tag{8-7}$$

8.4 案例分析

8.4.1 案例概况

以某下穿航道的天然气管线沉船安全评估为例,该航道远期最大沉船船型为 18 000 TEU 集装箱船,该航道地层剖面如图 8-3 所示,地层物理力学参数见表 8-3。沉船触底速度根据经验和相关文献取值为 1 m/s,沉船方式考虑最不利情况,即沉船完全侧墙。

表 8-3 各地层物理力学性质表

地层号	天然密度 (kg/m³)	含水率 (%)	黏聚力 (kPa)	摩擦角 (°)	体积模量 (MPa)	剪切模量 (MPa)
1-1 粉砂	1 950	25.20	8	36	2.987	1.792
6 粉质黏土	1 790	33.80	17.34	9.85	4.633	1.544
6-1 粉土	1 790	33.60	15.09	24.87	4.100	1.892
7 粉砂	1 930	25.20	4	28	4.667	2.154
7-1 粉质黏土	1 790	33.1	19.06	9.55	4.656	1.552
7-3 粉土	1 880	25.2	11.38	28.25	7.717	3.562

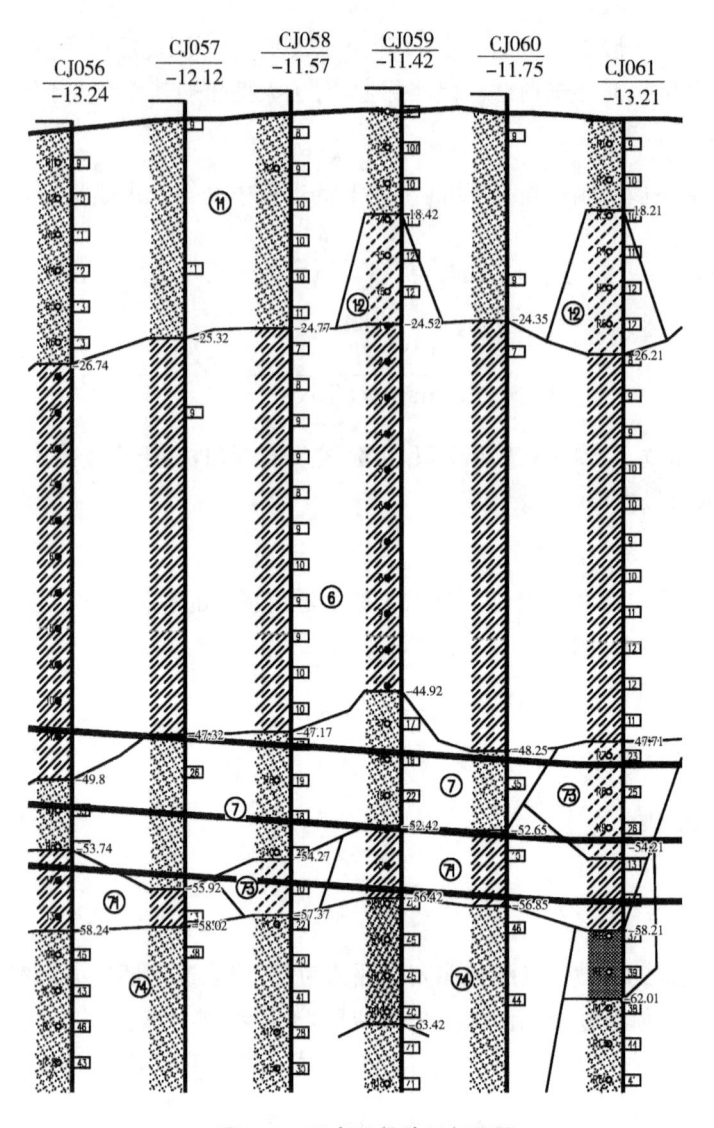

图 8-3 研究区段地层剖面图

8.4.2 沉船有效重量

根据中华人民共和国交通运输部《海港总体设计规范》(JTS 165—2013)局部修订版(20万吨级集装箱船设计船型尺度部分),180 000 TEU 集装箱船载重 20 万 t,尺寸取值为 400 m×61.5 m×33.5 m。参考《船舶设计原理》和实际船舶建造数据,取船重为 6 万 t。根据《沉船打捞技术与分析》,采用式(8-8)计算水中沉船重量。

$$P_i = P \times \left(1 - \frac{\gamma_水}{\gamma_i}\right) \tag{8-8}$$

式中:P_i 为水中材料重量;P 为材料重量;$\gamma_水$ 为水的密度;γ_i 为材料密度。

通过计算可以得到水中沉船重量为 20.22 万 t。

8.4.3 沉船冲击荷载

8.4.3.1 经验算法

通过拟合表 8-2 数据,可以得到船舶吨位和等效均布荷载拟合公式为 $y = 30.38\ln(x) - 208.44$,如图 8-4 所示。结合 18 000 TEU 集装箱船数据,沉船荷载拟合公式取值 162.38 kN/m²。

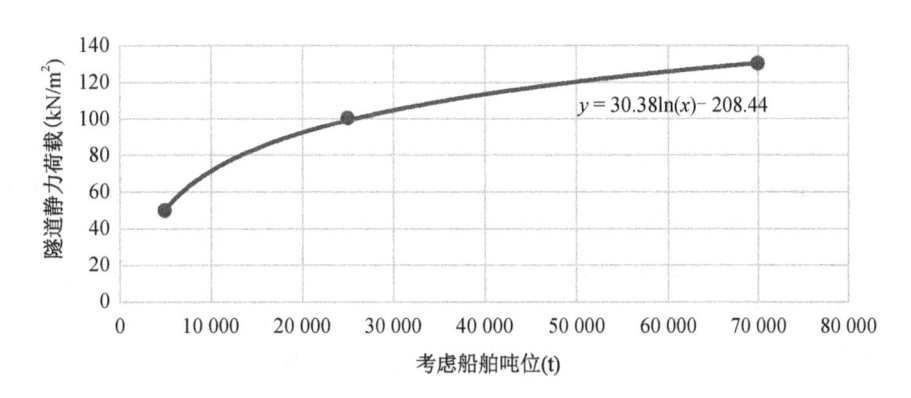

图 8-4 等效均布荷载拟合曲线图

8.4.3.2 动量守恒计算法

按第三节推导公式,经过计算本项目沉船荷载计算结果为:

$$P = \frac{202\,200 \times 9.81}{400 \times 33.5} + \frac{202\,200 \times 1}{2.5 \times 400 \times 33.5} \times 1.8 \approx 158.89 \text{ kN/m}^2$$

结合两种计算方法,实际计算时可用静力荷载乘以动力系数简便计算,取动力系数为 1.4,沉船荷载为 $\frac{202\,200 \times 9.81}{400 \times 33.5} \times 1.4 = 207.24 \text{ kN/m}^2$,均大于两种计算方法取值。计算得到沉船冲击荷载后可按静力设计规范进行计算,在此不做赘述。

8.4.4 沉船贯入深度计算

8.4.4.1 网格模型的建立

由于有限元模型具有对称性,在前处理中建立二分之一的几何模型并在对称边界上设置对称边界条件,在非对称边界上设置非反射边界,模拟实际的河床状态,减少反射对计算结果的干扰,网格模型见图 8-5。

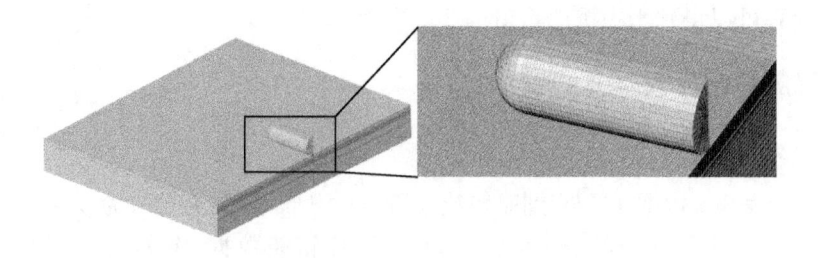

图 8-5　沉船工况有限元动力仿真网格模型

8.4.4.2　有限元动力仿真结果分析

(1) 隧道贯入深度安全性分析

在后处理软件 HyperView 中,选取关键字 * History 与 * Displacement、* Velocity,对锚的速度和位移时程曲线进行提取,获得锚在沉入河床的过程中速度、位移随时间的变化曲线。

由图 8-6 可知,随着时间的推移,沉船贯入深度也在不断增大,到 2.5 s 时,沉船停止贯入,此时贯入深度达到最大值 0.76 m。由于冲刷后隧道最浅埋深为 20.5 m,其值远大于沉船贯入深度,两者不会发生直接碰撞,故最浅隧道埋深满足相关要求。

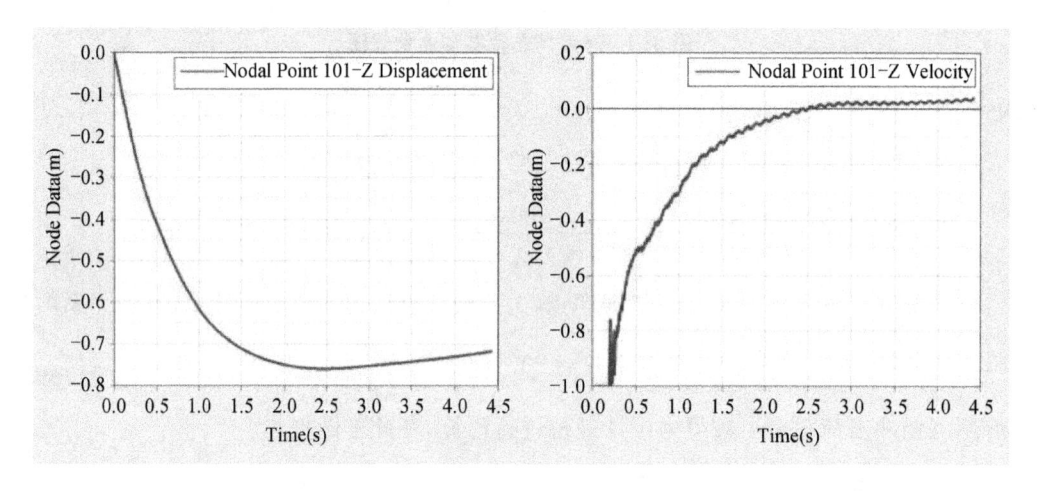

图 8-6　沉船沉入河床速度、位移随时间变化曲线

(2) 隧道正常使用极限状态分析

沉船触底后与河床相互作用,在冲击作用下,使得隧道发生变形,进而影响隧道正常使用。通过有限元仿真分析,隧道不同时刻位移云图如图 8-7 至图 8-10 所示。依次选取隧道上节点,如图 8-11 所示。隧道 z 向位移随时间变化情况如图 8-12 所示。

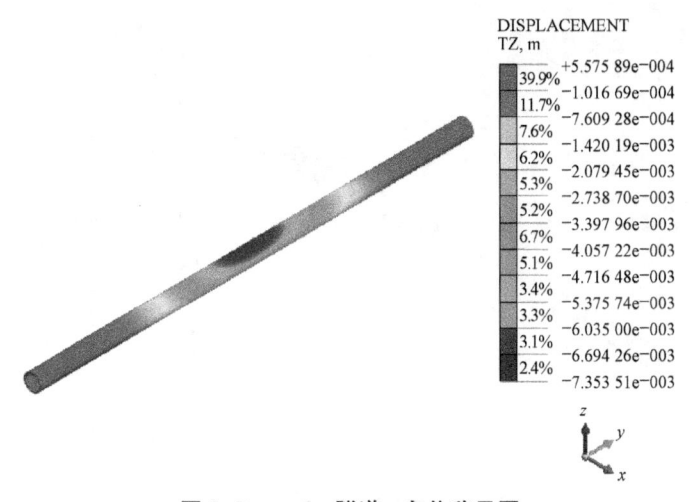

图 8-7　$t=1$ s 隧道 z 向位移云图

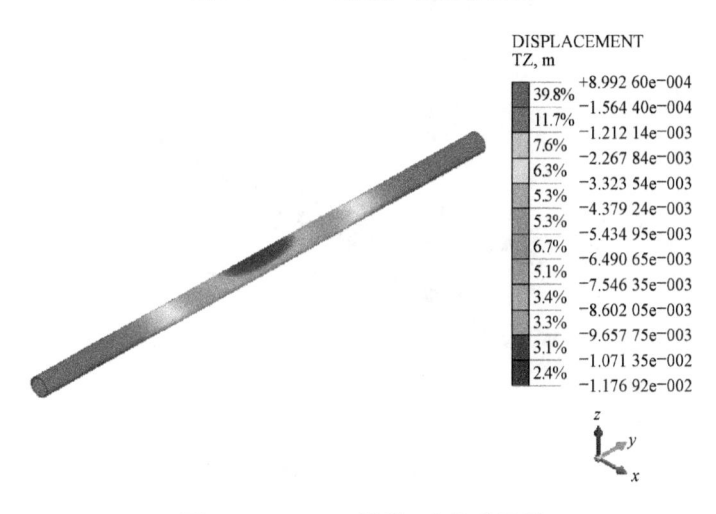

图 8-8　$t=1.5$ s 隧道 z 向位移云图

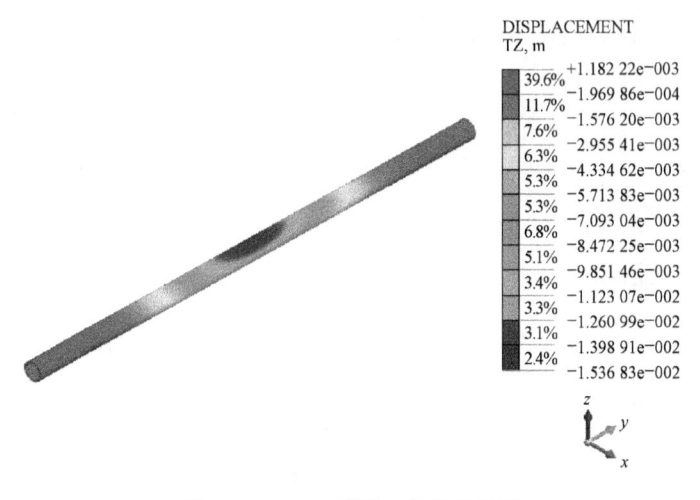

图 8-9　$t=2$ s 隧道 z 向位移云图

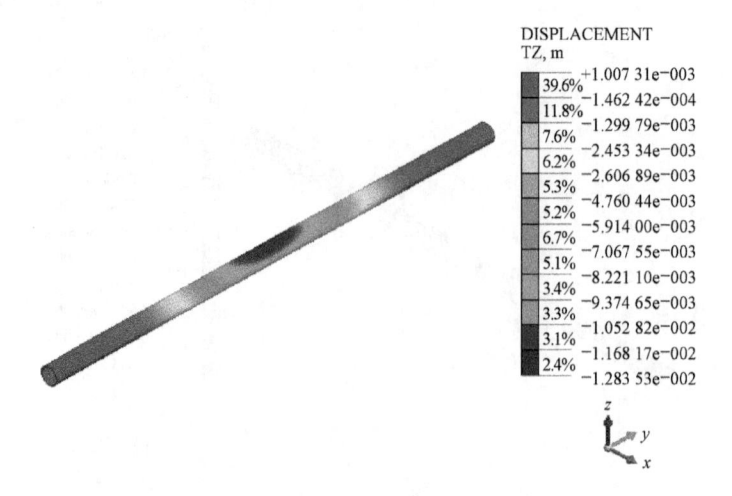

图 8-10　$t=2.5$ s 隧道 z 向位移云图

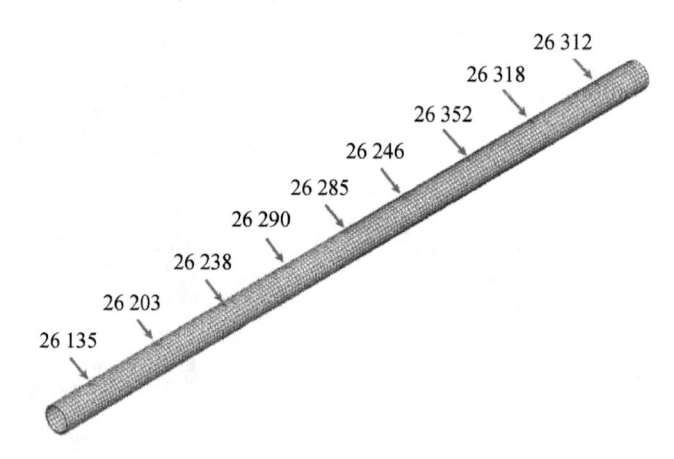

图 8-11　隧道节点选择示意图

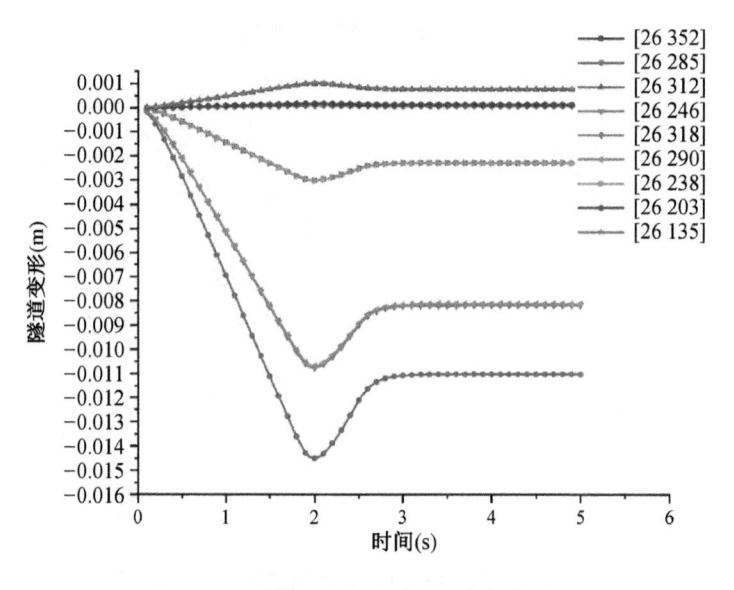

图 8-12　隧道 z 向位移随时间变化曲线图

通过有限元仿真分析，依次选取隧道附近土体单元，如图 8-13 所示，隧道附加应力随时间变化情况如图 8-14 所示。

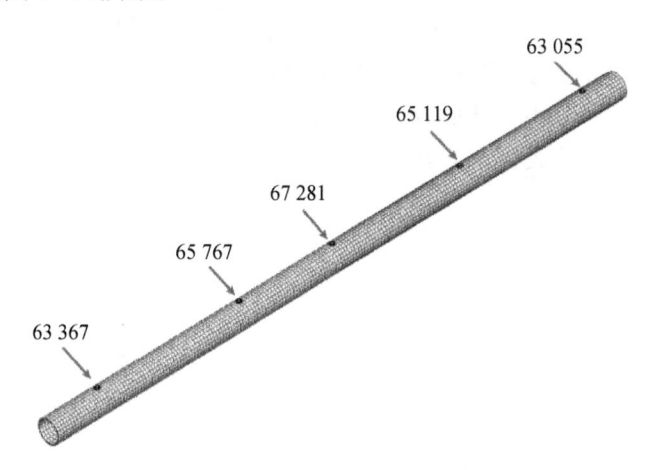

图 8-13 隧道单元选择示意图

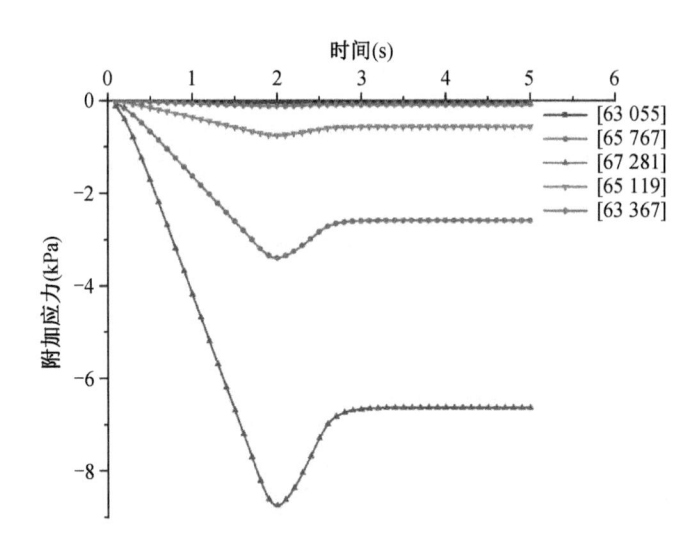

图 8-14 隧道附加应力随时间变化曲线图

由图 8-7 至图 8-10 隧道位移云图可以看出，由于沉船的冲击作用，会使隧道发生沉降变形，沉降位移最大值出现在沉船正下方的隧道上，而隧道两侧略微上移；由图 8-12 隧道位移随时间变化曲线图可以看出，隧道在 2 s 左右沉降位移最大，约为 15 mm，在 2.5 s 时沉船停止贯入以后，隧道最大沉降稳定在 12 mm 左右，均小于隧道运行期相关规范和规定给出的控制位移 20 mm；由图 8-14 可以看出，在沉船沉入河床的过程中，沉船正下方所对应的隧道区域附加应力最大，两侧较小。在 1.87 s 左右附加应力值最大，为 9.27 kPa，在 2.5 s 时沉船停止贯入后附加应力最大值稳定在 7.04 kPa，均小于隧道运行期相关规范和规定给出的附加应力控制值 20 kPa。

8.4.5 安全评估结果分析

考虑远期船型为 18 000 TEU 集装箱船,计算工况为极限冲刷后隧道埋深最浅(20.5 m)地段,结合相关文献和实际经验取沉船速度为 1 m/s。在沉船冲击荷载作用下,沉船贯入深度为 0.76 m,小于该地段最浅埋深 20.5 m;在沉船冲击荷载作用下,隧道沉降和附加应力能满足正常使用极限状态相关规范和规定的要求。

第 9 章
应急抛锚对穿越工程影响数值分析

随着我国进一步加快深水航道建设,内河船舶呈现大尺度、高吨位的特点,因此新建或既有的穿越地下工程将面临来自大型船舶应急抛锚的潜在风险,所以对地下结构安全性评估也愈显重要。本章结合工程实例,分析船舶应急抛锚主要特点,运用有限单元法进行数值模拟,并结合物模试验、理论分析,评估船舶应急抛锚对穿越工程的影响。

9.1 应急抛锚的特点

船舶抛锚主要有三个目的,一是正常靠泊或者在锚地稳定船舶;二是大型船舶调头或者离开泊位时,辅助调整航向和调头;三是当船舶发生事故时,为防止造成新的事故而抛锚稳定船舶,使之停止运动。前二者为正常情况下抛锚,第三种情况为应急抛锚。即使船舶在失控时需要应急抛锚,一般也不是立即能够抛锚,需要具有一定的条件:

(1) 船舶抛锚时航速不能过大,否则可能会因为船舶过大,锚链被拉断,造成船舶丢锚事故;

(2) 水深条件适合。若水深过大,则可能锚链长度不够,抛锚不能取得希望的效果;

(3) 航道水底泥质条件适合。若河床为岩石质底,则锚难以抓牢,若为淤泥则阻力太小,一般以泥沙底较为合适。

传统抛锚一般采用锚机输送锚链至河床底,触底后锚平卧于河床上,随着拖锚继续,锚爪具有抓底的趋势,逐渐楔入河床底质,直至抓牢河床,最终制动船舶(见图 9-1)。

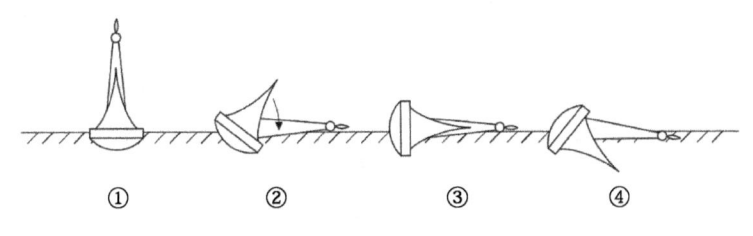

图 9-1 传统抛锚方式锚抓底流程

传统抛锚备锚时间较长，操作复杂，不适用于紧急情况。而在紧急情况下，应急抛锚一般将锚直接从锚链孔丢放，受到锚链和锚链孔的摩擦力、重力、水的阻力和浮力等共同作用，经过多阶段后降落至河床底(见图 9-2)，应急抛锚相比于传统抛锚，锚的触底速度更快，造成的冲击损伤更大。

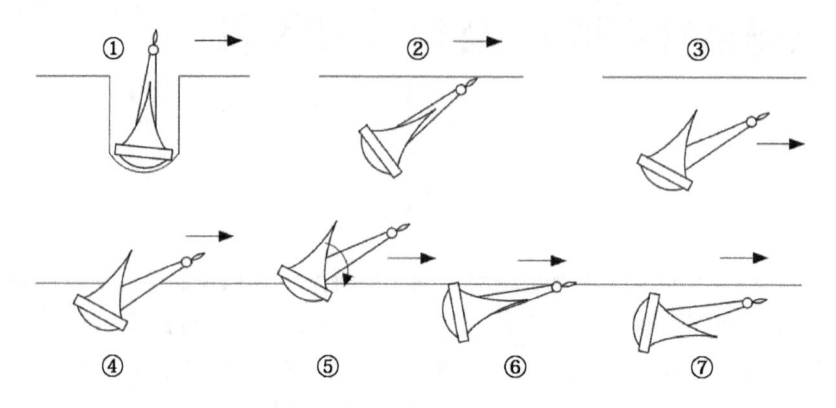

图 9-2 应急抛锚方式锚抓底流程

9.2 应急抛锚贯入深度计算分析

9.2.1 锚型选取

根据调研和相关资料，目前我国内河通航船舶多以采用斯贝克锚和霍尔锚为主。其中斯贝克锚是霍尔锚的改良型，两者在锚型结构上相似，只是为了便于收锚，斯贝克锚的重心位于锚头，两者结构尺寸并无太大差异。两种锚型锚冠处装有锚冠板及加强肋，锚的爪极易转向地面，稳定性更好，而且收锚时，锚爪自然朝上，并且一接触船壳板即翻转，不会损伤船壳板。因此可选取霍尔锚作为研究对象，锚型的尺寸标准参照我国造船行业制定的《霍尔锚》标准。霍尔锚的结构尺寸如图 9-3 所示，锚参数如表 9-1 所示。

表 9-1 常见锚重与锚尺寸一览表

船舶吨级	锚重 (t)	H (mm)	h (mm)	h_1 (mm)	L (mm)	L_1 (mm)	B (mm)	B_1 (mm)	H_1 (mm)
5 万吨级散货船	6	2 965	1 605	352	2 284	1 605	889	1 054	450
	8.3	3 363	1 788	393	2 545	1 788	991	1 176	510
20 万吨级散货船	23	4 631	2 514	551	3 573	2 514	1 394	1 645	770
40 万吨级矿砂船	33	5 234	2 833	622	4 032	2 833	1 567	1 860	860
18 000 TEU 集装箱船	35.5	5 363	2 903	637	4 132	2 903	1 607	1 906	880

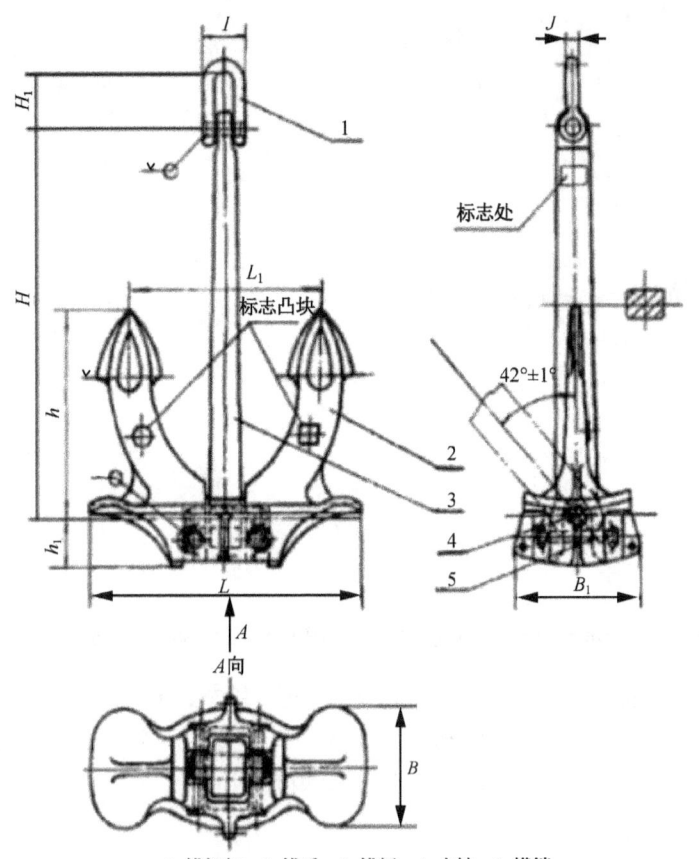

1. 锚卸扣；2. 锚爪；3. 锚杆；4. 小轴；5. 横销。

图 9-3　A 型霍尔锚结构尺寸示意图

9.2.2　应急抛锚过程分析

确定研究锚型后，根据船舶应急抛锚过程中锚在不同介质中的运动情况，可以将锚的运动过程分为两个阶段，一是垂直贯入阶段，二是拖锚淌航阶段。

在垂直贯入阶段中，首先是锚在空气中运动，该过程包括锚以初速度 v_0 为 0 的状态从船上抛下到锚底部刚接触水面；其次是锚在水中运动，该过程包括锚底部刚接触水面到锚底部刚接触河床表面；最后是锚贯入河床的运动，该过程包括锚底部刚接触河床表面到锚停止运动（如图9-4）。其中触底速度 v_2 的计算结果直接影响锚贯入深度，确定准确的触底速度对下一阶段贯入过程的数值模拟至关重要。

在拖锚淌航阶段，锚垂直贯入河床底质后，船在风和水流的作用下，继续拖行锚，直至锚爪固定，船舶泊稳停牢（见图9-5和图9-6）。

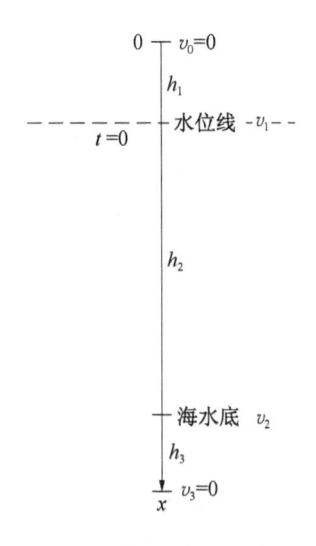

图 9-4　应急抛锚过程示意图

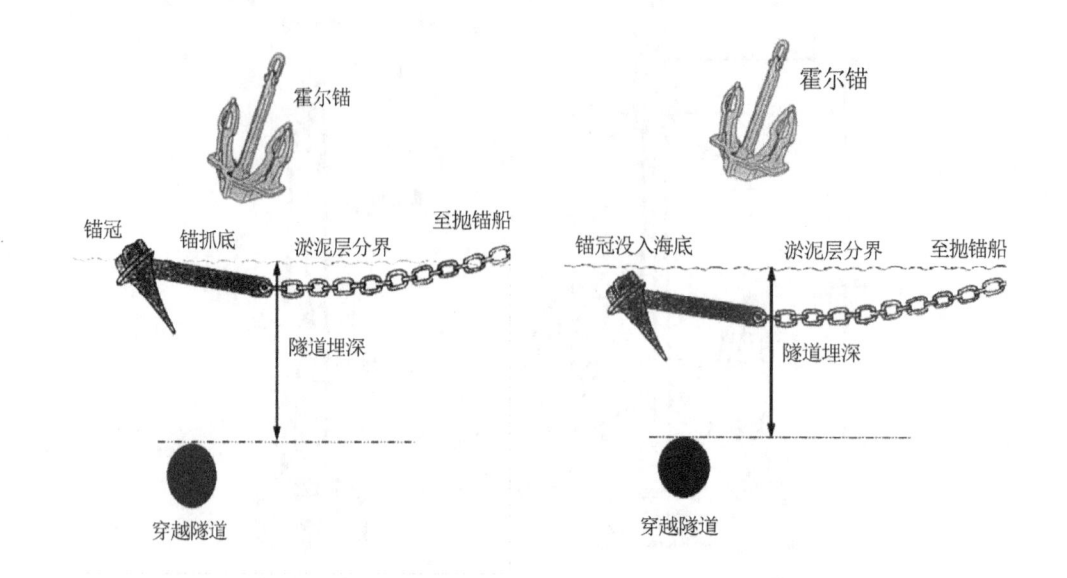

图 9-5　船舶抛锚(锚爪全部没入河床)示意图　　图 9-6　船舶抛锚(锚冠全部没入河床)示意图

实际情况下,船舶在应急抛锚下的制动过程更为复杂,为了简化模型与计算,可对应急抛锚过程中能量损失、次要的复杂阻力等忽略不计,按最不利的情况考虑,抛锚最大的贯入深度等于垂直贯入深度加上锚的最大啮土深度。

9.2.3　垂直贯入阶段分析

楔形体、薄板等结构物冲击入水是一个相当复杂的过程,涉及固、液、气三者相互耦合。目前,国内外学者对结构物入水问题做了大量研究,特别是在入水冲击速度及冲击载荷方面,成果比较集中。根据研究方法的不同,对于结构物入水问题的研究可以分为试验法、解析法以及数值模拟法。本节将介绍通过三种方法,计算应急抛锚垂直贯入深度。

9.2.3.1　锚在空气中的运动

因为船舶锚重一般比较大,故该阶段锚所受到的空气阻力、锚链摩擦阻力和锚受到重力大小相比较可忽略不计。在第一阶段时,锚的运动可简化为自由落体运动。根据机械能守恒定理,设锚重为 m,初速度为 v_0,对该阶段建立模型,即:

$$mgh_1 = \frac{1}{2}mv_1^2 - \frac{1}{2}mv_0^2 \tag{9-1}$$

$$v_1 = \sqrt{2gh_1} \tag{9-2}$$

由公式(9-2)可知,确定落锚高度 h_1 是求解入水速度 v_1 的关键,落锚高度 h_1 和船舶吃水密切相关。由图 9-7 可知,落锚高度 $h_1 =$ 型深 — 吃水,当船舶航行时压载状态下落锚高度 h_1 取最大值。常见吨位船舶压载和满载吃水情况见表 9-2,若无船舶资料,根据经验船舶压载吃水可考虑为满载吃水的 40%。

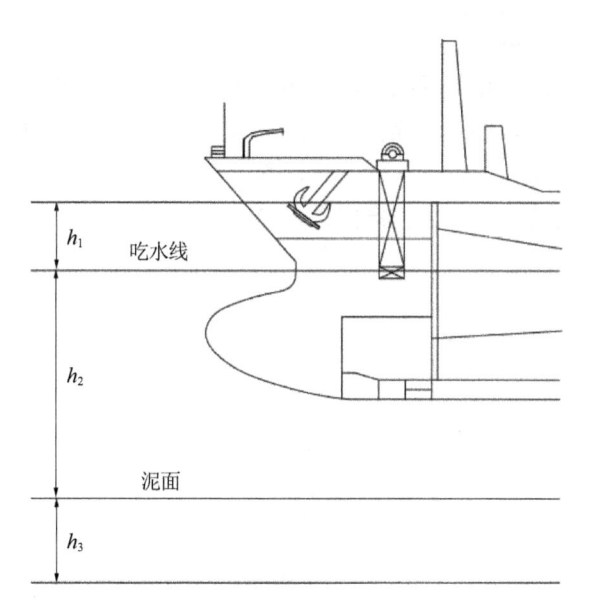

图 9-7 落锚高度计算示意图

表 9-2 不同船舶不同吨位设计尺度

船舶类型	吨级	锚设备	名义锚重(t)	型深(m)	满载吃水(m)	压载吃水(m)	备注
集装箱船	3万吨级	霍尔锚	10.5	19	12.0	4.8	1 900～3 500 TEU
	5万吨级	霍尔锚	12.3	21.8	13.0	5.2	3 500～5 600 TEU
	10万吨级	霍尔锚	15.0	24.8	14.5	5.8	6 600～9 500 TEU
	15万吨级	霍尔锚	20.4	30.2	16.5	6.6	11 000～12 500 TEU
油船	3万吨级	霍尔锚	4.9	17.3	12.0	4.8	
	5万吨级	霍尔锚	6.9	19.1	12.8	5.12	
	10万吨级	霍尔锚	10.5	21.4	14.8	5.92	
	15万吨级	AC-14型	12.6	24.2	17.1	6.84	
	25万吨级	AC-14型	14.1	29.7	19.9	7.96	
	30万吨级	AC-14型	16.1	31.2	22.5	9.0	30万 t VLCC
散货船	3.5万吨级	霍尔锚	5.6	15.8	11.2	4.48	
	5万吨级	霍尔锚	8.3	17.9	12.8	5.12	
	10万吨级	霍尔锚	12.3	20.3	14.5	5.8	
	15万吨级	AC-14型	15.0	24.3	17.9	7.16	
	20万吨级	AC-14型	18.3	25.5	18.5	7.4	
	30万吨级	AC-14型	20.6	30.0	23.0	9.2	

9.2.3.2 锚在水中的运动

锚在自由落体后落入水中,忽略入水时的能量损耗,根据流体力学,锚会受到重力 mg,水的浮力 F 以及流体阻力 F_B,锚链阻力 f 等多个力的共同作用。其中锚链阻力相关规范和研究尚未提出明确算法,在实际计算过程中可忽略不计,最终触底速度计算值较实际值偏大,从工程角度是偏安全的。根据牛顿第二定律,对该阶段进行简化建立模型,物体受到三个力的作用,即:

$$ma_1 = mg - F - F_B \tag{9-3}$$

$$F = \rho g V \tag{9-4}$$

$$F_B = \frac{1}{2}\rho A_r C_N v_2^2 \tag{9-5}$$

将式(9-5)和式(9-4)带入式(9-3)中得到:

$$mg - \rho g V - \frac{1}{2}\rho A_r C_N v_2^2 = ma_1 \tag{9-6}$$

将式(9-6)微分化,即可得:

$$mg - \rho g V - \frac{1}{2}\rho A_r C_N v_2^2 = m\frac{dv}{dt} \tag{9-7}$$

式中:A_r 为锚的有效横截面积。根据相关资料,不同形状物体对应的流体阻力系数 C_N 取值见表9-3。由于霍尔锚属于形状复杂的物体,其流体阻力系数取值应当在 0.6~2.0 之间。假定水深足够,锚触底前已经达到了匀速运动状态,此时 $a_1 = 0$。所以只需要通过物理模型试验测得精确的流体阻力系数 C_N 就能得到对应锚在水中触底时的速度。

表9-3 不同形状物体对应的流体阻力系数

物体形状	扁平状、细长状	箱子状	复杂形状(球体或复杂体)
流体阻力系数 C_N	0.7~1.5	1.2~1.3	0.6~2.0

为求得精确的流体阻力系数 C_N,且对落锚入水的速度变化情况进行研究,可设计如图9-8所示投锚物模试验的装置进行试验。

投锚装置包括试验塔架、电动葫芦和手动脱钩。试验塔架高度为 6 m,在试验水池上方固定,塔架设置竖直的标尺,用来标示锚的抛锚高度。

为了最大限度地减少由于起重设备导致的船锚的速度损失,在物模试验中利用电动葫芦配合手动脱钩来释放落锚。具体的操作是由电动葫芦先将霍尔锚模型上升至指定的工况高度,再利用手动牵拉脱钩来将霍尔锚模型释放,使霍尔锚模型可以在不同的高度自由落体入水。同时为了减小手动脱钩上钢丝绳的摩擦力,在钢丝绳与脱钩连接的区域涂有润滑油以减小试验误差。

试验水池内部的尺寸为长 8.00 m,宽 4.00 m,深 3.15 m。为了减少霍尔锚模型对水池的冲击,在水池的底部铺设了防撞垫,试验现场布置如图9-9所示。

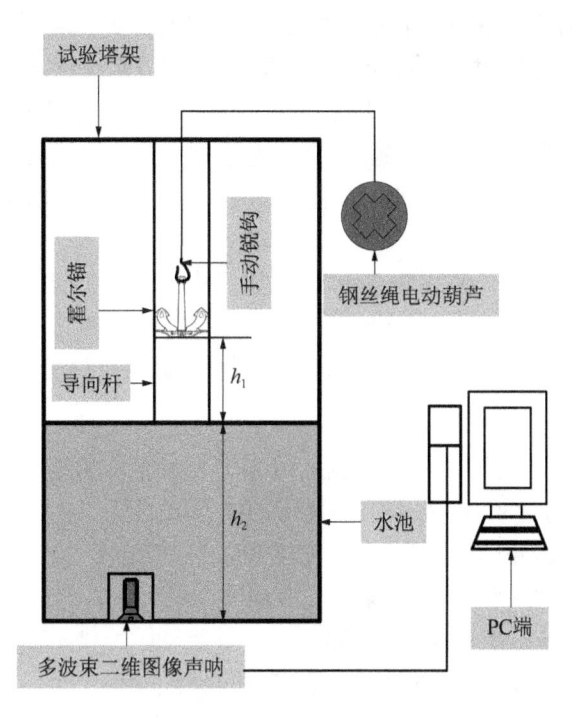

图 9-8　投锚物模试验装置(引自欧阳颖《基于船舶抛锚动态仿真的海底管道损伤研究》)

图 9-9　物模试验现场布置图(引自欧阳颖《基于船舶抛锚动态仿真的海底管道损伤研究》)

模型试验的数据采集系统由多波束二维图像声呐、计算机和连接线组成。多波束二维图像声呐可提供高分辨率水下目标声学图像,用于甚浅水或深水中的目标识别,浑水中的目标成像等,具有高刷新率、高频率、体积小等特点。计算机用于控制数据采集的精度和计算指定位置所对应的锚模型的速度,通过选取相邻时间间隔的两个位移图像,利用标尺测量出两者之间的位移,除以此时间间隔(即 0.05 s),就可以得到这段位移的平均速度。

将试验测得的速度代入公式 9-6 中,可以求得霍尔锚的流体阻力系数。而阻力系数与物体形状相关,由于霍尔锚是严格按照霍尔锚规范进行铸造的,所以每个锚形状结构相同。因此,物模试验利用的锚模型求得的阻力系数即为霍尔锚的准确流体阻力系数。

9.2.3.3 锚在河床中的运动

霍尔锚在接触河床底质后,锚所受到的河床阻力大于霍尔锚在水中运动时受到的阻力,使得锚开始做减速运动,随着霍尔锚速度的减小,锚受到的河床阻力也随之减小,最终锚的加速度逐渐减小,直至趋近于0。此时锚受到的阻力与自身的重力相等,霍尔锚停止运动,达到垂直贯入河床的最大位移。

锚在土中的受力情况复杂,根据相关研究,在侵彻过程中作用在锚上的力包括:锚的有效重量 W,土对锚的端承阻力 F_{BP}、摩擦阻力 F_H 和拖曳阻力 F_{AD} (见图 9-10)。决定垂直贯入量因素除了锚的触底速度外,还与河床底质的物理力学参数和力学行为密切相关。对于垂直贯入深度目前有多种算法,如经验算法、侵彻公式法、投锚试验法和有限元法等,在实际计算过程中,应结合多种方法对比分析,得到相对准确的应急抛锚垂直贯入深度。下面对各种算法进行详细说明:

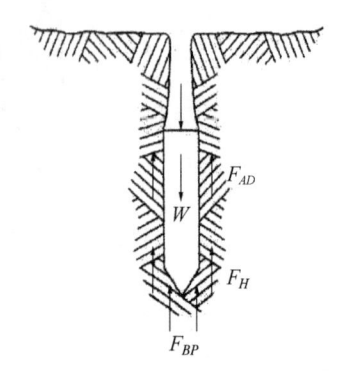

图 9-10 锚在河床底质受力情况

(1) 经验算法

根据相关工程经验锚的贯入深度可以通过锚爪长度的倍数进行表达,对于几种典型的锚,其数据总结如表 9-4。

表 9-4 锚的贯入深度与锚爪长度的比值

锚的类型	贯入深度与锚爪长度的比值	
	砂土及硬黏土	泥、软淤泥及黏土
Stockless	1	3
Moorfast、Offdrill2	1	4
Flipper DeltGS、Type2、WT、Stato、Stevfix、Stevpris	1	4.5
Bruce、Bruce TS、Hook、Stevmud	1	5

根据以上数据可知,沙土及硬黏土中的贯入深度为 1 倍锚爪长度,泥、软淤泥及黏土中平均贯入深度为 4.125 倍锚爪长度。

同样 R.J.Brow 在文献中对锚在砂土、软黏土、淤泥等河床上的贯入深度进行了深入统计,具体的调查结果如图 9-11 所示。

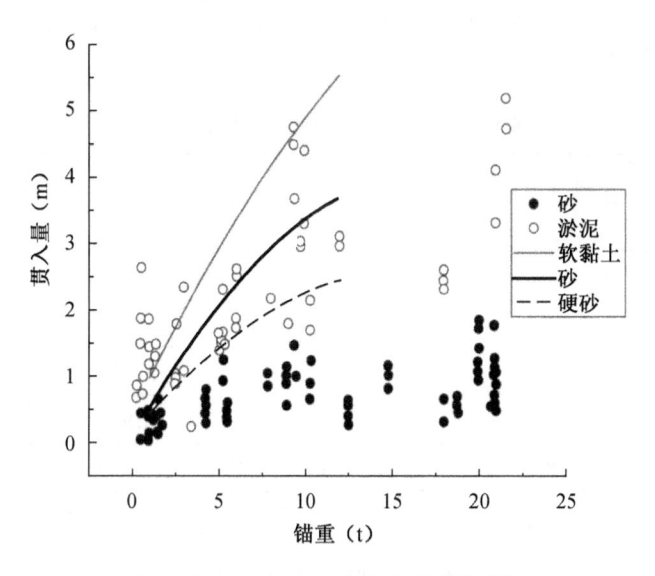

图 9-11 R.J.Brow 贯入深度调查结果

(2) 理论公式法

1997 年,Young 的 *Penetration Equations*(侵彻公式)报告,在已有试验的基础上,给出的物体贯入土体深度经验计算公式即 Young 公式,如下:

当 $v < 60$ m/s 时

$$D = 0.0008SN(W/A)^{0.7}\ln(1 + 2.5v^2 \times 10^{-4}) \tag{9-8}$$

式中:D 为贯入深度,m;N 为物体的形状系数;S 为土壤系数;W 为物体的质量,kg;v 为物体接触土壤时的速度,m/s;A 为物体的横截面积,m²。

① 土壤系数 S

土壤系数 S 的取值与一般的河床底质相对应,淤泥底质可取 10~20;砂底质可取 6~9;软泥底质可取 20~30;淤泥和砂混合底质可取 8~15,淤泥占主要则建议取 15,砂占主要则建议取 8,也可按混合比例内插取值。

② 横截面积 A

以船舶最常用的霍尔锚为例,锚触底时的横截面积 $A \approx L \times B_1$。霍尔锚的尺寸参数通常直接给出。

③ 形状系数 N

结合相关投锚试验的研究成果,取 $N = 9.61$。

结合以上分析,公式 9-8 可表示为:

$$D = 0.0077S(W/A)^{0.7}\ln(1 + 2.5v^2 \times 10^{-4}) \tag{9-9}$$

(3) 投锚试验法

日本相关研究人员在 1975 年进行过投锚试验,实验结果显示船舶抛锚时,大型锚触底时，底质为砂砾可贯入约0.5~1.0 m，底质为软泥可贯入约2.0~4.0 m的深度。底质为较软的黏质土，锚贯入深度较大；底质为黏土、粉砂、砂混合沉积物和砂质土，锚贯入量较前者小。对于不同水深的海域，同一船只在同一底质情况下，其贯入量随水深增加。表9-5为投锚试验得出的结果。

表9-5 抛锚时的触底贯入量（无杆锚）

船型编号	锚重(t)	水深(m)	底质	触底贯入量(m)
1	2	18	淤泥、砂	1.5
2	2.5	12	软泥之下为硬泥	1.8
3	3.4	12	砂	0.3
4	6	16	淤泥	1.9
5	9.7	18	淤泥	3.5
6	18	离河底45 m抛锚	砂、淤泥	2.6

（4）有限元法

有限元方法是一种效率高、常用于科学计算领域的数值计算方法。它是把连续的求解域进行离散化处理，这样可以让一个连续的无限自由度的问题离散成一个有限自由度的问题，以提高计算的效率。针对抛锚贯入河床，运用有限元方法能够模拟出结构物在入土瞬间发生的变形、能量转换等情况，也能清晰地反映结构物在侵彻过程中的动态响应过程。考虑到研究的对象是抛锚过程，并且需要采用流固耦合的方法处理锚和空气、海水及海床之间的相对运动关系。通过综合分析及比较，选择ANSYS/LS-DYNA为本次使用的有限元软件。ANSYS/LS-DYNA软件可以模拟各种复杂的非线性问题，在运算中以Lagrange算法为主，兼备ALE以及Euler算法；以显式算法的求解为主，兼备隐式算法的求解功能；以分析材料的结构为主，兼备热仿真分析以及流体与结构耦合作用分析等功能；以非线性动力仿真分析为主，兼备静力结构分析功能LS-DYNA软件是当下所有显示求解软件的先驱以及理论基础，具有非常强大的分析功能、丰富多样的材料模型以及众多的单元类型，LS-DYNA程序能够很好地模拟抛锚侵彻河床的过程。

LS-DYNA分析流程主要包括前处理、加载及求解、后处理三个部分。前处理及几何建模、加载在HyperMesh中进行，求解由LS-DYNA完成，后处理则使用通用后处理软件HyperView。下面对各个部分进行详细地阐述。

① 前处理

前处理是指在软件中建立实体模型和有限元模型，并设置相关边界和求解控制等。操作时首先要设置Preference选项，设置为LS-DYNA求解器。其次需要选择模型使用的单元类型及算法、定义实常数、定义材料属性、建立实体和有限元模型、划分有限元网格、定义接触界面。LS-DYNA显式分析，所有荷载都必须与时间有关。因此在定义荷载时需要输入各个时间间隔及其对应的荷载值的数组参数，以保证定义正确。在开始求解前，还需要设置一些求解过程中的控制参数，主要包括设置计算的终止时间、文件输出的时间间隔、沙漏控制系数、ALE 算法控制、能量控制等。

② 求解

在前处理软件 HyperMesh 中建模、加载、设置求解参数各个步骤均完成后,即可导出 LS-DYNA 求解计算的 K 文件,调用 LS-DYNA 求解器进行计算。

③ 后处理

后处理主要是指使用 HyperView 来观看 LS-DYNA 的计算结果。利用后处理器可以直观地显示出模型的整体变形、受力、能量、速度、位移等数据的变化情况,同时还可以绘制出某个节点或者单元的时间历程曲线。

9.2.4 安全富余深度分析

在实际船舶操纵过程中进行应急抛锚、拖锚作业时,霍尔锚具有一定的水平初速度,并且由于风或流的作用,霍尔锚与河床呈现一定的夹角,根据相关文献以及数值模拟结果,水平初速度和锚触底时与河床角度对贯入深度影响曲线见图 9-12 和图 9-13。可知,水平速度会影响锚贯入角度,贯入角度的不同则会引起土体对锚的阻力变化,从而影响最大

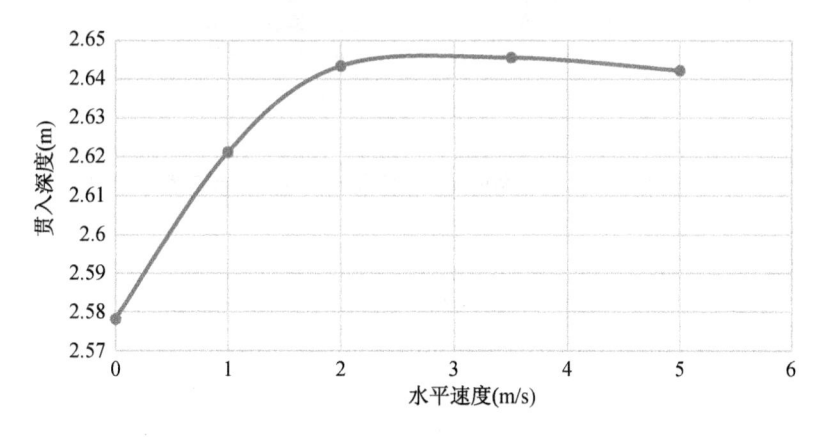

图 9-12 水平速度对贯入深度的影响

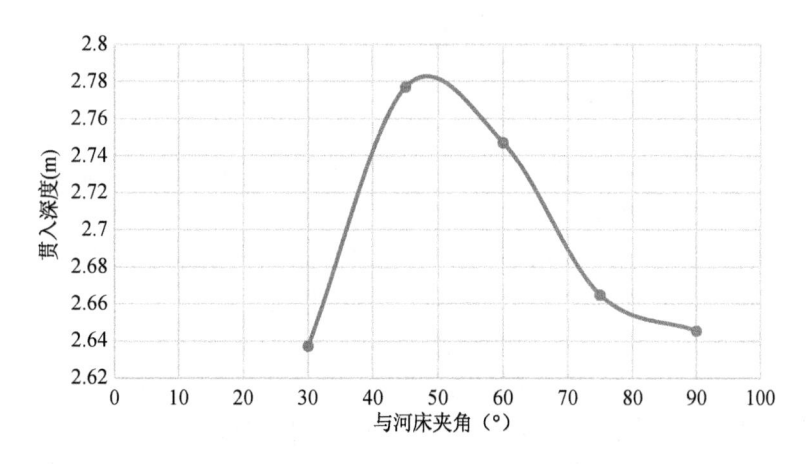

图 9-13 贯入角度对贯入深度的影响

竖直贯入深度,因此从工程安全角度考虑,设置安全富余深度,富余量一般取 $\lambda = 0.4 \sim 0.5$ m。

9.2.5 拖锚淌航阶段分析

设霍尔锚的锚爪长度为 $OC = h$,锚爪展开角度为 θ(取最大值约为 40°),锚冠厚度为,锚入土深度为 D,盾构隧道的埋深为 H(见图 9-14)。根据 5.2.4 节的分析计算,从安全角度考虑,盾构隧道与锚爪之间必须留有一定的安全富余量 λ,其埋深富余量一般取 $\lambda = 0.4 \sim 0.5$ m(取富余量 $\lambda = 0.5$ m),锚啮土的深度为:

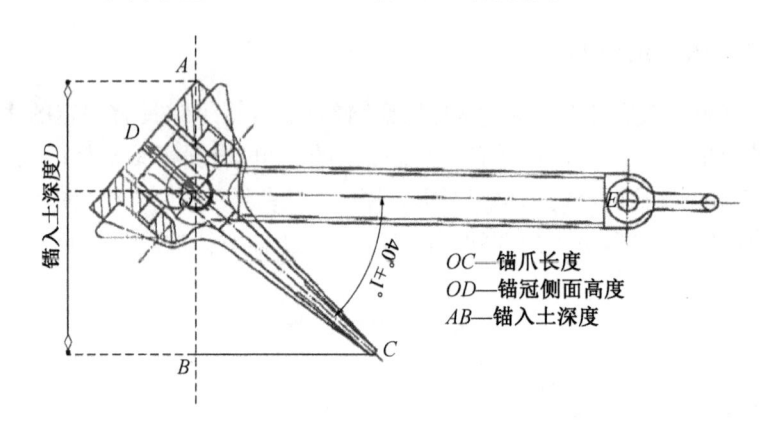

图 9-14 船舶抛锚啮土深度几何计算分析示意图

锚爪没入河底:

$$H = D_1 + \lambda = OB + \lambda = OC \cdot \sin\theta + \lambda = h \cdot \sin 40° + 0.5 \tag{5-10}$$

锚冠没入河底:

$$\begin{aligned} H &= D_2 + \lambda = AB + \lambda = OA + OB + \lambda \\ &= OD/\sin\theta + OC \cdot \sin\theta + \lambda \\ &= h_1/\sin\theta + h \cdot \sin\theta + 0.5 \end{aligned}$$

9.2.6 埋深安全控制指标

目前的设计规范中没有针对穿越隧道在抛锚状态下的埋置深度提出明确的控制指标和规定说明,其中水运工程部分规范中对隧道埋深有如下规定:

根据《内河通航标准》(GB 50139—2014)中第 5.3.2 条规定,在航道和可能通航的水域内布置水下过河建筑物,应埋置于河床内,其顶部设置深度,Ⅰ级~Ⅴ级航道不应小于远期规划航道底标高以下 2 m,Ⅵ级和Ⅶ级航道应不小于 1 m。

由于盾构隧道穿越航道区域,存在船舶在隧道正上方进行主动或者被动抛锚作业,隧道的埋置深度还需要考虑锚的最大贯入深度。故针对航道抛锚情况下的穿越隧道埋置深度控制指标主要由两部分组成,即规范及法规的最小深度要求与锚的最大贯入深度,其中应急抛锚情况下最大贯入深度＝垂直贯入深度 h_3＋锚的最大啮土深度 H。

9.3 案例分析

9.3.1 案例概况

以某盾构隧道穿越工程为例,盾构隧道总长 10.266 km,内径 6.8 m,外径 7.6 m。隧道衬砌采用装配式钢筋混凝土管片单层衬砌结构。每环衬砌分为 6 块管片环片、宽度为 1 500 mm,采用 C60 钢筋混凝土结构。管片块与块、环与环之间的接头采用螺栓连接。盾构隧道衬砌管片厚度取 400 mm。

盾构隧道下穿内河航道,航道河床最低高程为 －20.46 m,隧道轴线最浅为 －52.12 m,航道水深 22.16 m。目前航道现行船舶为 20 万吨级散货船,远期最大通航船舶考虑为 18 000 TEU 集装箱船。18 000 TEU 集装箱船对应的锚重为 35.5 t,锚型选用 A 型霍尔锚。研究河段地层参数如表 9-6 所示。

表 9-6 土体物理力学性质

地层号	天然密度(g/cm³)	比重	孔隙比	黏聚力(kPa)	摩擦角(°)	泊松比
1 淤泥质	1.78	2.73	1.127	13.01	0.146	0.4
1-1 粉砂	1.95	2.65	0.6	8	0.628	0.25
6-1 粉土	1.79	2.71	0.929	15.09	0.434	0.3
7 粉砂	1.93	2.65	0.8	4	0.489	0.3

9.3.2 触底速度

利用设计的物模试验可测得小比尺霍尔锚模型的匀速运动速度,采用公式 9-6 计算出霍尔锚的精确流体阻力系数 C_N 为 1.13,基于相同形状物体的流体阻力系数相同,用此系数可以推算出不同重量的霍尔锚在任意水深时的运动状态。采用 Matlab 求解微分方程式 9-7,可得 33.5 t 霍尔锚在水中速度与位移变化曲线,如图 9-15 所示,根据航道所处位置水深即可求得触底速度,计算结果见表 9-7。

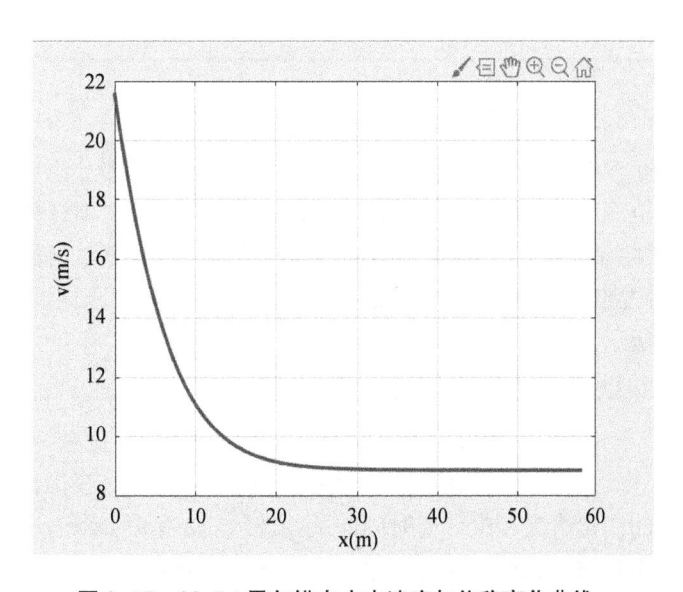

图 9-15 33.5 t 霍尔锚在水中速度与位移变化曲线

表 9-7　18 000 TEU 集装箱船触底速度计算结果

研究最大船型	锚重 (t)	型深 H (m)	满载吃水 (m)	压载吃水 (m)	落锚高度 (m)	水深 (m)	触底速度 (m/s)
18 000 TEU 集装箱船	35.5	30.2	16	6.4	23.8	22.16	9.04

9.3.3　垂直贯入深度计算

垂直贯入深度有限元计算包括前处理、加载及求解、后处理三个部分。前处理及几何建模、加载在 HyperMesh 中进行,求解由 LS-DYNA 完成,后处理则使用 HyperView。

9.3.3.1　有限元计算参数

盾构隧道内径为 6.8 m,外径为 7.6 m。锚模型根据《霍尔锚》标准中的实际尺寸建立。因为隧道和锚在锚贯入河床过程中自身体积变形可忽略,应力应变均较小,均未超过屈服强度,因此在计算中该霍尔锚可被视作线弹性体(无屈服产生)。选用 *MAT_ELASTIC 进行模拟,具体材料属性见表 9-8。河床采用 *MAT_FHWA_SOIL(*MAT_147)材料模型进行模拟。该材料模型可以很好地模拟土壤的性质,例如压缩固结、剪切破坏、孔隙水压力、渗透性等等。*MAT_147 材料模型服从 Mohr-Coulomb 屈服准则。土层参数如表 9-6。

表 9-8　隧道与锚材料参数属性

材料	密度(kg·m³)	弹性模量(GPa)	泊松比
C60	2 450	36	0.167
钢	7 850	21	0.3

9.3.3.2　有限元模型建立

有限元模型由霍尔锚、海床及盾构隧道三部分组成,模型霍尔锚、模型海底管道及模拟海床的单元类型均选用 SOLID 单元。模拟海床材料土体结构松散,数模分析时采用流体,采用欧拉网格建模,单元使用多物质 ALE 算法;锚和管道采用拉格朗日网格建模,不同类型的网格之间采用耦合算法。根据实际河床地质参数,建立模型如图 9-16 和 9-17 所示。

9.3.3.3　垂直贯入深度计算结果

在后处理软件 HyperView 中,选取关键字 *History 与 *Displacement、*Velocity,对锚的速度和位移时程曲线进行提取,获得锚在沉入河床的过程中速度随时间的变化情况和位移与时间的关系曲线,如图 9-18 和 9-19 所示。由此可以看出 35.5 t 的霍尔锚在航道处应急抛锚最大垂直贯入量为 2.573 m。

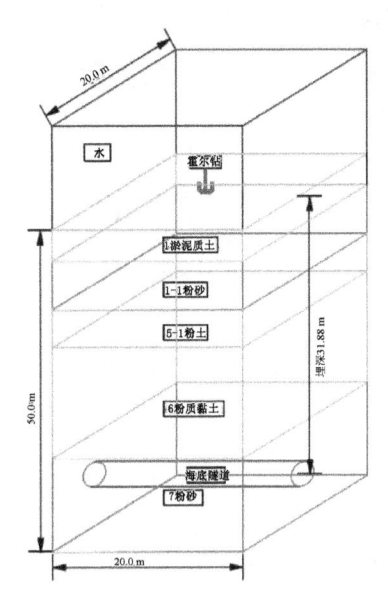

图 9-16　霍尔锚-海水-海床-海底
管道几何模型

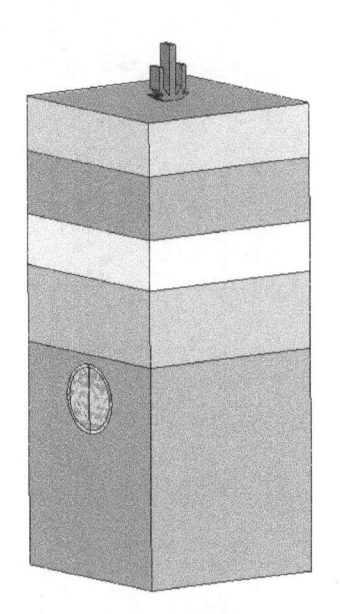

图 9-17　锚-海底管道-海床
网格模型

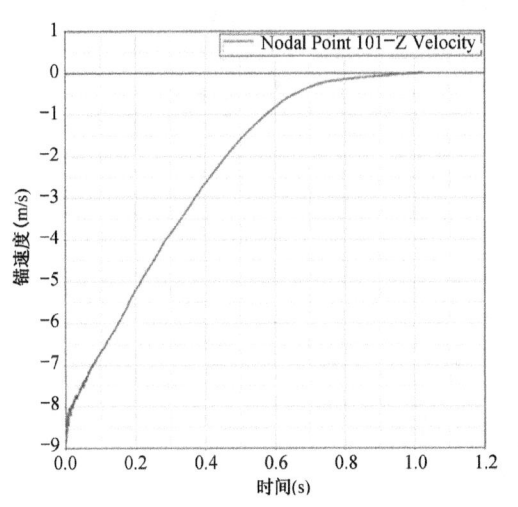

图 9-18　锚速度随时间变化曲线

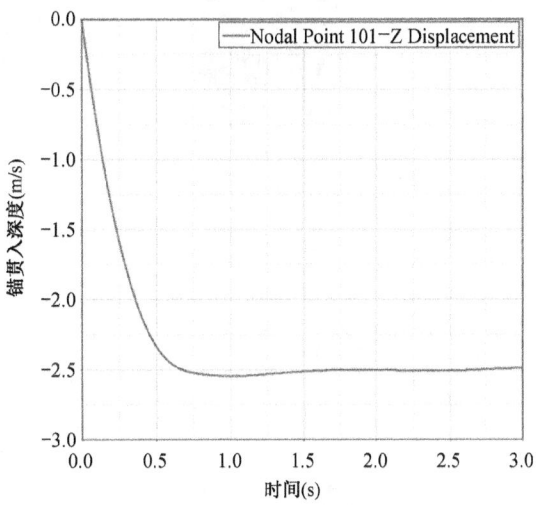

图 9-19　锚贯入深度随时间变化曲线

河床在霍尔锚贯入过程中不同时刻下受到的等效应力(MISES 应力)如图 9-20 和 9-21 所示。

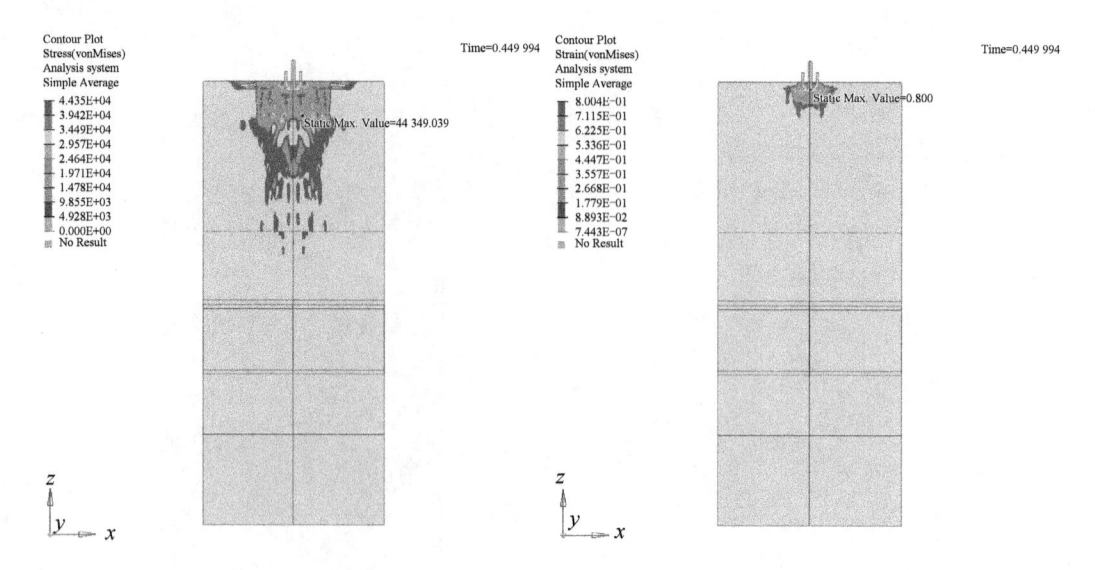

图 9-20　$t=0.45$ s 时海床等效应力应变云图

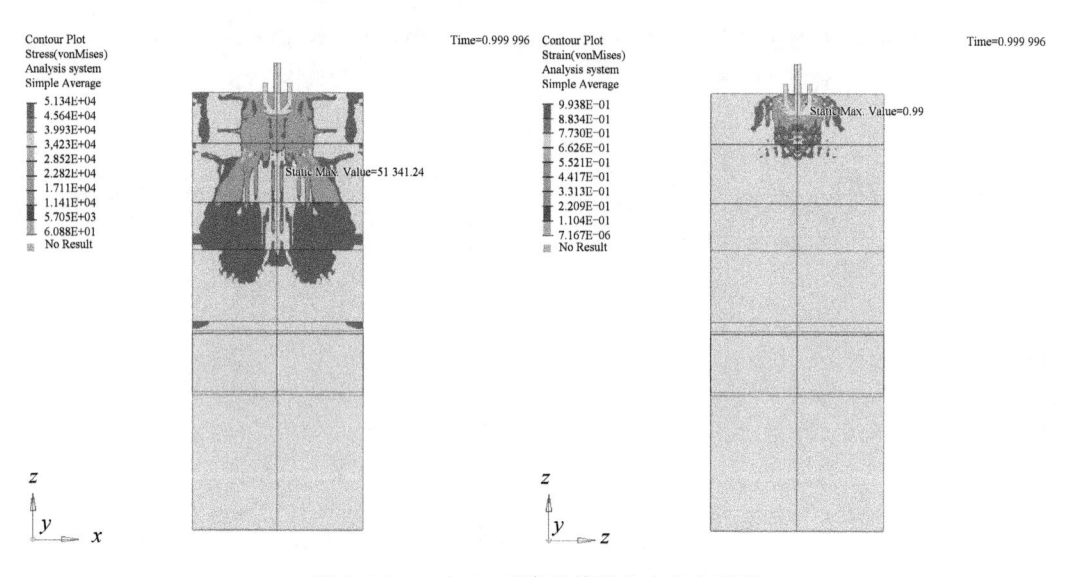

图 9-21　$t=1.0$ s 时海床等效应力应变云图

9.3.3.4　啮土深度

当锚在船舶拖动下抓地，最后锚爪嵌入土中，最终成功制动，锚爪入土深度结果如表 9-9 所示。

表 9-9　锚啮土深度

船种类	锚名义重量(kg)	锚爪长度 h(m)	锚冠厚度 h_1(mm)	锚入土深度(m) H_1	H_2
18 000 TEU 集装箱船	35 500	2.903	637	2.37	3.36

注：H_1—锚爪全部贯入时的保护层厚度；H_2—锚冠全部贯入海底时的保护层厚度

9.3.3.5 埋置深度安全性分析

根据计算结果,可以得到锚最大贯入深度 $= 2.573+3.36 = 5.933$ m。根据埋置深度控制指标,隧道埋深至少需要 $5.933+2 = 7.933$ m。而航道河床最低高程为 -20.46 m,隧道轴线最浅为 -52.12 m(水位、高程均采用 1985 国家高程基准系统),即隧道在该航段设计埋深为 27.86 m,远大于埋深控制指标 7.933 m。在应急抛锚状态下,目前的隧道埋置深度是安全的。

第 10 章
双线船闸施工过程及工艺优化研究

随着国家水路运输的大力发展,愈来愈多的水利枢纽建成应用。在取得发电、防洪等综合效益的同时,为保证水路运输的连续性,通航建筑物必不可少。船闸作为通航建筑物的主要型式,其主体结构在土体、水和船舶等荷载的共同作用下受力极为复杂。船闸类型的多样性,结构型式的复杂性,船闸结构的受力状态各有不同,以及采用的施工方法和结构型式与船闸施工、运营时的内力有着密切的联系。研究施工期船闸结构和土体的相互作用影响,对船闸结构内力进行分析和计算,可以为改进施工工艺、优化结构设计提供理论依据,对提高施工质量、保证整个船闸结构安全和稳定等方面也具有重大意义。

10.1 双线船闸工程案例分析

10.1.1 案例基本情况

原海安船闸作为沟通长江、淮河水系的水上交通咽喉,随着连申线航道整治工程的实施,现有的海安船闸将无法满足货运量的要求,成为瓶颈,直接影响连申线、通扬运河作为水运主通道作用的发挥。

新建的海安双线船闸(图 10-1),采取围堰式施工,按三级船闸标准建设,闸室口宽 23 m,闸室长 230 m,工期为 46 个月,预计投资 6.6 亿元。建成后的海安双线船闸将实现

图 10-1 海安双线船闸效果图

1 000 吨级船舶全天候通航,船闸单向年过闸货运量达 4 200 万 t,为江海联动开发提供便捷的集疏运通道。

10.1.2 工程地质条件

闸址区土层可分为两大类,即全新世土层(主要为素填土、粉质黏土、淤泥质粉质黏土、粉土等层)、晚更新世土层(黏土、粉质黏土、粉砂等层)。

地基土共分为七层,计算参数如表 10-1 所示。船闸结构弹性模量 $E = 30$ GPa,泊松比 $\nu = 0.167$,重度 $\gamma = 25$ kN/m³。

表 10-1 土层参数表

土层名称	厚度(m)	饱和重度(kN/m³)	压缩模量(MPa)	内聚力(kPa)	摩擦角(°)	泊松比
素填土	4.8	18.8	6.73	8	10	0.3
粉质黏土	2.5	19	11.73	18	21.7	0.3
粉土	7	18.7	10.13	13	18.6	0.28
粉砂	5.5	19	6.31	11	27.3	0.25
粉质黏土	4	20.1	8.85	58.8	16.3	0.3
粉质黏土	3.5	18.8	5.53	17.5	22.1	0.3
粉砂	7.5	19	6.26	13	25.2	0.25

10.1.3 船闸主体结构

海安船闸位于海安市境内,采用双线 230 m×23 m×4 m(闸室长×口门宽×门槛水深),两闸中心距为 60 m,闸首之间净距 6 m。航道全线按三级标准双线航道整治,为Ⅲ级通航建筑物。

上、下闸首采用整体刚度大、抗震性能好的钢筋混凝土坞式结构。上、下闸首宽度为 53.8 m,长度为 28.5 m,底板厚 2.6 m。输水廊道进口断面尺寸为 3.5 m×3 m,出口段 2.5 m×3 m。廊道的进口段和出口段均延伸至门库,阀门设置在廊道的进口段。上、下闸首采用天然泥面作为地基,闸首采用分块浇筑并预留施工宽缝的施工工艺,施工宽缝将整个闸首划分为中间底板及两个边墩。闸首断面如图 10-2 所示。

闸室也采用天然泥面作为地基,闸室采用钢筋混凝土整体式结构,宽 23.2 m,沿长度方向设沉降-伸缩缝,根据《船闸水工建筑物设计规范》(JTJ 307—2001),伸缩缝的间距布置为(15+10×20+15) m,墙顶设 1.2 m 高闸顶挡墙,底板厚 2.2 m。闸室断面如图 10-3 所示。

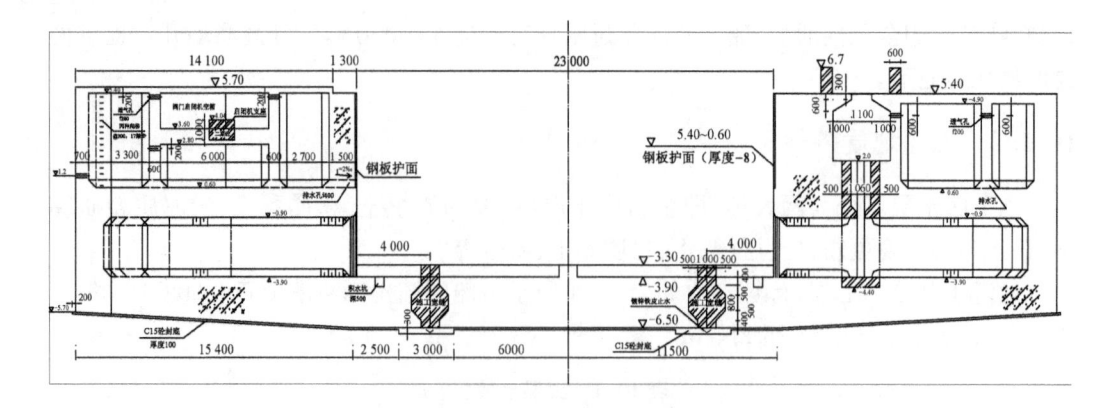

图 10-2　闸首结构断面图

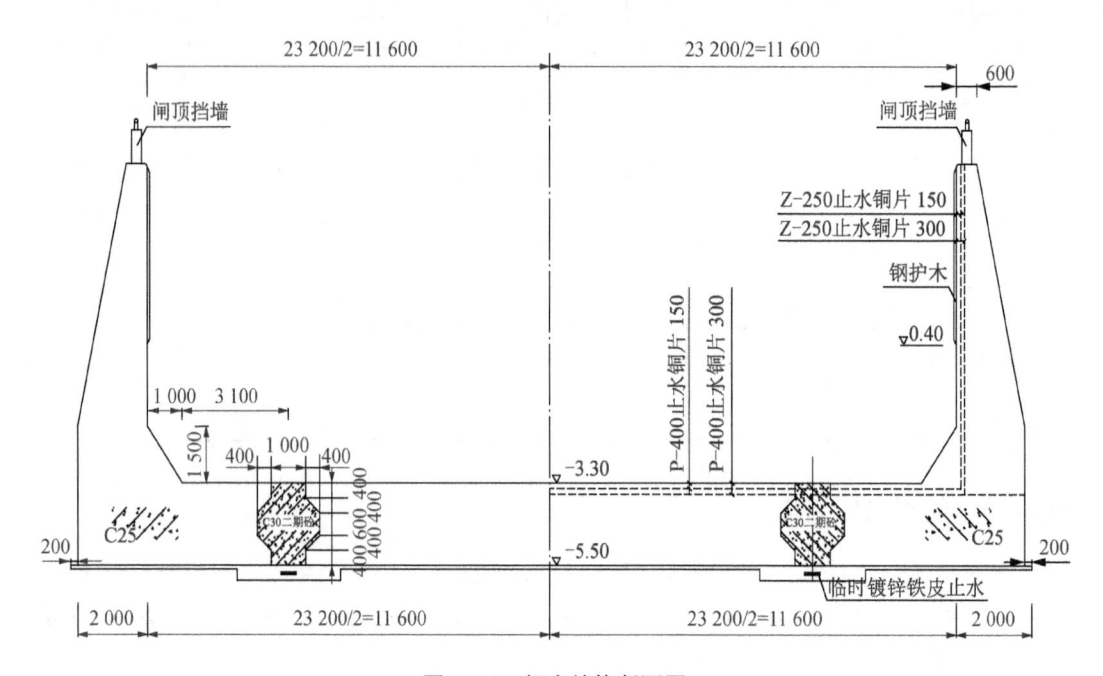

图 10-3　闸室结构断面图

10.1.4　研究内容

双线船闸施工是一个非常复杂的过程,不同的施工工艺和顺序都会影响周围土体和船闸结构的受力状态和变形。目前船闸的施工规范难以考虑这种影响,国内也尚未有类似实例可以借鉴,对此,依托海安船闸工程,通过开展以下几个方面的内容进行研究:

(1) 双线船闸的施工工艺研究

双线船闸不同施工过程对船闸结构的影响程度目前尚无定论。根据海安船闸工程的实际结构尺寸,建立船闸结构及周边土体的仿真分析模型,分析模拟不同施工顺序和施工工艺对船闸结构产生的沉降、应力等影响。

(2) 双线闸首与邻近闸室结构施工相互影响研究

闸首结构相对于闸室更为复杂,研究闸首与邻近闸室结构在施工中的相互影响,对闸首与闸室连接部分抗渗抗漏、优化施工工艺具有重大意义。

(3) 双线船闸施工工艺优化研究

分析工程施工监测成果,并与计算结果对比,研究非对称工况下双线船闸施工过程中的施工顺序和船闸结构受力状况,对施工工艺进行优化,为今后类似工程施工提供指导和建议。

10.2 双线船闸有限元模型构建

双线船闸施工是一个非常复杂的过程,不同的施工工艺和顺序都会影响周围土体和船闸结构的受力状态和变形。船闸主体结构设计、研究主要有解析法和有限元法两种。解析法是按照国家相关规范采用一系列简化方法进行的手工计算,其优点是计算方法简单,手算即可完成,缺点是无法真实反映三维结构受力特点;有限元法作为一种有效的数值分析方法,目前已广泛地应用于土木、机械等诸多领域。

以海安船闸工程为依托,采用有限元法对施工过程进行仿真模拟,研究不同施工顺序和浇筑顺序对船闸结构应力及沉降的影响。本文分析中采用 Mohr-Coulomb 模型对地基土体进行模拟。Mohr-Coulomb 在岩土问题分析中最为应用广泛,是一种理想弹塑性模型。闸首及闸室均采用弹性模型。同时为了考虑船闸与土体间的相互作用,在有限元模型中船闸和土体采用摩擦接触,切线方向接触属性为罚函摩擦(Penalty),法线方向为硬接触。

考虑闸首和基础土体等结构,建立船闸—地基系统的三维有限元整体仿真模型,模型采用实体单元分析,模型边界约束条件为:地基上下游截面边界顺河方向水平位移为零,地基左右侧截面边界处横河方向的水平位移为零,底部截面边界处竖向位移为零。

地基基坑开挖与实际开挖相同,在标高 0.0 m 处设置宽 5 m 的平台,平台以下开挖边坡为 1∶2.5,平台以上开挖边坡为 1∶2,地基向基坑开挖边线外延 5 m,如图 10-4 所示。

本文船闸结构体系的计算模型如图 10-5 所示,闸首与闸室尺寸与实际尺寸基本相同。

根据有限元模型,主要对结构进行沉降和应力计算分析。根据结果对闸首与邻近闸室施工顺序,双线船闸整体施工顺序,分块浇筑工艺比选以及双线船闸施工工况预测分析等方面进行探讨,对双线船闸施工方案进行一系列优化、改进,可为今后类似工程施工提供借鉴。

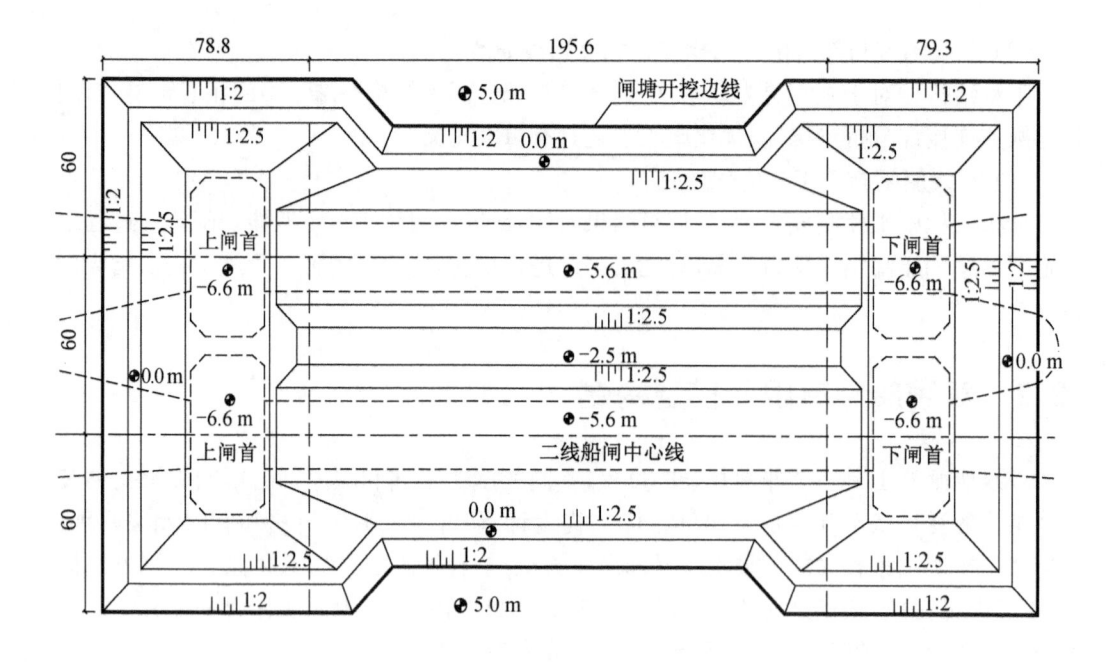

图 10-4　模型基坑平面图(单位:m)

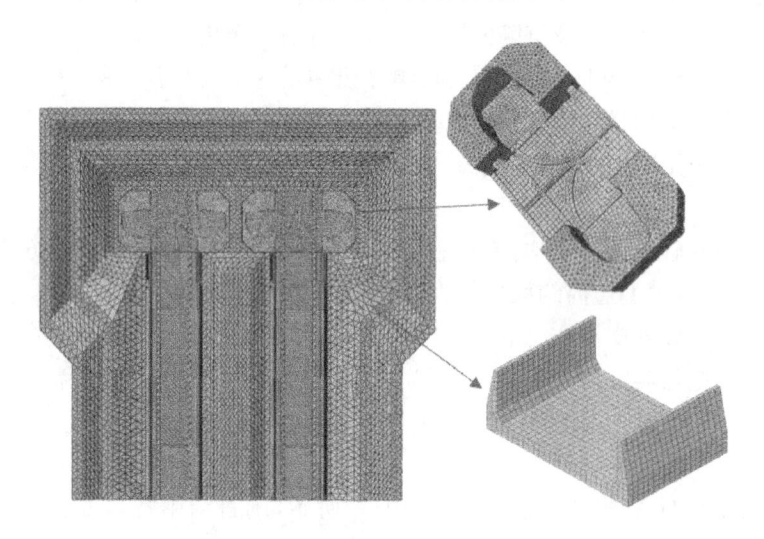

图 10-5　船闸结构体系有限元计算模型

10.3　双线船闸施工工艺优化分析

10.3.1　闸首与邻近闸室施工顺序优化分析

闸首与邻近闸室结构相互影响分析主要考虑以下两种工况：

(1)闸室施工对闸首的影响:研究在闸首已建成情况下,建造闸室对闸首的沉降和应力等的影响,为便于表述,将此情况定名为正序工况。

(2) 闸首施工对邻近闸室的影响:研究在闸室已建成情况下,建造闸首对闸室的沉降和应力等的影响,为便于表述,将此情况定名为逆序工况。

10.3.1.1 闸室施工对闸首的影响(正序工况)

船闸底板沉降及应力监测断面位置见图 10-6。以东侧闸首和闸室结构为例,正序施工工况中,廊道与底板连接位置产生了很大的拉应力值(图 10-7,图 10-8),需要进行局部加强处理;船闸存在不均匀沉降(图 10-9,图 10-10)。

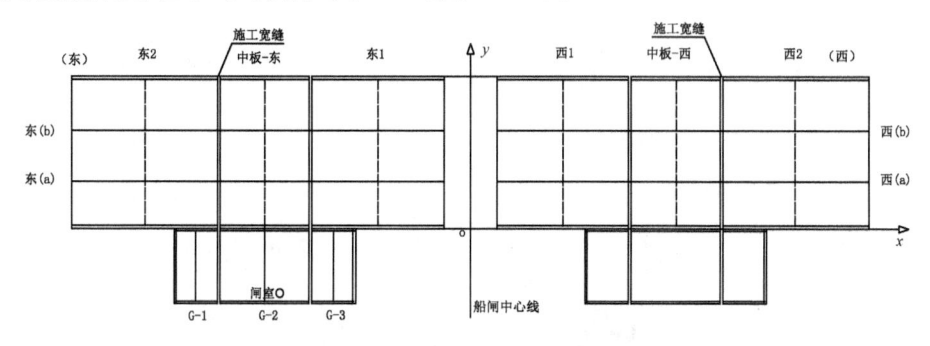

图 10-6 船闸底板沉降及应力监测断面位置图

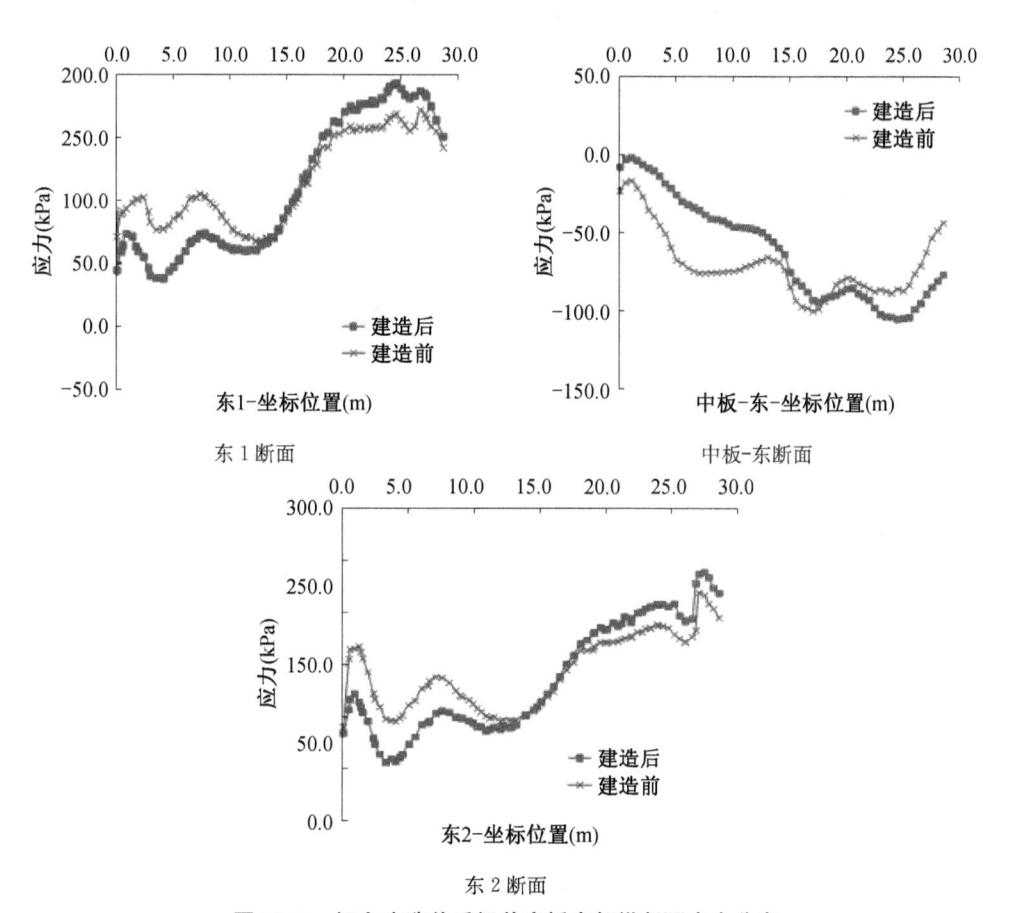

图 10-7 闸室建造前后闸首底板底部纵断面应力分布

东1断面

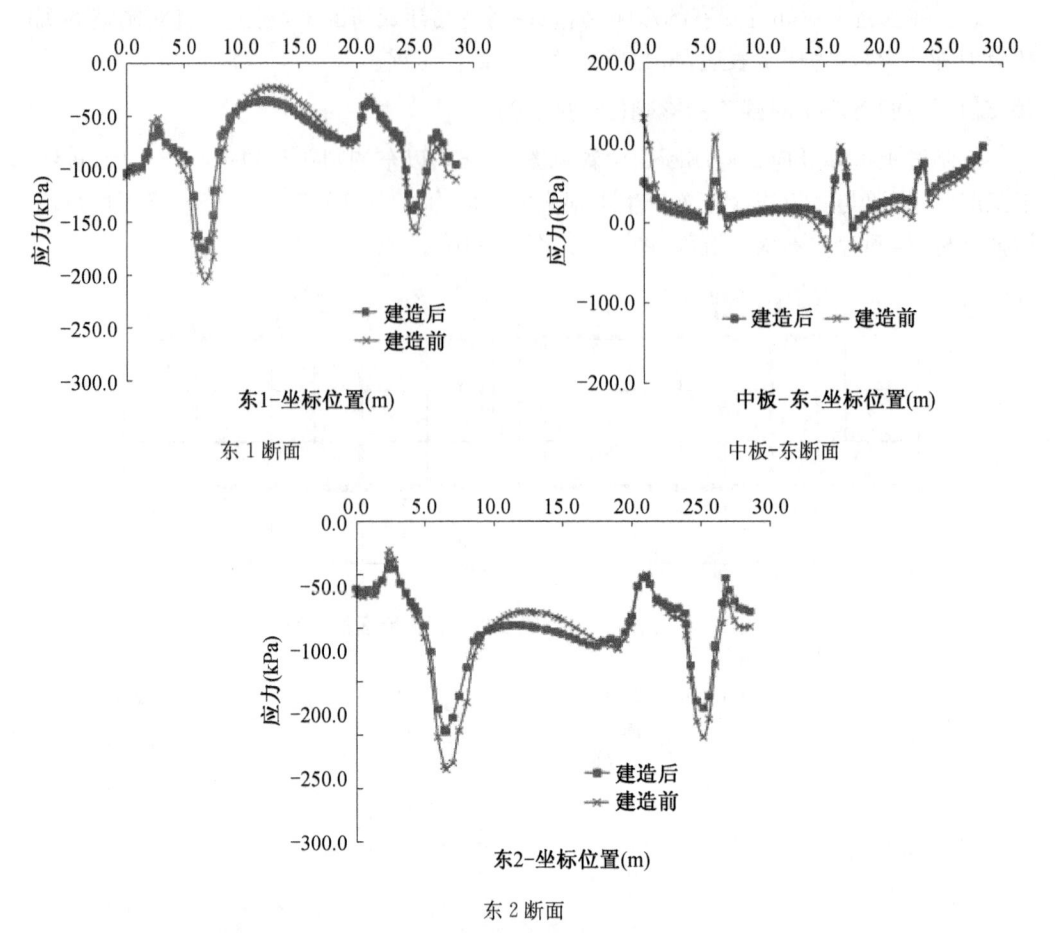

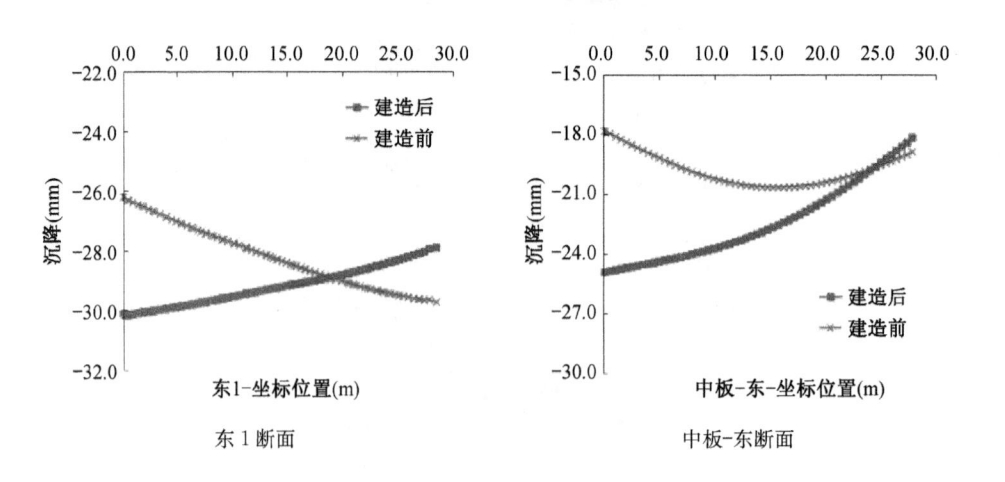

中板-东断面

东2断面

图10-8 闸室建造前后闸首底板顶部纵断面应力分布

东1断面

中板-东断面

东2断面

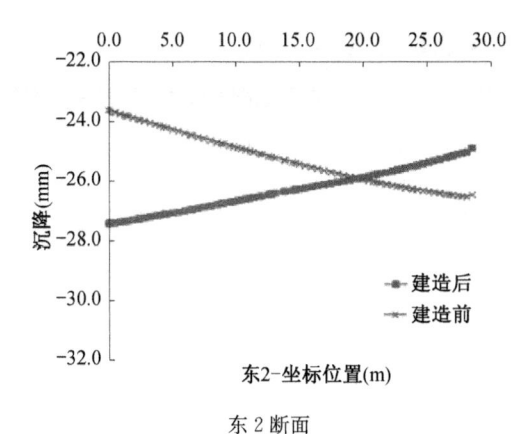

图10-9 闸室建造前后闸首纵断面沉降分布

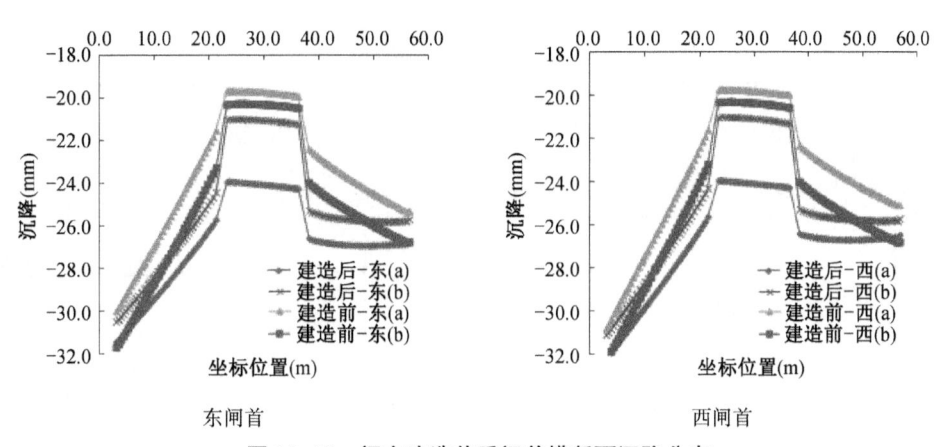

东闸首

西闸首

图10-10 闸室建造前后闸首横断面沉降分布

由沉降对比图可以看出,在闸室建造前,闸首沉降较为均匀,见表10-2。沉降大小顺序为东1>东2>中板,建造后邻近闸室一侧闸首额外沉降增加4~8 mm,远离闸室一侧变化较小。闸室建造前后闸首应力邻近闸室处变化较大,其中以中底板变化最大。远离闸室处基本无变化。

表10-2 闸室建造前后闸首邻近闸室与远离闸室处沉降对比

断面	与闸室相邻处(mm)		远离闸室处(mm)	
	建造前	建造后	建造前	建造后
东1	26.1	30.0	29.7	27.8
西1	26.8	30.6	29.8	28.1
中板-东	17.8	24.9	18.9	18.1
中板-西	17.8	25.0	18.8	18.1
东2	23.6	27.4	26.5	24.9
西2	23.2	27.0	26.7	25.1

10.3.1.2 闸首施工对闸室的影响(逆序工况)

以东侧闸首和闸室结构为例,逆序施工工况中,廊道与底板连接位置产生了很大的拉应力值(图10-11);船闸存在不均匀沉降(图10-12)。

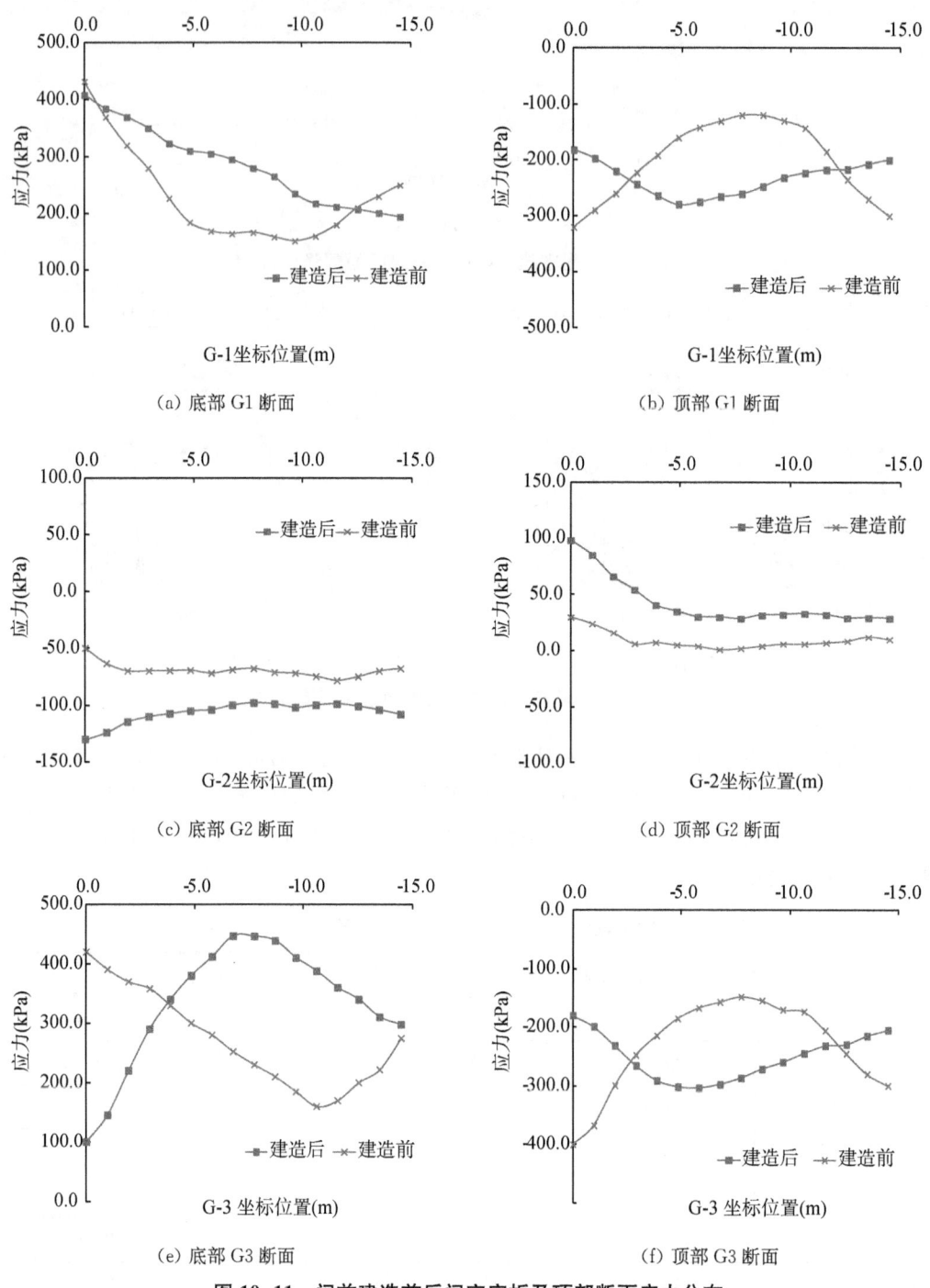

(a) 底部 G1 断面

(b) 顶部 G1 断面

(c) 底部 G2 断面

(d) 顶部 G2 断面

(e) 底部 G3 断面

(f) 顶部 G3 断面

图 10-11 闸首建造前后闸室底板及顶部断面应力分布

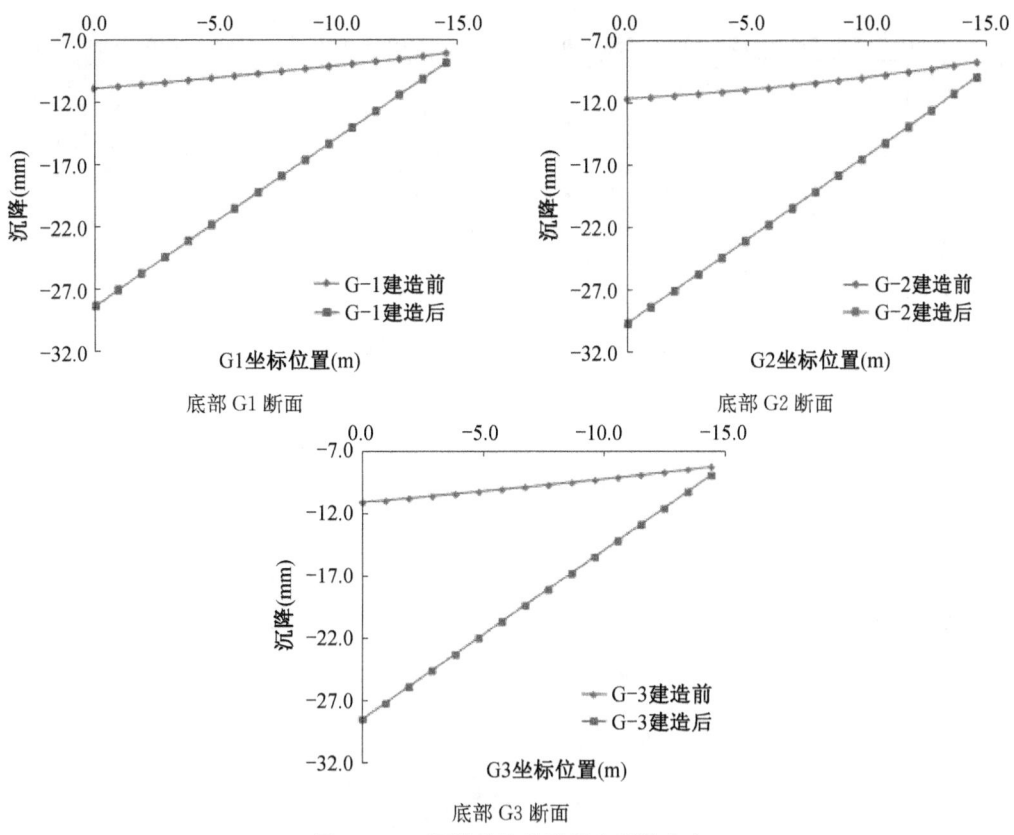

图 10-12　闸首建造前后闸室沉降分布

由沉降分布情况可以看出,在闸首建造前,闸室沉降较为均匀,三个断面沉降基本一致,建造后邻近闸首一侧闸室额外沉降增加 18 mm,向远离闸首一侧线性递减。同时从应力分布情况可以看出,闸首建造前后对闸室应力影响较大。

10.3.1.3　闸首与闸室相互影响

针对两种工况下闸首与闸室自身沉降和应力的变化进行了探讨,考虑到结构的对称性,仅对东闸首和闸室进行了分析,图 10-13 至图 10-14 给出了东闸首和闸室在两种情况下的沉降分布,图 10-15 至图 10-16 给出了闸室在两种情况下的沉降与应力分布。

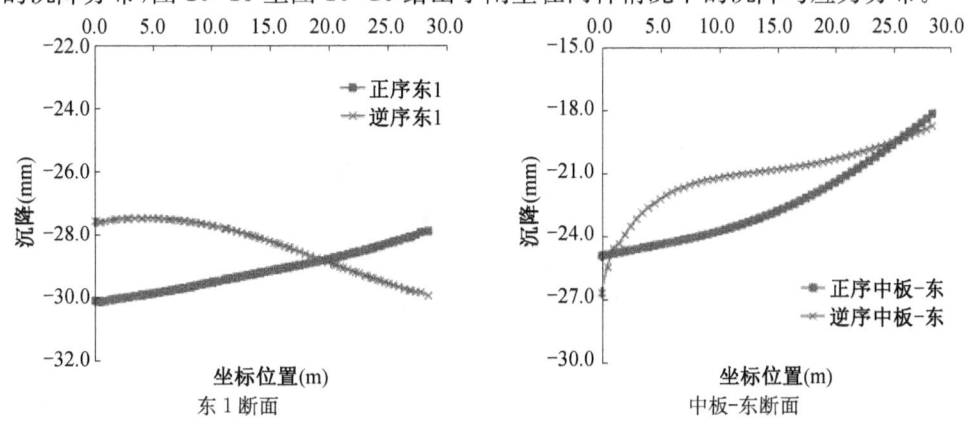

东2断面　　　　　　　　　　横断面断面

图 10-13　闸首沉降对比

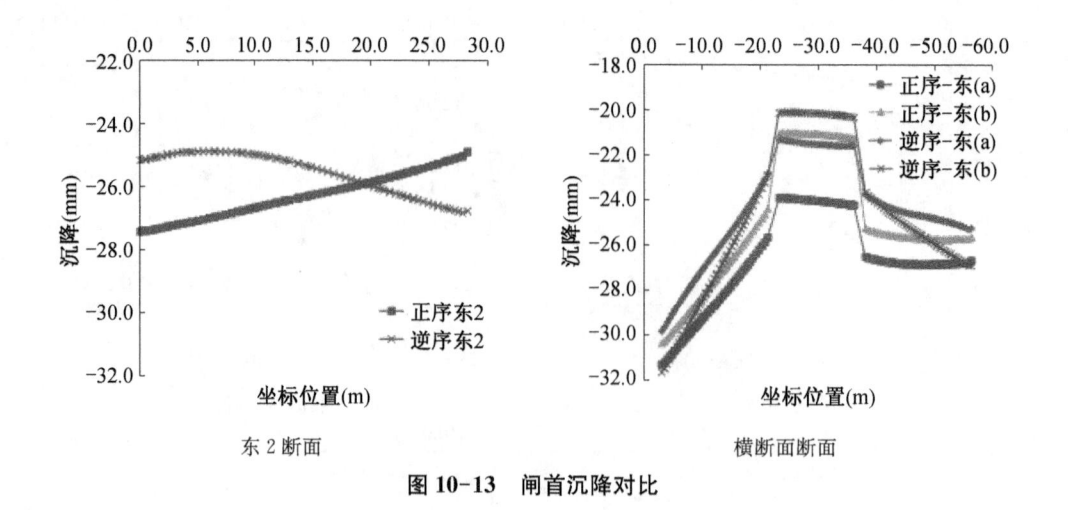

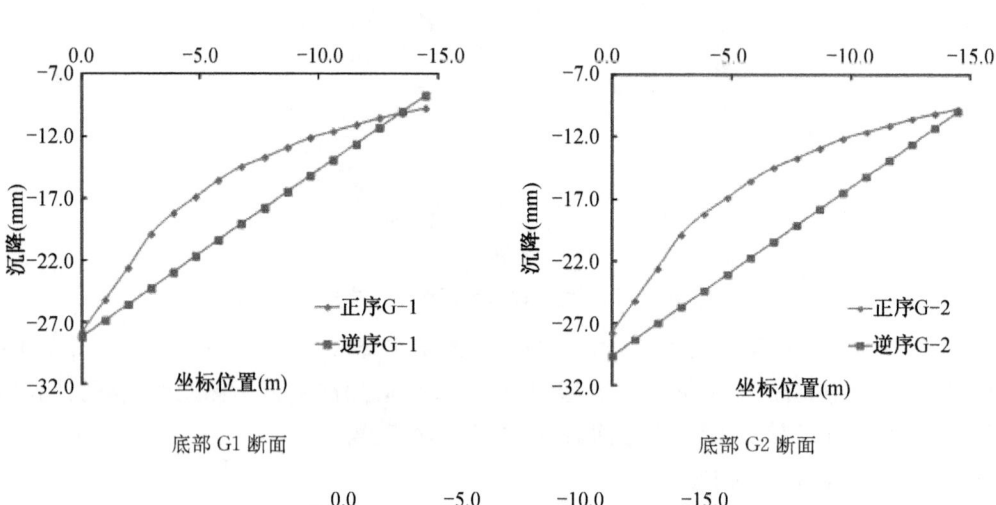

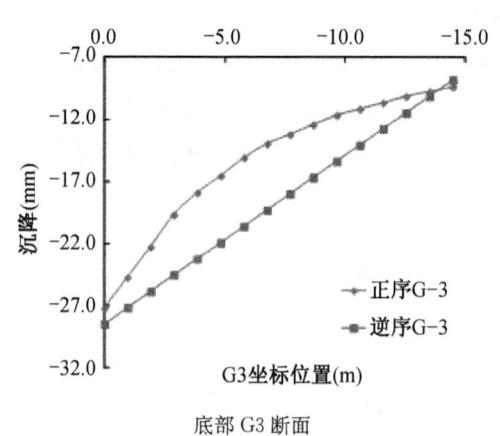

底部 G1 断面　　　　　　　　底部 G2 断面

底部 G3 断面

图 10-14　闸室沉降对比

(a) 底部东1断面　　　　　　　　　　(b) 顶部东1断面

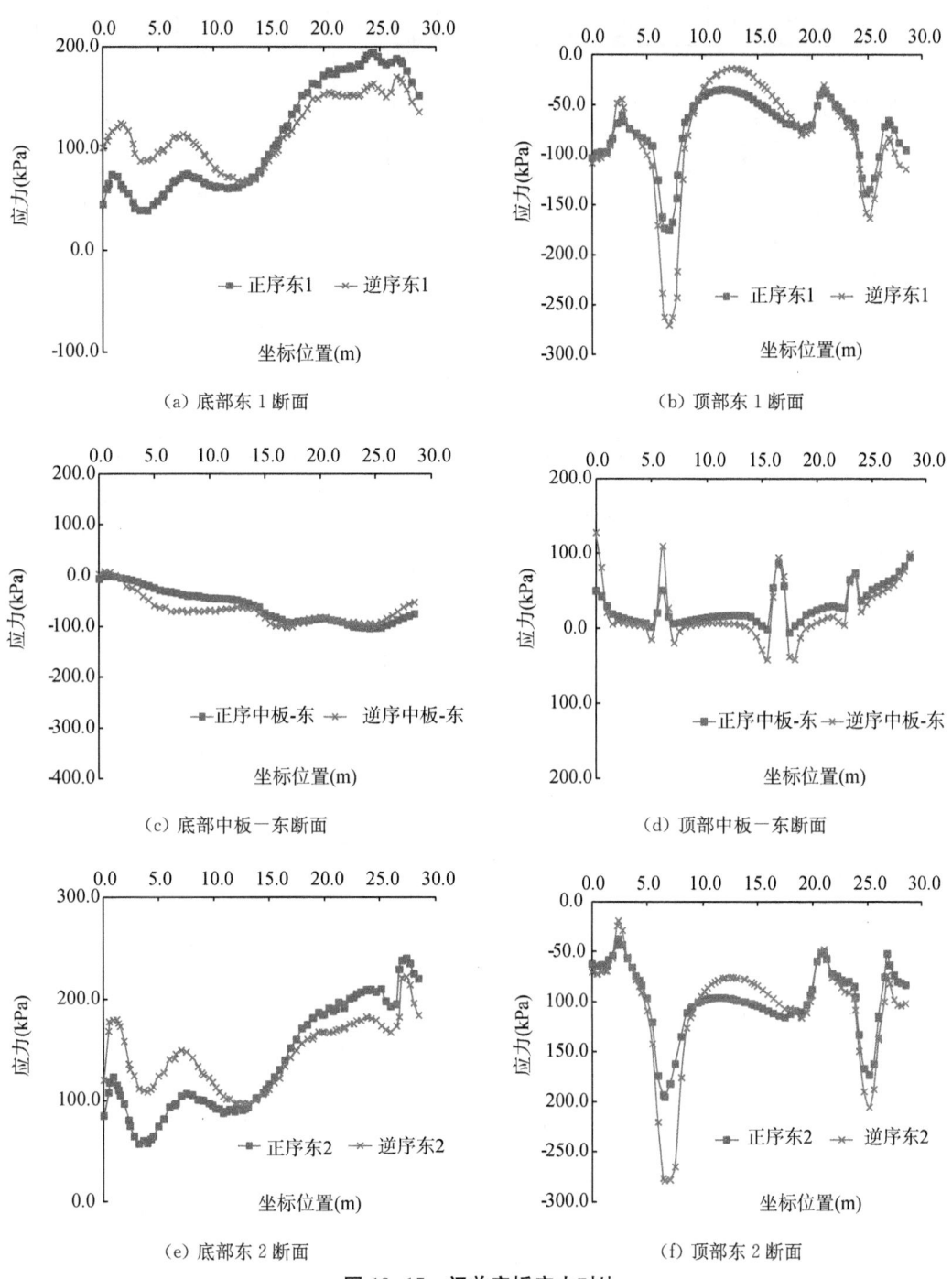

(c) 底部中板—东断面　　　　　　　(d) 顶部中板—东断面

(e) 底部东2断面　　　　　　　　　　(f) 顶部东2断面

图 10-15　闸首底板应力对比

底部 G1 断面　　顶部 G1 断面

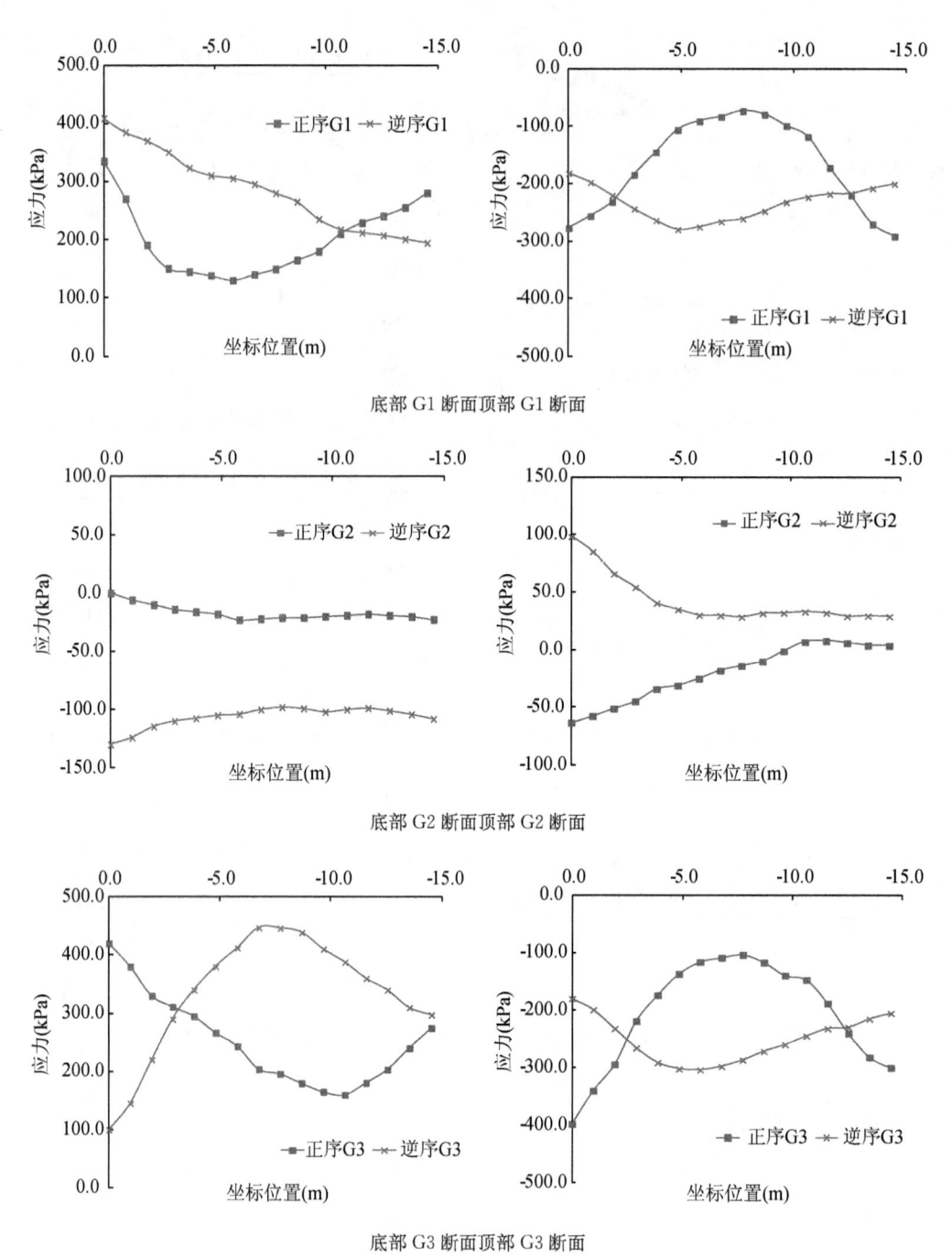

底部 G2 断面　　顶部 G2 断面

底部 G3 断面　　顶部 G3 断面

图 10-16　闸室应力对比

根据东闸首和闸室在两种情况下的沉降与应力分布,可知两种情况下闸首和闸室沉降变化幅度相近,但应力变化幅度闸室较大,闸首应力变化幅度较小,且从数值上看正序施工应力值较小。因此在施工时,建议采用正序施工,即先施工闸首后施工闸室。

10.3.2 双线船闸施工顺序研究

10.3.2.1 工序介绍

双线船闸涉及的开挖、回填和结构施工相互穿插,为了研究这些工况对结构和土体的影响,改变船闸施工顺序,通过模拟计算,优化施工工艺。本计算中,共分为3种不同施工顺序(图10-17至图10-19)。

(1)双线同时施工:双线自闸首起同时施工

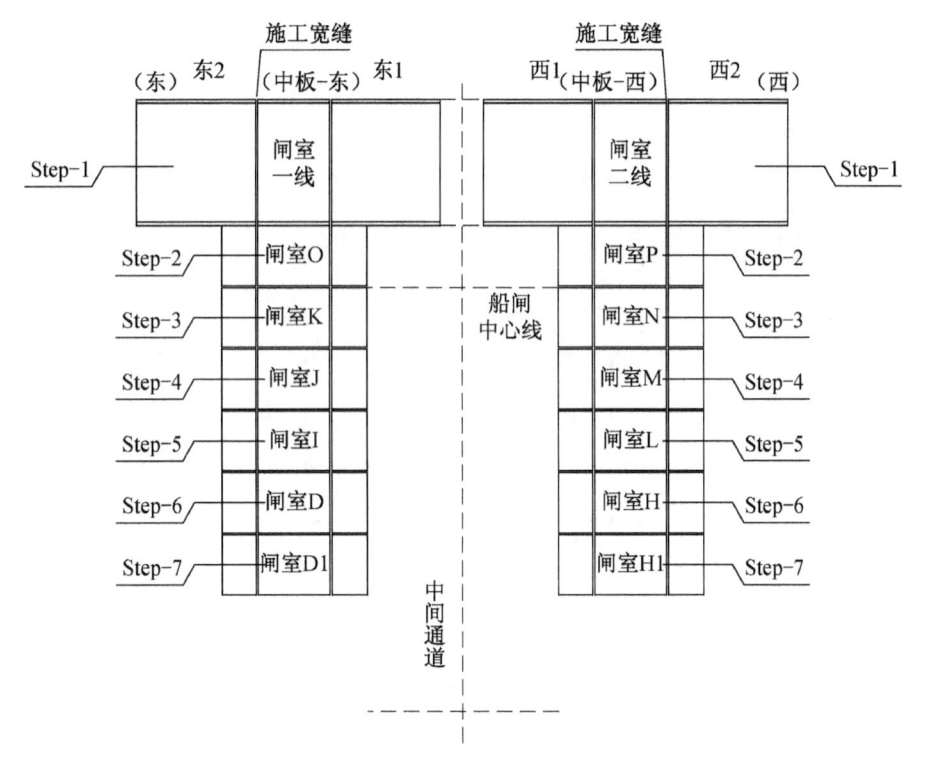

图 10-17 第一种施工顺序

双线自闸首向闸室,船闸中心线两侧对称结构同时施工。

(2)双线交错施工:双线自闸首起交互施工

双线自闸首向闸室,中心线两侧对称结构先西侧后东侧,交互施工。

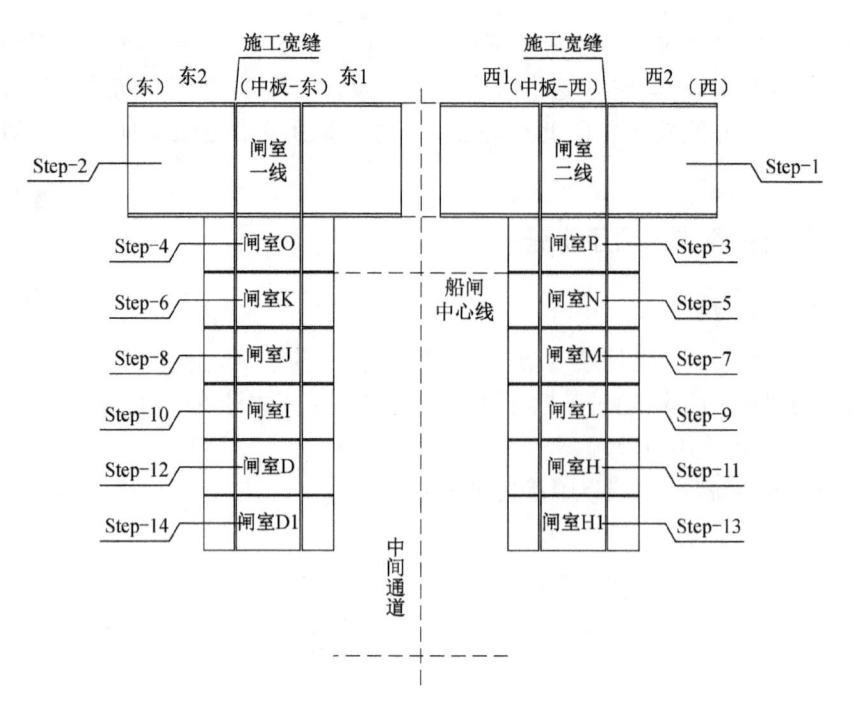

图 10-18 第二种施工顺序

(3) 单线顺序施工：单线先施工完成，再施工另一线

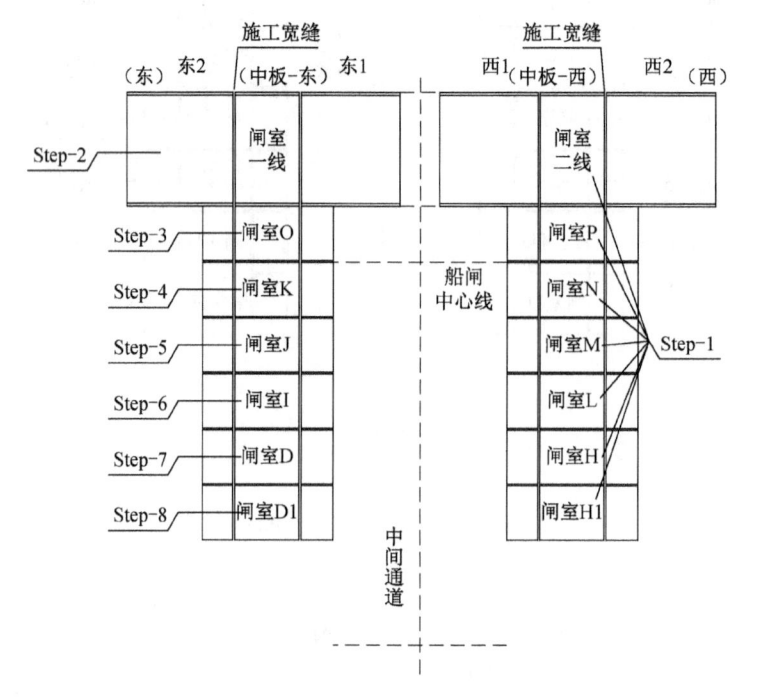

图 10-19 第三种施工顺序

西侧闸首和闸室先施工完成，东侧船闸再闸首到闸室依次施工。

10.3.2.2 不同施工顺序下双线船闸沉降

以东侧闸首结构为例,由于船闸周围土体以及施工过程的不对称性,三种施工顺序均存在不均匀沉降(图 10-20 至图 10-22)。

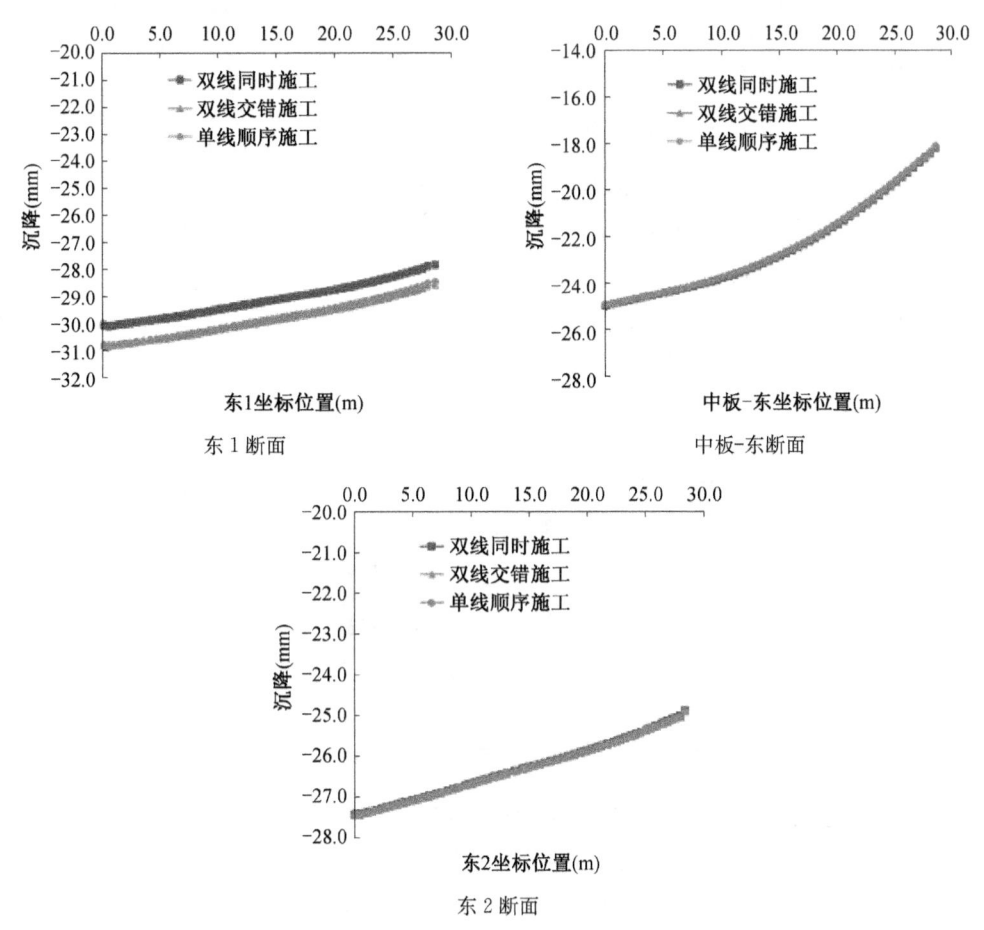

东 1 断面

中板-东断面

东 2 断面

图 10-20 不同施工顺序下闸首纵断面沉降分布

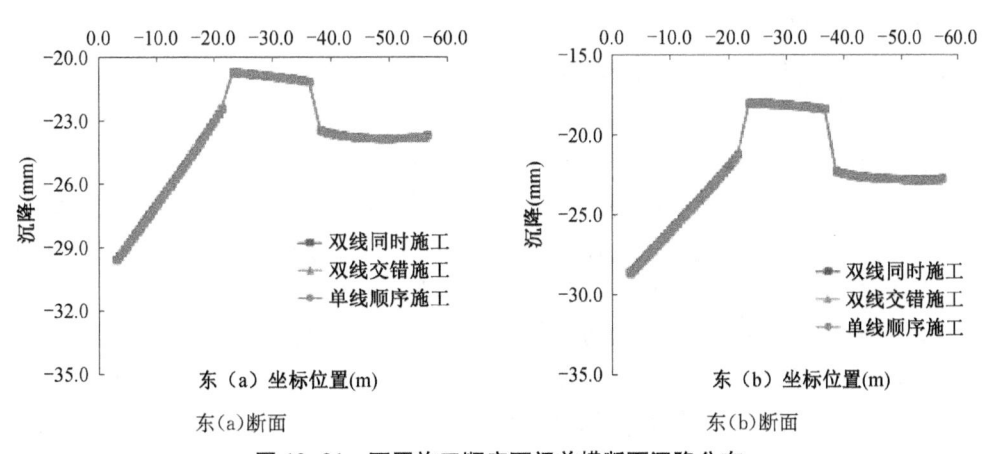

东(a)断面

东(b)断面

图 10-21 不同施工顺序下闸首横断面沉降分布

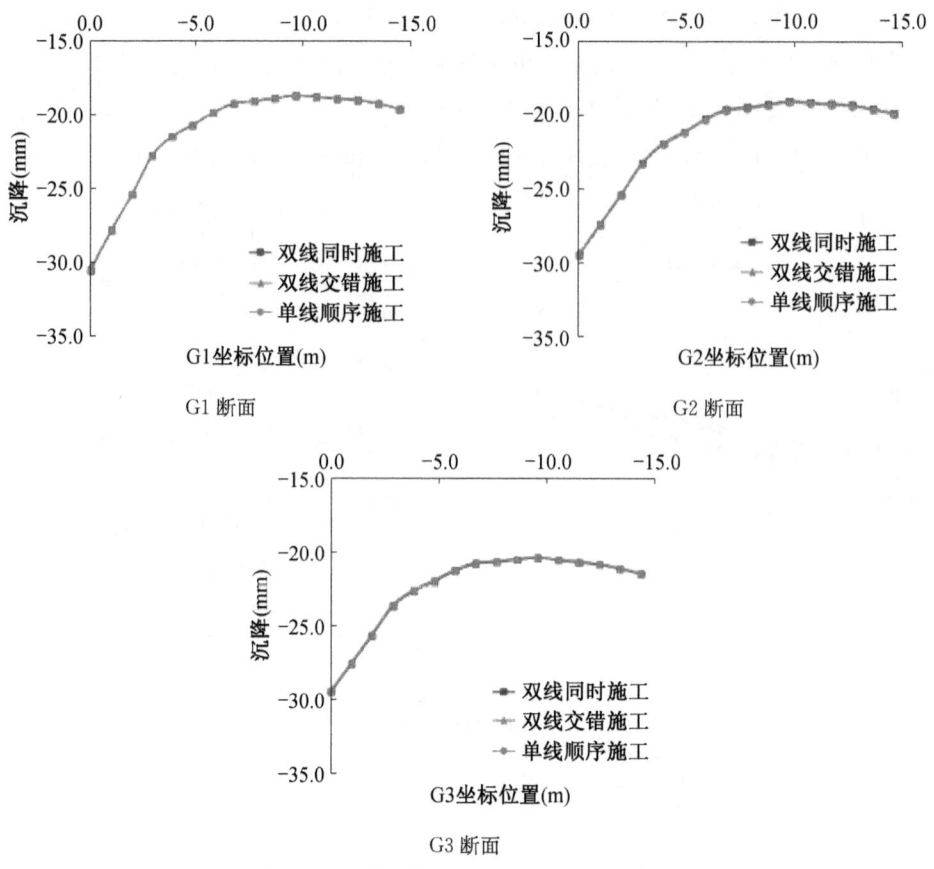

图 10-22　不同施工顺序下闸室沉降分布

针对以上三种施工顺序,对三种施工顺序进行了对比分析,分析采用结果提取断面位置见图 10-6。根据闸首和闸室沉降曲线分布对比,可以看出,对闸首而言,后浇筑的闸首对先浇筑的闸首沉降存在影响。对闸室而言,不同施工顺序下闸室的沉降曲线分布趋势基本一致。这是因为两闸首间距较小,存在相互作用,而闸室一线和闸室二线间距较大,相互作用可忽略不计。

10.3.2.3　不同施工顺序下双线船闸应力

以东侧闸首结构为例,在双线同时施工工况中,廊道与底板连接位置产生了很大的拉应力值(图 10-23 至图 10-25),需要进行局部加强处理。

由于闸首结构复杂,网格在划分时存在不对称性,导致应力值有所偏差,双线同时对称施工时东西闸首应力不完全一致,但趋势基本相同。不同施工顺序下闸首和闸室应力存在空间上的差异,以双线同时施工工况为基准,最大差异达到 139.58%。其中靠近船闸中心线差异明显,向两侧则逐渐消弱。由于先施工结构的自重对后施工结构下的土体产生影响,有一定的约束作用,使得双线交错和单线顺序施工时,其西侧闸首应力比双线同时施工偏大,东侧则比双线同时施工偏小。单线顺序施工时,闸首对闸室的影响最大。因此综合考虑,建议在施工顺序安排上平衡对称施工。

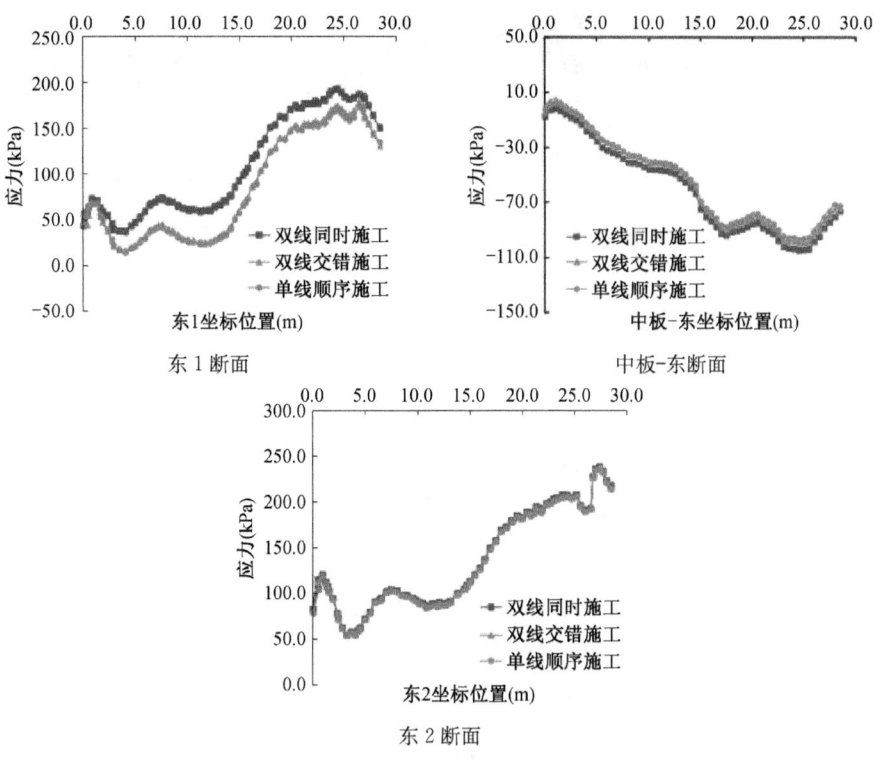

第 10 章 双线船闸施工过程及工艺优化研究

图 10-23 不同施工顺序下闸首底板底部应力分布

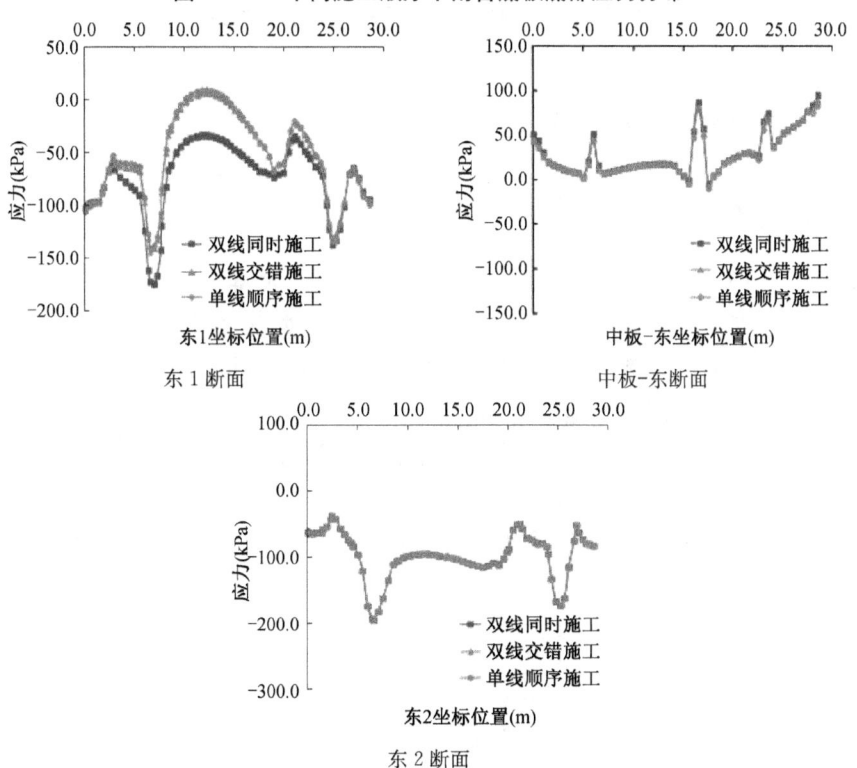

图 10-24 不同施工顺序下闸首底板顶部应力分布

底部 G1 断面　　　　　　　底部 G2 断面

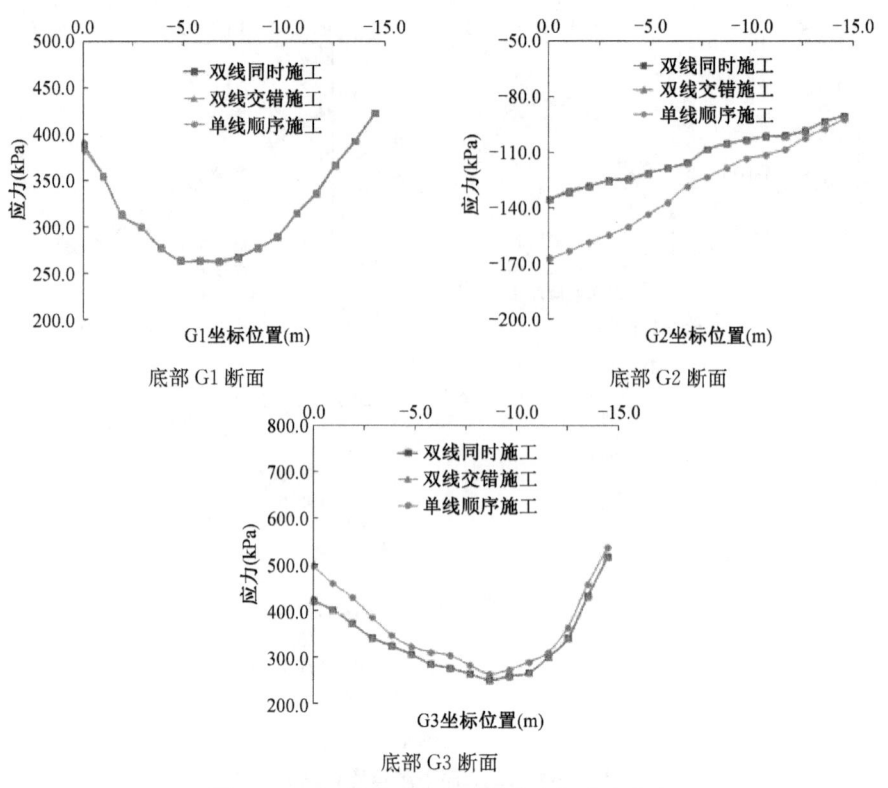

底部 G3 断面

图 10-25　不同施工顺序下闸室底部应力分布

10.4　分块浇筑工艺比选

10.4.1　浇筑顺序

闸首底板、闸室底板以及靠船墙、导航墙等结构都是大体积混凝土,采取分块浇筑施工工艺可有效控制裂缝产生,解决降低混凝土内部最高温度、延缓降温速率、减少内外温差、减少砼收缩、改善约束条件等温控防裂问题,确保施工质量和安全。因此必须精心组织、协调浇筑顺序,确保混凝土施工过程的质量。本节通过改变船闸浇筑施工顺序,对浇筑工艺进行比选。计算中,由于闸首结构混凝土方量相对较大,仅针对闸首结构分为 3 种不同浇筑顺序研究,不同浇筑顺序如下。

(1) 浇筑顺序 1:浇筑顺序为:中板-东(西)→东(西)1 底板→东(西)2 底板→东(西)1 廊道→东(西)2 廊道→东(西)1 空箱→东(西)2 空箱(图 10-26);

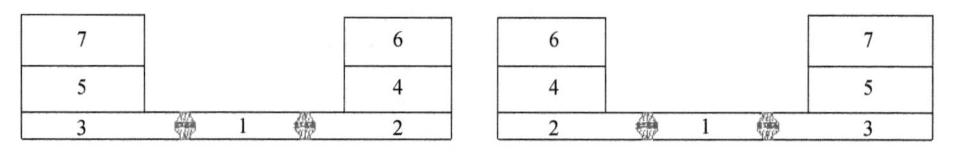

图 10-26　浇筑分块工况 1 施工顺序

（2）浇筑顺序2：浇筑顺序为：东（西）1底板→东（西）2底板→中板-东（西）→东（西）1廊道→东（西）2廊道→东（西）1空箱→东（西）2空箱（图10-27）；

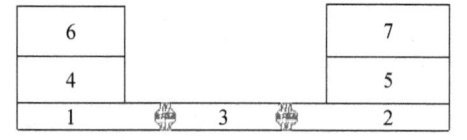

7			6		6			7
5			4		4			5
2	3		1		1	3		2

图 10-27　浇筑分块工况 2 施工顺序

（3）浇筑顺序3：浇筑顺序为：东（西）2底板→东（西）1底板→中板-东（西）→东（西）2廊道→东（西）1廊道→东（西）2空箱→东（西）1空箱（图10-28）。

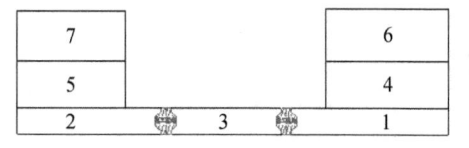

6			7		7			6
4			5		5			4
1	3		2		2	3		1

图 10-28　浇筑分块工况 3 施工顺序

针对以上三种浇筑顺序，对不同浇筑顺序下闸首应力和沉降进行了分析，分析采用的有限元模型及监测布置参照第二节相关内容。

10.4.2　不同浇筑顺序下闸首沉降分析

以东侧闸首结构为例，三种浇筑顺序闸首沉降在 4～33 mm 之间，由于船闸周围土体以及浇筑过程的不对称性，三种浇筑顺序下闸首均存在不均匀沉降。

针对以上三种浇筑顺序，对三种浇筑顺序进行了对比分析（图 10-29 至图 10-30），结果提取断面位置见图 10-6。可以看出浇筑顺序 2 和浇筑顺序 3 两种工况下闸首的沉降分布曲线基本相同，三种浇筑顺序边板沉降大于中板沉降。工况 2 和工况 3（即先浇筑边块后浇筑中块）两种浇筑顺序下，由于边块的约束作用，中块的沉降小于工况 1 浇筑情况。同时表明边块浇筑时使中块产生额外沉降，该影响范围随着到边块距离的增加而逐渐减小。

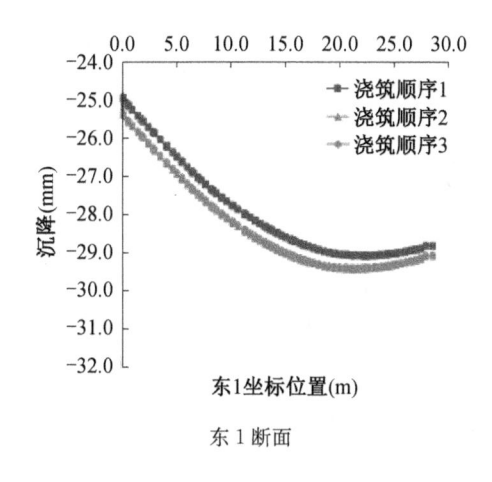

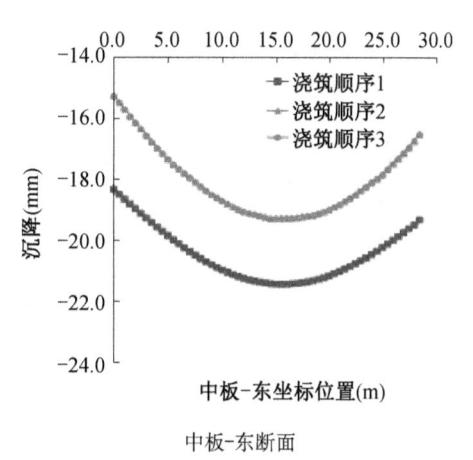

东1断面

中板-东断面

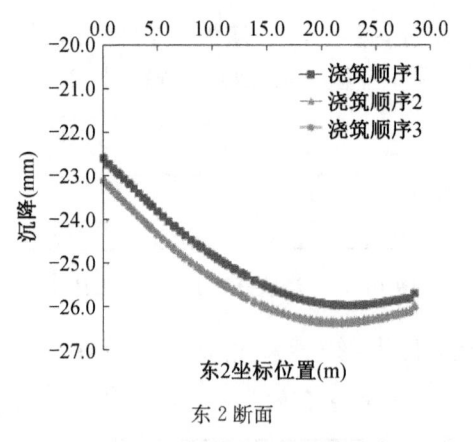

图 10-29　闸首纵断面沉降分布

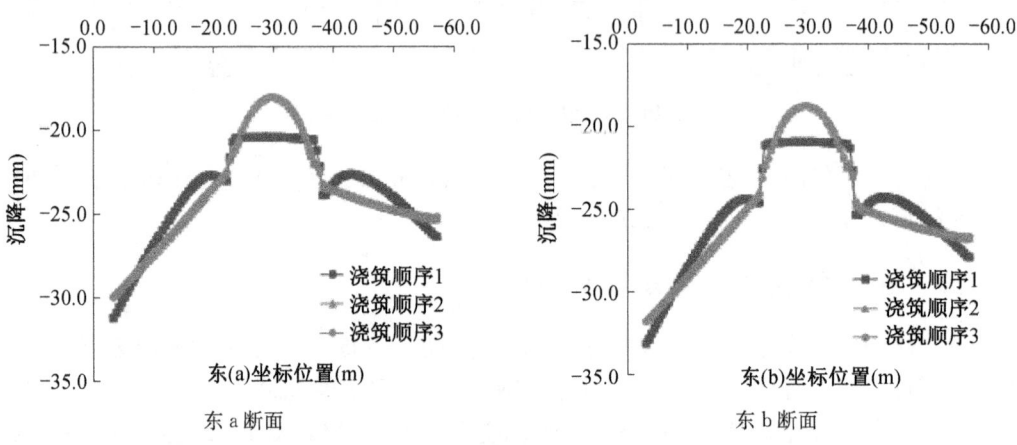

图 10-30　闸首横断面沉降分布

10.4.3　不同浇筑顺序下闸首应力分析

以东侧闸首结构为例,在浇筑顺序1工况中,廊道与底板连接位置产生了很大的拉应力值,需要进行局部加强处理(图10-31至图10-32)。

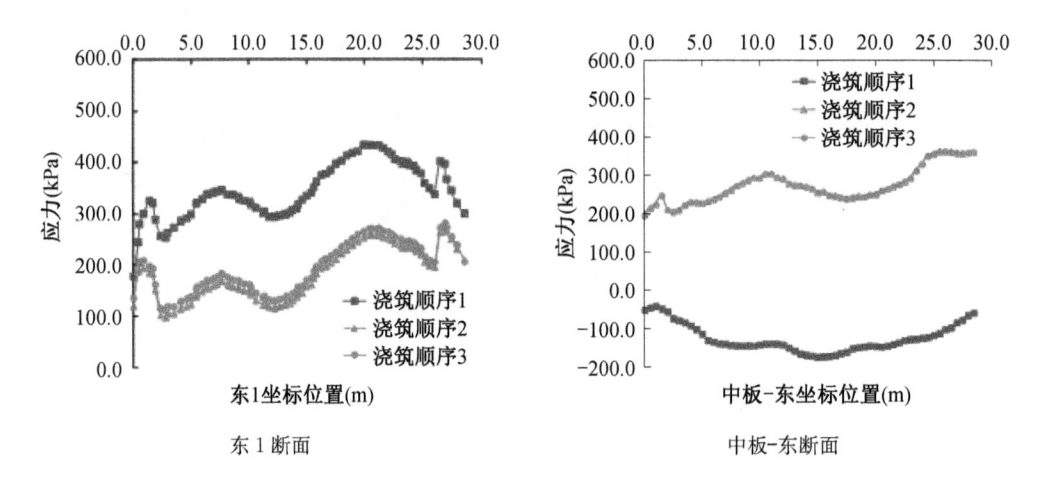

东2断面

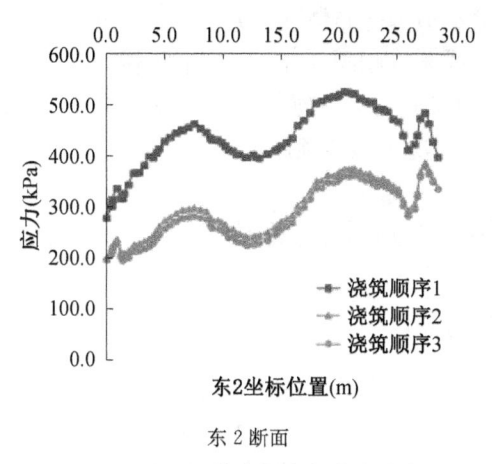

图 10-31　闸首底板底部应力分布

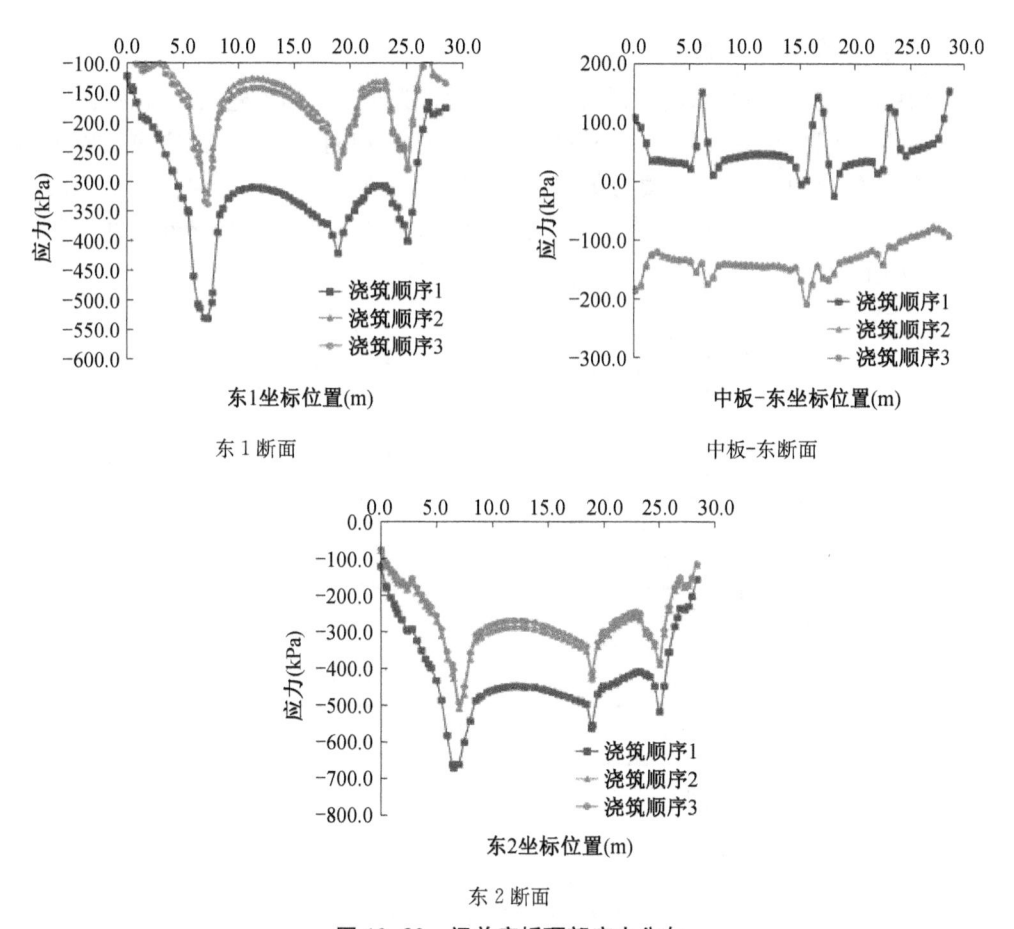

东1断面　　　　　　　　　　　中板-东断面

东2断面

图 10-32　闸首底板顶部应力分布

在浇筑顺序2工况中和浇筑顺序3工况中，廊道与底板连接位置产生了很大的拉应力值，需要进行局部加强处理，与浇筑顺序1工况相同。

从闸首底板顶部和底部应力分布情况可知,工况2和工况3两种浇筑顺序下闸首底板顶部和底部应力分布曲线基本相同,工况1浇筑顺序要较工况2、3应力大。边底板应力分布形式较复杂,存在明显应力集中现象,这与底板上部存在廊道与空箱有关。从应力角度分析可知工况2、3比工况1浇筑顺序更优。

10.5 双线船闸施工工况预测分析

10.5.1 实际工况模拟分析

为了验证数值模型中参数选取的合理性及计算结果的正确性,以海安双线船闸为依托,采用三维有限元对船闸实际施工过程中的沉降及结构应力进行模拟计算。将数值分析的结果与现场监测的结果进行对比,以探索本文有限元模型的建模方法及参数选取的合理性。

10.5.1.1 船闸现场施工顺序

船闸在实际施工过程中,施工原则上依据是闸首先于闸室结构施工,同时闸首尽量做到"平衡对称施工"。闸室墙身一次浇筑到顶,然后浇筑闸顶挡墙,最后浇筑施工宽缝的施工工艺,不同闸室先后施工顺序划分如图 10-33 所示,闸首结构采用分层、分块施工工艺,施工顺序为中板-东→中板-西→东1西1底板→西2底板→东2底板→东1西1边墩→东2西2边墩。

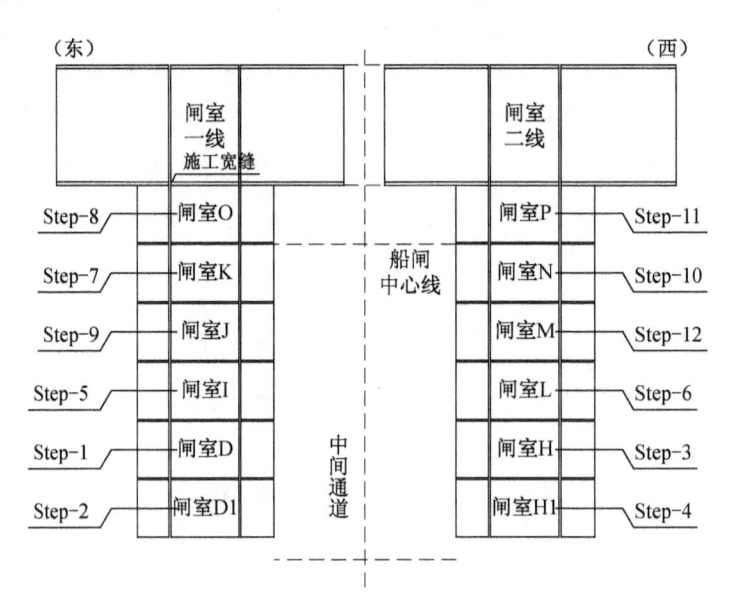

图 10-33 闸室施工顺序

10.5.1.2 结果对比

以东侧闸首结构为例,在实际工况中,中板产生了很大的拉应力值,需要进行局部加强处理,船闸存在不均匀沉降。

现场实测数据以及数值模拟结果如表10-3。由表10-3可以看出,模拟值与实测结果基本一致,可以认为模型及参数的选取是合理的,为进一步研究提供了依据。

表10-3 沉降值对比汇总表

编号	现场实测值(mm)	数值模拟值(mm)	编号	现场实测值(mm)	数值模拟值(mm)
1	−16.63	−24.00	9	−23.77	−28.81
2	−20.69	−22.05	10	−23.63	−26.89
3	−18.35	−24.08	11	−21.60	−26.11
4	−10.92	−25.97	12	−24.24	−24.54
5	−11.57	−25.00	13	−22.50	−26.41
6	−16.02	−28.09	14	−23.55	−23.97
7	−14.52	−27.64	15	−22.13	−23.87
8	−20.46	−24.59	16	−23.09	−22.46

10.5.2 回填工况预测分析

土方回填时填土应尽量采用同类土填筑,并宜控制土的含水率在最优含水量范围内。本工程根据地勘报告,粉质黏土层、粉土层适宜用作回填土。粉质黏土最优含水量%(重量比):12%～15%,粉土最优含水量%(重量比):16%～22%。

在回填分析中,采用的回填土的参数与粉土层土体参数相同,回填至标高5.2m,对土方回填后闸首和闸室的应力和沉降进行了分析,分析采用的有限元模型参照10.2节相关内容。

以东侧闸首结构为例,在回填工况下中板产生了较大的拉应力值,船闸存在不均匀沉降。

在实际回填过程中,针对海安双线船闸船首与闸室的沉降进行了监测。对闸首的中板和边板角点以及闸室的角点均进行了监测,现场监测数据以及数值模拟结果如表10-4所示。

表10-4 回填工况下沉降值对比汇总表

部位	现场实测值(mm)	数值模拟值(mm)
闸首中块	9.01～10.82	8.9～13.73
闸首边块	15.41～16.40	11.80～15.99
闸室	8.00～12.00	7.93～14.73

从图10-34至图10-35及表10-4沉降分布情况可以看出模拟值与实测结果基本一致,仿真模拟方法可以对船闸回填过程中的应力及沉降进行有效预测,达到指导施

工的目的。

综上所述，回填工况下沉降分布对闸首而言边块沉降较中块沉降大，可以采用仿真模拟方法对船闸回填过程中的应力及沉降进行预测，效果良好，可用于指导后续施工。

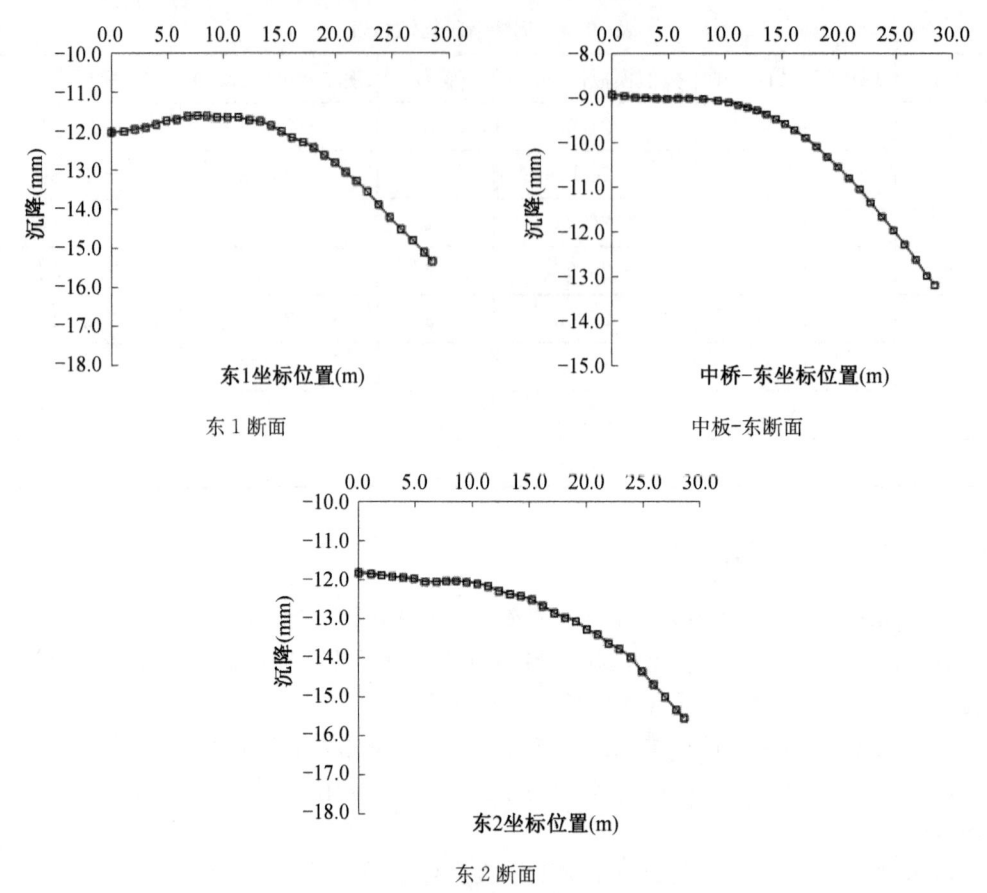

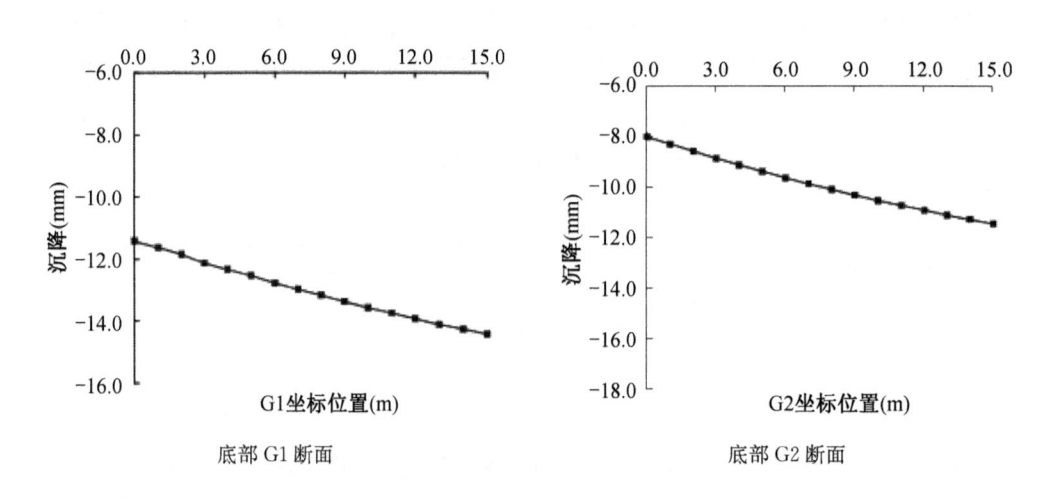

东 1 断面

中板-东断面

东 2 断面

图 10-34　回填工况闸首底板纵断面沉降分布

底部 G1 断面

底部 G2 断面

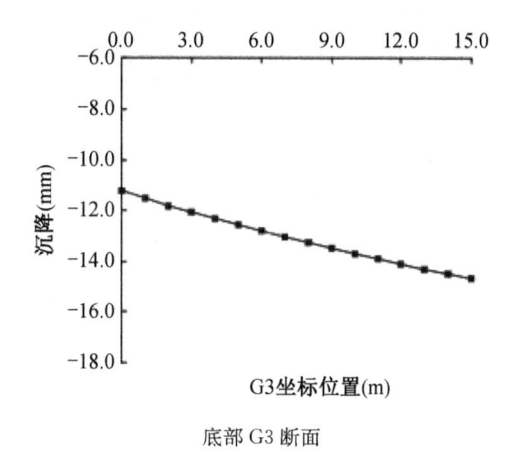

底部 G3 断面

图 10-35　回填工况闸室底板纵断面沉降分布

10.5.3　检修工况预测分析

当一侧船闸需要大修，另一侧船闸在高水位情况下运行时，对于船闸结构而言，其整体受力是最为不利的，将这种情况定义为检修工况。在上述分析的基础上，对海安船闸检修运行情况下船闸结构的沉降及应力进行了预测分析。以东侧闸首结构为例，在检修运行工况中，针对海安双线船闸闸首与闸室的沉降和应力进行分析。

10.5.3.1　双线船闸沉降

数值分析得到的不同断面在检修运行工况下的沉降如图 10-36 至图 10-37 所示。

从沉降对比图可以看出，在检修运行工况下闸首和闸室均产生附加沉降，表现为中板沉降大于边板。同时从东西船闸的附加沉降分布情况可以看出，在检修运行工况下沉降的产生也存在空间的非对称性，检修运行工况下东侧船闸沉降较大，对西侧船闸影响较小，且由中线向外侧逐渐减弱。

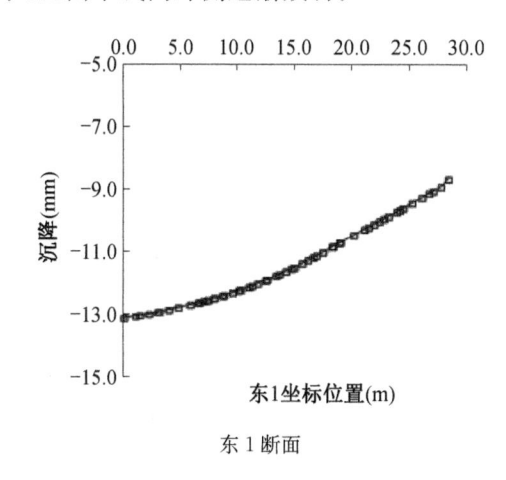

东 1 断面

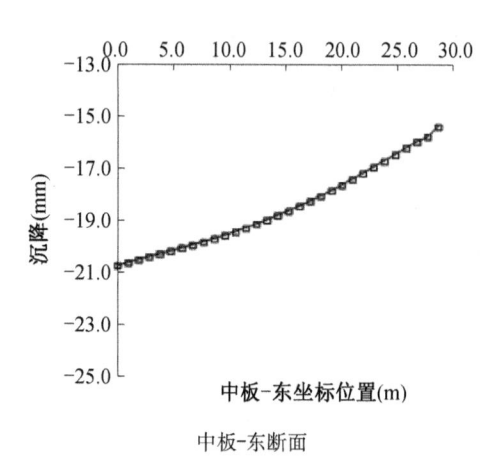

中板-东断面

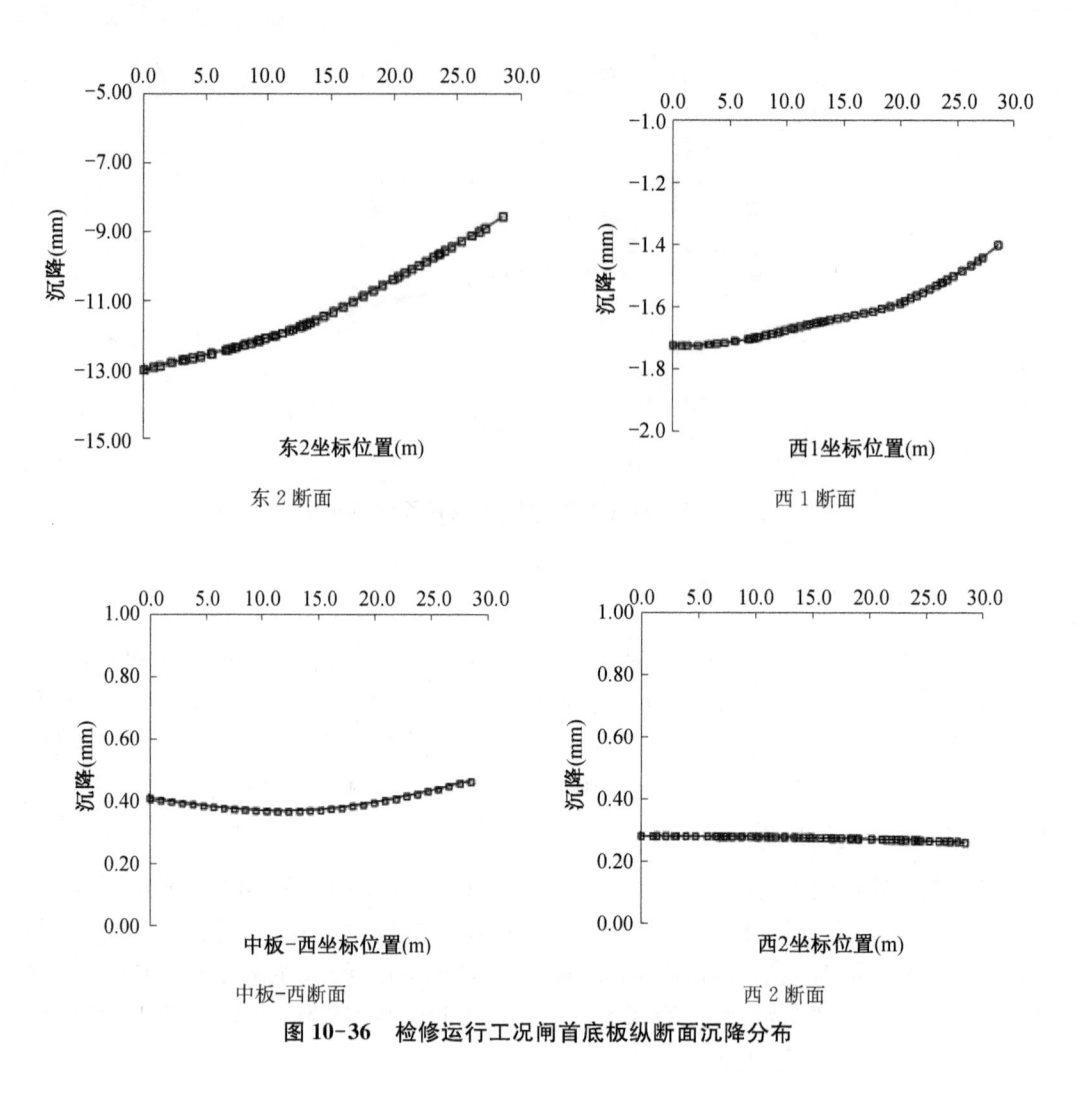

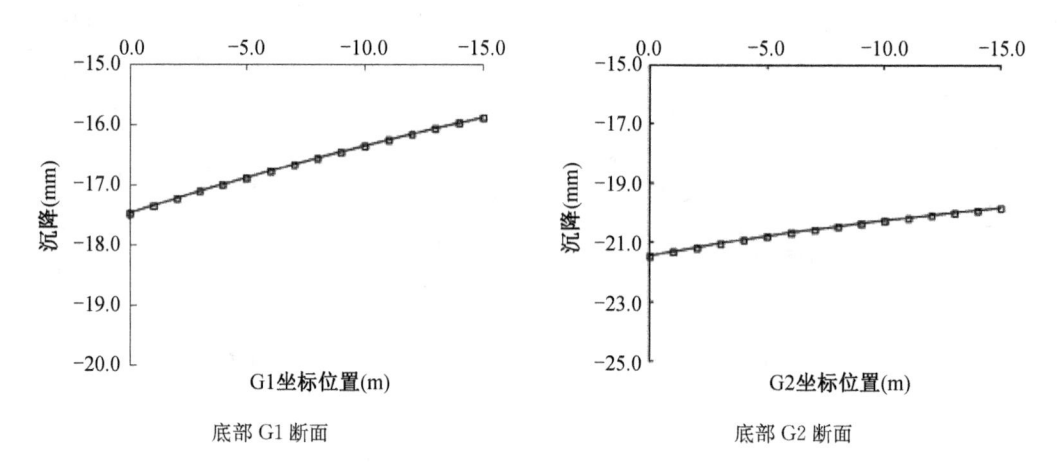

东2断面	西1断面
中板-西断面	西2断面

图 10-36 检修运行工况闸首底板纵断面沉降分布

底部 G1 断面	底部 G2 断面

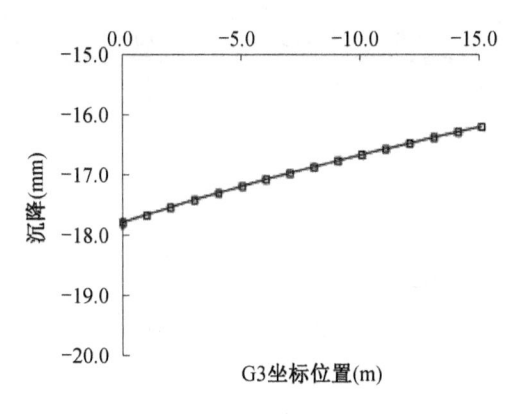

图 10-37 检修运行工况闸室底板纵断面沉降分布

10.5.3.2 双线船闸应力

数值分析得到的不同断面在检修运行工况下的应力如图 10-38 至图 10-40 所示。

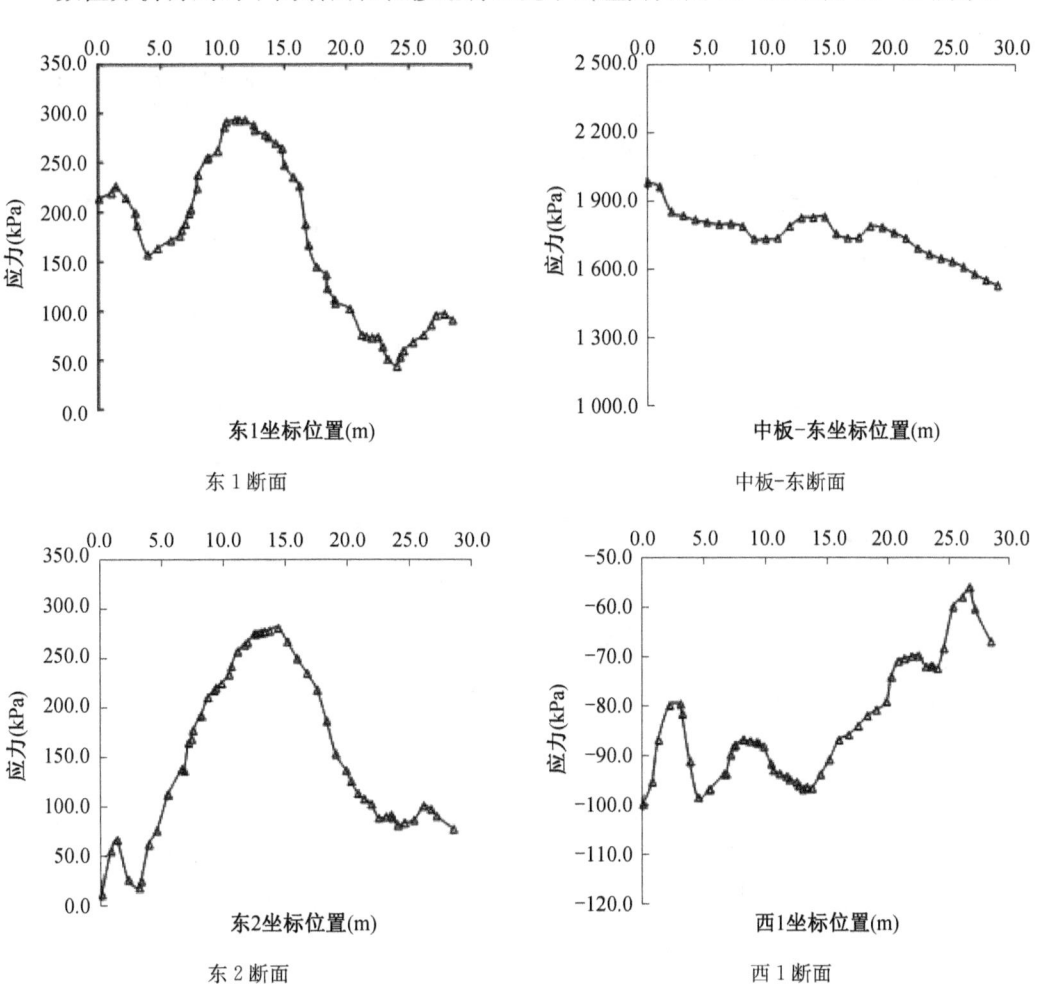

东 1 断面

中板-东断面

东 2 断面

西 1 断面

中板-西断面   西 2 断面

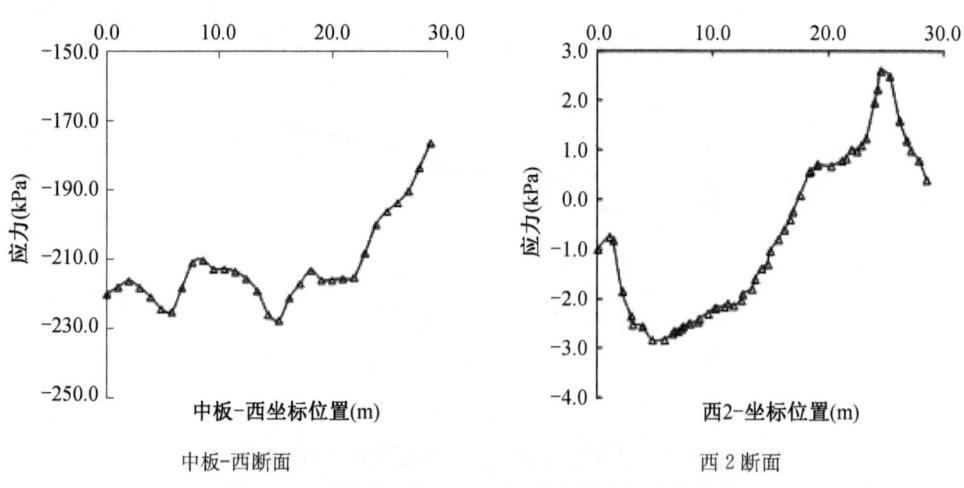

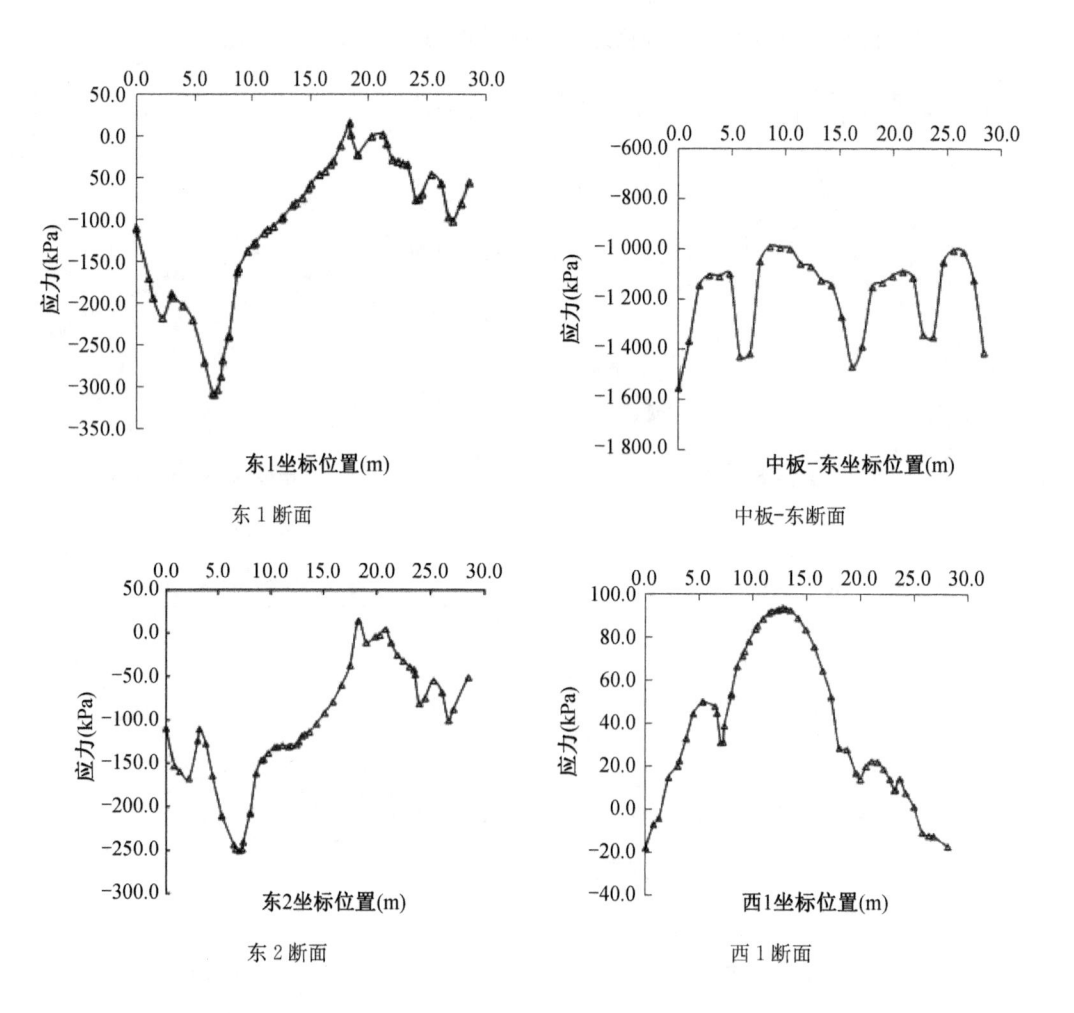

图 10-38 检修运行工况下闸首底板底部应力分布

东 1 断面   中板-东断面

东 2 断面   西 1 断面

中板-西断面　　　　　　　　西 2 断面

图 10-39　检修运行工况下闸首底板顶部应力分布

底部 G1 断面　　　　　　　底部 G2 断面

底部 G3 断面

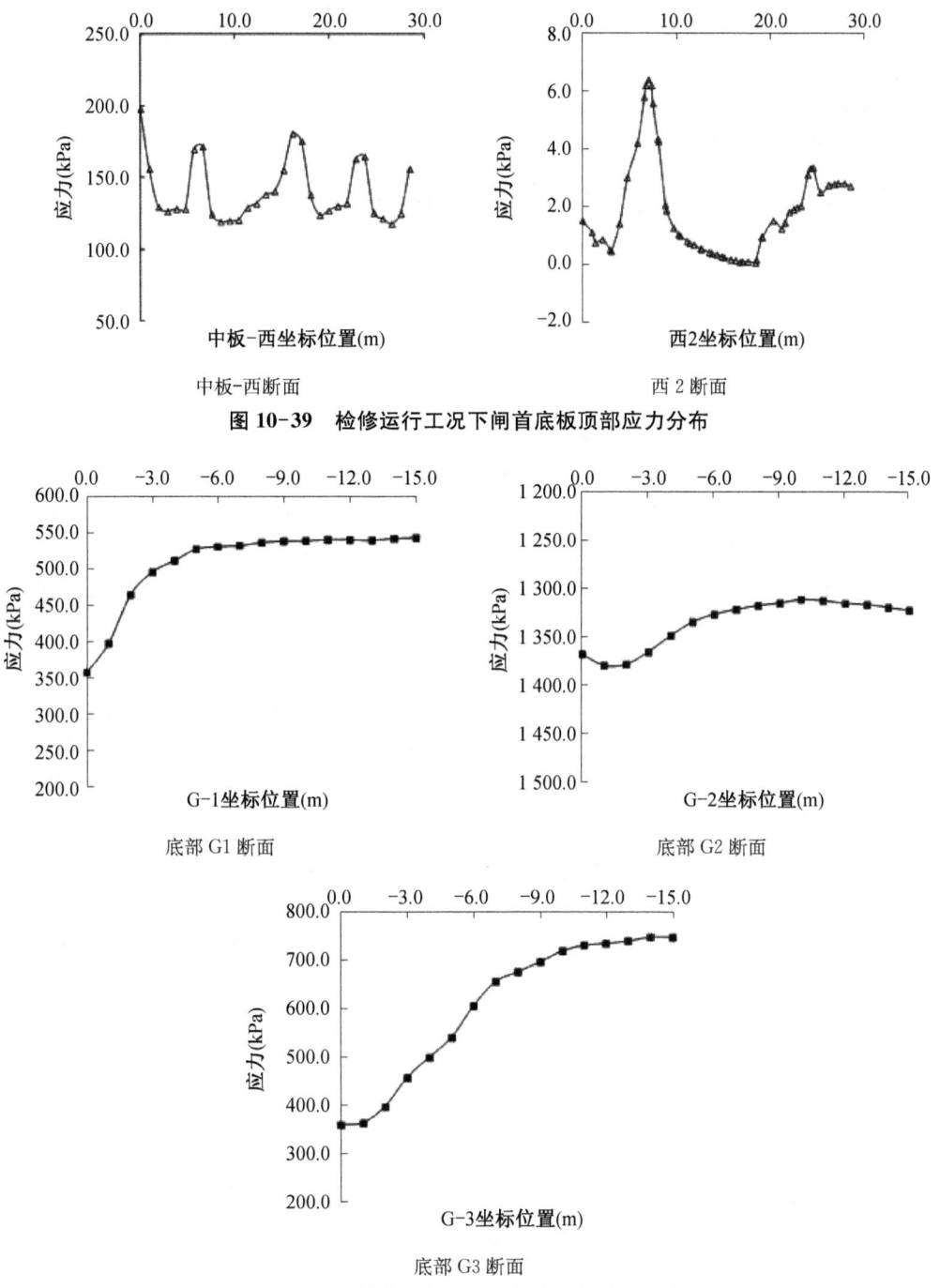

图 10-40　检修运行工况下闸室底部应力分布

从应力对比图可以看出，在检修运行工况下闸首和闸室均产生附加应力，其应力分布情况主要取决于上部船闸结构的分布形态。同时从东西船闸的应力分布情况可以看出，在检修运行工况下应力的产生也存在空间的非对称性，表现为东侧船闸应力较大，对西侧船闸影响较小，且由中线向外侧逐渐减弱。

第 11 章
码头后方陆域地基处理数值分析

随着我国国民经济的快速发展,国家基础设施大规模投资建设,城市建设用地越来越紧张,特别是近十几年来,沿海港口进行了大规模的围海造地,许多堆场和建(构)筑物不得不建设在这些吹填土地基上。吹填土地基具有厚度大、含水量高、强度低、压缩性高、均匀性差等不良工程特点,给地基处理设计、施工和竣工后的运营带来严峻挑战。地基处理方法较多,有的工期较长,有的工程投资较高每种地基处理方法均有其适用性,需要通过技术、工期和经济性等多方面综合分析确定。

使用有限单元法进行数值模拟可以考虑复杂的边界条件、应力应变关系的非线性特性、土体的应力历史以及土与结构的共同作用、土层的各向异性,还可以模拟现场逐级加荷,求得任意时刻土体的应力变形性状,因此可采用有限元单元法分析码头后方陆域地基变形分布规律及影响变形的主要因素。

11.1 大型储罐复合地基变形性状数值分析

近几十年来,沿海或近海港口地区建设的储罐不断趋向大型化发展,大型储罐对地基的承载力要求高,对地基的不均匀沉降量有严格限定,而近十几年来,吹填造陆形成的吹填土地基厚度大、强度低、压缩性高,工程性质复杂,往往不能满足承载力和变形要求,需要进行地基处理。

储罐地基的沉降影响因素较多,包括地基土的性质、储罐的直径和高度等。特别是复合地基沉降的影响因素包括和桩体有关的因素及桩体和桩间土的相互作用,如桩长、桩径、复合地基置换率及桩的布置型式等,在进行复合地基设计时应综合考虑上述因素的影响,以控制储罐地基产生过大的沉降特别是差异沉降,避免对储罐结构产生不利影响。

11.1.1 储罐地基的沉降变形模式

由于储罐罐体是一种柔性很大的薄板结构,过大的沉降和不均匀沉降会影响储罐的正常使用,甚至发生事故,因此必须对储罐的总沉降和不均匀沉降进行控制。储罐地基的沉降变形特征可分为储罐基础沉降、储罐基础整体倾斜(平面倾斜)、储罐基础罐周边不均匀沉降(非平面倾斜)及储罐中心与储罐周边的沉降差(储罐基础锥面坡度)。储罐地基的数值模拟分析应当充分考虑以上变形特征。

11.1.1.1 整体倾斜(平面倾斜)

地基的平面倾斜是由于地基土分布不均匀引起的,从而导致罐体本身出现平面倾斜,改变了液面形式,使罐壁增加了附加应力,过大的平面倾斜使罐壁发生径向的扭曲而引起浮顶失灵,甚至发生储罐倾倒的危险。因此,在运行期间必须及时掌握基础的变形性状,并对其发展趋势进行预测,以防事故发生。整体倾斜值 K 按下式计算:

$$K = \frac{\Delta_{max}}{D} \tag{11-1}$$

式中:Δ_{max} 为径向最大差异沉降,D 为储罐直径。

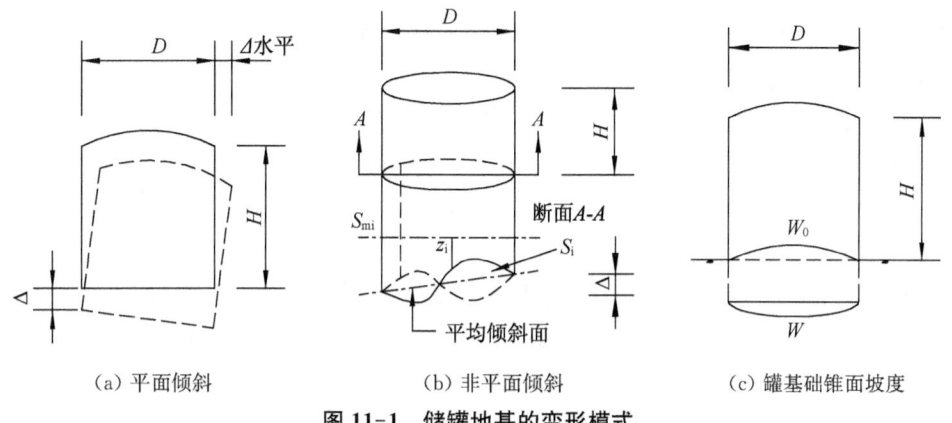

(a) 平面倾斜　　　　(b) 非平面倾斜　　　　(c) 罐基础锥面坡度

图 11-1　储罐地基的变形模式

注:图中 S_{mi} 为在点 i 的总的实测沉降,即自罐建成时起测出的该点高度变化;Δ 为直径方向上测点间沉降之差;Z_i 为点 i 由平面倾斜引起的沉降量;S_i 为点 i 由平面外扭曲倾斜引起的沉降量;D 为罐直径;H 为罐高;W_0 为罐底原始中心与边缘高度差;W 为罐底实际中心与边缘高度差。

11.1.1.2 储罐基础罐周边不均匀沉降(非平面倾斜)

罐壁本身的强度可减少罐周不均匀沉降,但罐周差异沉降仍是产生罐壁次应力和椭圆度的主要因素。非平面倾斜通常使罐壁径向扭曲或罐壁产生过大次应力使罐壁径向扭曲(即椭圆度)而使浮顶失灵,次应力还可能引起管壁破裂使罐内储液泄漏,因此必须控制产生过大的罐周边差异沉降。非平面倾斜包括罐壁周边的不均匀沉降和局部沉降,这是最危险的。若罐基沉降只有平面倾斜,罐基沉降的展开图对应其相应周长,可构成一个正弦曲线(图中虚线),见图 11-2。实际上在储罐运行期间,罐周沉降展开曲线出现不止一个峰和谷,表明罐周有扭曲变形,非平面倾斜普遍存在。罐周边不均匀沉降 δ_{max} 按下式计算:

$$\delta_{max} = \frac{\Delta S}{l} \tag{11-2}$$

式中：ΔS 为罐周任意两点沉降差，l 为罐周任意两点之间的弧长。

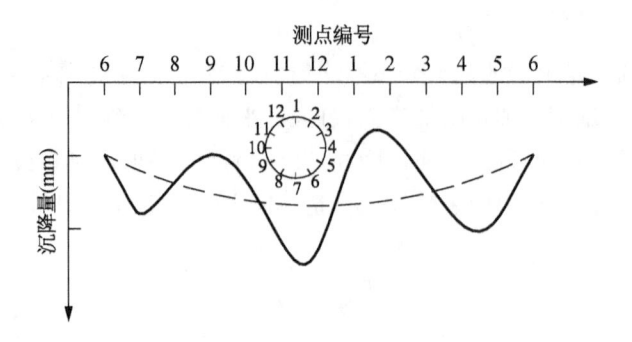

图 11-2 罐周不均匀沉降示意图

11.1.1.3 储罐中心与储罐周边的沉降差（储罐基础锥面坡度）

在储罐圆筒形荷载作用下，罐底板中间沉降大，周边沉降小。储罐地基中心的过大沉降，使罐底的拉应力增大，同时影响罐内的清扫，因此需准确估算罐底的锥面坡度。工程中常采用罐基中心预抬高的方法来补偿沉降，减少底板的拉力，避免节点焊接应力过大。

储罐地基的变形允许值根据储罐型式与容量确定。对平面倾斜，浮顶罐的沉降差允许值 $0.003D \leqslant \Delta_{max} \leqslant 0.007D$（$D$ 为罐的直径），固定顶罐 $0.008D \leqslant \Delta_{max} \leqslant 0.015D$，罐的直径越大，沉降差允许值与罐直径的比值（$\Delta_{max}/D$）越小；对非平面倾斜，浮顶罐的沉降差允许值 $\Delta S/l \leqslant 0.0025$，固定顶罐 $\Delta S/l \leqslant 0.004$；罐基础锥面坡度 $i \geqslant 0.008$。

大型储罐面积大、荷载大，影响深度大，可能产生储罐基础沉降、储罐基础整体倾斜、储罐基础罐周边不均匀沉降及储罐中心与储罐周边的沉降差等多种变形模式，过大的沉降和不均匀沉降会影响罐体结构的受力状态和储罐的正常使用，甚至发生事故。

11.1.2 案例工程概况及数值模型建立

本章节以大型储罐 CFG 桩复合地基为例进行数值模拟案例分析。采用有限元通用软件 ABAQUS 进行大型储罐 CFG 桩复合地基的数值计算，地基土体本构模型采用南水双屈服面模型，采用 Biot 固结理论计算大型储罐地基在荷载作用下的固结变形，分析大型储罐 CFG 桩复合地基的沉降规律和影响沉降的主要因素。

表 11-1 各土层物理力学性质指标

层号	层厚 (m)	干密度 ρ_d (g/cm³)	含水率 w (%)	压缩模量 E_s (MPa)	标贯击数 $N_{63.5}$	锥尖阻力 q_c (MPa)	侧壁摩阻力 f_s (kPa)	承载力特征值 f_{ak} (kPa)
②	2.6	1.78		30.0	11.2	7.52	44	160
③	1.7	1.74	23.0	4.01	3.2	0.67	23	85
③-1	1.8	1.74	21.9	15.0	10.4	9.24	58	150
④	6.9	1.58	23.6	4.55	5.5	1.31	34	120

续表

层号	层厚 (m)	干密度 ρ_d (g/cm³)	含水率 w (%)	压缩模量 E_s (MPa)	标贯击数 $N_{63.5}$	锥尖阻力 q_c (MPa)	侧壁摩阻力 f_s (kPa)	承载力特征值 f_{ak} (kPa)
⑤	2.6	1.84	—	30.0	29.6	8.04	104	280
⑥	1.3	1.58	22.4	6.26	8.7	0.88	14	160
⑦	—	1.84	—	35.0	33.8	—	—	300

地基土性详见表11-1,由表可知地基各土层基本上呈水平分布,为简化计算,假设地基土层水平均匀分布,地基分层与勘探孔一致,厚度取其平均值,储罐CFG桩复合地基剖面见图11-3。考虑到储罐荷载对地基附加应力的影响范围和深度,有限元计算模型边界范围从储罐地基中心向外取140 m,在深度方向取45 m,计算简图见图11-4所示。由于储罐及CFG桩复合地基均为对称结构,取1/4进行计算分析。

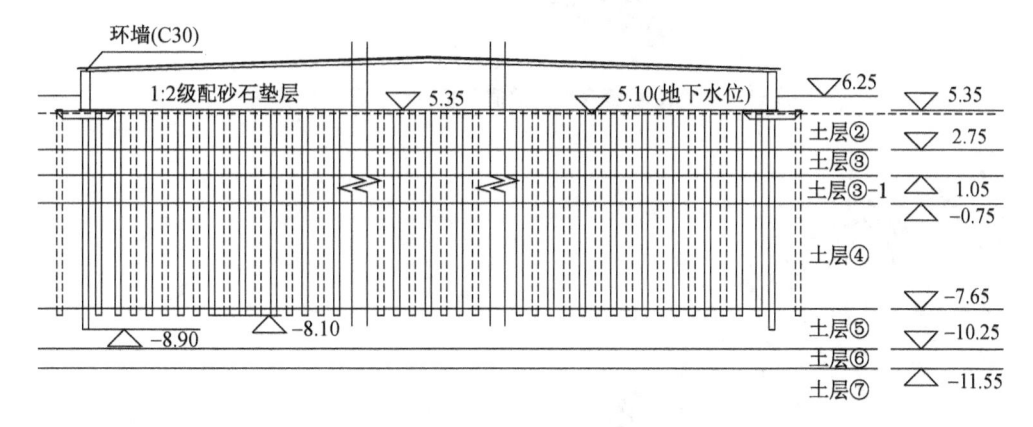

图 11-3 CFG桩复合地基剖面图

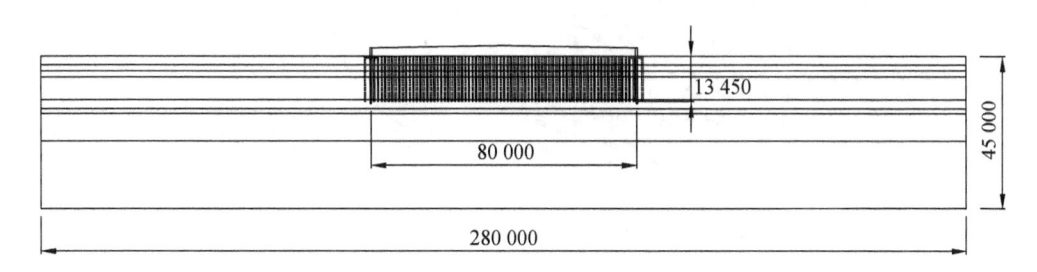

图 11-4 CFG桩复合地基有限元计算简图

在进行储罐CFG桩复合地基有限元分析时,地基土采用空间八节点六面体等参单元,本构模型采用南水双屈服面模型;CFG桩采用空间八节点六面体等参单元,本构模型采用线弹性模型。储罐CFG桩复合地基数值分析有限元三维网格图见图11-5,真实地模拟CFG桩群和桩间土,储罐复合地基CFG桩的模型见图11-6。三维有限元计算模型共 358 690 个节点,341 370 个单元。

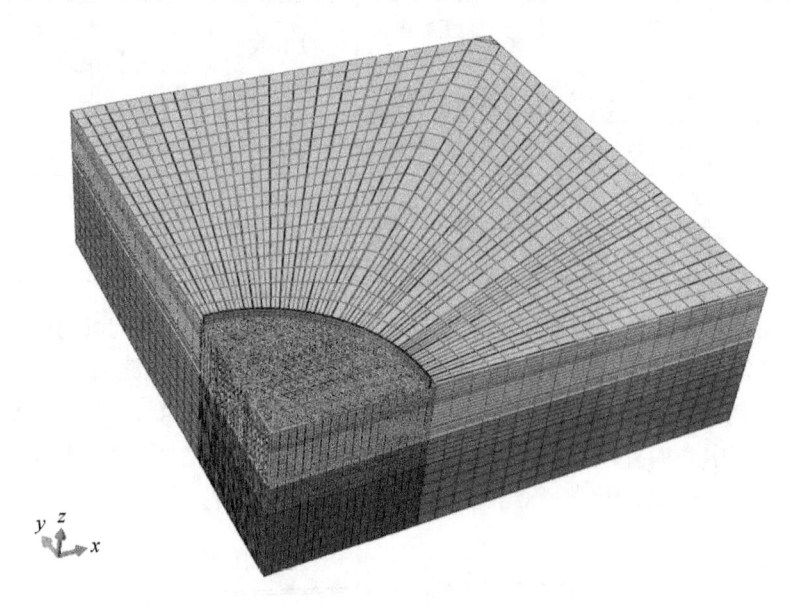

图 11-5　CFG 桩复合地基数值分析有限元三维网格图

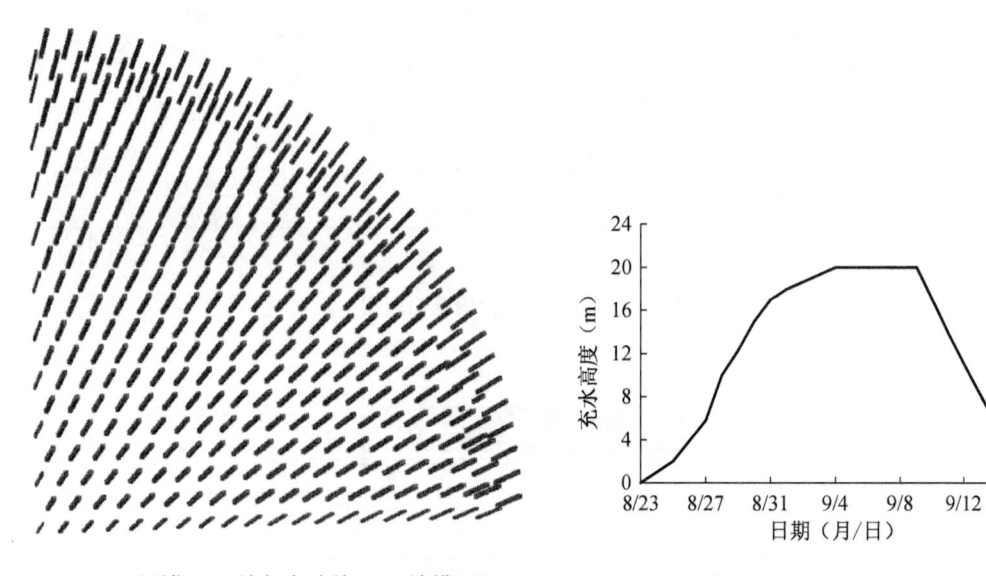

图 11-6　储罐 CFG 桩复合地基 CFG 桩模型图　　　　图 11-7　充水过程线

有限元计算模型的边界约束条件为:四周边界施加水平约束,即 $u_x = u_y = 0$;底部边界施加三向约束,即 $u_x = u_y = u_z = 0$。

储罐地基采用充水预压加固,充水荷载视储罐运行储油要求而定,本案例最大充水高度 19.2 m,历时 24 天,其中充水过程历时 10 天,恒压历时 7 天,泄水过程历时 7 天。为仿真模拟充水荷载对储罐地基变形的影响,计算分 8 级模拟充水荷载,与实际的充水高度和时间一致,充水过程线见图 11-7,充水日期与充水高度见表 11-2。

表 11-2　充水日期和充水高度

日期	充水高度(m)	日期	充水高度(m)
2010/8/23	0.0	2010/8/31	17.0
2010/8/25	2.0	2010/9/01	18.0
2010/8/27	5.8	2010/9/02	19.2
2010/8/28	10.0	2010/9/09	19.2
2010/8/29	12.3	2010/9/16	0.0
2010/8/30	15.0		

在地基钻孔取原状土样进行物理力学性质试验，根据试验结果得到地基各土层的计算参数，CFG 桩的计算参数如下：重度 $\gamma = 25 \text{ kN/m}^3$，弹性模量 $E = 22\,000 \text{ MPa}$，泊松比 $\nu = 0.20$。

11.1.3　计算成果分析

11.1.3.1　储罐 CFG 桩复合地基沉降分布规律

（1）充水高度 19.2 m 恒压时相当于运行期满储时储罐 CFG 桩复合地基的沉降云图见图 11-8。

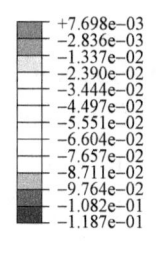

图 11-8　恒压时 CFG 桩复合地基沉降云图

从图 11-8 可以发现，储罐地基表面的沉降中心最大，环墙最小，呈碟形分布。由于 CFG 桩的存在，加固区沉降等值线相对稀疏，荷载向深层传递，改变了地基的变形，加固区下卧层沉降等值线密集，沉降向深层土体发展，导致下卧土层产生了较大的压缩变形。

（2）在充水预压期间，储罐地基表面的沉降随充水高度变化关系曲线见图 11-9（注：图中 h 为充水高度，m）。随着充水高度的增加，储罐地基的沉降随之增加。储罐基础范围内，沉降呈碟形分布，从储罐地基中心到环墙沉降逐渐减小。储罐地基中心的沉降最大，最大值为 123 mm，环墙的沉降最小，沉降值为 45 mm，环墙的沉降为储罐中心的 37% 左右，两者的差异沉降为 78 mm。储罐基础范围外，距环墙 15 m 左右处地面沉降为 0，距环墙 15 m 以外，地面发生了较小的隆起，最大隆起量约 10 mm。

（3）储罐地基中心的最大沉降值为 123 mm，距中心 0.7R（R 为储罐的半径）即 28 m

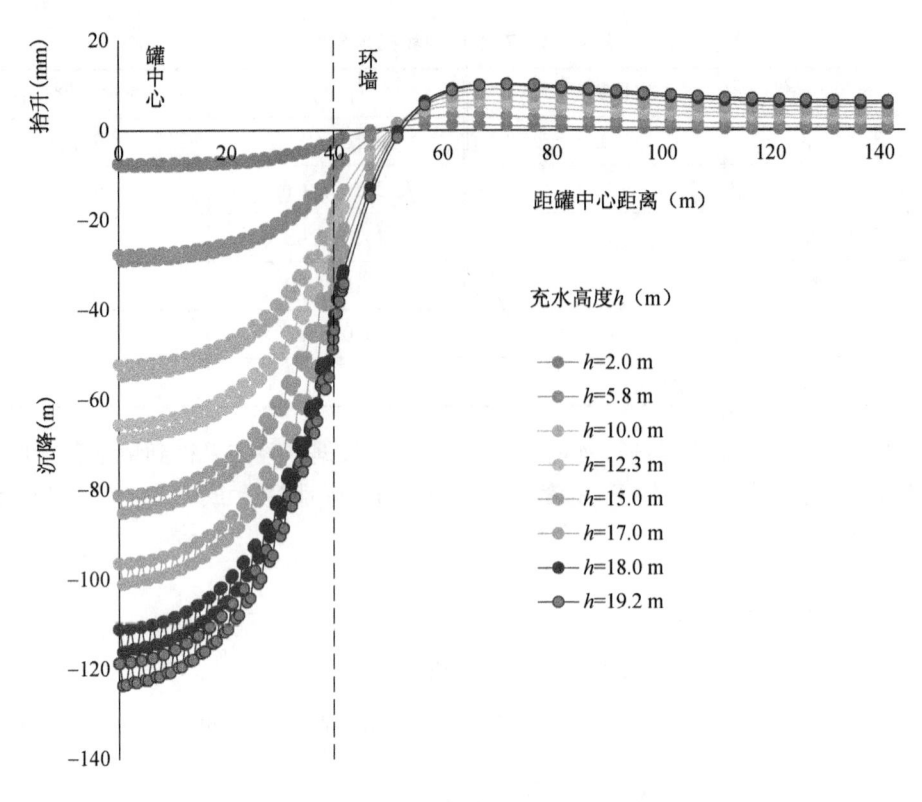

图 11-9　CFG 桩复合地基沉降随充水高度变化曲线

处的最大沉降值为 96 mm,沉降减小 27 mm,说明在储罐地基中心 0.7R 范围内沉降值变化幅度不大,将其定义为沉降核心区(沉降值变化幅度约为 20%),0.7R～环墙的环形区内地基沉降迅速减小,将其定义为沉降非核心区。沉降核心区的面积约为储罐地基面积的 1/2。

(4) 有限元法的计算值与实测值的对比见表 11-3,计算值与实测值相差不大,趋势一致,说明有限元分析计算结果合理,符合实际。

表 11-3　地基沉降计算值与实测值的对比

项 目	沉降(mm)		
	罐基中心	0.5R	环墙
计算值	123	111	45
实测值	110	90	41(最大值)

(5) 卸载后储罐 CFG 桩复合地基沉降分布

卸载结束后储罐 CFG 桩复合地基的沉降云图见图 11-10。

从图 11-10 可以发现,充水预压卸载后储罐地基的沉降仍呈碟形分布。卸载结束后储罐地基中心的沉降为 48 mm,CFG 桩复合地基发生了回弹,最大回弹量 75 mm,不可恢复的变形占总沉降量的 39% 左右,实测的不可恢复的变形在总沉降中的比例占了 41%～65%,计算回弹量比实测回弹量稍大。充水对 CFG 桩复合地基进行了有效预压。

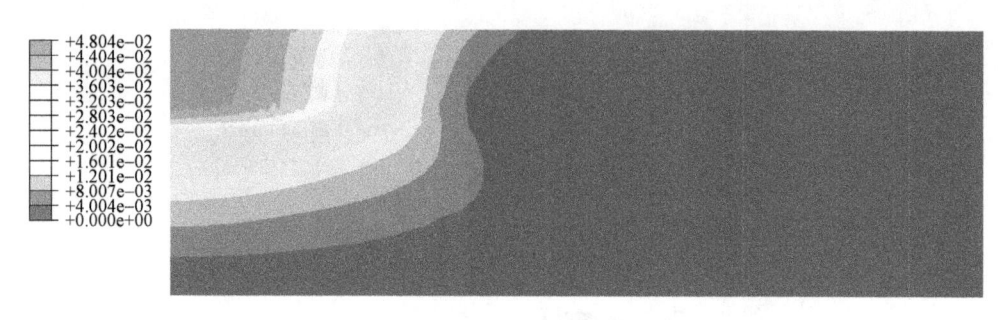

图 11-10 卸载后 CFG 桩复合地基沉降云图

从以上分析可知：大型储罐 CFG 桩复合地基的沉降呈内大外小的碟形分布,距储罐地基中心 $0.7R$ 范围内的沉降值变化幅度不大；由于附加应力向地基深层传递,加固区下卧土层产生了较大的压缩变形；泄水后,CFG 桩复合地基发生了回弹。

11.1.3.2 储罐 CFG 桩复合地基孔隙水压力分布规律

在充水预压过程中,储罐地基中心、距储罐地基中心 $0.25R(10\ \text{m})$、$0.5R(20\ \text{m})$、$0.75R(30\ \text{m})$ 及 $1.0R$(环墙下)同一测点不同深度土层中产生的孔隙水压力计算值与实测值的过程线见图 11-11 至图 11-15。

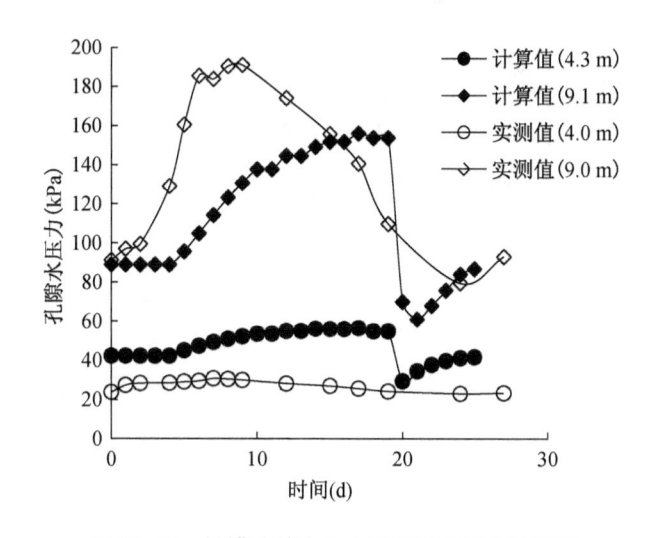

图 11-11 储罐地基中心土层孔隙水压力过程线

从图 11-11 至图 11-15 可以看出：

(1) 储罐地基中心下土层的孔隙水压力最大,从储罐地基中心向环墙逐渐减小,环墙下土层孔隙水压力最小。

(2) 在充水荷载作用下,由于第③-1 层含粉质黏土砂渗透性较好,第④层粉质黏土中 9.1 m 深度处的超静孔隙水压力比第③-1 层土中 4.3 m 深度处的超静孔隙水压力大。

(3) 在充水过程中,孔隙水压力的计算值与实测值的过程线在规律上类似。泄水时,超静孔隙水压力的计算值比实测值消散得更快,可能与第⑤层中粗砂渗透系数类比取值有关。

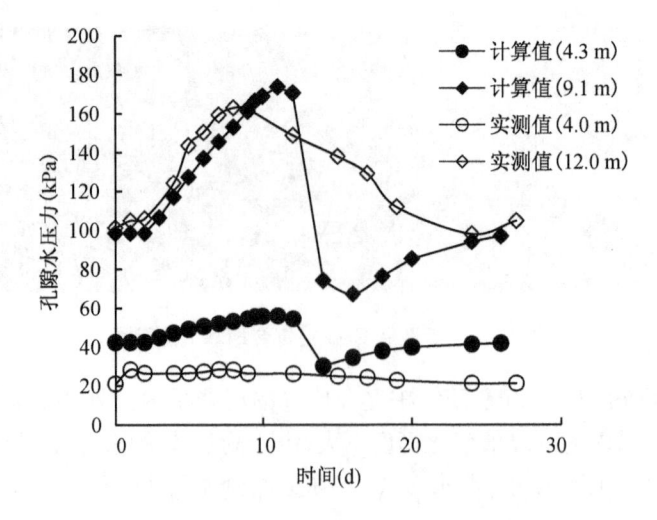

图 11-12　距储罐地基中心 $0.25R(10\ \mathrm{m})$ 土层孔隙水压力过程线

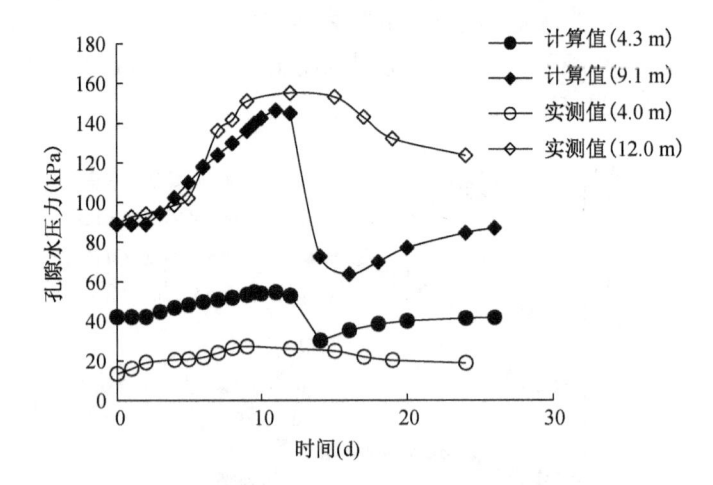

图 11-13　距储罐地基中心 $0.5R(20\ \mathrm{m})$ 土层孔隙水压力过程线

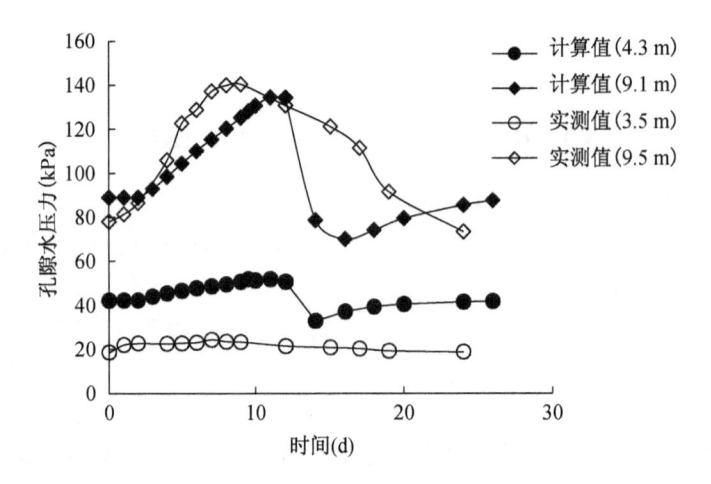

图 11-14　距储罐地基中心 $0.75R(30\ \mathrm{m})$ 土层孔隙水压力过程线

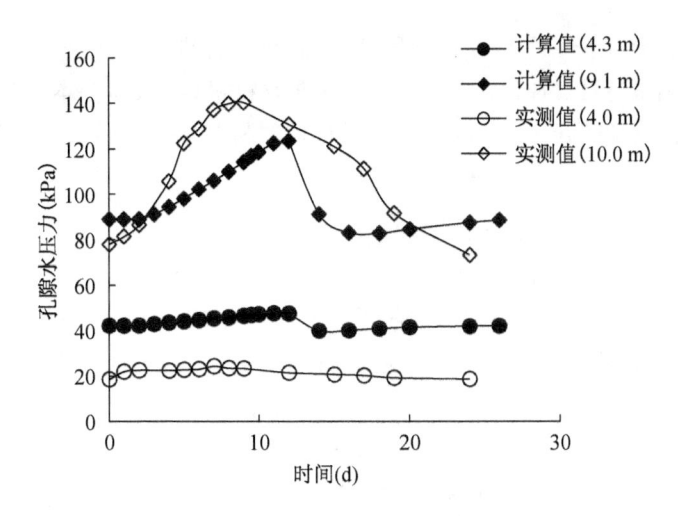

图 11-15　距储罐地基中心 1.0R(环墙下)土层孔隙水压力过程线

不同测点孔隙水压力和超静孔隙水压力计算值与实测值的对比见表 11-4。从表 11-4 可以看出,孔隙水压力和超静孔隙水压力的最大值的计算值和实测值分布规律一致,在数值上比较接近。

表 11-4　不同测点孔隙水压力计算值与实测值的对比

	测点位置	罐基中心	0.25R	0.5R	0.75R	环墙
	测点深度 z(m)	9.1	9.1	9.1	9.1	9.1
	地基土性	第④层粉质黏土				
	附加应力 p_n(kPa)	241.3	241.1	240.1	235.9	116.6
计算值	孔隙水压力 u(kPa)	173.5	156.1	146.3	134.5	123.5
	超静孔隙水压力 Δu(kPa)	75.1	67.3	57.5	45.7	34.8
实测值	孔隙水压力 u(kPa)	190.9	162.8	155.2	140.3	124.9
	超静孔隙水压力 Δu(kPa)	99.8	61.6	61.1	62.4	31.2

孔隙水压力和超静孔隙水压力三维有限元的计算结果与实测值在分布规律上基本一致,数值上比较接近,因此可以采用有限元计算结果分析荷载作用下产生的储罐地基不同深度处的超静孔隙水压力的大小、分布以及消散规律。

11.2　堆场吹填土地基加固设计数值分析

11.2.1　工程概况

11.2.1.1　基本概况

某海港散货码头煤炭堆场纵向长约 1 454 m,横向宽约 925 m,占场地面积约 135 万 m^2,

包括9条煤炭堆场(1#～9#)、2条预留煤炭兼顾矿石堆场(10#～11#)、5条堆料机(BD1～BD5)、5条取料机(BQ1～BQ5)及1条堆取料机(BDQ1)。本文的研究对象为2条预留煤炭兼顾矿石堆场(10#～11#)地基及堆取料机(BDQ1)轨道床地基。

11.2.1.2 地基土性

场区内地基土自上而下分为4个大层：

第①层素填土：稍湿，松散，主要以黏性土及碎石土为主，含少量块石层。第②层中粗砂：松散～稍密，吹填形成。第②-2层淤泥质粉质黏土：流塑～软塑，吹填形成，压缩性高，干强度中等，韧性中等。第②-3层粉质黏土：可塑，压缩性中等，干强度中等，韧性中等。第②-4层中砂：湿，松散～稍密。第③层淤泥质粉质黏土：流塑～软塑砂。④层粉质黏土：软塑～可塑，压缩性中等，干强度中等，韧性中等。10#、11#堆场及BDQ1堆取料机轨道床淤泥质土区域典型土层分布见图11-16。

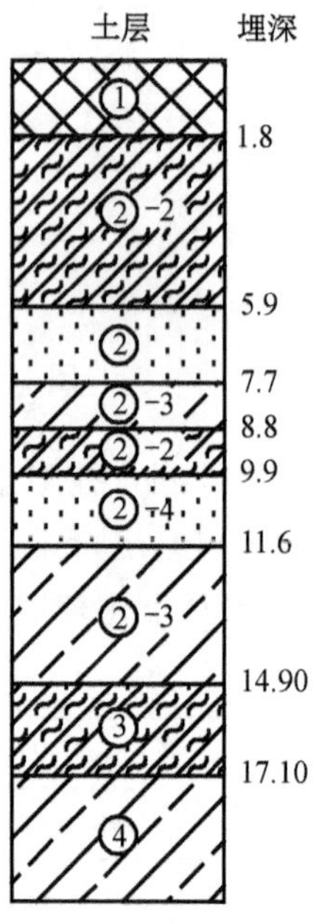

11.2.2 地基处理要求

（1）堆场地基：兼顾矿石的2条堆场后期矿石堆高为14 m，地基承载力 $f_{ak} \geqslant 200$ kPa，残余沉降 $\leqslant 400$ mm。

（2）轨道梁道床地基：地基承载力 $f_{ak} \geqslant 200$ kPa，不均匀沉降 $\leqslant 100$ mm/100 m，残余沉降 $\leqslant 200$ mm。

11.2.3 地基处理方案

图 11-16 典型土层分布

11.2.3.1 地基特点

根据以上分析，加固区具有以下典型特征：

（1）场地为吹填土地基，软土层厚度大(15 m左右)，淤泥质粉质黏土埋深较浅(2.0 m左右)，强度低(标贯基数 $N_{63.5}$ 为1击左右，地基承载力特征值 $f_{ak} = 40$ kPa)，压缩性高。

（2）堆场区地基承载力要求高($f_{ak} \geqslant 200$ kPa)，轨道床区变形控制严(不均匀沉降 $\leqslant 100$ mm/100 m，残余沉降 $\leqslant 200$ mm)，地基处理需要有效解决承载力不足、沉降和不均匀沉降等问题。

（3）矿石堆高最高达14 m，需要分析矿石加载过程中的地基稳定性。

（4）矿石加载过程中，将会影响轨道床地基的变形和稳定，地基加固设计时需要充分考虑这一因素的影响。

11.2.3.2 地基处理设计

（1）堆场

堆场地基处理常用的方法有强夯、碎石桩、水泥搅拌桩等。本工程淤泥质粉质黏土埋深较浅，强夯法加固不适用于本工程。天然地基承载力40 kPa左右，处理后的地基承载力要求为 200 kPa，提高幅度大，若采用水泥搅拌桩复合地基，难以满足承载力要求。由于振冲碎石桩既可改善桩间土的性质，也有置换作用，可与褥垫层一起形成碎石桩复合地基，较大幅度地提高地基承载力。初步拟定设计参数：采用 75 kW 振冲器施工，桩径 1.0 m，桩间距 3.0 m，置换率约 10.4%，桩长 10 m。

（2）堆取料机轨道床

堆取料机轨道床对地基变形要求严，采用碎石桩复合地基虽可满足承载力要求，但沉降难以控制，因此拟采用振冲碎石桩中内插素混凝土桩的加固方案，即碎石桩加素混凝土桩的多桩型复合地基，充分发挥两种处理方法的优势。这种地基处理方法地基承载力提高幅度更大，变形更小，已在铁路路基、储罐地基、建筑地基等加固工程中得到较广泛的应用。轨道床地基碎石桩呈矩形分布，排距 2 m，行距 2.5 m，在 4 根碎石桩形心处插 1 根素混凝土桩。素混凝土桩桩径 0.4 m，桩穿透第③层淤泥质粉质黏土，桩底标高 −11.0 m 左右，砼强度等级 C20。

地基处理平面图及剖面图分别见图 11-17 和图 11-18。

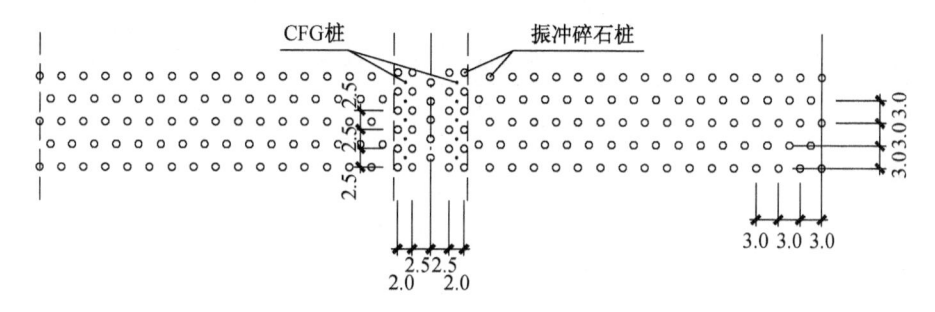

图 11-17 地基处理平面布置图（单位：m）

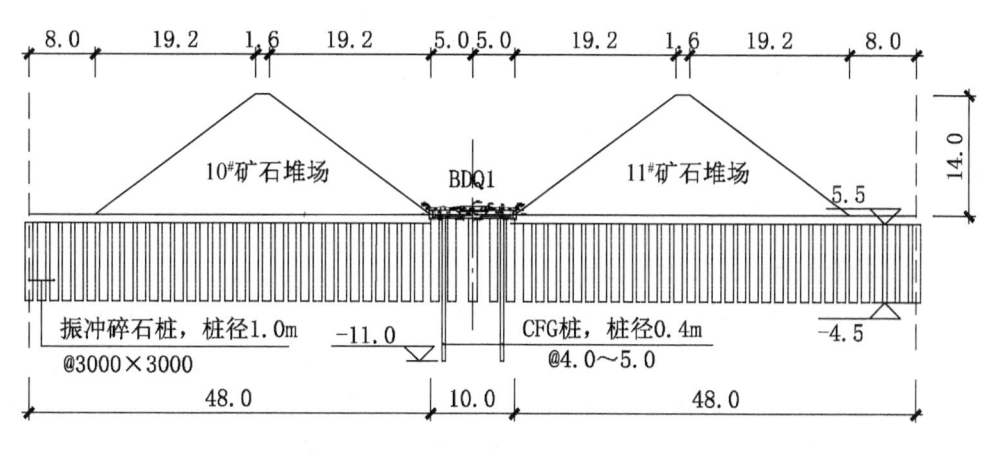

图 11-18 地基处理剖面图（单位：m）

11.2.4 地基沉降预测

为验证上述地基处理方案的有效性和合理性，需要计算在荷载作用下堆场和轨道床地基的水平位移和沉降。

11.2.4.1 计算方法及参数

计算分析采用基于 Biot 固结理论的有限元方法,地基土本构模型采用"南水"双屈服面弹塑性模型,素混凝土桩采用线弹性模型。

第②-2 层淤泥质粉质黏土原始参数及采用振冲碎石桩加固后的综合参数采用 Y 和 N 区别表示。对于素混凝土桩,采用实体单元模拟,计算时根据桩间距,按抗压刚度等效的原则对弹性模量进行折算,即将圆桩按面积换算成方桩,素混凝土桩的直径 400 mm,换算成方桩的边长为 354 mm,假设桩间距为 L,素混凝土桩弹性模量为 E,折算模量为 E_1,则:$2\times 35.4^2 E=(35.4+L)\times 35.4 E_1$,$E_1=70.8E/(35.4+L)$,素混凝土桩为 C20 混凝土,其弹性模量 $E=25$ GPa。素混凝土桩的桩间距为 2 500 mm,折减后弹模为 $E_1=0.248E=6.2$ GPa。计算参数见表 11-5。

表 11-5 计算参数

土 层	ρ (g/cm³)	Φ (°)	c (kPa)	K	n	R_f	R_d	C_d	n_d
素填土	1.80	25	20	250	0.75	0.70	0.52	0.04	0.6
中粗砂②(Y)	1.94	28	0	320	0.60	0.80	0.58	0.01	1.2
中粗砂②(N)	1.98	36	0	420	0.58	0.80	0.58	0.007	1.2
淤泥质土②-2(Y)	1.74	18	15	150	0.62	0.77	0.52	0.08	0.6
淤泥质土②-2(N)	1.74	25	15	250	0.58	0.78	0.55	0.04	0.6
粉质黏土②-1、3	1.93	22	23	220	0.55	0.75	0.56	0.02	1.0
中砂②-4	1.98	28	0	320	0.60	0.80	0.58	0.01	1.2
淤泥质土③	1.78	20	18	180	0.61	0.78	0.54	0.06	0.8
粉质黏土④	1.94	26	25	280	0.54	0.75	0.57	0.02	0.9
矿石粉	2.5	40.0	0	250	0.50	0.75	0.56	0.02	0.9

11.2.4.2 数值分析模型及计算工况

图 11-19 为振冲碎石桩加固区矿石堆场典型剖面有限元网格图。考虑到轨道两侧堆场的对称性,计算时左右边界取堆场的中心线。矿石堆场堆高 14 m,计算时地基深度取 50 m。约束条件为:左右两侧边界为侧向约束边界,底部为固定约束边界。计算采用逐级加载的方式模拟堆场堆高过程,分 9~10 级施加。根据堆场的实际运行情况,计算工况取为:(1)轨道床两侧对称堆载;(2)轨道床单侧堆载。

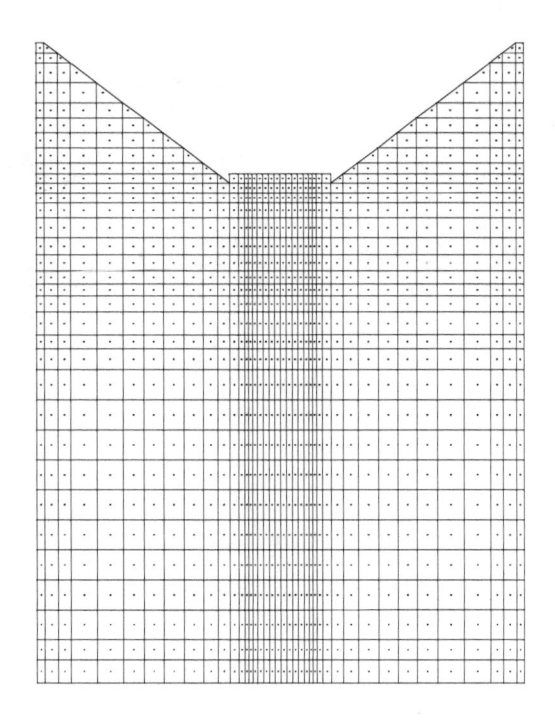

图 11-19 典型剖面有限元网格图

11.2.5 计算结果及分析

11.2.5.1 轨道两侧对称堆载地基变形分析

轨道两侧对称堆载情况下,矿石堆高分别为 6 m、10 m、14 m 时,地基水平位移及沉降分布见图 11-20 和图 11-21。可以看出:

(1) 轨道两侧对称堆载时,轨道两侧地基变形也对称;地基中水平位移影响深度较小,约在 15 m～20 m,沉降影响深度相对较大。

(2) 随着矿石堆高的增加,地基的沉降和水平位移也不断增加。矿石堆高 6 m、10 m、14 m 情况下,地基最大沉降分别为 177.9 mm、246.4 mm、276.1 mm,轨道床的最大沉降分别为 36.4 mm、46.5 mm、51.1 mm。

(3) 矿石堆载过程中,堆载高度较小时,地基表层土呈现向两侧挤压、深层土体呈现向轨道床中心挤压的态势,随着堆载高度的增加,地基水平位移主要为向轨道床中心的位移,矿石堆载高度 6 m 时,表层土体向两侧的挤压位移已不明显,而深层土体向中心位移最大值 9.6 mm。矿石堆高 10 m 以上时,地基土主要表现为向中心位移,矿石堆高 10 m 和 14 m 时,水平位移最大值分别为 14.5 mm 和 16.7 mm。

(a) 矿石堆高 6 m

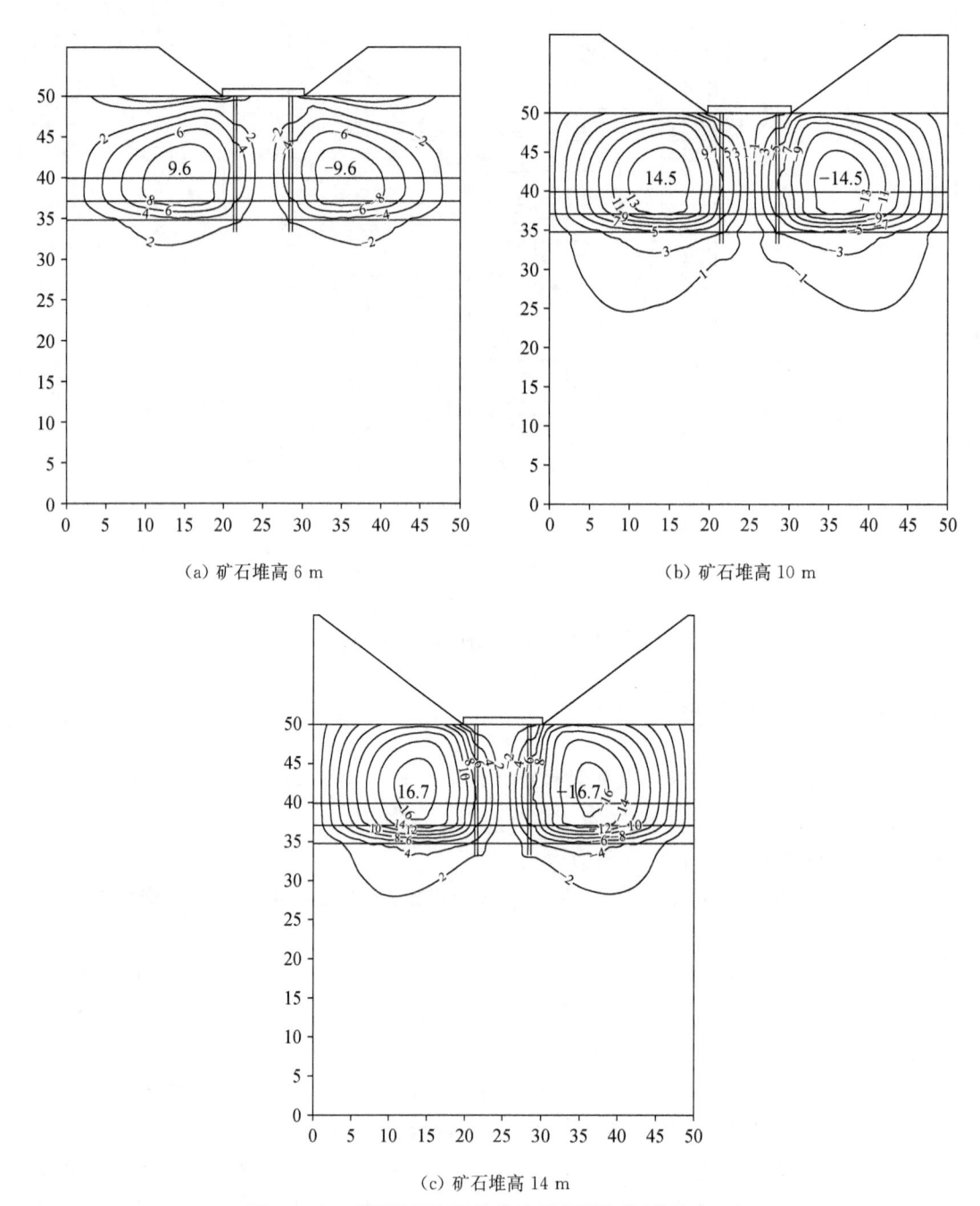

(b) 矿石堆高 10 m

(c) 矿石堆高 14 m

图 11-20 矿石堆场两侧堆载地基水平位移(单位:mm)

(a) 矿石堆高 6 m

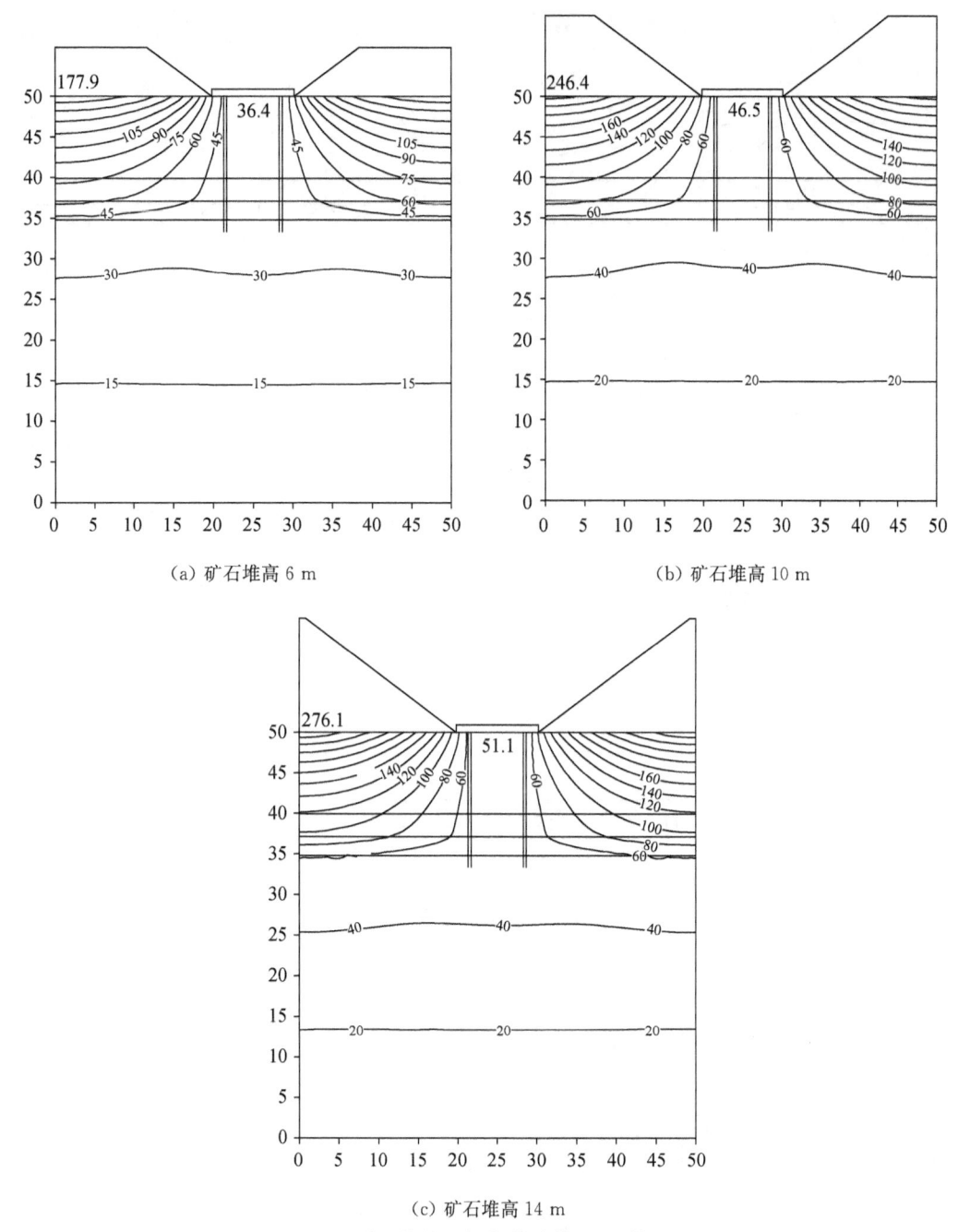

(b) 矿石堆高 10 m

(c) 矿石堆高 14 m

图 11-21　矿石堆场两侧堆载地基沉降(单位:mm)

11.2.5.2　轨道一侧堆载情况下地基变形

单侧堆载情况下,矿石堆高分别为 6 m、10 m、14 m 时地基的变形分布见图 11-22、图 11-23。不同堆载方式、不同矿石堆高情况下堆场地基土和轨道床地基的沉降及水平位移极值见表 11-6。可以发现:

(a) 矿石堆高 6 m

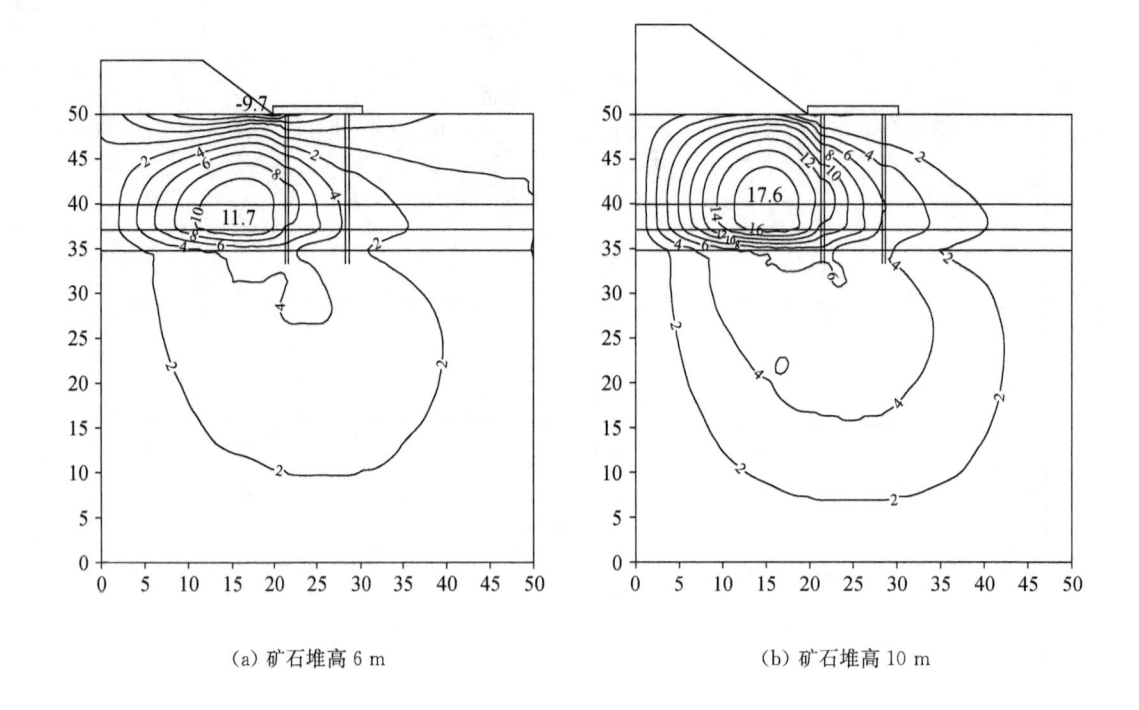

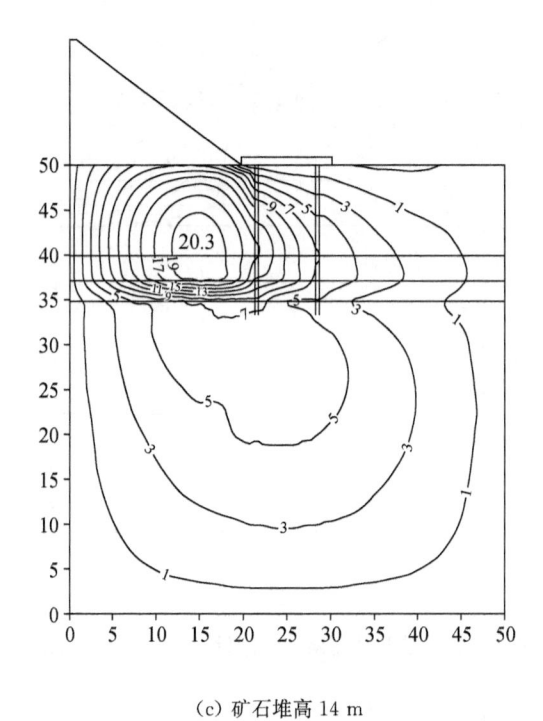

(b) 矿石堆高 10 m

(c) 矿石堆高 14 m

图 11-22　矿石堆场单侧堆载地基水平位移(单位:mm)

(a) 矿石堆高 6 m

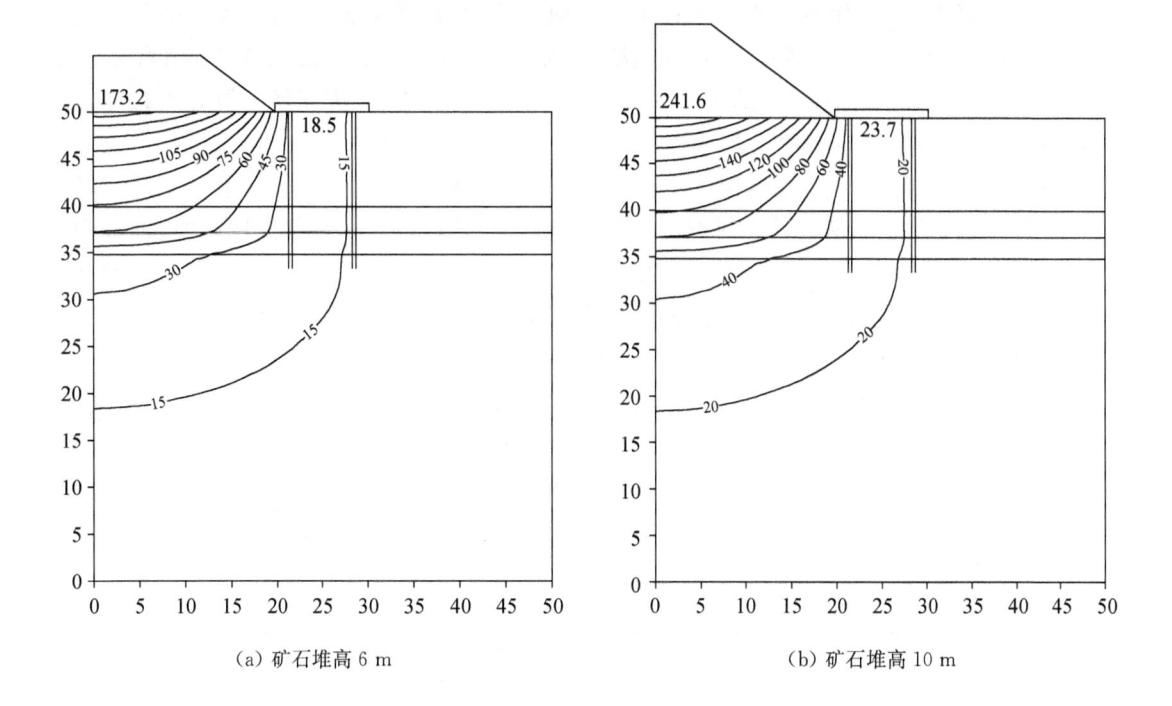

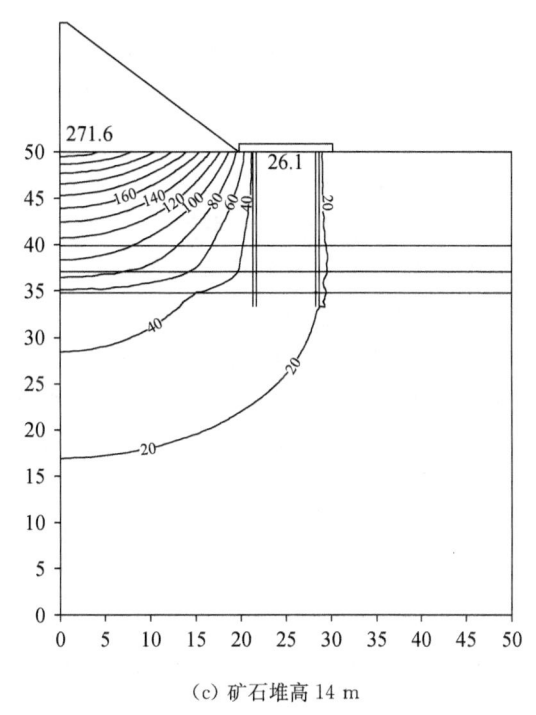

(b) 矿石堆高 10 m

(c) 矿石堆高 14 m

图 11-23 矿石堆场单侧堆载地基沉降(单位:mm)

（1）单侧堆载时,沉降基本发生在堆载一侧,3种堆高情况下,地基最大沉降分别为173.2 mm、241.6 mm和271.6 mm,轨道床最大沉降分别为18.5 mm、23.7 mm和26.1 mm。与双侧堆载情况相比,地基最大沉降计算结果较为接近,轨道床最大沉降大致在双侧堆载最大沉降的一半。

（2）单侧堆载情况下,地基土水平位移分布与两侧堆载情况下有较大差异。两侧堆载情况下,由于轨道床两侧荷载对称,轨道床两侧水平位移也对称。单侧堆载时,地基中水平位移的影响范围明显较大,由于空载一侧没有荷载抵御堆载侧地基的挤压变形,地基土向空载一侧位移,同时向深度方向位移影响范围也较大。三种堆高情况下,地基土向空载一侧最大水平位移分别为11.7 mm、17.6 mm和20.3 mm。

表11-6 地基沉降及水平位移极值　　　　　　　　　　　单位:mm

项 目	堆高6 m 双侧堆	堆高6 m 一侧堆	堆高10 m 双侧堆	堆高10 m 一侧堆	堆高14 m 双侧堆	堆高14 m 一侧堆
地基沉降	177.9	173.2	246.4	241.6	276.1	271.6
轨道床沉降	36.4	18.5	46.5	23.7	51.1	26.1
地基水平位移	9.6	11.7	14.5	17.6	16.7	20.3

11.2.5.3 稳定性分析

稳定分析采用瑞典条分法计算,按总应力法进行分析,地基土、矿石及煤粉材料计算参数表11-5。分别针对矿石堆高6 m、8 m、10 m和14 m情况进行抗滑稳定计算,计算结果见表11-7。

从表11-7可以发现：各种矿石堆高情况下,矿石堆高6 m和8 m时,抗滑稳定安全系数分别为1.395和1.322,大于允许最小安全系数1.3。矿石堆高10 m和14 m时,抗滑稳定安全系数计算结果为1.254和1.202,比允许值稍小。因此,建议堆场使用过程中,矿石不宜一次性堆高到10 m以上,应该分级堆载。

鉴于矿石堆场淤泥质土层埋深较浅,采用振冲碎石桩进行了加固处理。碎石桩桩体具有良好的排水性能,在堆场应用过程中,地基通过排水固结,强度会有所提高。建议矿石堆高6 m、8 m工况运行一段时间后,逐步将矿石堆高提升到10 m,再运行一段时间后,逐步将矿石堆高提升到12 m、14 m。

表11-7 不同矿石堆高地基稳定性

矿石堆高(m)	6	8	10	14
安全系数(F_s)	1.395	1.322	1.254	1.202

第 12 章
海上风机基础结构数值模拟

海上风机基础区别于一般建筑结构基础,兼有大型动力设备基础、高耸建筑结构基础、海洋工程结构基础的特性。综合考虑海上风电结构的外形特征、材料性能、施工安装方式等多个因素,海上风电场的基础结构形式可划分为:重力式基础、单桩基础、三脚架/导管架基础、高桩承台基础、以及吸力式基础和浮式基础等。风机基础在使用期需要承受风、波浪、水流、冰等环境要素产生的荷载作用,还可能承受船舶撞击荷载。这些荷载在不同时间、地点的大小和方向具有不确定性。相对于陆上风机,海上风机往往更加大型化,风力发电机荷载也较陆上更大,同时必须考虑波浪、水流等周期性往复荷载的作用,风机基础结构的疲劳性损伤概率远比陆上风机基础的要高。

由于海上风机各项荷载带有明显的动力特性,地基土在动力荷载作用下容易产生塑性变形,在这样的情况下,桩-土动力相互作用对桩基承载力有较大影响,尤其是桩基水平和竖向抗拔承载力。海上风机基础承载特性的研究比较复杂。例如,大直径钢管桩现场静载荷试验时需要加载的外力很大,试验难以成功,限制了大直径桩的试验资料积累。由于物理模型方法难以对海上风机基础在环境荷载作用下结构强度、多荷载联合作用下动力响应、循环荷载作用下疲劳寿命进行全面研究,因此本章将通过典型工程结合数值计算手段对上述问题进行分析。

12.1 海上风机基础的形式和特点

12.1.1 重力式基础

重力式基础(见图 12-1)形式简单,成本相对来说较低,主要采用钢筋混凝土的沉箱结构,使用环境为天然基地好的区域。重力式基础一般采用预制的空腔结构,一般为圆形,空腔中间填充砂、碎石,使基础有足够自重抵抗各种各样的荷载对基础产生的水平滑动、倾覆;圆形结构承受的波浪、水流力比方形结构小;基础尺寸的确定依据是

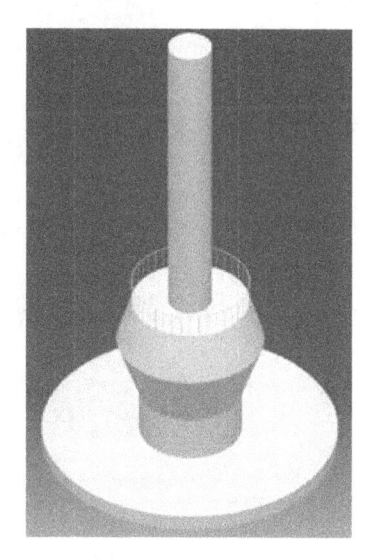

图 12-1 重力式基础

验证地基承载力以及抵抗滑动、倾覆所需要的抗力能否满足。同时，基础底部配有预应力钢筋，用以控制裂缝并达到较好的防腐蚀效果。

12.1.2　单桩基础

单桩基础（见图 12-2）通常为单根钢管桩基础，安装在水下及海床内，其插入深度取决于水深和海床地质条件，稳定性取决于所嵌入的土层。桩和塔架之间的连接需要通过法兰或者转换平台调平，桩的直径由荷载确定，壁厚约为桩直径的 1%。单桩基础结构相对简单，便于施工准确定位。

12.1.3　多桩基础

12.1.3.1　三脚架/导管架基础

这两种基础形式通常为多根固定桩基础和多根钢管桁架组合形成的构架，利用多根钢管桩固定，安装在水下及海床内。结构整体刚度大，可以将风机以及塔筒传来的弯矩荷载转化为多根桩的承压和抗拔荷载，减小结构本身所受的弯矩。

由于三脚架/导管架结构在水中的部件较多，其所受的波流力较单桩基础偏大。三桩基础与四桩基础相比，三桩基础桩径要大一些，两者整体刚度相差不大，但四桩结构杆件与桩基数量更多。

图 12-2　单桩基础

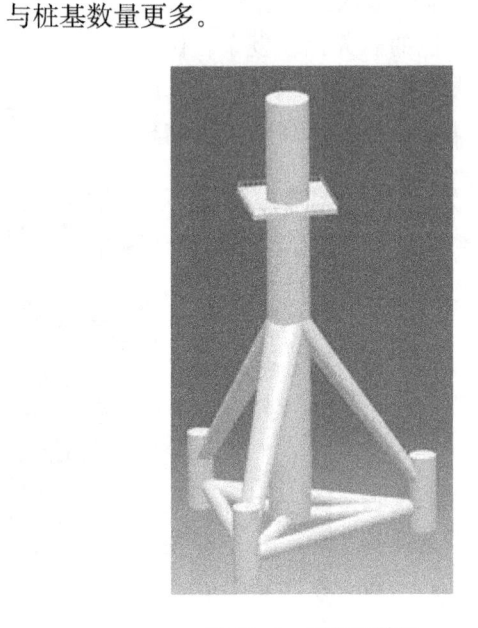

图 12-3　三脚架基础　　　　图 12-4　导管架基础

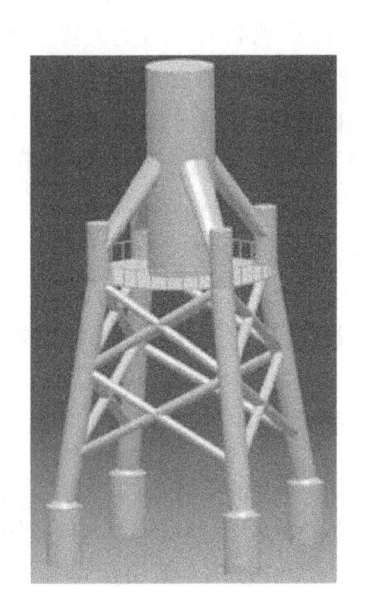

12.1.3.2 高桩承台基础

高桩承台基础是港口工程中的常见结构,由基桩和利用钢底模和侧模现浇钢筋混凝土圆柱型承台结构。由于承台底面积较大,因此其受到的各种荷载较大,倾覆力矩同样也大,从而加大了桩基的上拔力,后果就是造成布桩数量的增加或桩径的增大。东海风电场采用的即为此种基础。

12.1.4 其他形式基础

除了以上基础形式外还有吸力式基础、悬浮式基础结构以及复合式基础结构等,这几种基础形式尚处于试验阶段。

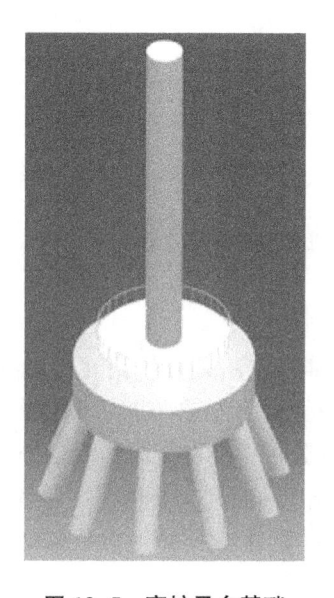

图 12-5 高桩承台基础 图 12-6 吸力式基础

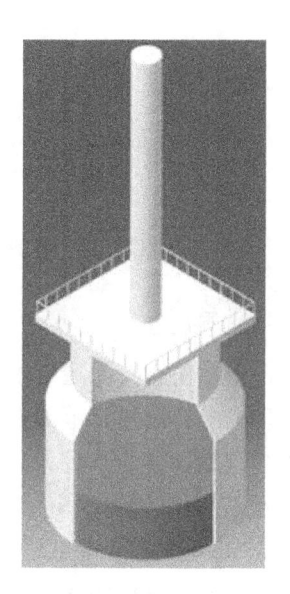

12.2 海上风机基础模型建立

12.2.1 模型几何参数

本节以桩桶复合式海上风机基础为例。海上风电桩桶复合基础作为一种新型基础型式尚没有工程实例。所以根据现有的海上风电单桩基础的几何尺寸来确定所研究的桩桶复合基础的几何尺寸。文中研究海上风电桩桶复合基础的承载特性时所采用的典型几何尺寸见图 12-7。其中桶体外径 $D = 12$ m,桶体高度 $h = 3$ m,泥面以上预留连接段长度 $l = 3$ m,桶壁厚度 50 mm;桩体的入土深度 $Z = 40$ m,泥面以上桩长 $L = 15$ m,桩体外径 $d = 4$ m,桩壁厚 50 mm;在桩体与桶体的连接部位留有 0.1 m 的间隙,用于安装完成后水下混凝土灌浆。

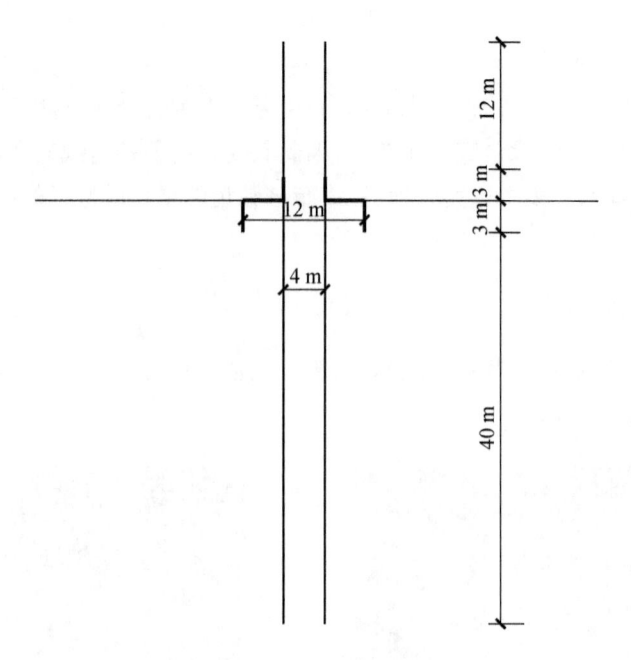

图 12-7　桩桶基础二维典型几何尺寸图

12.2.1.1　模型的边界尺寸

在有限元分析中常使用有限边界来模拟无限边界,并且假定有限边界上的边界条件是完全约束的。理论上有限边界范围设置的越大计算结果与实际的符合程度更好,但是计算边界过大则会造成计算成本过大。大部分分析中会在无限边界延伸的方向上截取结构长度的3~5倍作为有限边界。由于桩桶复合基础具有不规则性,为消除边界效应的影响,本文计算区域中在桩底以下取5倍的桩径的范围,水平方向取5倍桶径的范围。

12.2.1.2　网格划分与单元选取

根据桩桶复合基础的几何尺寸与模型边界尺寸建立三维模型,为计算收敛需人工在边界区域加密网格。建立的三维模型见图12-8。在三维单元选择时,线性缩减积分单元

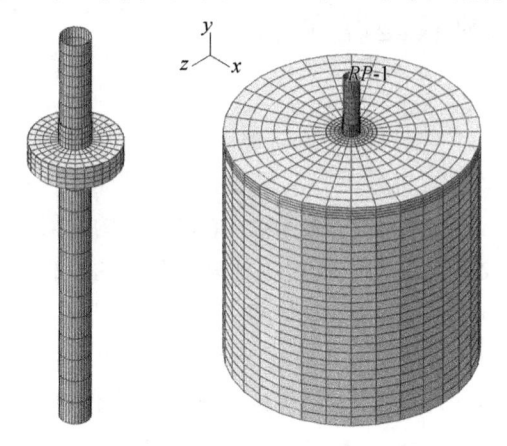

图 12-8　桩桶复合基础三维模型图

有如下几个优点:位移的求解结果精确;网格扭曲变形,计算精度可以保证;不易产生剪切自锁;计算成本相对较小。由于有这些优点,本文中桩桶复合基础中的所用单元均采用六面体减缩积分单元(C3D8R)。

12.2.2 材料的本构模型和参数

12.2.2.1 钢材的本构关系

钢材是典型的弹塑性材料,ABAQUS中自带的钢材的本构模型简单通用,设置材料参数方便,且便于有限元的计算。在有限元计算中钢材常见的本构模型见图12-9,弹性-理想塑性-硬化塑性模型,是理想塑性与硬化塑性的结合。

本研究对象在 ABAQUS 中钢筋的弹性模量取值为 2.1×10^{11} Pa,泊松比通常取值为 0.3。ABAQUS 中塑性部分的变化规律则是通过输入相应的数值序列的方法来定义的。

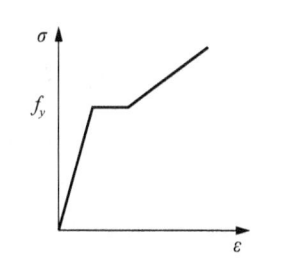

图12-9 弹性-理想弹塑性-硬化塑性模型

12.2.2.2 土体本构关系

土体是一种成分复杂很不均匀的体系,由气体、液体、固体构成,具有明显的各向异性和非线性等特点。

ABAQUS 中提供了几种目前常用的适合于岩土材料的本构模型,包括 Mohr-Coulomb 模型、Drucker-Prager 模型、Cap 模型、Critical State 模型等。Mohr-Coulomb 模型对砂土、黏土等,或者粘结力较小的土体的适用性非常好,同时也可以用于粘结力较大的土体中,它的适用范围较大。而 Drucker-Prager 模型的限制因素较多且误差较大。本文分析中的土体为典型的黏土,因而采用 Mohr-Coulomb 模型较为符合实际情况。

Mohr-Coulomb 模型与率(一般指应变率)变化无关,并且服从经典的 Mohr-Coulomb 屈服准则。Mohr-Coulomb 准则假定,当材料中的任意一点的剪切应力达到在同一平面内与正应力成正比的剪切强度时材料发生屈服。Mohr-Coulomb 模型基于屈服应力状态下根据最大和最小主应力绘制的 Mohr 圆,破坏线是与这些 Mohr 圆相切的直线。

在 ABAQUS 中采用 Mohr-Coulomb 模型时,确定土体的弹性模量和泊松比是一个重点,也是一个难点。因为在实际工程通常使用的是土的压缩模量,即土体在完全侧限的条件下,土在力的作用下应力变化量与相应的竖向应变变化量之间的比值。而弹性模量则是土体在无侧限条件下简单拉伸或压缩得到的。通过相关文献可知土体弹性模量与压缩模量成正比关系,在 ABAQUS 中通常取弹性模量为压缩模量的 3~5 倍。

为了研究海上风电桩桶复合基础的承载性能的规律性,同时为了简化计算,可选取单一土体。

12.2.2.3 混凝土本构关系

在 ABAQUS 中提供了两种专用于混凝土分析本构模型:Concrete smeared cracking model(混凝土弥散开裂模型)和 Concrete damaged plasticity model(混凝土损伤塑性模型)。前者用弹塑性模型描述混凝土的受压行为,用固定的弥散裂缝模型描述混凝土的受拉行为；ABAQUS用户手册中指出，该模型适用于由受拉开裂作为主要控制指标的低围压混凝土构件。本文所研究的海上风电桩桶复合基础中，桩体与桶体之间采用混凝土灌浆，该部分的混凝土运用混凝土弥散开裂模型不太合适。

ABAQUS中的混凝土损伤塑性模型（CDP模型）的依据是Lubliner Lee和Fenves提出的塑性损伤模型。以单轴受力为例，该模型中分别运用损伤指标和来反映混凝土在受拉和受压状态下的刚度减弱。ABAQUS中损伤因子和变化规律是通过相应的数值序列给出。

12.2.3 部件相互作用设置

在ABAQUS中处理接触非线性问题的方法是通过定义不同介质之间接触界面上的力学传递特性，通过Lagrange乘子法或罚刚度方法等接触算法求解接触约束方程。这种方法也称为摩擦接触对算法。在ABAQUS中，接触面的主-从关系非常严格，在定义中要遵循如下原则：选择结构刚度较大的面为主要控制面，刚度较小的为从属控制面。

关于接触面法向相互作用效应，采用"硬"接触，允许结构与土之间脱开。

本文中桩桶复合基础的桩体内外壁，桶体内外壁，桶体内的顶部，桶体底部与土体之间均采用摩擦接触；由于桩体埋深较大，故桩底与土体之间采用Tie绑定连接，即接触部位保持几何变形一致；在桩体与桶体之间的灌浆连接段，桶体与混凝土之间以及桩体与混凝土之间同样保持变形一致，所以也采用Tie绑定连接。

12.2.4 荷载施加与边界条件

ABAQUS中可以设置多种不同的荷载，包括集中力、力矩、压强荷载、施加在壳边上的荷载、施加在面上的荷载、管道压力、体力、重力等等。本文中，在桩体的顶端建立一个参考点，并将该参考点与桩体上表面耦合，而将原本施加于桩体顶端的荷载运用等效荷载施加于参考点。加在参考点上的荷载，会自动转化为施加在桩体顶端相应的节点上的荷载效应。除此之外还要考虑桩桶复合基础以及土体本身的重力作用。

在ABAQUS中边界条件的种类包括Mechanical（力学的）和Other（其他）。其中Mechanical较为常用，主要包括：对称/反对称/完全固定、位移/旋转、速度/角速度、加速度/角加速度等。本文中是运用对称/反对称/完全固定对土体的边界进行定义。土体底部的边界条件采用完全固定，土体周围则采用沿Y轴的反对称，即约束X轴、Z轴方向的位移和Y轴方向的旋转。

12.2.5 初始地应力处理

众所周知在模拟基坑开挖、桩土复合地基、挡土墙等土木工程中，都需要进行初始地应力的平衡，同样在模拟海上风桩桶复合基础时也需要初始地应力平衡。定义初始地应力时需要满足两个条件，包括位移为零的平衡条件以及保证收敛的屈服条件。

基于上述的平衡条件和屈服条件，平衡初始地应力的一种常用方法是：首先应得到仅在重力作用下的土体的应力场。再将得到的应力场导入模型中,作为初始应力场,就可以得到同时满足平衡条件和屈服准则的初始应力场,达到地应力处理的目的。本文中即采用此方法进行地应力平衡,图 12-10 给出了地应力平衡后土体在重力作用下的竖向位移云图。由图 12-10 可知:竖向位移的最大值在 10^{-4} m 级,可以满足精度要求。

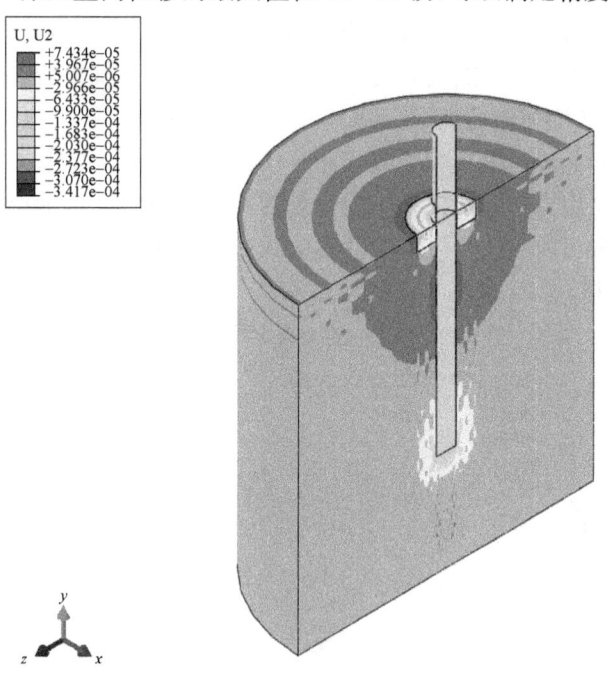

图 12-10 地应力平衡后土体竖向位移

12.3 环境荷载作用下结构强度数值模拟

12.3.1 竖向荷载作用下桩桶复合基础的力学特性

12.3.1.1 竖向承载力分析

桩桶复合基础的竖向承载力由侧摩阻力及端阻力两部分组成,因为受到土体的这两种力,基础才能够承受竖向的荷载。基础的竖向承载力是在基础研究之中首需研究者关注的问题。同样为确保风机能够正常工作,需要研究风电基础所能够承受的竖向极限荷载,其大小不仅仅取决于基础本身的承载性能,同时也与基础周围土体的性质有关。以下即给出用以判断桩基竖向承载力的常用的四种方法:

(1) 根据荷载-位移曲线(Q-S 曲线)的转折点来确定;
(2) 根据 Q-S 曲线之中位移与荷载的增量比的变化来确定;
(3) 以下沉量为限值来确定;
(4) 根据基础顶部的残余下沉量与弹性变形的相关指标确定。

在这几种方法中,当 Q-S 曲线中出现较为明显的转折点时,方法(1)较为简单且更易被认可；Q-S 曲线无明显的转折点之时，可运用方法(2)，但该方法受到人为因素的影响较大，且不同规范对此给出多种不同的确定标准；方法(3)具有简单、明确的特点，但不同国家的对此有不同的数值标准，很难被普遍认可；方法(4)则适用于循环加载，而且同样不同的国家有不同的标准。

本章中所研究的桩桶复合基础的模型参数见第二节。上述桩桶复合基础模型在桩顶竖向荷载作用下的 Q-S 关系曲线见图 12-11。由图可知，桩桶复合基础的竖向位移大小随着单一竖向荷载的增加而增加，并且 Q-S 曲线具有明显的转折点；由转折点之前的曲线近似为直线，可知当竖向荷载较小时竖向位移随着竖向荷载线性增加；转折点之后的曲线斜率明显减小，这就表示竖向位移的变化量随着竖向荷载的增加而迅速变大。因此可以用 Q-S 曲线之中转折点处所对应的竖向荷载的大小来确定桩桶复合基础的竖向承载力的数值，即为 6.142×10^4 kN。

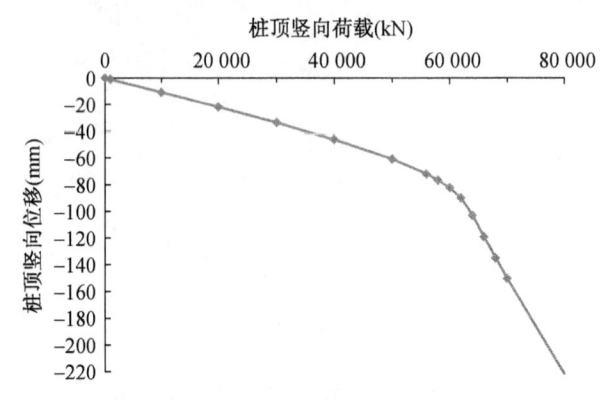

图 12-11　竖向荷载作用下 Q-S 关系曲线

12.3.1.2　竖向荷载下桩桶复合基础的荷载分担

图 12-12 给出了桩桶复合基础在竖向荷载作用下桩体与桶体对荷载的分担图。由图可知，当竖向荷载小于桩桶复合基础的竖向承载力 6.142×10^4 kN 时，桩体与桶体对竖向

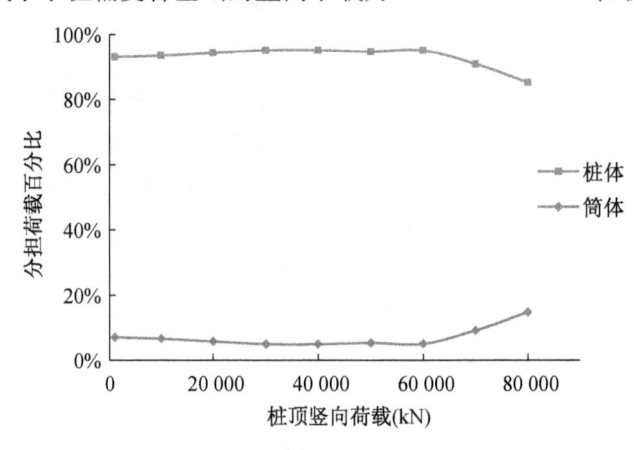

图 12-12　各部件竖向荷载分担图

荷载的分担变化幅度很小,其中桩体承担了约94%,桶体承担了6%左右。当竖向荷载增加至竖向承载力之后,随着竖向荷载的增加桩体的分担作用缓慢减小,桶体的荷载分担比逐渐增大。当竖向荷载为 8×10^3 kN 时,桶体的荷载分担比达到14.83%。因此桩桶复合基础的竖向荷载绝大部分由桩体承担,当竖向荷载大于竖向承载力之后桶体的分担作用有所增加,但分担作用仍然较小。

12.3.1.3 竖向荷载下桩桶复合基础的工作性状

在竖向荷载的作用之下,结构之所以产生竖向位移的是由两个方面的原因引起:一方面结构本身将会产生压缩,另一方面则是桩顶的竖向荷载传递到底部,结构下面的土层同样也将要发生压缩。复合结构与土体紧密接触,而两者之间的力学性质存在着很大的差异,在竖向荷载的下基础相对于土体之间会发生向下的相对移动,从而产生向上的侧摩阻力。如图12-12所示竖向力沿桩体向下传递过程中需要克服侧摩阻力,因而轴力的分布随深度逐渐变小。

为了展开竖向荷载下两种基础轴力分布差异对比,图12-13给出了桩桶复合结构以及与其之中桩体的大小相同的单桩同时在桩顶20 000 kN竖向荷载作用下轴力图。可以发现,在泥面3 m以上的部分两种基础形式的轴力图完全重合;由于桩体与桶体的复合,在泥面以上3 m至泥面以下6 m的范围内,桩桶复合结构中的桩体的轴力发生明显的减小;泥面6 m以下的范围内,由于侧摩阻力的作用两者的轴力均逐渐减小,且两者的轴力图接近重合。单桩基础的最大轴力出现在泥面附近,与之不同的桩桶结构之中桩体的轴力最大值则出现在桩体与桶体连接段的顶端。

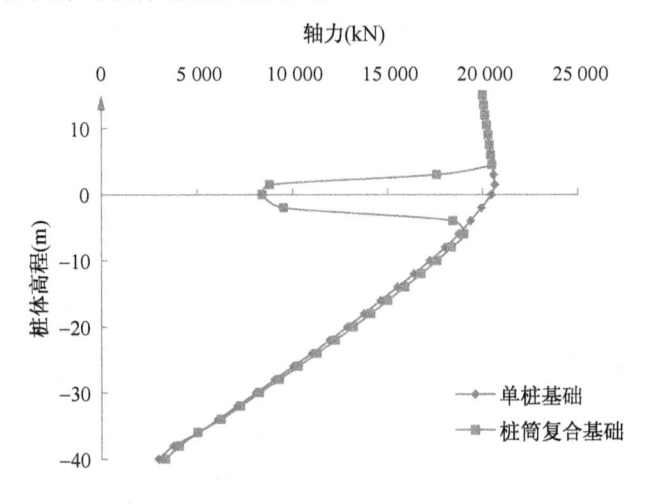

图12-13 20 000 kN竖向荷载作用下桩身轴力图

为开展与土之间相互作用的状况的研究,图12-14中给出了在20 000 kN桩顶竖向荷载下,侧摩阻力的分布。同样为了对比,给出了单桩的侧摩阻力的分布。由图可知,在泥面以下0~3 m桩体与桶体共同作用的范围内,由于桩体和桶体的分担,两者所受的侧摩阻力相对于单桩基础均更小一些,两者的大小关系是桩体大于桶体。在桩体与桶体连接段之下,侧摩阻力发生快速增加,大小以及变化的趋势均相比于单桩接近一致。因为桩端与土体保持位移变形一致,此处的摩阻力接近于零,侧摩阻力的最大值出现在稍上处的位置。

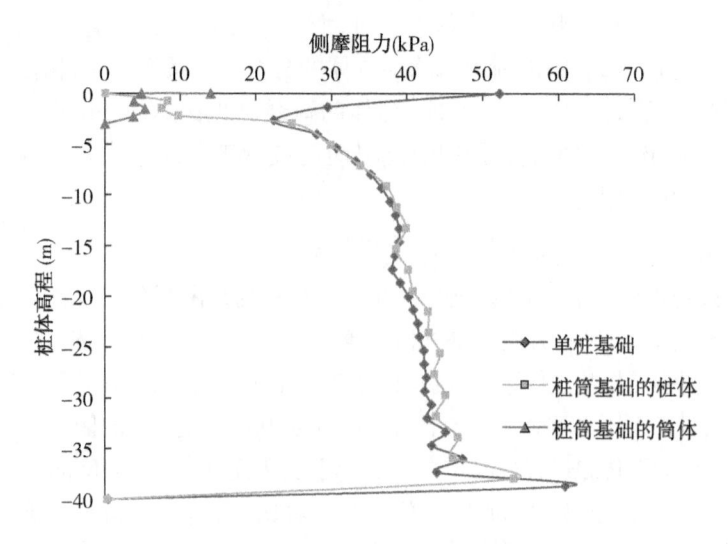

图 12-14 20 000 kN 竖向荷载作用下结构侧摩阻力分布图

12.3.1.4 竖向荷载下桩桶复合基础的破坏模式

图 12-15,图 12-17 和图 12-19 分别给出了不同的桩顶竖向荷载作用下整体模型的竖向位移图;图 12-16,图 12-18 和图 12-20 中分别给出了不同竖向荷载作用下等效塑性应变(PEEQ)图。当竖向荷载为 1×10^4 kN 时,基础带动结构周围的土体一起发生沉降,下部桩体的位移小于上部桩体,这是由于侧摩阻力的作用;桶内的顶部受到土体支承作用,桶体内部的土体有明显的沉降差离桩体越远的土体下沉量越小;根据云图,下部桩体

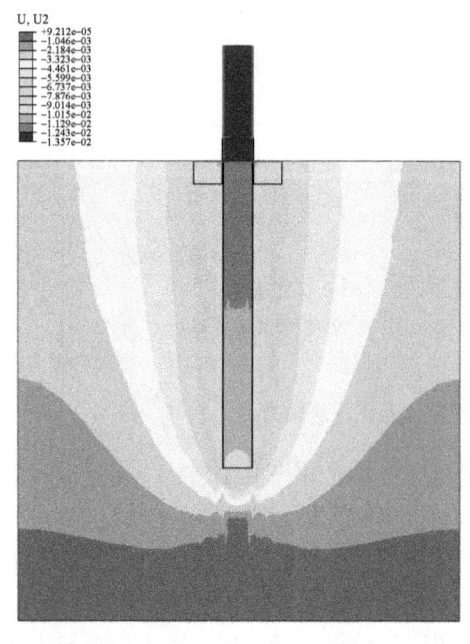

图 12-15 在 1×10^4 kN 竖向荷载作用下的竖向位移图

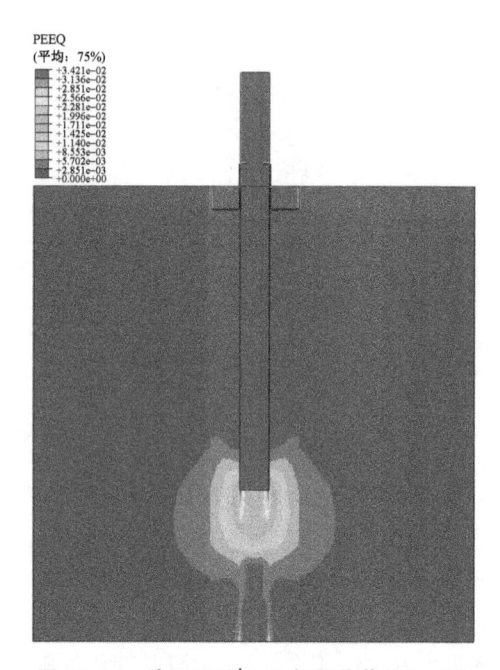

图 12-16 在 1×10^4 kN 竖向荷载作用下的等效塑性应变图

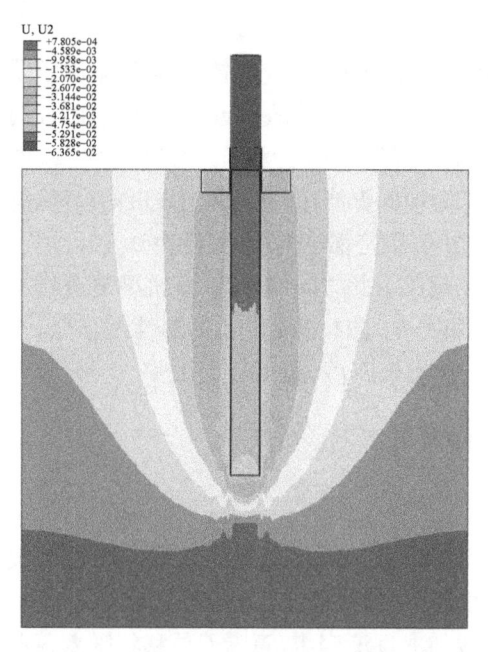

图 12-17　在 5×10^4 kN 竖向荷载作用下的竖向位移图

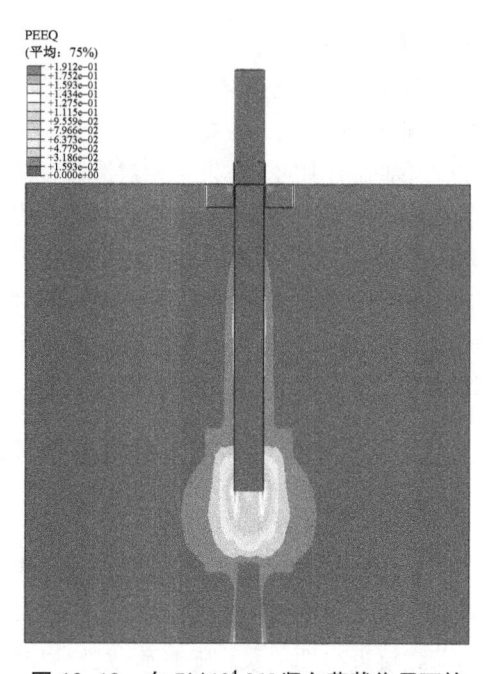

图 12-18　在 5×10^4 kN 竖向荷载作用下的等效塑性应变图

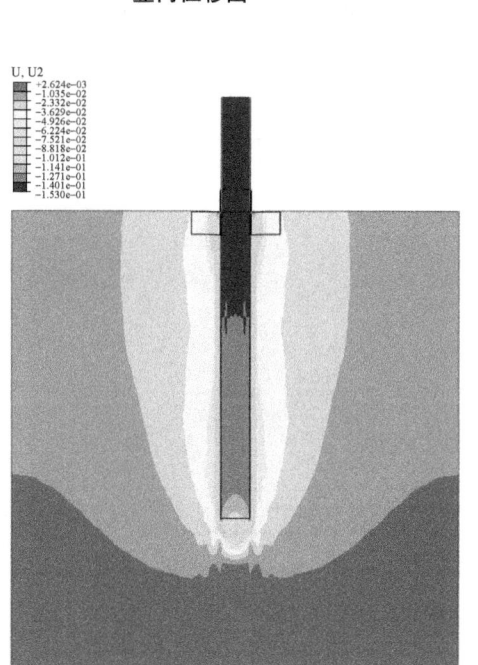

图 12-19　在 7×10^4 kN 竖向荷载作用下的竖向位移图

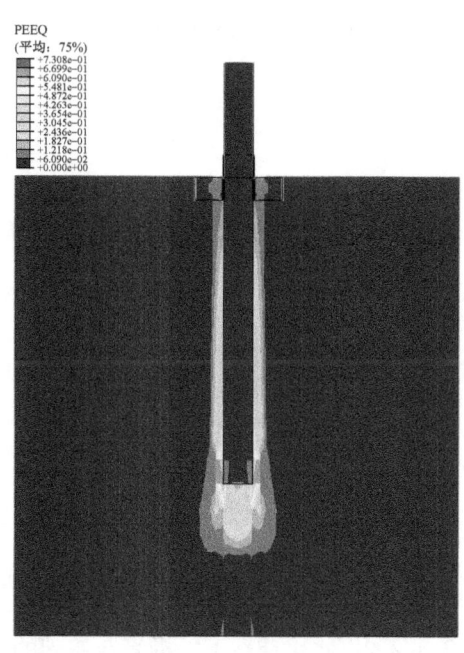

图 12-20　在 7×10^4 kN 竖向荷载作用下的等效塑性应变图

内的土体的下沉量在 10.15~11.29 mm 之间,桩外侧土体的下沉量为 9.01~10.15 mm,桩内外侧土体间的下沉量之差很小;桩体底部土体出现塑性变形,但最大的 PEEQ 的值很小,为 0.034。

当桩顶的竖向荷载为 5×10^4 kN 时,荷载接近于竖向承载力,桩体顶端沉降比较明显,但根据图 12-11 的 Q-S 曲线,此时竖向位移仍然随着竖向荷载接近于线性增加;此时基础与基础周围的土体发生相对滑移,桩体内外的土体沉降出现较大差异;对比图 12-17 与图 12-18 可知塑性变形区主要仍然集中在桩体端部周围的土体,但是有向上发展的趋势,桶体内部与桩体结合处的土体出现塑性变形,但 PEEQ 仍然是很小的,最大值为 0.341。

当竖向荷载达到 7×10^4 kN 时,此时荷载已经超过了此方向的承载力,桩桶复合结构出现较大沉降,桩体内外侧的土体的沉降差明显;桩外的土体出现贯通的塑性变形区,土体发生了剪切破坏;最大等效塑性应变在桩端的土体,PEEQ 的最大值为 1.42。

12.3.2 水平荷载作用下桩桶复合基础的力学特性

12.3.2.1 水平承载力分析

在结构的顶部施以水平荷载,呈现出的荷载与桩顶水平位移之间的关系,即 H-Y 关系曲线将体现见图 12-21。由图可知,当水平荷载较小时,H-Y 曲线斜率较大,水平位移与荷载接近线性关系。随着荷载进一步增大,曲线斜率逐渐变小,意味着位移将随着荷载的增加迅速增加。根据规范,当 H-Y 曲线拥有着显著的转折点之时,便可以用该点处相对应的荷载值来作为确定水平承载力的标准,根据 H-Y 曲线可以推定结构的水平承载能力的大小为 1.697×10^4 kN。

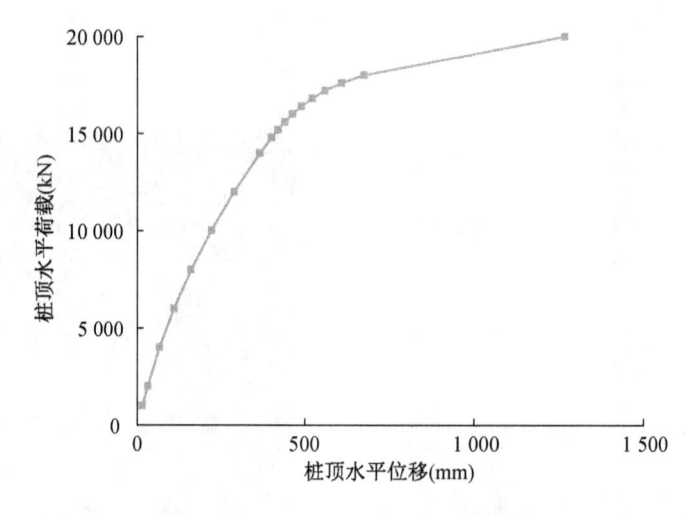

图 12-21 水平荷载-位移关系曲线

12.3.2.2 水平荷载下桩桶复合基础的工作性状

根据不同水平荷载作用下桩身的水平位移图可以发现:结构发生倾斜,桩体泥面处的水平位移最大,水平位移随着深度的增加而迅速减小;泥面以下 10 m 处桩身的水平位移出现零点,零点出现的位置随着荷载的增加更加靠下;位移零点以下桩身的水平位移相对很小,下半段桩体可视作嵌固于土体之中。因此桩体的工作性状表现为弹性中长桩。

图 12-22 为桩桶复合基础在不同的水平荷载下的弯矩沿桩身的分布情况,在桩顶水平荷载作用下桩身的弯矩由桩顶向下先随着高程降低线性增大;由于桶体的作用,在桶体与桩体的作用部位弯矩发生明显的减小;当桩顶荷载为 2 000 kN, 4 000 kN, 6 000 kN 时弯矩最大值出现在泥面以下 3 m 桩体截面处,即在桩体与桶体的连接段的底部;当桩顶荷载为 8 000 kN 时,最大弯矩值出现在泥面以下 4.85 m 桩体截面处;在最大弯矩值以下,随着桩体深度的增加弯矩逐渐减小,弯矩零点在接近桩底处出现,进一步验证了桩体的工作性状表现为中长桩。

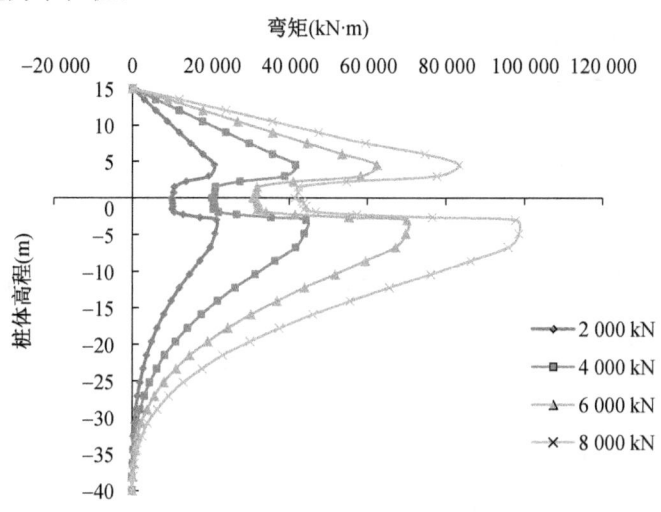

图 12-22 水平荷载作用下弯矩沿桩身分布图

12.3.2.3 水平荷载下桩桶复合基础的破坏模式

由图 12-23 和图 12-24 可知,在桩顶 1.6×10^4 kN 水平荷载的作用下,此时的水平力

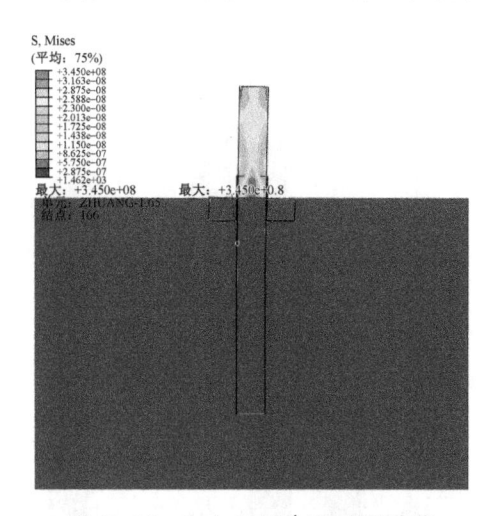

图 12-23 在 1.6×10^4 kN 水平荷载作用下的应力图

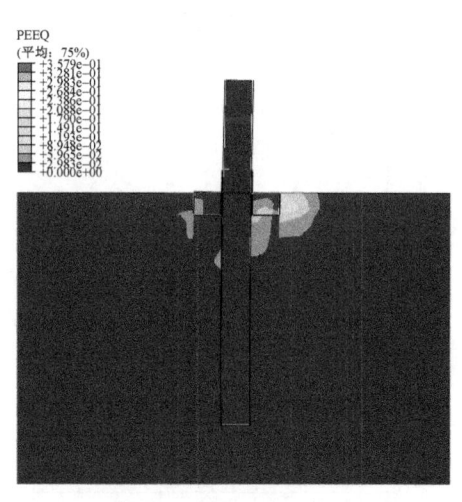

图 12-24 在 1.6×10^4 kN 水平荷载作用下的等效塑性应变图

已超过结构极限的水平承载力;应应力的极大值为 345 MPa,出现在桩体前侧,位置在泥面以下 6 m 处,已经达到了钢材的屈服应力值,这是由于桶体后侧土体发生局部破坏,桶体的支承作用进一步减小,桩体上部发生明显的倾斜,由此桩体的应力很大;基础后的等效塑性应变区域将会进一步扩大,土体的 PEEQ 的最大值为 0.36。

12.4 动力响应分析和疲劳寿命分析

本节采用通用有限元软件对风电导管架基础力学性能进行分析,模型中桩采用管单元;斜撑、塔筒等部位采用梁单元;土体采用弹簧单元,弹簧刚度按 m 法取值;机舱、灌浆材料采用实体单元;叶轮采用质点及壳单元;灌浆段的桩、套筒结构采用壳单元。有限元模型见图 12-25。

12.4.1 基础平面刚度分析

在进行结构静力分析时,假定波浪、风等荷载以最大作用效应的方式作用于结构物,以此来考虑结构受力的最不利工况。由于导管架结构非轴对称结构,因此在静力分析之前,需要对荷载作用方向进行全方位搜索,以找到作用效应最大时的作用方向,以此方向作为静力分析时外载的作用方向。

假定外荷载为 100 kN,计算不同作用方向时塔筒顶部位移,结果见图 12-26。

从图 12-26 中可以看出,随着外载作用方向的变化,结构的响应呈现出类余弦函数分布规律,外载沿图 12-27 中 X 轴方向作用时其结构响应最大,即结构绕 Y 轴的抗侧刚度最小。

图 12-25 导管架基础有限元模型

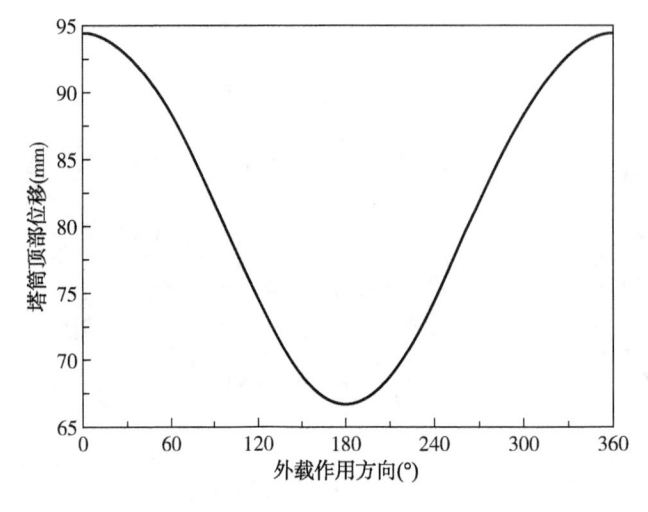

图 12-26 塔筒顶部位移随外载作用方向变化图

图 12-27 外载作用方向

12.4.2 整体自振频率

在对基础结构进行设计时,必须考虑结构的动力稳定性,对其动力特性进行控制,以满足风机机组安全运行的需要,而风机基础动力特性主要是频率的分析研究。

12.4.2.1 结构模态分析

模态分析即结构的固有动力特性分析,用于确定结构的固有频率和振型,是其他动力分析的基础。本模型模态计算结果如表12-1所示。

表12-1 模态分析结果

阶数	频率(Hz)
1阶	0.3361
2阶	0.3362
3阶	1.2029
4阶	1.2050
5阶	1.6553

12.4.2.2 自振频率影响因素分析

有限元模型是对真实情况的模拟,模拟过程中不可避免会采用各种假定,而不同的假定会得出不同的结果,下面研究本模型的一些结构参数对模态分析结果的影响,以叶轮为例(图12-28)。

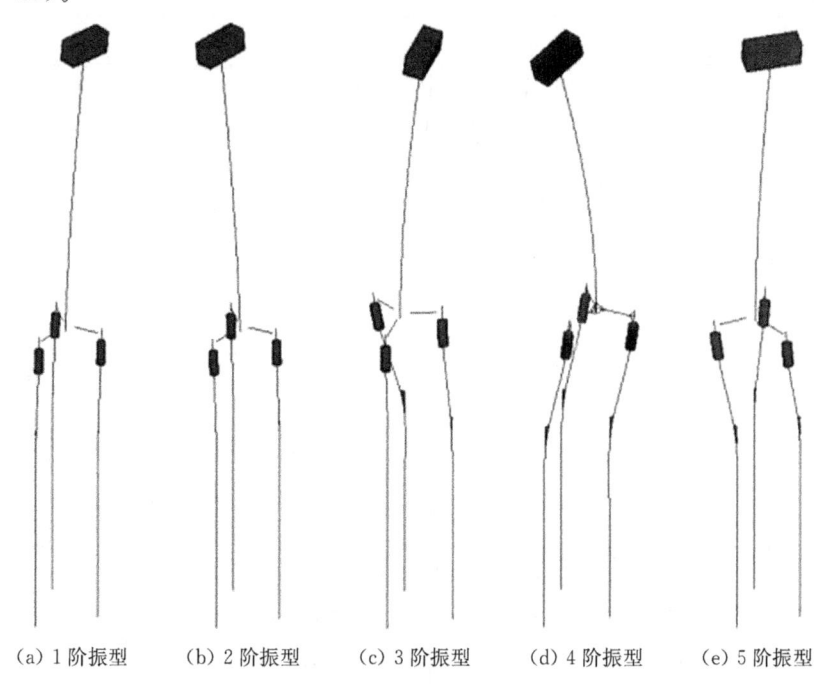

(a) 1阶振型　　(b) 2阶振型　　(c) 3阶振型　　(d) 4阶振型　　(e) 5阶振型

图12-28 整体结构前五阶振型

（1）叶轮位置

表 12-1 中的计算结果是将叶轮作为集中质量的计算结果，下面将叶轮按实际情况建模，有限元模型如图 12-29 所示，考虑对称性，将叶轮位置分为四个不同角度进行模态分析。

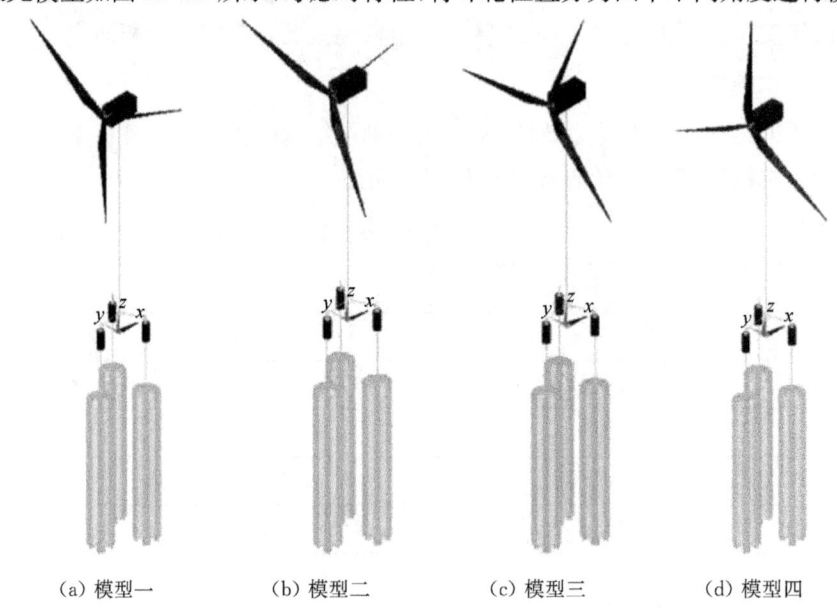

(a) 模型一　　　　(b) 模型二　　　　(c) 模型三　　　　(d) 模型四

图 12-29　有限元模型图

表 12-2　模态分析结果

分析内容		模型一	模型二	模型三	模型四
频率（Hz）	1 阶	0.010 386	0.010 386	0.010 386	0.010 386
	2 阶	0.010 386	0.010 386	0.010 386	0.010 386
	3 阶	0.010 386	0.010 386	0.010 386	0.010 386
	4 阶	0.049 994	0.049 994	0.049 994	0.049 994
	5 阶	0.049 999	0.049 999	0.049 999	0.049 998
	6 阶	0.049 999	0.049 999	0.049 999	0.049 998
	7 阶	0.126 54	0.126 54	0.126 54	0.126 54
	8 阶	0.126 57	0.126 57	0.126 57	0.126 57
	9 阶	0.126 57	0.126 57	0.126 57	0.126 57
	10 阶	0.238 91	0.238 91	0.238 91	0.238 89
	11 阶	0.239 05	0.239 05	0.239 05	0.239 03
	12 阶	0.239 05	0.239 05	0.239 05	0.239 04
	13 阶	0.297 05	0.297 05	0.297 05	0.297 05
	14 阶	0.297 09	0.297 09	0.297 09	0.297 10

续表

分析内容		模型一	模型二	模型三	模型四
频率（Hz）	15 阶	0.297 09	0.297 09	0.297 09	0.297 10
	16 阶	0.335 51	0.335 51	0.335 51	0.335 51
	17 阶	0.341 29	0.341 29	0.341 29	0.341 29
	18 阶	0.389 89	0.389 89	0.389 89	0.389 88
	19 阶	0.389 90	0.389 90	0.389 90	0.389 88
	20 阶	0.390 47	0.390 47	0.390 47	0.390 46

从表 12-2 中可以看出，叶轮位置对整体结构的固有频率基本无影响，对整体结构的模态分析仅需考虑一种叶轮位置即可。

图 12-30 所示为模型一的几个典型振型，从图中可以看出，大部分振型以叶片振动为主，因此以基础振动为主的振型不易识别。

同时对比表 12-1 中的 1 阶振型和表 12-2 中的 16 阶振型，两者振型相近，频率相差也较小，说明风机叶片对以基础振动为主的频率影响不大。

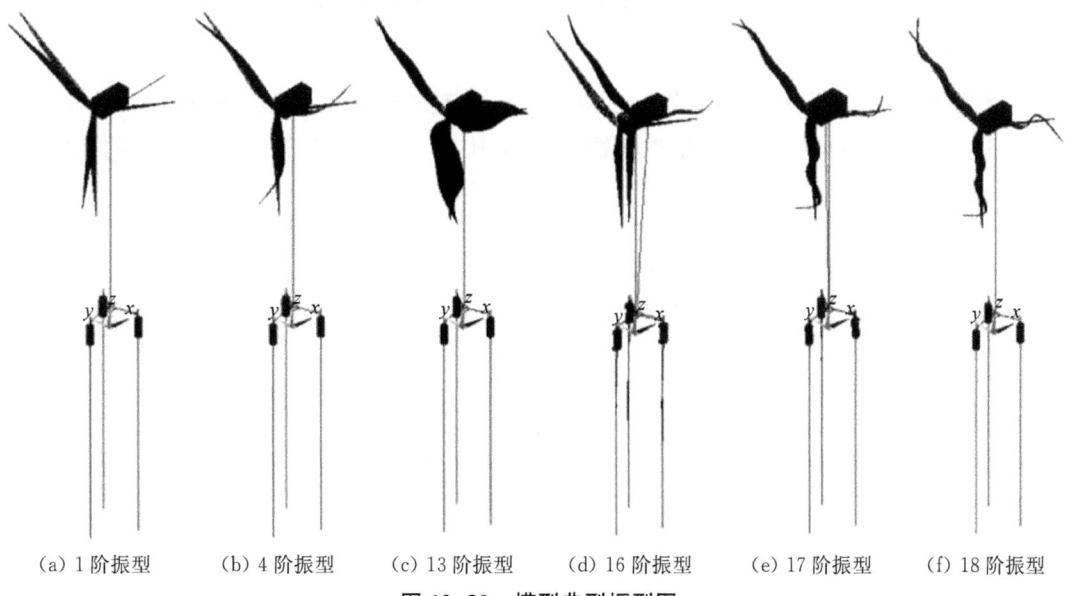

(a) 1 阶振型　　(b) 4 阶振型　　(c) 13 阶振型　　(d) 16 阶振型　　(e) 17 阶振型　　(f) 18 阶振型

图 12-30　模型典型振型图

（2）叶片质量分布

下面考虑叶片质量分布对结构模态分析结果的影响，将叶片部份质量移到叶轮质心位置，结果见表 12-3 所示。

表 12-3　同一振型结果对比

	质心 0%	质心 20%	质心 50%
频率（Hz）	0.335 51	0.335 65	0.335 79

从表12-3中可以看出,叶片具体质量分布对以基础振动为主的频率影响不大,即可以将叶片质量全集中在叶轮质心位置。

(3) 叶片刚度

由于叶片实际形状较为复杂,因此模型中对叶片做了简化建模,下面考虑调整叶片刚度,分析其对结构模态分析结果的影响,仍取同一振型进行比较,见表12-4。

表12-4 不同刚度结果对比

	原型	5倍刚度	10倍刚度	100倍刚度
频率(Hz)	0.335 51	0.335 71	0.335 71	0.335 72

从表12-4中可以看出,增大叶片刚度对以基础振动为主的频率影响不大。

12.4.3 结构动力性能

实际结构总是受到随时间变化的载荷作用,当这种动载荷与静载荷相比不占主要地位时,其影响可以忽略不计,只需做静态计算。但是海上风电导管架结构受到显著的诸如波浪力、风机荷载甚至船舶撞击等动载荷作用,因此必须进行动力分析。

12.4.3.1 随机波浪荷载分析

对于海上工作环境,波浪荷载对结构的影响非常重要,由于波浪为随机的动载荷,本节采用ANSYS谱分析中的功率谱密度(PSD)分析方法计算结构在波浪载荷下的结构响应。假定波浪力谱见表12-5所示。

表12-5 波浪力谱

F(Hz)	S_{FF}(N^2/Hz)	F(Hz)	S_{FF}(N^2/Hz)
0	0	0.159 2	0.890e+10
0.031 8	0.167	0.191 1	0.503e+10
0.047 8	0.868	0.222 9	0.174e+10
0.064 0	0.02e10	0.254 8	0.074e+10
0.079 6	0.124e10	0.318 5	0.034e+10
0.095 5	2.319e10	0.477 7	0.019e+10
0.114 6	2.553e10	0.796 2	0.008e+10
0.127 4	1.660e10	1.592 4	0.006e+10

从图12-31中可以看出,功率谱密度曲线出现两个极值。第一个极值点出现的原因是因为波浪谱在该频率处出现极值;第二个极值点出现的原因是因为该处频率与结构的固有频率一致,从而引起结构共振,响应出现极大值。

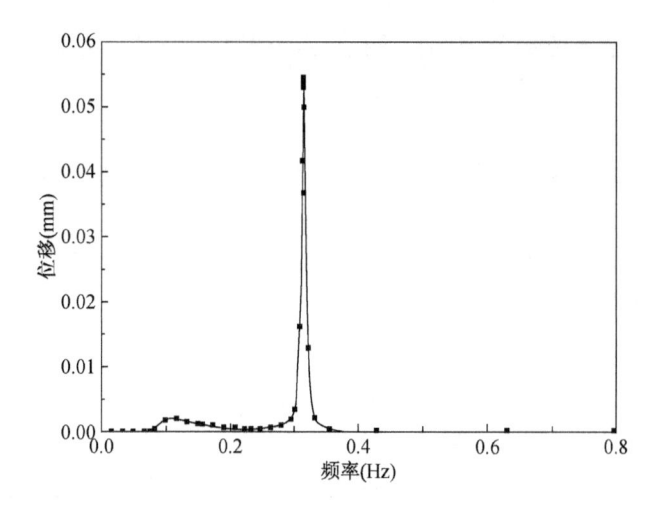

图 12-31　结构对频率的响应

12.4.3.2　风机循环荷载分析

结构在交变荷载作用下会发生疲劳破坏,风机荷载主要是由空气动力荷载、机组自重和机组震动引起的,是一种循环往复的荷载,虽然结构应力值没有超过材料的强度极限,但在长期持续作用下可能发生疲劳破坏,因此需进行疲劳分析(图 12-32)。

本例中风机极限荷载如表 12-6 所示。

表 12-6　风机极限荷载

力(kN)	F_x	F_y	F_z
	−1 424.4	−6.5	−5 966.2
弯矩(kN·m)	M_x	M_y	M_z
	689.1	−111 111	−2 500

在表 12-6 所示荷载作用下对风机基础进行静力分析,计算结果如下图所示:

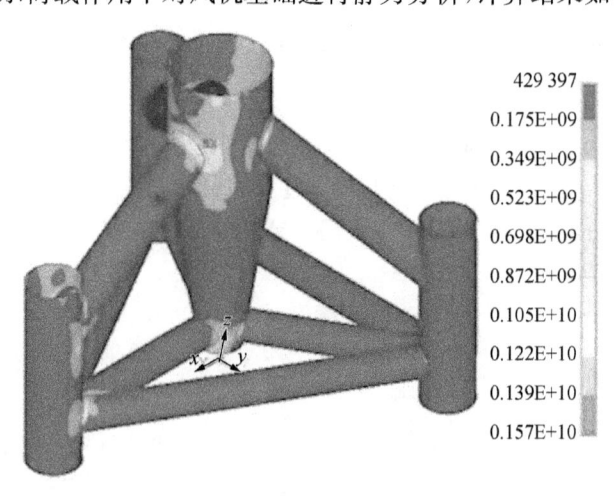

图 12-32　风机荷载作用下基础上部应力云图

从上图中可以看出，在导管架结构连接节点位置有明显的应力集中现象；结构其余部分的应力相对较小，未大于 200 MPa。

根据荷载循环周次一般将疲劳分为两类：

（1）高周疲劳：应力水平较低，破坏循环次数一般高于 10^4 次的疲劳，针对本结构，大部分区域属于此类；

（2）低周疲劳：应力水平较高，破坏循环次数一般低于 10^4 次的疲劳，针对本结构，连接节点等应力集中区域属于此类。

12.4.3.3 结构受撞分析

水上建筑结构存在受船舶等物体撞击的风险，这种撞击力在很短的时间内完成，具有明显的瞬时效应。本节假定基础结构受 100 kN 船舶撞击作用，计算该荷载作用下的结构响应（如图 12-33 所示）。遭船舶撞击点的位移随时间变化如图 12-34 所示。

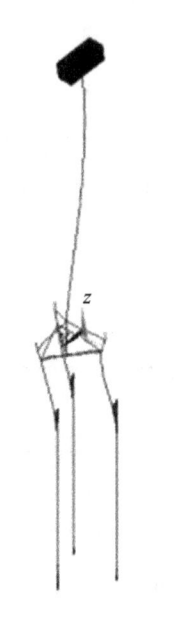

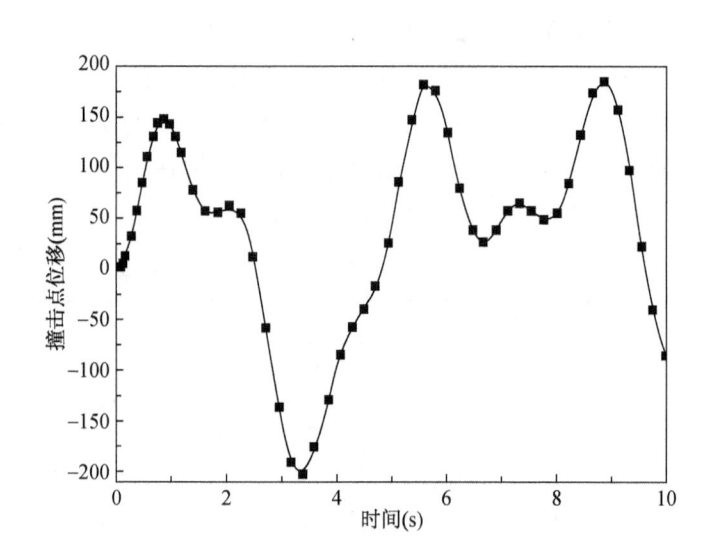

图 12-33 基础受撞击变形图

图 12-34 撞击点位移随时间变化图

从图 12-34 中可以看出，基础结构受到撞击后的最大位移明显大于图 12-26 所示值，说明船舶撞击等瞬时荷载会使结构产生瞬间过大的变形，带来许多安全隐患，因此应防止此类事故的发生。在结构自身惯性的影响下，导管架基础在受到撞击后表现出不规则的晃动，与实际情况相符。

参考文献

[1] 王元战. 港口与海岸水工建筑物[M]. 北京:人民交通出版社,2013.

[2] 沈长松,刘晓青,王润英,等. 水工建筑物:第2版[M]. 北京:中国水利水电出版社,2016.

[3] 苏静波,邵国建,刘宁. 基于P-Y曲线法的水平受荷桩非线性有限元分析[J]. 岩土力学,2006,27(10):1781-1785.

[4] 蔡亮,鲁子爱,韩洁. 横向荷载群桩效应分析[J]. 水运工程,2003(1):4-7.

[5] 中华人民共和国交通运输部. 港口工程桩基规范:JTS 167-4—2012[S]. 北京:人民交通出版社,2012.

[6] 叶万灵,时蓓玲. 桩的水平承载力实用非线性计算方法——NL法[J]. 岩土力学,2000,21(2):97-101.

[7] 曾庆敦,甄圣威. 横向荷载作用下桩-土耦合系统的土弹簧刚度[J]. 中北大学学报(自然科学版),2010,31(4):383-388.

[8] 田双珠,张勇,李越松. 天津港高桩码头岸坡变形规律研究[J]. 水道港口,2006,27(3):180-184.

[9] 李建锋. 锤击沉桩及振动过程对边坡影响数值模拟研究[D]. 南京:河海大学,2016.

[10] Su J, Cai G, Li J, et al. Safety assessment of buried pipeline during pile driving vibration in offshore engineering[J]. Marine Georesources & Geotechnology,2016,34(7):689-702.

[11] Hunt C E, Pestana J M, Bray J D, et al. Effect of pile driving on static and dynamic properties of soft clay[J]. Journal of Geotechnical and Geoenvironmental Engineering,2002,128(1):13-24.

[12] Henke S. Influence of pile installation on adjacent structures[J]. International Journal for Numerical and Analytical Methods in Geomechanics,2010,34(11):1191-1210.

[13] Hibbitt H, Karlsson B, Sorensen P. Abaqus analysis user's manual version 6.10[M/CD]. Dassault Systèmes Simulia Corp.:Providence, RI, USA,2011.

[14] Mabsout M E, Tassoulas J L. A finite element model for the simulation of pile driving[J]. International Journal for Numerical Methods in Engineering,1994,37(2):257-278.

[15] Rooz A F H, Hamidi A. Numerical Analysis of Factors Affecting Ground Vibrations due to Continuous Impact Pile Driving[J]. International Journal of Geomechanics,2017,17(12):04017107.1-04017107.15.

[16] 谢荣昌,齐伟,李彬. 基于有限元强度折减法的边坡稳定性分析[J]. 岩土工程界,2009,12(2):58-60.

[17] 朱百里,沈珠江. 计算土力学[M]. 上海:上海科技出版社,1990.

[18] 钱家欢,殷宗泽. 土工原理与计算[M]. 北京:中国水利水电出版社,1996.

[19] 国家铁路局. 高速铁路设计规范:TB 10621—2014[S]. 北京:中国铁道出版社,2014.

[20] 国家铁路局. 铁路桥涵设计规范:TB 10002—2017[S]. 北京:中国铁道出版社,2017.

[21] 杨国伟. 深基坑及其邻近建筑保护研究[D]. 上海:同济大学,2000.

[22] Mu Linlong, Huang Maosong. Simplified method for analy sisof soil movem ent in duced by exc avati ons[J]. Journalof Geotechnical Engineering, 2013, 35(5) 1-8.

[23] 李忠诚,杨敏. 被动桩土压力计算的被动拱-主动楔模型[J]. 岩石力学与工程学报,2006, 25(S2):4241-424.

[24] Sagaseta, C, Whittle, A J, Santagata, M. Deformation analysis of shallow penetration in clay[J]. International Journal for Numerical and Analytical Methods in Geomechanics, 1997, 21(10): 687-719.

[25] 黄院雄,许清侠,胡中雄. 饱和土中打桩引起桩周围土体的位移[J]. 工业建筑,2000,30(7):15-19.

[26] 中华人民共和国住房和城乡建设部. 城市轨道交通结构安全保护技术规范:CJJ/T 202—2013[S]. 北京:中国建筑工业出版社,2013.

[27] 中华人民共和国住房和城乡建设部. 地铁设计规范:GB 50157—2013[S]. 北京:中国建筑工业出版社,2013.

[28] 陈韶章,苏宗贤,陈越. 港珠澳大桥沉管隧道新技术[J]. 隧道建设,2015,35(5):396-403.

[29] 刘汉明,藏海鹏. 沉船打捞技术设计与分析[M]. 青岛:中国海洋大学出版社,2011.

[30] 刘寅东. 船舶设计原理(第二版)[M]. 北京:国防工业出版社,2019.

[31] 欧阳颖. 基于船舶抛锚动态仿真的海底管道损伤研究[D]. 武汉:武汉理工大学,2018.

[32] 张磊. 基于船舶应急抛锚的海底管道埋深及保护研究[D]. 武汉:武汉理工大学,2013.

[33] Young, C. W. Penetration equations[R]. United States: N. p.,1997.

[34] Courtney L. Busch, Rafiqul A. Tarefder. Evaluation of Appropriate Material Models in LS-DYNA for MM-ALE Finite Element Simulations of Small-Scale Explosive Airblast Tests on Clay Soils[J]. Indian Geotechnical Journal, 2017, 47(2): 173-186.

[35] 沈哲一,王其标,卓杨. 非对称工况下双线船闸不同施工工艺对结构的影响[J]. 水运工程,2015,10:132-137.

[36] 中华人民共和国交通运输部. 船闸水工建筑物设计规范:JTJ 307—2001[S]. 北京:人民交通出版社,2001.

[37] 富坤,王其标,卓杨. 海安双线船闸施工监测与分析[J]. 水运工程,2016(3):172-176.

[38] 苏超,李劲松,崔潇菡. 三维有限单元法在大型船闸闸首设计中的应用[J]. 水运工程,2014(5):112-116.

[39] Leung C F, Tang T S. Load Distribution in Soft Clay Reinforced by Sand Columns[C]. Proceedings of the international conference on soft soil engineering. Seienee Press, Beijing, China, 1993, 779-784.

[40] Oikawa H, Miura Y, Thushima M. Disturbance of Soft Clay Layer by Compaction Sand Piles[C]. Proceedings of the international conference on soft soil engineering. Seienee Press, Beijing, China, 1993, 699-704.

[41] 李继才. 大型储罐CFG桩复合地基理论与应用研究[D]. 南京:南京水利科学研究院,2017.

[42] 陈德志,米广生,张继军,等. 中国大型储罐建设现状及发展趋势[J]. 石油化工建设,2009(1):1-32.

[43] 徐至钧. 大型储罐基础地基处理与工程实例[M]. 北京:中国标准出版社,2009.

[44] 王丽勤,庞然. 吸力式基础在深水油气田开发中的应用探讨[J]. 船海工程,2011,40(2):98-103.

[45] Bye A, Erbrich C, Tjelta T I, et al. Geotechnical Design of Bueket Foundations[A]. OTC7793, OTC'27, 1995, 869-883.

[46] 吴锋,时蓓玲. 港口工程桩基水平承载力计算软件的开发与应用[J]. 水运工程,2009(8):44-48.